非线性定价

Robert B. Wilson

[美] **罗伯特·威尔逊** 著

周琼 李洋 李一杭 徐佳 译

Nonlinear
Pricing

中国出版集团
东方出版中心

图书在版编目（CIP）数据

非线性定价 /（美）罗伯特·威尔逊著；周琼等译
. －上海：东方出版中心, 2024.7
ISBN 978-7-5473-2381-6

Ⅰ. ①非… Ⅱ. ①罗… ②周… Ⅲ. ①定价－研究
Ⅳ. ①F714.1

中国国家版本馆CIP数据核字（2024）第095662号

非线性定价

著　　者　[美]罗伯特·威尔逊
译　　者　周　琼　李　洋　李一杭　徐　佳
策　　划　刘　鑫
责任编辑　刘　鑫
装帧设计　Lika

出 版 人　陈义望
出版发行　东方出版中心
地　　址　上海市仙霞路345号
邮政编码　200336
电　　话　021-62417400
印 刷 者　上海盛通时代印刷有限公司

开　　本　710mm×1000mm　1/16
印　　张　29
字　　数　420千字
版　　次　2024年11月第1版
印　　次　2024年11月第1次印刷
定　　价　148.00元

推荐序

非线性定价与现实市场中的运用

美国斯坦福大学商学院的罗伯特·威尔逊（Robert B. Wilson）教授作为现代产业组织理论先驱代表人物之一，在价格理论、市场设计、拍卖理论等领域做出了开创性贡献。他和他的学生保罗·米尔格罗姆（Paul R. Milgrom）一起于 2020 年获得诺贝尔经济学奖，他的学生埃尔文·罗斯（Alvin E. Roth）和本特·霍姆斯特罗姆（Bengt Holmstrom）分别于 2012 和 2016 年获得诺贝尔经济学奖，尤利伊·桑尼科夫（Yuliy Sannikov）于 2016 年获得有"经济学小诺奖"之称的克拉克奖，经典教科书《博弈论基础》的作者罗伯特·吉本斯（Robert Gibbons）也是其学生。

罗伯特·威尔逊教授在产业组织领域发表了多篇奠基性论文，被广泛引用，达 3 万多次。在 2021 年"光华思想力"线上研讨会上，罗伯特·威尔逊教授分享了他对基础理论研究与实际应用、商学院教学与人才培养的见解。他强调了理论研究应由现实问题激发，认为实际问题是产生理论的最好的源泉。他的大多数研究关注经济理论在企业和市场中的应用，对企业和政府管理有直接指导意义，他自己也参与了电力和无线电行业的规制政策的设计，并产生了重大经济效益。比如，他与米尔格罗姆为美国联邦通信委员会领衔设计了无线电频谱拍卖，在 1994—2014 年的 20 年里创造的收入超过了 2 000 亿美元。

罗伯特·威尔逊教授在 1993 年出版的《非线性定价》是一本价格机制研究的集大成之作，也是经济理论界和工商界非常重要的参考书。这本书有三个特点:第一,理论模型与实践应用结合紧密,对工商界的参考价值极大。罗伯特·威尔逊在书中深入探讨了非线性定价的理论基础,并结合实际案例分析了非线性定价在不同市场环境,如在公用事业、通信行业、快递行业等的应用。第二,强调了消费者异质性在非线性定价中的重要性。威尔逊指出,通过模型化消费者的不同偏好和需求,企业能够更有效地实施价格歧视,从而提高市场效率和企业利润。第三,对社会福利影响的分析。他提出非线性定价可以同时提高生产者和消费者的福利,实现帕累托改进。他比较了传统定价方式与非线性定价方式的福利结果,得出了非线性定价方式能够为社会总福利带来改进的基本结论。

《非线性定价》这本书对市场经济的意义在于,它提供了一种灵活的定价策略,允许企业根据消费者的购买量、需求弹性和其他市场条件来设计价格。这种定价方式有助于企业更好地理解和满足消费者需求,提高市场效率,同时增加企业利润。对于中国读者,特别是在中国市场经济快速发展和市场结构日益复杂的背景下,这本书提供了重要的理论和实践指导。它可以帮助企业与政策制定者更好地理解和应对市场变化,优化定价策略,提高竞争力。此外,书中关于非线性定价对社会福利影响的分析,也为中国在推进市场化改革和行业规制放松过程中提供了理论支持和政策参考。

是为序。

田国强

2024 年 9 月

田国强,著名经济学家,美国明尼苏达大学经济学博士,美国德州农工大学 Alfred F. Chalk 讲席教授,孙冶方经济科学奖得主,中国大陆十大最具影响力的经济学家之一,中国最佳商业领袖奖"年度思想家"得主。师从诺贝尔经济学奖得主、被誉为"机制设计理论之父"的列昂尼德·赫维茨(Leonid Hurwicz)教授。曾任上海财经大学经济学院院长、高等研究院院长、中组部首批"千人计划"入选者、教育部首批长江学者、上海市人民政府特聘决策咨询专家、中国留美经济学会会长。

前　言

　　这本专著源自与什穆尔·奥伦（Shmuel Oren）、斯蒂芬·史密斯（Stephen Smith）以及赵洪波（Hung-po Chao）的合作。1979 年，在施乐帕罗奥多研究中心（Xerox Palo Alto Research Center），我们开始研究差异化产品的定价。1984 年，在电力研究所，我们继续研究容量和用量定价。与美国电力研究学会（EPRI）的赵洪波一起，我们的项目继续研究优先级服务的定价。非常感谢这些优秀的同事，和他们一起做研究既有意思又有挑战性，非常开心也很有趣。本文的许多想法都来自他们，可以说他们也是本书的合著者。

　　在美国电力研究学会，菲利普·汉瑟（Philip Hanser）是我在非线性定价方面的老师，非常感谢他不断的鼓励和帮助，以及为本书提供的资源。在美国电力研究学会的工作经历带给我很多启发，特别是，在这里我深入了解了电力行业中关于定价和服务设计的一些实践问题。理论的价值就在于它解决实践问题的有用性，我在美国电力研究学会的经历再次证明，实践家遇到的问题能够为理论家提供丰富的研究主题。

　　非常感谢美国国家自然科学基金为本研究提供资助。我来自斯坦福商学院，非常感谢优秀的同事们和学院一直以来对我的支持。这本书的部分内容已在定价课程中讲授了七年，它们最初来自学生的学期论文，其中许多想法都非常有见地。特别感谢蒂莫西·麦圭尔（Timothy McGuire），他提供的资料帮助构建了 2.1 节。数值例子中用到的计算机程序是使用 STSC 公司(现称 Manugistics 公司)提供的 APL* PLUS 和 APL II 版本开发的。

这本专著的初稿最初只是 1989 年 9 月完成的一份技术报告。几位同事和匿名审稿人为手稿提出了建议。华盛顿大学的斯科特·戴维斯(Scott Davis)一字一句地给出建议;斯坦福大学的凯伦·克莱(Karen Clay)和兰德公司(RAND)的布里杰·米切尔(Bridger Mitchell)在电信定价方面给了我很大帮助。特别感谢贝尔通信研究院(Bell Communications Research)和得克萨斯大学的大卫·西布利(David Sibley)提出的建设性意见;感谢马克·阿姆斯特朗(Mark Armstrong)和詹姆斯·莫里斯(James Mirrlees)发现第 13 章中例子的错误。我想可能还会有别的错误,这些都是我的责任。对于文中还存在的错误之处,欢迎读者批评指正。

那些研究第四部分中多产品定价复杂性的人们会明白,我们为什么推迟了本书的出版,虽然我很努力地想把它做好——但仍然可能失败。未来我会谨记这句格言:"不写你不知道的东西。"这段经历让我更加佩服詹姆斯·莫里斯的非凡成就,他在二十多年前关于该主题的第一部著作中就推导出了基本条件。

写作的历程漫长又艰辛,我的妻子芭芭拉(Barbara)、女儿詹妮弗(Jennifer)和霍莉(Holly)一直在鼓励我。我们都很高兴它终于完成了。

罗伯特·威尔逊

美国加利福尼亚州,斯坦福大学

1992 年 10 月

目　录

第二部分　非聚合需求模型

第四部分　多产品价目表

第五部分　附录

▶ 第 15 章

非线性定价的其他应用 / 392

▶ 第 16 章

参考文献目录 / 418

第 1 章

导　　论

　　在一些主要的受规制行业中,每个已发布的费用标准或费用合约都规定了价目表(tariff),标明客户应该为提供的服务支付的费用。价目表体现出的每单位价格,一般取决于服务的数量或购买服务的费率。在许多不受规制的行业中也会出现类似的情况,通常是以数量折扣、返利或者可以用于后续购买的积分等形式出现。

　　购买数量对总费用的影响方式有很多种,例如:

- 铁路运价根据每批货物的重量、体积和运输距离来规定费用。例如,对于整车运输和长途运输,可以根据重量和里程来计算折扣。在其他运输行业,如卡车运输、航空公司运输和包裹快递运输,费率取决于运送速度,或者是一天、一周或一个季度中的时间。

- 电价包括根据计费期间使用的总千瓦时确定的电度电费(Energy Charge),以及根据一年中的高峰电力负荷确定的需量费用(Demand Charge)。较低的费率适用于连续区段的千瓦时,在某些情况下,需量费用也会被分段。大多数工业客户的电量费率会按照使用时段,比如高峰时段和低谷时段,来进一步划分。

- 电话公司为长途计费服务(MTS)和大区长途服务(WATS)提供各种资费

标准。每个价目表都为特定范围内的通信量提供最低成本的服务。费率也根据距离和使用时段而不同。

- 航空公司允许"常飞旅客"通过飞行积累里程积分并兑换免费机票。一张免费机票的零售价值会随着兑换该机票所需的里程数而急剧增加。除此之外,航空公司也会为预购、不可退票、往返机票、周末停留票和机票有效期提供更多折扣。
- 耐用设备和空间,如汽车和停车场的租金,一般租借期越长,租借费率越低。此外,租车的费率也会根据车辆的大小和使用时段而不同。
- 报纸和杂志的广告费率取决于广告插页的大小和位置、客户在一年中购买的广告版面总行数以及年度货币结算。

这些例子都有一个重要的共同点,客户需支付的每交付单位的平均价格取决于其总购买规模。这个度量可以是一个计费期内单项交付的总量,或者是一个不确定时期内的累计交付量,或者一些组合。它也可能取决于购买规模的各种间接度量,如购买的货币价值或最大单次交付的货币价值。

数量折扣可以通过更小的边际单位价格来提供,或者如果购买规模足够大的话,也可以通过降低总价格来提供。这种规模依赖性可以在单个价目表中明确标明,也可以隐含在一个价目表套餐中,客户可以依据预期购买量从中进行选择。

不同的术语用来表示这类定价方式。一般来说,**非线性定价**(nonlinear pricing)是指任何资费与购买数量不严格成比例的情况。连续单位的边际价格逐步下降的价目表,在很多行业里被称为**分段递减**(block-declining)价目表或**阶梯**(tapered)价目表(在某些情况下,边际价格会在某个范围内增加,例如在"最低生活保障"费率中)。最简单的非线性价目表就是**两部制价目表**,客户为首单位支付一个初始固定费用(通常是订购费、接入费或安装费),再为之后消费的每个单位支付较小的固定价格。图 1.1 展示了几种标准价目表。只收取固定费用的价目表也称为统一费率价目表。图中的价目表适用于单一产品,但在某些情况下,公司会提供多产品价目表,依据两种或多种产品的购买数量确定总费用。例

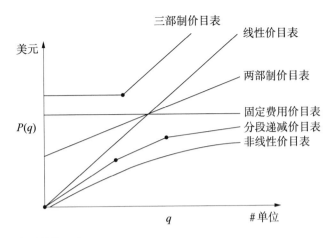

图 1.1 几个类型的价目表。

如航空公司的常客飞行计划为指定航线或指定时间的飞行提供额外的里程积分。在电力行业,客户在高峰时段和低谷时段用电的总费用通常取决于最大功率需求、平均负荷率以及购买的总电量。

为了说明这一点,表 1.1 展示了由米切尔(Mitchell)和福格尔桑(Vogelsang)(1991)报告的美国电话电报公司的大区长途服务的三种价目表。这三种价目表都明确规定了每月的固定费用,以及取决于通信距离的每次通话

表 1.1 美国电话电报公司的大区长途电话价目表的数量折扣,日间费率

价目表	专业长途服务	高通话量长途服务	远程长途服务
要求		专线	T1 干线
费率	0.254 美元/分钟	0.239 美元/分钟	0.173 美元/分钟
固定费用	5 美元/月	63 美元/月	50 美元/月
折扣			
>200 美元/月:	8%	10%	>7 500 美元/月:5%
>2 000 美元/月:	21%	15%	>30 000 美元/月:10%

资料来源:米切尔和福格尔桑(1991),表 9.2 和 9.3。"费率"是指 1 000 英里内每分钟的收费,距离更远的通话费率更高。每种价目表都规定前 30 秒的最低费用(Megacom WATS)为 18,之后以每 6 秒为增量计费。

费率。表格里仅显示通信距离在 1 000 英里①以内的每分钟费率。有两点要注意,首先,每个价目表都有一个分段递减的结构,即每月美元结算中超过两个阈值的部分有折扣。其次,在选择订购价目表套餐中的哪个选项时,对于通话次数、总分钟数和每月美元花费的各种组合,客户会预期,划分更精细的分段递减价目表是收费最低的。

非线性定价一词,通常限于向一个大类中的所有客户提供相同条款的价目表。因此,每个客户为连续单位支付相同的边际价格。虽然,比如说,第一百个单位的价格对所有客户来说都是一样的,但是这个价格可能与第十个或第一千个单位的价格不同。

1.1　非线性定价的动因

非线性价目表就像一个产品系列:它提供包含数量和相应费用的套餐,每个客户选择一个想要的数量,并支付相应费用。每个客户的决定本质上是选择购买多少增量单位,或者,当消费持续时选择平均使用率。客户通常对增量的估值不同,因此不同客户会依据对连续增量收取的边际价格表购买不同的总数量。

类似的解释适用于基于一个或多个质量属性进行区分的相关产品的产品系列。在这种情况下,增量表示沿质量维度的改进。因此,客户对质量增量的不同估值会导致他们从产品系列选择不同的购买方式,这取决于价目表中连续增量的价格。例如,机器的产品系列通常是根据尺寸或生产率、运营成本或个人需求、耐用性或维护要求、精确度或保真度等属性来区分的。许多服务业的例子都与交付条件有关,常见的包括距离、时间、速度、可靠性或可用性,以及舒适性或便利性等附加条件。例如,客户可以选择几类普通邮件和两类特快专递来投递信件或包裹,价格逐次提高,其中最快的特快专递可以保证隔夜送达,并对每个包裹进行电脑追踪记录。

---

① 1 英里约等于 1.61 千米。——编辑注

在所有这些例子中,非线性定价实际是提供一个选项套餐,客户可以根据自己的喜好从中选择不同的选项。在使用非线性定价的主要行业中,农业、商业和工业客户占了销售额的大部分。这些客户大多是系统化的、细心的,希望从服务中获得最大的净价值;例如,在通信、电力和运输等服务领域,雇用专门的管理人员并辅以计算机控制系统越来越普遍。此外,这些客户通常具有由生产技术、设施配置、销售和分销系统等决定的稳定偏好。在住宅客户中,仔细地从提供的选项套餐中获得最大优势同样也是一个重要的部分;例如,米切尔和福格尔桑(1991)的报告显示,第一年仅有 68％的客户选择美国电话电报公司的"美国畅打"套餐 A 计划,而第三年有 85％的客户选择。

套餐中包括各种数量和质量,价目表对每一种都有一个收费标准。当客户多样化时,提供有多种选择的套餐是有利的:客户能够根据自己的喜好调整购买,从而提高分配效率。用术语来说,一个"非捆绑"的系列选项允许每个客户"自选"最优购买。因此,非线性定价的最主要动因是客户群体的异质性。

当需求的价格弹性不同,且价格超过边际成本,通过不同定价来区分增量总是有利的。我们可以用经济理论中的一个标准定理来解释:将每个增量的利润率百分比设置为与其需求价格弹性成反比,当公司获得任何固定收益时,最大化客户收益的总货币价值。客户之间的异质性实际上保证了不同增量具有不同的价格弹性,因此差异化定价的次要动因源于垄断力量的使用,以使得价格高于边际成本。

在公用事业中,定价高于边际成本的主要动因是获得足够的收入来支付定期运营成本,并偿还用于安装耐用设备增加容量的资产成本。这种动因在竞争行业中仍然存在,如(放松规制的)电信、天然气传输、铁路、卡车运输及航空运输行业,只要存在规模经济,或者需求是可变的或随机的,那么使用费不能完全收回耐用容量的成本。在寡头垄断行业中,当固定成本相对于利润过高而使得市场进入受限时,非线性定价在维持足够利润以保留最大数量的竞争公司方面也发挥类似的作用:尽管它代表垄断力量的行使,但最终可以给客户带来好处。

7

1.2 非线性定价的实践用途

非线性定价在实践中有很多作用。在有些情况下,非线性定价可以促进资源的有效利用。在有些例子中,它可以满足公用事业的收入要求。它还可以被具有垄断力量的企业用来增加利润。例如:

- 非线性定价通常是提高效率所必需的。当每单位罐装费或运费随着订单大小而变化时,就会出现这种情况。同样,如果公司的库存成本高于客户的,那么引导客户定期进行大宗购买会提高效率。就电力公司而言,大量电力购买者通常有较高的负荷率,因此数量折扣为这些客户保证了较低的闲置容量成本。这类数量折扣是出于成本考虑。

- 受规制的垄断企业可以使用非线性定价来收回管理和资本成本。利用垄断力量获得足以满足其收入要求的经营利润,是公用事业或其他公共企业可用的最有效手段。在这些情形下,效率是指避免因价格偏离边际成本而出现的分配扭曲。特别是,当规制的目标是最大化客户从企业运营中获得的净收益总量时,非线性价目表可以最小化分配扭曲。在这种情况下,非线性定价是以"拉姆齐(Ramsey)定价"的形式,其中同一商品的不同单位被解释为不同的产品,第5章中将有详细的说明。特别地,当较大订单的边际单位具有更大的需求价格弹性时,提供数量折扣来最小化分配效率扭曲是有效的。分配效应并不总是有利的,因为小额购买的客户可能会支付更高的价格;但是,可以修正非线性定价来避免这些不利的分配效应。总之,非线性定价的动因可能是有效地利用垄断力量来满足收入要求,尽管可能需要针对分配目标进行修正。

8
- 在竞争市场中,非线性定价通常是一种有效的策略。例如,报纸和杂志提供数量折扣来吸引大型广告商,这些广告商也可以在其他替代媒体(如电视)上投放广告。电话公司为长途电话提供数量折扣以留住那些可能选择不使用本地交换机的大客户。航空公司提供的常客飞行计划最初是为了吸引商务旅客而设计的竞争策略。这种数量折扣的主要动因是按客户购买量细分市场竞争压力。

- 非线性定价也可以用作价格歧视的一种手段,为具有垄断力量的公司增加利润。在这种情况下,它主要是市场细分的一种手段,客户被划分成不同的数量带。利润增加的程度取决于大批量客户对增量单位的需求弹性有多大。例如机器产品系列,如复印机或打印机产品系列,它们的定价更适合不同的数量带,因为更昂贵的机器具有更高的产出率和更低的边际成本。这类非线性定价主要是因为市场细分,但价格不是由生存的竞争压力决定的,而是由各细分市场不同的需求弹性产生的利润机会决定的。

这一清单表明,非线性定价是一个很广泛的主题。它既与私人企业有关,也与公用事业公司有关,其应用可能源于对成本、效率或竞争压力的考虑。在第15章中,我们还介绍了这里没有详述的许多其他应用,如合同设计、税收计划和规制政策等。在这些情形下,参与者从选项套餐中的选择反映了取决于个人偏好和其他私人信息的激励。在这些例子中,考虑到客户多样性的产品和服务定价差异化的作用,被考虑到参与者因其私人信息而产生的多样化激励设计所取代。这些都表明,差异化的主要优势源于客户群体的异质性。

价格歧视的作用

非线性定价和价格歧视之间的联系,如上面最后一项所述,会使人对非线性定价所谓的优点产生怀疑。一般来说,价格歧视会产生不利的分配效应,并会助长垄断力量的低效使用。当基于可观测到的差异性向不同客户提供不同产品时,分配效应会很严重。当价格不能令满足公司收入要求所需的分配扭曲最小化时,就会出现分配低效。当数量和质量没有以最低成本生产,或者以固定成本可以生产更多数量或更好质量时,也会出现生产低效。

从历史上看,主要问题是仅仅为了强化产品差异化而进行的质量降级。杜普伊(Dupuit,1844)在最早的公用事业定价论文中就指出的这个问题,现在依然存在。例如,不可退款的预购机票限制了客户改变行程的可能性,即使这对公司来说是没有成本的,事实上,飞机在起飞时仍有空位。对客户来说代价昂贵的周末停留票要求之所以被强制执行,只是因为它们对商务旅行者来说是特别严苛的。同样,航空公司对不同客户收取不同票价,却提供相同的服务。[1]

质量降级的一个标准例子是时间价格歧视,其中卖方,比如出版商,持有库存并提供一个递减的价格序列,旨在以更高的价格更早地销售给那些没有耐心的客户。即使储存成本为零,这也是低效的,因为它使客户的净收益因延迟成本而减少。另一个标准例子是,制造商基于有限耐用性或淘汰计划而进行的低效产品设计。经济理论中的各种命题试图表明,低效的质量降级以及随之而来的价格歧视不会发生或不会成功,但现实是此类做法明显盛行,这表明理论中所用的假设限制太多是不符合实际的。[2]

很可惜的是,本书要完全忽略低效价格歧视的不良福利影响。对于允许低效使用垄断力量来满足企业收入要求的好处的深入分析,是一个过于复杂和冗长的话题,本书暂不讨论。因此,我们只考虑以拉姆齐定价形式**有效**利用垄断力量。特别是,(a)我们只考虑向所有客户提供相同条款的价目表的情况;(b)公司产品或服务的质量规格是固定的;(c)公司的成本和生产技术是固定的,并且有效运营。

10

1.3 非线性定价的可行性分析

非线性定价的实施需要满足四个前提条件。本节详细阐述了这些基本要求,并列出了非线性定价可行的各种实际情况。

---

① 就最近的一次航班而言,个人购买的最低票价是 328 美元;如果是由我们学校预订机票的话,价格是 288 美元;如果是我自己的大学旅行办公室预订的话,则是 200 美元。而两个月后的第二次旅行,因为价格战的缘故,机票价仅为 66 美元。

② 这些命题统称为斯旺定理(Swan's theorem)和科斯猜想(Coase conjecture);参见 Swan (1972),Coase(1972),Bulow(1982),Gul、Sonnenschein 和 Wilson(1986)。然而,Bulow(1986)表明,当使用类似 Gul、Sonnenschein 和 Wilson(1986)的公式时,斯旺定理是错误的;特别地,以产品耐用性低效的形式出现的质量降级是垄断生产商的最优策略。此外,Gul(1987)表明,科斯猜想对于寡头垄断企业是错误的。

四个先决条件可以简要概括如下[①]：

- 卖方拥有垄断力量。
- 转售市场有限或不存在。
- 卖方可以监测客户的购买情况。
- 卖方拥有非聚合的需求数据。

以下将依次讨论。

垄断力量

在竞争激烈的市场中，价格会被拉低到接近供给的直接成本。但是非线性定价不在此列，当然基于生产或交付大订单中的实际成本节约而提供的数量折扣除外。然而，很少有市场是完全竞争的。在**垄断竞争**市场中，企业产品有足够的差异性，使得每个企业都有一定的能力将其价格设定为高于直接成本。在**寡头竞争**市场中，企业产品是近似替代品或完全替代品，但是企业的数量足够少到可以实现正利润。如果存在持续的进入威胁，这些利润限于不可逆转的容量投资的正常回报。不过，在不完全竞争的市场上，非线性定价通常是可行的。我们在第 12 章中看到，市场竞争程度会限制非线性定价的程度。此外，如果存在很多公司，那么价目表中的非线性将会被消除。垄断力量在各个细分市场间可能有很大的差异。例如，航空公司在不同航线上受到的竞争压力有很大不同。

在受规制行业中，一家企业通常可以保证在其所分配的地区垄断服务分布。但是行业中最大的工业客户属于例外，尤其是在部分放松规制的行业里，例如：在美国佐治亚州和英国，电力公司会争夺负荷超过 900 千瓦的客户；在美国的电话行业中，对最大商业客户的竞争非常激烈，部分竞争来自从美国电话电报公司

11

[①]　在此清单中，对于美国不受规制行业的公司，可能还要加上法律可行性。尽管《罗宾逊-帕特曼法案》（Robinson-Patman Act）近年来没有实施，但它通过使大型商业客户在商品（而非服务）的同一零售市场上相对于小型商业客户具有竞争优势，从而禁止了损害竞争的数量折扣。关于这方面对《罗宾逊-帕特曼法案》的讨论，请参见第 5.2 节，Scherer(1980，§21)和 Varian(1989，§3.7)。

购买大批量服务的分销商。垄断分销特许权包括服务义务以及规制机构对投资、价格和净收入的控制。在费率设计中，行使垄断力量的程度主要取决于收入要求的大小。例如，一家供水公司可能会发现使用非线性定价没有任何好处，而拥有更大资本要求的电力公司或电话公司可能会认为很有必要。

转售市场

非线性定价的一个必要条件是，转售市场是不存在的、受限制的或被原始供应商控制的。如果客户可以自由转卖，那么非线性定价使一些客户可以通过套利获利。例如，如果大订单的每单位平均价格较低，那么购买大订单的客户可以通过将大订单分成若干小订单并在转售市场上出售而获利。允许大宗购买者转售是长途电话传输行业放松监管的一个主要特征。如果价格表是递增的，那么客户可以通过开设多个账户并从每个账户购买少量产品受益。原始供应商的最终结果是，所有销售都以提供的每单位最低平均价格来交易。

因此，要确保非线性定价有效，禁止或限制转售是很有必要的。例如，在规制政策允许的情况下，电力和通信的价目表中都明确规定禁止转售。如果转售是可行但价格昂贵的，那么价目表中的非线性程度就会被限制在客户无法进行套利的水平。如果批量转售是被禁止的，那么限制多个账户就可以确保价格表不是递增的，即价目表是凹的。最低限制要求价目表是次可加性的：如果价目表对 q 规模的购买收取 $P(q)$，那么次可加性要求 $P(q_1 + q_2) \leqslant P(q_1) + P(q_2)$，确保从两个账户购买不会比从一个账户购买更便宜。

禁止转售本质上是对垄断力量限制的一种阐述，因为它阻止了在转售市场上作为二级供应商的客户的竞争。对许多耐用品而言，来自转售市场的竞争是普遍存在的，即使原始设备制造商拥有垄断地位。资本设备的转售和租赁市场为客户提供了购买新设备或者购买和租用旧设备的选择。因此，制造商的每一笔销售都会产生一个潜在竞争对手。出于这个原因，IBM 和施乐等公司都选择出租而不是出售自己的机器，直到美国反垄断法律认定这是反竞争行为。其他商品则不那么容易套利：一颗大钻石或一台大型计算机无法分割成很多小块来转售获利。

另一方面,在许多行业中,转售和租赁市场都被排除在外。在一些服务行业,转售是不可能的或代价昂贵的,尤其在涉及直接劳动服务的情况下。在资本密集型行业,如果卖方控制了基础设备,如通信、电力行业的交换器和主干线,航空公司的飞机,则该技术可能会排除转售。在其他行业,监管规定或商业惯例将其排除在外。例如,电话服务的转售是被禁止的,直到前几年该行业才放松规制,美国联邦通信委员会(FCC)要求美国电话电报公司允许美国世界通信公司转售长途电话服务。[①] 在电力行业,市政公用事业公司长期以来一直享有向当地客户转售电力的特权,但除此以外,配电通常是受规制垄断的,除了前面提到的几个在部分放松规制的辖区内的最大工业客户。限制性商业行为的作用在航空业尤为突出,部分原因是长年的监管;尤其是,特定航班以客户姓名预订的机票是不可转让的。在各类租赁设备,如租车的市场上,也有类似的做法。

监测购买

任何非线性价目表都有一个重要组成部分,即一个监测客户购买的系统。监测包括识别客户,测量他们的购买,以及结算。该系统取决于价目表的以下几个参数:

- 什么是客户? 当使用统一定价时,通常使用交易或结算账户来识别客户,但当使用非线性价目表时,如何定义客户就会对价目表设计产生重大影响。一个例子是航空公司提供的常客飞行计划。该计划将旅行者定义为客户,尽管机票是向旅行者的雇主收费的,折扣机票通常却限于旅行者的家人。这种对客户的定义禁止雇主获得雇员的折扣。出版商的做法类似,他们将广告代理商定义为客户,而不是宣传产品的公司。如果价格表具有递增的部分,则可能需要排除多个账户,例如小额购买的最低生活保障费率。

---

① 在电信行业中,转售的成本很高,即使联邦通信委员会允许转售交换服务,美国电话电报公司(AT&T)仍然可以从非线性定价的长途电话服务(WATS)中获利,只有高通话量的那部分受到来自转售市场的明显竞争。感谢 David Sibley 对这一现象的观察。

13

- 价目表的维度是什么？购买可以用实物单位、交易数量或货币金额来衡量。多个维度可以同时使用,例如:杂志为大型单个广告提供折扣,也为年度总结算额提供折扣;电力公司对需量费用(最大功率负荷)和电度电费都提供折扣。同样,结算周期也是价目表的一个重要参数。

- 购买单位是什么？数量折扣可以应用于单个订单、购买率(在一个结算周期或更长跨度,如一年)或累计购买量。这些都可以用实物单位、订单数量或货币金额来衡量。货币测量对聚合不同项目的总价特别有用。通常,如何选择受到成本经济的来源(例如单次装运)或各期购买趋于平稳的自然时间段的影响。电话费和电费通常是基于每月结算周期或年消费率,而航空公司常客飞行计划则使用年费率以及按里程衡量的累计购买。

- 质量属性是什么？非线性定价对一系列不同质量的产品是以差异化的产品系列(例如,非捆绑)还是基于单一平均质量的价格提供,是非常敏感的。例如,电力公司可以在供应短缺时根据需要随机地或轮流地给客户断电,使所有客户都有相同的断电机会;或者它也可以提供一系列优先级不同的差异化服务。差异化通常需要更复杂的监测:按使用时间区分的功率差异化服务需要分别记录不同时间段的使用情况和结算系统,而针对可断电或减少电力供应的差异化服务需要更精细的调度和控制系统。

- 结算方式是什么？很多价目表规定单个交易或定期结算的费用或折扣,而其他价目表则采用更复杂的方式。客户可能会被要求提供购买证明或申请折扣和返现。常客飞行计划只提供实物返现类的折扣,包括免费门票、升舱或贵宾休息厅之类的附加服务。在某些情况下,折扣是隐含的,如卖方承担部分或全部的运输和交付成本。常见的程序取决于每个客户最初选择的合同套餐,然后在结算期结束时进行相应的结算。例如,对于银行服务,客户可以选择每张支票支付固定价格的服务,也可以选择按月收费并为每张支票支付一个较低价格的服务费;对于租车,可以在两种依据不同里程区分的日费率之间进行选择;对于停车位租金,可以在月付费率和日付费率间进行选择。机器的产品系列通常采用以下形式:客户可以在几台价格依次增加的机器中进行选择,而这些机器的运行成本依次降低。如果客户不确定他们的消费情况,那么卖方可以根据客户可能选择的最有利合同计费来降低风险;例如,有几家汽车租赁公司就遵循这一做法,美国电话电报公司的一些可选套餐也是这样。

价目表设计中涉及的上述部分考虑因素主要指数量折扣,但类似的讨论也适用于质量属性。然而,基于质量的价目表存在测量和合同履行等方面的问题。例如,服务可靠性、交付速度或产品耐用性的非线性定价通常不能直接实施。通过为客户提供稀缺容量的优先级选择,很容易实现服务可靠性;交付速度通常通过模糊表达(例如,隔夜交付)或优先排队来实现;通过售后维护或换新保修可以更好地保证产品的耐用性。

14

价目表设计的一个实际要求是要足够简单,以便客户和销售代表能够理解。1980 年,作者发现一家复印机制造商和一家电话公司(大区长途电话服务线路)的销售人员使用的定价手册非常冗长(每本 3 英寸厚)和复杂,让人无法看懂,事实上它们的销售人员也有这样的想法。在为大区长途电话服务提供的众多价目表中,对每个客户使用量来说,三分之一似乎要比其他组合更贵。随着长途电话行业的规制不断放松,这种情况发生了巨大变化:美国电话电报公司现在提供一系列简单的长途电话服务选项,基本上是一个单一的四部制价目表。

非聚合的需求数据

非线性定价的根本原因在于客户之间的异质性。正是因为不同客户对连续增量的重视程度不同,卖家的最优产品设计和定价策略才会根据购买规模而有所区别。在某些市场(如冰箱和汽车等家庭耐用品市场),购买规模是没有实际考虑意义的,因为客户很少会购买超过一件商品,但在大多数市场,数量是一个重要的维度,客户的购买有很大的差异。

调整定价策略以考虑到客户之间的异质性,实质上等同于设计一种按购买数量(或质量)区分的产品系列。设计任务所需的基本需求数据,是根据支付价格和购买数量来分类的客户购买记录或其估计量。此外,设计也可以基于依据其他客户异质性变量的模型,例如工业客户的销售量或生产率以及住宅客户的社会人口指数。

15　　许多公司并不会定期积累这种程度的非聚合数据,因此没有认识到或无法衡量非线性定价的优势。在有些情况下,个人客户的记录被保留下来,但数据反映的价格变化太小,因此难以估计各种购买规模的需求弹性。在初步实施非线性定价后,可以获得大量的数据,但是也存在相当大的风险可能影响初始测试。

重要的是我们要认识到,非线性定价不一定需要精细的差异化才能具有优势。通常情况下,只需为几个数量带确定差异化价格,就可以做到精细差异化价目表能获得的大部分收益。这是幸运的,因为细微差别会使价目表太复杂,而且增加监测和计费成本。在实践中,提供几个两部制价目表的套餐通常就足够了。

在接下来的各章中,我们将描述非线性定价的基本特征,并描述如何构建非线性价格表。我们强调它本质上相当于基于客户的数量带进行市场划分。这种说法为非线性定价提供了直观解释;此外,它还提供了分析各类问题的一种系统方法。在第 2 章中,一些非线性定价的实例说明了它在实践中是如何应用的。在下一节,我们将通过电力行业的几个例子来介绍此类应用,然后在最后一节总结后续各章中得出的主要结论。

1.4　例子:电力行业

非线性定价在许多行业都发挥着重要作用,因此这里的讨论充分说明这个主题是广泛适用的。这些例子来自多个行业,描述了可以使用非线性定价的各种情景。当然,本节也包含了许多在电力行业中常见的且重要的费率设计方面的主题。

首先回顾一下,购买发电设备使公用事业公司的客户面临非线性定价表,这是有启发性的。考虑四种发电方式的优先顺序如下:水力发电、核能发电、煤炭发电、燃气发电。这四者的能源成本(货币/千瓦时)依次增加,每单位功率的资本成本(货币/千瓦)依次减少。因此,对于一千瓦的负荷来说,随着负荷持续时间(小时/年)的增加,通常会按与所列顺序相反的次序选择这四种发电方式。实际上,公用事业公司面临着一个由持续时间决定的非线性发电成本表。该价目表不是由任何一家供应商提供的,而且公用事业公司可能会购买多种类型的发电机以满足其负荷持续时间曲线。但它表明从客户交易方面来看,在电力行业中选择非线性价目表是很常见的。

作为通过拍卖分配的长期电力供应合同的一个重要组成部分,供应商对提供的服务实施非线性定价在电力行业越来越普遍。无论是由公用事业部门设计的还是由供应商在拍卖中提议的,价目表的差异化通常是依据功率等级、持续时间和总电量,同时也可以依据各种质量属性,如可用性、调度的便利性和保证性,以及其他一些可靠性因素。事实上,拍卖特别吸引具有详细定价规则的合同,这些合同能以最低的供应商成本满足公用事业的目标,同时确保双方都有足够的合规动机。

从供应方来看,电力行业的公用事业公司长期以来一直提供各类非线性价目表,特别是针对商业和工业客户的分段递减价目表。客户每个月都会产生电度电费和基于高峰功率的需量费用,这些费用根据费率表中的区段非均匀地累计。因此,实际的价目表像两部制价目表一样包含需量费用和电度电费,而且因为使用量和高峰功率的费率分了多个区段,很明显它并不均匀。莱特(Wright)价目表使特别复杂的、基于能源和最大功率水平的非线性定价方案变得有可能。这两种类型的价目表将在第 2.2 节中给出例子,并在第 11 章中进行分析。

非线性定价的另一种观点是将价目表解释为基于质量而不是数量的指标。这在电力行业中被称为高峰负荷定价。也就是说,在高峰时段的电力质量更好,因为这时客户想要更多的电力,并且他们愿意支付更多。与基于数量的非线性定价一样,每单位电力的价格会随着使用时间而系统地变化,如果容量不足或发电成本较高,则将导致高峰时段的价格上涨。

其他类型的质量差异化也很重要。比如电力行业中的需求侧管理项目就是很重要的例子,它是根据供应不足时断电服务或限电服务的可能性来差异化费率的。这样做也具有成本合理性,因为断电的需求可以替代需要高代价容量的高峰负荷服务。基于差异化的服务优先级的价目表设计,本书将在第 2.3 节中给出例子,并在第 10 章中进行分析。

电力行业中特别需要关注的是,为了留住大客户,非线性定价正被越来越多地使用。自解除规制以来,这种做法在电信行业也越来越多,目的是阻止大客户选择绕过本地交换机。这也是电力公司担心大客户因行业内特有的旁路形式(即热电联产)而流失的一种重要策略。大额购买的数量折扣有一定成本方面的原因,由于大客户往往有较高的负荷率,因此为高峰负荷服务的容量成本相对较低。第5.3节中的例子说明电话公司使用非线性价目表既为大客户提供优惠,也不会给小客户带来损失。其主要特点是,有机会绕过的大客户实际上因为有机会选择绕过会有更大的价格需求弹性——而正是更大的弹性使非线性定价有效。

17

最后,我们注意到,非线性定价本质上是对拉姆齐定价的应用,其中细分市场是根据数量带确定的。鉴于拉姆齐定价原则在电力行业费率设计中的普遍作用,这种解释有助于阐明拉姆齐定价在价目表设计中的全部含义。尽管规制机构通常只在统一价格的有限范围内进行基于拉姆齐定价的讨论,但该方法的适用范围要大得多。

1.5　各章概览

本书共四个部分。第一部分面向普通读者,而第二到第四部分技术性越来越强,需要读者了解更多的数学概念。第一部分包含第2章到第5章,介绍了非线性定价的基本观点。对数学的要求仅保持在准确性所需的最低限度:主要用于简单描述各种数量、价格、成本和收入。第3章定义的用需求档案描述的需求数据,使这种基本表达方法可行。需求档案以部分汇总的形式聚合数据,仅保留价格是如何影响客户购买分布的信息。这是需求数据的常用形式,也是保留足够信息来构建非线性价目表的最聚合形式。

第4章展示了如何使用需求档案构建由利润最大化的垄断企业提供的单一产品的非线性价目表。第5章将这一分析扩展到受规制的企业,该企业在要求其净收入足以收回全部成本的情况下,最大限度地提高客户的净收益总和。此外,它介绍了如何限制价目表,以确保与公司带来相同净收入的统一价格相比,客户不会因非线性定价而面临损失。一般读者也可能对第 15 章中用基本术语描述的非线性定价的其他应用,以及第 16 章中关于非线性定价的简短历史感兴趣。

第二部分包括第 6 章到第 8 章,这几章基于明确规定每个客户需求行为的完全非聚合模型。这部分内容的数学难度较大,主要面向那些对非线性定价的技术方面感兴趣的读者。第 6 章通过基于对非聚合需求模型的类似分析,对第一部分中描述的需求档案进行补充。在该模型中,依据影响其偏好或需求的单个参数识别客户或细分市场。这一章描述了多部制价目表、完全非线性价目表和相关接入费或固定费用的设计。第 7 章用几个例子说明收入效应的影响。第 8 章讨论了几个技术方面的问题,并说明前几章的分析可以推广到更复杂的模型中。

第三部分考虑了具有一个或多个质量属性(例如交付时间或可靠性)的单一产品的价目表设计。第 9 章介绍具有多种属性(例如数量和质量,以时间、速度或其他交付条件来衡量)的产品的两个版本的非线性定价。第 10 章和第 11 章侧重受供给或容量限制影响的应用:首先,总容量由服务优先级定价决定;其次,客户的容量分配与实际使用情况应分开定价。

第四部分讨论多种产品联合定价的价目表设计。第 12 章首先考虑对几种产品单独收费的情况。这一章还介绍了如何将分析拓展到单个行业中几个单一产品公司之间的竞争。第 13 章和第 14 章探讨了多产品非线性价目表的一般理论,首先是基于非聚合需求模型的分析,其次是易于计算的多产品版本的需求档案。

两个补充章节提供了读者感兴趣的更多材料。第 15 章概述了非线性定价在其他场景的应用,例如保险和劳动力市场中的合同,同样每个参与者从选项套餐中的选择会受个体特征或私人信息特征的影响。第 16 章概述了有关非线性定价的文献。

下面简要概述每章的主要内容,且每章最后都附有一个结论,介绍该章得出的最主要的定性结论。

第一部分：非线性定价的基本原理

第 2 章　非线性定价的实例：本章描述了在多个行业中企业实施非线性定价的实践情况。包括一些竞争性行业，如出版业、航空业和快递业，以及一些受规制的垄断行业，如电力和电话行业。

结论：在受规制行业和竞争性行业中，各种形式的非线性定价被用来区分或"解绑"数量或质量的增量。

第 3 章　模型和数据来源：本章介绍构建非线性价目表的数据。它主张用需求档案的估计值来表示需求数据的聚合形式。

结论：因为非线性定价的优势源于客户之间的异质性，所以它的实施取决于对客户购买分布的价格弹性的估计，这可以从需求档案中的汇总数据中获得。

19

第 4 章　价目表设计：本章介绍如何使用需求档案为利润最大化的垄断企业构建非线性价目表。对基于表格形式的需求数据而构建的边际价格表，和从需求数据估计的参数化模型而构建的边际价格表，都作出说明。非线性定价也可以用捆绑定价这样的特例来解释，即对不同的组合或捆绑包收取不同的价格。

结论：对于利润最大化的公司，边际价格表是通过最优化购买规模中每个增量的价格得到的。经过修正后这一原则也适用于接入费和多部制价目表。

第 5 章　拉姆齐定价：本章说明，只需稍作修改，同样的价目表设计原则也适用于受规制企业，其价目表在收回企业全部成本的前提下能使客户的净收益最大化。然而，在实践中，通过对价目表施加限制条件来进行修正，即与现有价目表相比，任何客户都不会面临不利（如与为公司收回相同收入的统一价格相比）。通常这样做是为了确保购买大量产品的客户从非线性价目表中获得的有效收益不会对那些购买少量产品的客户造成不利影响。

结论：拉姆齐定价本质上基于同样的价目表设计原则，但为了确保没有客户面临不利（与满足收入等值要求的统一价格相比），客户仍然可以按收入等值的统一价格购买初始增量。

第二部分:非聚合需求模型

第 6 章　单参数非聚合模型:本章基于客户收益或需求的参数化模型再次讨论第 4 章的内容。这类模型在该主题的大多数技术处理中都有使用。单类型参数可以用来描述客户或细分市场的差异。不管该参数是离散的还是连续的,都可以推导出最优价目表,也可以推导并构建最优固定费用和多部制价目表。

结论:基于单一需求参数识别不同细分市场的模型,能够精确地描述和计算最优的多部制非线性价目表。

第 7 章　收入效应:本章描述了由客户预算约束产生的收入效应对非线性定价的影响。我们用数值例子说明三种不同类型的收入效应。计算最优价目表所需的算法更加复杂,但是主要的定性特征没有改变。

结论:本章的例子表明收入效应可能影响很大,取决于它们的形式和居民需求收入弹性的变化。如果价目表给客户留下大量的剩余收入,且居民收入弹性的变化很小,那么收入效应对价目表设计几乎没有影响。

第 8 章　技术性修正:本章考察非线性定价涉及的几个技术问题。前两节提出了保证非线性价目表满足客户和公司最优行为的所需条件。第 3 节提出最优多部制价目表或可选的两部制价目表套餐,几乎近似于最优非线性价目表。特别是,只使用 n 个部分或选项所损失的利润或剩余大约与 $1/n^2$ 成正比。因此,仅有少数几个选项的套餐也足以实现非线性价目表的大部分可能收益。第 4 节表明前几章的主要结论也适用于非聚合需求模型,在这些模型中客户需求是由多个类型参数描述的。第 5 节描述了基于总收费的需求档案表述的扩展。主要的新特征是小规模购买的价格可能会以类似于最低生活保障费率的方式降低。

结论:(a)为确保需求预测的准确性,客户购买类型的分配必须是满足单调性的,这可以通过使用平均程序消除非单调性来保证。(b)只有少数几个细分市场的多部制价目表也可以从非线性定价中获得大部分收益。(c)基于单个类型参数分析的主要结论在基于多个参数的模型中得以保留。(d)如果需求对总费用敏感,那么可以减少对小规模购买的收费来保证最优的市场渗透率。

第三部分:多维价目表

第9章 多维定价:本章介绍多产品非线性定价的最简单形式,其中每个客户都会为购买的每个单位给定质量属性的一个最优组合。当客户选择交付条件或服务质量等其他方面时,可以使用这种形式的非线性定价。第4章中根据需求档案构建非线性价目表的方法同样适用于本章,但有些应用涉及替代效应,需要更详细的计算。

总结:如果客户选择任意的增量集,非线性定价可以直接扩展到多数量和多质量的维度;然而价目表也会受到客户需求替代效应的影响。

第10章 优先级定价:本章介绍了多维定价在客户根据供应情况进行分配时的应用。客户从基于非线性价目表的定价选项套餐中选择他们的服务优先级。

结论:当供给受到容量限制,且需求和供给都是随机的时候,可以使用多维公式中的拉姆齐定价原理,联合设计服务优先级和数量的非线性定价。

第11章 容量定价:本章加入对容量费和使用费的讨论,对多维定价进行了拓展。收费可以采取几种不同的形式,按使用时间收取使用费且同时对容量收取统一的需量费用,或者按容量增量实施非线性定价,同时对每个容量单位的使用时间实施非线性定价(这在电力行业称为莱特电价)。

结论:当客户购买反映高峰负荷效应的负荷持续时间增量集时,非线性定价可用于设计适用于使用量和容量要求的价目表。

第四部分:多产品价目表

第12章 多产品及竞争价目表:本章介绍了非线性定价在多产品情景下的若干扩展。在第一种情况下,一家公司为几种产品中的每种产品都提供单独的价目表。最优价目表可以从多产品的需求档案中推导出来,其中替代效应是明确标示的,计算可通过简单的梯度算法进行。在第二种情况中,竞争行业中的每个公司都为自己的产品提供单独的价目表。第一个模型考虑产品不完全替代的企业之间的纯价格竞争;第二个模型考虑提供相同产品的公司,但竞争受到公司供给或容量的影响;第三个模型考虑多产品公司之间的竞争,这些公司根据不断变化的需求条件调整定价策略。

结论:非线性定价可用于单个公司的多种产品,或竞争行业中多个公司提供的多种产品。客户用一种产品替代另一种产品的可能性,对价目表设计有着显著影响。非线性的实施形式取决于多种产品是单独定价的还是联合定价的,也取决于行业的竞争结构。

第 13 章　多产品定价:本章描述了多产品垄断者或受规制企业如何构建单 22
一的综合价目表。这种表述基于客户收益或需求函数的模型,该模型有一个或多个参数描述客户类型。当有多个类型参数时,由于技术上要求边际价格表对累计费用的估值与客户的累积模式无关,计算会变得复杂。示例表明,多产品价目表的一个重要特征是强调捆绑。也就是说,每种产品的价格表在很大程度上取决于客户购买其他产品的数量。例如,高峰时段的电价可能取决于客户低谷时段的负荷,类似所谓的负荷率折扣。

结论:多产品的多元价目表设计遵循与单一产品相同的一般原则,但计算比较复杂。捆绑很重要:每种产品的价格取决于其他产品的购买情况。

第 14 章　多产品价目表:本章直接从多产品需求档案中推导出近似的最优多元价目表,该近似取决于可忽略的客户参与约束。价目表可以根据对多产品的增量收取"价格微分"来构建。简单的梯度算法就足以进行计算。

结论:多产品需求档案可以直接用于计算近似的最优多产品价目表,对许多问题来说这是最简单的方法。

附录

第 15 章 *非线性定价的其他应用*：前几章强调非线性价目表在产品市场中的应用。本章描述其在其他市场中的一些应用，如保险、合同和工作激励等。在产品定价中，非线性价目表之所以有用是因为客户是多样化的。而在其他应用中，多样性的作用被参与者的个体信息或行为的隐私性所取代。也就是说，客户类型的多样性是由单个参与者可能知道的信息多样性来代表的。

结论：在产品定价、合同、规制和税收等其他情景下设计价目表或选项套餐时，应意识到每个参与者的选择都取决于个人偏好或私人信息。

第 16 章 *参考文献*：本章简要介绍非线性定价理论的发展历史，并提供经典的参考文献。众多技术文献源于拉姆齐提出的满足收入要求的产品定价和莫里斯对政府税收的应用。随后的文献讨论了非线性定价在数量和质量差异化产品上的广泛应用，以及受激励和私人信息影响的合同的相关应用。

引用文献：本书在最后列出正文中引用或参考文献中提到的所有文献，以及一些虽未引用但也相关的有趣文献。

文中提到的例子和应用有一定的选择性偏误，大多涉及经常使用非线性定价的受规制行业。特别是我自己的工作背景主要是在电力行业，所以它经常被用作案例研究。

大部分章节都包含数值例子，用来说明计算方法或结果的特征。选择这些例子的理由非常简单，仅仅出于说明的目的。当然，在实践中，费率设计需要处理更复杂的定价问题。实际应用涉及大量的数据分析、模型制定和估计，以及复杂的计算，在此不做完整的介绍。

1.6　小结

本书的主要内容概括如下：

- 文中的例子和应用表明非线性定价被广泛使用，且经常以变形形式出现。非线性定价的优势本质上还是源于客户对购买数量或质量的连续增量估值的差异性。客户群体中的这种差异性，允许对基于数量带或质量差异的产品系列的细分市场进行产品差异化分类。一定程度的垄断力量和对转售市场的限制，对非线性定价的有效性是至关重要的。非线性定价的实施需要卖方能够识别客户并监测他们的购买情况。

- 非线性价目表可以根据统一定价中获得的普通需求数据构建。需求档案汇总了在不同价格下观察到的购买分布情况，并提供了必要的需求数据。对单一产品，基本的计算足以设计出非线性价目表。这可以通过将价目表解释为对客户购买的连续增量组成的产品系列收费来实现。竞争公司的非线性价目表可以用同样的方法进行分析。多维定价的计算是相对简单的，可是多产品定价的计算会因为产品间的替代效应而变得复杂。

- 非线性定价可以依据显性考虑每个客户的预测行为，并且通常通过识别不同细分市场的参数化模型来完成。从这个细节来看，理论上来说我们可以准确地描述最优价目表。然而，由于很少有足够的数据来估计此类模型，因此部分论述实际上依赖于基于需求档案描述的部分聚合公式，它描述了收费价格是如何影响客户购买分布的。

- 非线性定价的实际应用一般使用多部制价目表或可选的两部制价目表套餐。这是足够的，因为一个有少数区段的多部制价目表就能实现非线性定价的大部分优势。多部制价目表和可选两部制价目表的构建方式相同，只是最优条件用完全非线性价目表的相关条件的各区段平均值来表示。

24

- 非线性定价是使受规制垄断企业获得足够收入从而收回全部成本的有效方式。然而,由于非线性价目表主要通过数量折扣使大客户受益,与获得相同收入的统一价格相比,小客户可能处于不利地位。要消除这些不利的分配效应,一个有效的办法是将边际价格的上限设定为收入等值的统一价格。

第一部分

非线性定价的基本原理

─ 第 2 章 ─
非线性定价的实例

使用数量折扣在商业实践中历史悠久。近年来,非线性定价的应用显著增加。造成这种增长的原因有三个,最基本的解释是越来越多的公司在大众市场上提供标准化的产品或服务。由于这些市场由各种各样的细分市场组成,但提供的是单一价目表、价格表或选项套餐,基于可观测的客户购买信息(如购买规模或质量选择)来区分产品或服务的价目表是具有优势的。此外,计算机化的数据处理也简化了监测购买、账户和结算的基本任务。进一步的解释是,运输、通信和电力(发电和大宗供气)等主要行业已大幅放松规制。为了生存,这些市场的竞争压力和高昂的资金成本需要差异化产品,而非线性定价是差异化的一个重要手段。然而,更深层次的解释是人们认识到产品差异化,特别是非线性定价是许多行业进行有效产品设计和定价的必要组成部分。当我们在第 5 章研究有收入回收要求的受规制企业的拉姆齐定价时,以及在第 12 章中,当我们研究不完全竞争市场时,将更详细地讨论这种解释。本章中我们的目的是介绍非线性定价在多个行业的应用。

本章介绍非线性定价的几个应用实例。第 1 节描述两个主要周刊在高度竞争的市场中使用的广告费率。第 2 节和第 3 节描述法国和美国加州的公共电力供应公司的价目表。这些案例说明了非线性定价的一些实践情况。首先,在这两个案例中,企业都使用精心设计的价目表,同时在多个维度上应用非线性定价,一些是数量维度的,另一些是质量维度的。其次,这样制定价目表的动机一部分是出于公司的成本考虑,另一部分是源于客户的需求行为——在每种情况下,都是以行业中供应商和客户特有的技术方式。再次,其中一个应用来自竞争性行业,而其他应用则与受规制的垄断行业有关,说明非线性定价应用的广泛性。第 4、5、6 节分别描述了电话、快递和航空市场中非线性定价的情况,这些市场近年来都已大幅放松规制。

2.1　《时代》周刊和《新闻周刊》的广告费率

非线性定价的极端例子可以在报纸和杂志提供的广告插入费率表中找到。在本节中,我们将描述《时代》(*Time*)周刊和《新闻周刊》(*Newsweek*)所使用的价目表,它们是在美国①全国市场中竞争的两种最主要的新闻周刊。因为它们的价目表又长又复杂,所以我们仅总结其主要特征。

两本杂志都在多个维度使用非线性定价,包含单个广告的大小,每期购买的总发行量部分,以及客户每年广告购买的累计金额。此外,每本杂志还根据质量属性,包括色彩内容和受众特征,进一步区分其价目表。下面将依次介绍。

每本杂志都采用三栏版式,因此,单个广告插页("广告")的价格是以半栏或六分之一页面的倍数报价的,并根据颜色(除黑色外)的数量是 0、1 还是 4 来依次提高质量和价格。我们通常将一整页的四色广告称为 1P4C。通过将每个价格除以插页大小和 1P4C 广告的价格,可以降低所生成价目表的复杂性,这样做可以将价格转换为以全页四色为基准的价格,我们称之为**标化**价格。进一步除以杂志的**覆盖率**(杂志的读者规模),将价格按每千人展示费用(CPM)计算。尽管《时代》周刊的标化费率比《新闻周刊》的贵 40%,但对 1P4C 广告来说,其每千人展示费用只高出 10% 左右。《时代》周刊的每种颜色质量的标化价格会随着

---

① 本节内容基于 1987 年 12 月斯坦福商学院 Timothy McGuire 的论文 "Nonlinear Pricing and Unbundling by the Major Newsweeklies",文中的讨论分别基于 1987 年 1 月 5 日《时代》周刊的第 71 号费率卡,和《新闻周刊》的第 58 号费率卡。

广告尺寸的增加而降低，增量规模的边际价格也是如此，但有两个例外：对于 0C 和 1C 的广告，从三分之一页增加到半页的增量标化价格会增加。（这可能是因为当页面的上半部或下半部为广告时，拼合该页面的成本较高；对于《新闻周刊》，即使是在这些相同的点上，其标化价格也会增加。）对于每种规模，1C 的增量成本是正的，4C 的增量成本也是正的，但这些增量随着广告规模的增加而下降，且 4C 比 1C 下降得更多。《时代》周刊的三分之一版和整版广告的标化价格反映了其对 0C 和 4C 的整版广告的数量折扣分别为 17％和 23％，而《新闻周刊》的折扣略低。对于每种规模，每本杂志都在 0C 的价格基础上加一个固定的百分比（《时代》周刊的百分比更小）从而得到 1C 的价格，且这个百分比随着规模递减直到获得 4C 的价格。

第二类非线性定价是基于购买的发行量。每本杂志都为广告商提供多种选择：全国版、各种重叠的地区版和"主要市场"版，以及若干针对特定人口类别（如收入水平或职业）的特别版。《时代》周刊和《新闻周刊》分别有 113 个和 94 个地区版，以及多个特别版。（订购者收到的杂志里，包含针对他的地理位置和人口统计特征而符合条件的所有版本的广告。）通常，与全国版相比，这些版本的价格有略高的目标每千人展示费用（CPMs），这反映出它们获得了更高"质量"的读者。就 4C 而言，《时代》周刊对第一个地区版收取 6 390 美元，对第二版收取 3 495 美元，其后在 10 万份发行量以下零收费，对超过 290 万份的额外发行量按 15 档的递减边际费率定价，从每千份 35.46 美元降至 27.4 美元。这些费率均高于专业管理读者，全国版的目标每千人展示费用约为 18 美元（"成年读者"的每千人展示费用约为 4.5 美元），但是特别版对这些特定读者的每千人展示费用几乎相同。当数量小于 10 份时，《新闻周刊》对每份地区版统一收取 820 美元，超过十份之后价格为零，但其在 196 个发行范围内每千份的边际费用表几乎没有规律可循。事实上，在 40 万份时边际费用最低（24 美元），而在 200 万份时则明显较高（27 美元）。《新闻周刊》的边际发行费率的不规律性可能是由于费率表采用表格形式导致的，该费率表包含三个表格，每张表格有 196 行和 10 列，这往往会隐藏与客户有关的边际费用。

第三类非线性定价是基于客户每年购买的广告总量，分为三个部分。第一，

《时代》周刊提供了一个基于年度购买总量的 11 档折扣表,该表以适用于全年购买量的百分比折扣表示:当年购买量超过 890 万美元时,折扣从 0% 到 15% 不等。其次,它提供了一个匹配上一年购买量的 4 档折扣表:当购买量超过 890 万美元时,折扣从 0% 到 4% 不等。第三,如果超出上一年的支出 37.5 万美元或 75 万美元,将给予额外 3% 或 5% 的折扣。显然后两类折扣是为了保持市场份额,并获得客户广告预算的年度增量,而第一类折扣则是针对广告行业的一个特殊特征。如果连续几期杂志都放置相同或相似的广告,那么覆盖率(在任何一期中看到广告的读者人数)会增加,但其增速会急剧下降;同样,平均频率(特定读者看到广告的次数)会以递减的速度增加。此外,频率对读者购买广告商品的机会也有递减的影响。例如,《时代》周刊一年插入 52 次广告的覆盖率仅为单期覆盖率的 3 倍,频率仅为 18 倍。因此,广告商在同一本杂志上多次插入广告的收入会急剧下降。据推测,《时代》周刊的折扣表反映了客户对多次插入广告的需求的这一特征。另一种可能性与销售多种产品的客户有关:折扣会吸引他们为次要产品购买广告,尽管从这些广告中获得的收入较少。

总之,这两本杂志提供的费率表涉及客户和决策过程的几个不同维度。对于单次插入广告,随着广告规模的增加,以及颜色数量等质量属性的增加,该费率提供了递减的边际价格。针对期刊发行量,也针对所及的受众覆盖区域质量及人口质量,提供了更多的数量折扣。最后,提供年度支出折扣来抵消边际覆盖率和频率递减的影响。将所有这些特征组合起来会形成一个冗长而复杂的价目表,其复杂程度简直令人费解,至少对外行来说是这样。尽管如此,在这个竞争激烈的行业中,这些定价行为一直存在,实际上这两家主要的新闻杂志都在使用类似的做法。

2.2 法国电力公司的价目表

在法国生产和分配电力的公共事业单位是法国电力公司(Electricite de France),简称 EDF。多年来,它的电价一直基于复杂的非线性定价系统。价目表是根据客户熟悉的方案进行颜色编码的。我们将讨论以下三种：

- 蓝色电价表(Tarif Bleu)：蓝色电价为居民客户和农业客户提供一个价格表，为商业客户提供最高电力功率负荷为 36 千伏安(kVA)的另一个价格表。
- 黄色电价表(Tarif Jaune)：黄色电价适用于负荷在 36 至 250 千伏安的客户。
- 绿色电价表(Tarif Vert)：绿色电价为 A 系列负荷低于 10 000 千瓦(kW)的工业和商业客户提供第一组费率表，为 B 系列负荷在 10 000 至 40 000 千瓦间的客户提供第二组费率表，以此类推。

这些电价表以不同的方式使用非线性定价，以下我们将简要介绍。①

31 蓝色电价表

商业客户的蓝色电价表为客户提供三个选项，其中每个选项都包括每月固定费用和实际消耗的电度电费，以千瓦时(kWh)为单位。基于客户电器额定功率的固定费用是按照非线性价目表来计算的，其中额定功率较高的客户需支付的费用将不成比例地增加。此外，电价表的每月固定费用取决于客户是否选择基础选项、"空闲时间"选项或"关键时刻"选项。与基础选项相比，"空闲时间"选项的月费高出约 25％，而"关键时刻"选项的月费则要低约 50％。基础选项的电度电费固定不变(50 生丁/千瓦时)，不考虑在何种情况下消耗电量。相反，"空闲时间"选项中，对指定低谷时段(夜间 10 点到早上 6 点)消耗的电量提供 50％的折扣；而"关键时刻"选项中，对所有时间的电度电费降低 36％(32 生丁/千瓦时)，但当电力公司宣布电力供应短缺时，对消耗的电量征收超过 800％的附加费。针对居民和农业客户，蓝色电价表提供相同的选择，并征收相同的电度电费，但固定费用不到商业客户的一半；而且，固定费用每年支付。

---

① 下文中的描述是基于 1987 年 2 月生效的电价表。

　　蓝色电价表可以解释为三个两部制电价的集合,每个电价表由每月固定费用和电度电费组成。随着最大功率水平的增加,基本固定费用以不断增长的速度增加,尽管居民客户和农业客户的固定费用明显较低。该电价表可能的成本依据是,较高的办公室最大功率跟较低的负荷率和更尖的高峰相关,这需要公用事业公司保持更大的储备余量以满足高峰负荷。居民和农业客户的负荷率较高,原因是高峰在冬季并且主要是由供暖负荷造成的;另一种可能性是居民和农业客户的较低固定费用反映了补贴的存在。

　　这三个选项为每位客户提供两部制电价表的选择。选择"空闲时间"会产生较高的固定费用,但可以让客户大幅节省夜间电量消耗的费用。该选项反映了基本负荷发电的成本结构。选择"关键时刻"可显著节省固定费用和电度电费,但在供应不足时征收的附加费本质上要求客户在这些关键时刻减少需求。因此,选择"关键时刻"的客户被赋予最低的服务优先级。由于这些时间基本上是不可预测的,且警告时间很短,因此使用该选项的客户必须能够快速且低成本地中断运营。较低的收费反映这样一个事实,即此类客户基本上不需要储备余量,并且他们的用电量可以由基本负荷容量或闲置高峰容量提供。事实上,随着越来越多的客户选择此选项,公用事业公司可以改变其发电技术组合,以支持更多的基本负荷发电源,例如核电机。

32

黄色电价表

　　适用于小型工业设施的黄色电价表与蓝色电价表相似,但在个别方面有些许区别。首先,所有类别的电度电费在夏季和冬季存在差异:冬季的电度电费是夏季的三到四倍。这种差异反映了在冬季由于普遍使用电力供暖而产生的高峰负荷较高。使用化石燃料发电可以满足这些高峰负荷,但是比用于满足基本负荷的水力发电和核能发电要昂贵得多。第二个特征是,每年为所需的每千伏安功率支付的固定费用是基于一个固定费率(而不是非线性价目表)。

　　然而,第三个也是最关键的特征是,固定费用和电度电费是根据一年中每个负荷增量的持续时间非线性地设定的;这种形式的电价在美国被称为莱特电价。为了理解这个方案,假设客户的电表由许多小电表组成:客户负荷的第一个千伏安被分配给第一个电表;第二个千伏安被分配给第二个电表;以此类推。当客户的功率负荷是六千伏安时,前六个电表就会转动。在年底,第一个电表记录了第一个千伏安使用的小时数,第二个电表记录了至少使用两个千伏安的小时数,等等。黄色电价表将每个千伏安分配到两个类别之一,即指定的中期使用和长期使用,分别对应该千伏安每年使用的时间是否少于或超过一定的小时数。这种分配也可以解释为将客户的负荷分为高峰负荷和基本负荷两部分。对于指定的冬季白天高峰负荷部分的每千伏安,每年的固定费用不到三分之一,但电度电费可以高出近 50%,反映了用于满足高峰负荷的发电机的较低容量成本和较高燃料成本。"关键时刻"选项只适用于仅在冬季长期使用的客户;在夏季,它与"空闲时间"选项相同。

黄色电价表的结构反映了发电成本结构的基本特征。公用事业单位可以在几种发电方式,例如水力、核能、煤炭、石油或燃气发电中选择。它们的发电成本是依次增加的,而资金成本是依次下降的。例如,核能发电机的发电成本较低,但资金成本比燃气轮机高。因此,对于基本负荷来说,使用核电机的成本更低,使用燃气轮机仅仅是为了满足需求高峰时段的增量负荷。看到这一点,最易认识到的是,无论使用哪种发电机来满足不常出现的高峰负荷,它大部分时间都是闲置的,而燃气轮机的建造成本最低,且闲置成本也最低。因此,尽管燃气轮机的运行成本很高,但它们在满足不常出现的短期需求方面具有成本效益。黄色电价表通过对客户需求的高峰负荷部分征收较低的固定费用(用于收回建造发电机的资金成本)和较高的电度电费来体现这种成本结构。实际结果是基于负荷持续时间的非线性定价的电价表,其形式为具有两个部分的分段线性价目表。

33

- 在第一部分,当持续时间短到(每年的小时数)被归类为客户高峰负荷部分时,固定费用(法郎/千伏安/年)较低,而电度电费(生丁/千瓦时)较高。

- 在第二部分,当持续时间长到被归类为客户基本负荷部分时,固定费用较高,而电度电费较低。

因此,关键特性是,对于客户负荷的每个增量,黄色电价表都非线性地取决于一年中需要该增量的累计小时数。

绿色电价表

适用于中型工业客户和商业客户的绿色电价表,提供可供客户选择的多种费率表。在此,我们只介绍 A 系列和 B 系列的少数几个电价表。

A5 电价表为负荷低于 10 000 千瓦的客户提供一个与黄色电价表中的相应选项类似的基础选项和"关键时刻"选项,并且有三处改进。首先,对无功电能征收额外费用(生丁/千乏时[KVArh])。第二,冬季电度电费按三个时段区分:除了夜间和白天时段外,还增加了白天时段内的高峰时段。与常规的白天电度电费相比,高峰时段的电度电费根据使用时间的长短要高出 28% 到 50%(使用时间越短,费用越高,因为平均而言,对高峰发电机的依赖性更大)。第三,使用率分为四个区间:除了中期和长期使用率外,还规定了短期和超长期使用率①。与黄色电价表一样,使用时间越长,年度固定费用越高,电度电费越低。图 2.1 显示在绿色电价表 A5 的基础选项下,在冬季高峰时段的年度费用是如何受每年的年度小时数影响的。在图中,年使用量的四个区段用 1 到 4 编号。这些特征

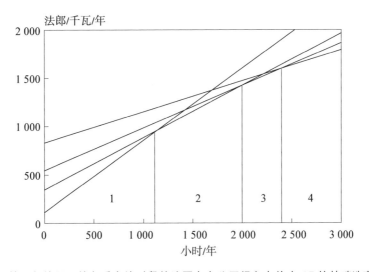

图 2.1 基于年使用量的冬季高峰时段的法国电力公司绿色电价表 A5 的基础选项。

---

① 仅有两个持续时间区间使用"关键时刻"选项。

集合在一起使绿色电价表中的表 A5 成为黄色电价表的改进版,它更具体地考
虑到客户的使用对公用事业的容量和发电成本的影响。

　　表 A8 与之类似,只是增加了更多区段,如允许在 7 月和 8 月有更低的低谷
时段费率(8 月几乎所有法国人都在度假),以及秋季和春季的中等费率;因此它
包含进一步的改进。这些改进也包含在适用于负荷在 10 000 至 40 000 千瓦之间
的大客户的电价表 B 中。与电价表 A5 相比,电价表 B 的固定费用降低约 20％,
高峰时段的电度电费降低 7％(超长期使用)到 27％(短期使用)。因此,综合来
看,电价表 A5 和 B 构成了基于客户负荷维度的非线性定价。也就是说,对于任
何规定的使用时长和使用时段,如果客户的负荷超过 10 000 千瓦,固定费用和电
度电费都会降低。

小结

　　法国电力公司的电价表说明了非线性定价在实践用途中的几个重要特征。

1. 为不同等级和功率负荷的客户提供不同的电价表。每种电价表都提供
   一个选项套餐,客户可以根据自身情况从中进行选择。这些套餐通常采
   用两部制价目表的形式——对任何一个电价表而言,或对合起来的几个
   电价表而言,都会使总的可选套餐具有很大的非线性。提供给小客户的
   套餐可能比提供给大客户的套餐包含更少的细化方案,因为这些细化方
   案带来的好处抵不上公用事业公司和客户为实施这些方案而需付出的
   成本。

2. 非线性定价同时沿多个维度发生。例如,法国电力公司的电价表使用持
   续时间(使用时长)和功率(负荷大小)两个维度。对低谷时段的使用和
   在电力供应短缺的关键时刻迅速减少使用,提供了进一步的激励措施。
   这些维度都反映了行业的基本成本结构。在法国电力公司的案例中,关
   键是在容量成本和发电成本之间取舍,而这又取决于负荷持续时间。正
   如理论所预测的那样,数量折扣也会提供给最大客户,如果大客户倾向
   于有更高的负荷率以及更稳定的负荷,那么这些折扣也可能在成本结构

中具有一定的基础。

3. 电价表同时满足多个目的。一是弥补公用事业当前的运营成本(主要是发电成本)和分摊的投资成本(主要是发电机和配电设备的资金成本)。从长远来看,电价表也促使客户更有效地使用电力资源。因为电价反映了发电的长期成本结构,它们鼓励用户避免浪费。例如,在法国电力公司的案例中,电价表鼓励客户:

- 在低谷时段而不是高峰时段消费功率,从而减少投资调峰设备并降低发电成本。低谷时段较低的电度电费提供了这种激励。

- 在供应短缺时迅速减少需求,从而降低高峰负荷。正常时段收取较低的电度电费和关键时段收取较高的费用提供了这种激励。

- 随着时间推移平滑消费,从而鼓励增加平均使用时长,并由此改变发电组合来支持更倾向于成本效益高的基本负荷发电方式。对较长时间的使用收取较低的电度电费(但收取更高的年度需量固定费用),从而起到激励作用。

在实践中,很少会使用像法国电力公司这样精心设计细节的、系统化的且符合成本结构的非线性定价。尽管莱特电价表为平滑消费提供激励,且这种激励与发电的长期成本结构完全一致,但是目前在美国很少使用。这种定价在电力行业早期很流行,但后来逐渐被弃用,直到最近一些公用事业公司推出所谓的负荷率电价表,其实质上是另一个名称的莱特电价。美国的规制机构特别反对莱特电价表,而更支持体现"直接因果关系"的理念,如短期成本,因此更支持基于边际发电机的容量和运营成本的分时电价表。第 11 章将对这两种电价表进行比较和研究。

2.3　太平洋燃气电力公司的限电服务

在美国加州,太平洋燃气电力公司给大型工业客户提供的电价表明确给出限电和断电服务的选项。这些选项提供的几个质量维度与第 10 章中研究的优先级服务有关。

限电服务和断电服务是优先级服务的两种不同形式,主要区别在于当公用事业公司遇到发电不足时客户必须接受的负荷减少程度。限电服务要求客户**降低**其负荷:虽然减少的部分可以协商,但太平洋燃气电力公司要求比客户过去 6 个夏季结算月(夏季是太平洋燃气电力公司的旺季)的最低平均高峰负荷至少减少 500 千瓦。断电服务要求客户彻底停止用电;此外,当线路频次不足时,客户必须接受自动断电,这通常是发电量不足即将到来的信号。如果客户不遵守合约,这两个选项都会对客户施加处罚:处罚与客户的超额耗电量成正比,如果客户在违背合约的一年内第二次违约将会受到明显增加的处罚,第三次会更高。两个选项将每次的负荷降低都限制在 6 小时以内。

客户可以从四个选项的套餐中选择与每个选项相关的服务可靠性。每个都提供一个普通的"公司服务"(firm service)以及三种替代方案,其区别在于公用事业公司要求客户减少耗电量的权利限制不同。这些替代方案在表 2.1 中表示为公司服务电价表 E20 下的类型 A、B 和 C。[①] 例如,仅考虑可限电服务,替代方案 A 要求公用事业公司提前 60 分钟警告,每年不超过 15 次,且累计时间不超过 50 小时。相比之下,替代方案 C 接受提前 10 分钟警告,每年不超过 45 次,累计时间不超过 200 小时。这些规定没有明确的指定服务可靠性,只能根据对公用事业公司易于核实的操作限制来确定。E20 电价表总共规定了七种不同的服务条件,客户可以从中选择。

---

① 资料来源:Casazza, Sealtz & Associates, *Electric Rate Book*, 1988。此外,表中还展示了其他四种为小客户提供公司服务的体现数量折扣的选项(A1 等);特别是,A6 和 A11 是为了鼓励低谷时段用电。所有展示的电价表都是以 1988 年 5 月 17 日的电价为准,并且仅包括那些与非住宅二级电压服务有关的旺季(5 月至 10 月)电价。E20 电价表限于每月最大需量超过 500 千瓦的客户。需量费用是根据 30 分钟内的平均最大需求电量计算的。用电高峰时段是中午 12:00 到下午 6:00,"尖峰时段"是周一到周五的上午 8:30 到中午 12:00,下午 6:00 到 9:30;其他时段是低谷时段。初级电压和传输电压的服务价格较低。限电服务要求公司服务的程度至少比前六个夏季结算月的最低平均高峰时段的需求还低 500 千瓦。断电服务要求客户同意由低频继电器装置激活的(无限次数的)自动断电。所有限电和断电服务合同规定,每次最长持续 6 小时。限电和断电服务合同的计时周期为一年,最少签三年。其他各类限制也适用。

表 2.1　太平洋燃气电力公司的价格表

类型	固定费用 费用（美元/月）	需量费用 高峰（美元/千瓦）	需量费用 最大（美元/千瓦）	电度电费 高峰时段（美分/千瓦时）	电度电费 尖峰时段	电度电费 低谷时段	限制 警告（分钟）	限制 （次数）	限制 时长（小时数）	处罚 第一次（美元/千瓦）	处罚 第二次（美元/千瓦）
公司服务：											
A1				10.404	10.404	10.404					
A6				24.895	12.447	6.473					
A10	50		2.85	8.658	8.658	8.658					
A11	50	8.10	2.85	12.746	10.197	5.405					
E20	100	8.10	2.85	7.633	7.269	4.264					
限电服务（E20）：											
A	290	4.87	2.85	7.631	7.266	4.265	60	15	50	3.11	6.23
B	290	3.04	2.85	7.626	7.261	4.264	30	30	100	4.89	9.79
C	290		2.85	7.494	7.136	4.226	10	45	200	8.45	16.90
断电服务（E20）：											
A	300		2.85	6.886	6.557	4.128	60	15	50	11.12	22.24
B	300		2.85	6.392	6.088	4.036	30	30	100	13.34	26.69
C	300		2.85	5.701	5.428	3.908	10	45	200	16.46	32.91

37   表 2.1 展示的电价表集合可以看成一个综合电价表,为每个非住宅用户提供 11 种可供选择的套餐。这个超级电价表的收费取决于三个不同的维度。

- 负荷大小:例如 A1、A10 和 E20 这三种公司服务的电价的边际电度电费依次减少,但固定费用和需量费用依次提高。此外,A11 和 E20 的主要区别在于,在 E20 下更高的负荷使客户有资格享受更低的电度电费。

- 使用时段:例如 A1 和 A10 的电度电费与使用时段无关,而其他电价表在不同时段有很大区别,特别是 A6 和 A11 提供的高峰时段和低谷时段的费率有着显著差异。

- 服务可靠性:E20 可限电电价表中的替代方案 A、B 和 C,在所有时段都提供逐次降低的需量费用和电度电费,代价是接受更多次、更长时间的限电,以及更短时间的警告和更高额的违约金。在限电服务和断电服务之间的选项,根据所要求的降低负荷幅度而进一步区分。

38   年度需量费用描述了更多的差异化,这与第 11 章中对容量定价的分析一致。其中 9 个选项对年度最大需求收取相同的需量费用(2.85 美元/千瓦),并按使用时段表收取电度电费。A11 和 E20 的公司服务电价对高峰时段的高峰负荷收取额外的需量费用(8.10 美元/千瓦),但收取更低的电度电费,作为在高峰时段减少负荷的激励:这些费用反映一个事实,即在高峰时段的客户负荷会直接影响系统的容量需求(因为容量在低谷时段是一种共享资源,所以年度最大需量费用更低)。[①] 最后,如果用户选择限电或断电服务,这些高峰时段高峰负荷的需量费用将得到大幅折扣或被取消。限电或断电服务使公用事业公司能够避免在电力供应紧张的时候为客户提供服务,从而减少容量需求。

          总而言之,太平洋燃气电力公司的电价表结构同时反映了数量和质量多个维度的差异化。表中展示的 11 种电价允许客户在负荷大小和服务可靠性方面进行选择,其中 9 种电价根据使用时段区分电度电费。因此,这是一个多维价目

---

① 这种差异化的需量费用也可以解释为使用莱特电价表的原理来鼓励负荷均衡。

表的例子,而且它也包含第 11 章中讨论的容量定价。

太平洋燃气电力公司电价表中的明显差异化反映了电力行业的新发展。例如,在 1985 年 10 月,美国佛罗里达电力照明公司(Florida Power and Light,FPL)的所有固定费率和分时段使用的非住宅电价(20 千瓦以下的需求除外)都收取相同的需量费用(6.50 美元/千瓦),而电度电费仅基于客户的用电需求,如图 2.2 所示。佛罗里达电力照明公司的所有限电电价表都允许对客户负荷的可削减部分降低相同的需量费用(1.70 美元/千瓦),他们将其定义为"客户将根据公用事业的要求不时地将用电需求削减 200 千瓦或更多"。[1] 佛罗里达电力照明公司及其他地方的最新发展,都强调了在多个维度有很明确差异化的电价表设计。

例如佐治亚电力公司(Georgia Power Company)提出的断电服务计划。[2] 该计划为客户的需量费用提供年度积分或折扣。对于每千瓦的断电功率(超过客

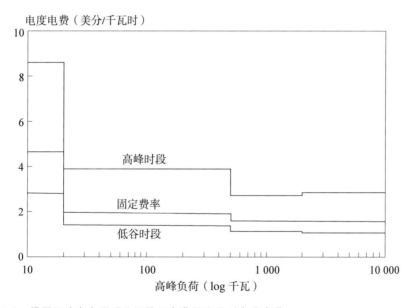

图 2.2 佛罗里达电力照明公司的固定费用和分时电度电费。

---

① 资料来源:Casazza, Sealtz & Associstes, *Electric Rate Book*, 1988。对不遵守限电要求的处罚进行评估。

② 建议费率:断电服务附加条款,表 IS-1,佐治亚电力公司,1989 年,page 9.8。

户的固定功率水平后),该积分与随着两个维度变化的因子成正比。其中第一个维度衡量每年允许断电的次数,因此它与服务可靠性成反比。第二个维度衡量该千瓦的"使用需求小时数",因此,它与客户的负荷率大致成正比。例如,仅有30小时断电服务且每年使用少于200小时的每千瓦,可获得23%的需量费用积分;而在另一个极端情况下,一个有240小时断电服务且每年使用超过600小时的每千瓦,可获得84%的积分。因此这本质上就是莱特电价表,断电时间越长或使用时间越长,则净需量费用越低。这是第10.2节中提到的优先级服务电价表的一个版本。

2.4　美国世界通信公司和美国电话电报公司的电话价目表

美国世界通信公司提供的 MCI 卡电话价目表展示了选择价目表报价条款时涉及的若干复杂问题。[①]

根据向联邦通信委员会提交的详细表格,电话价目表的一个关键点是,边际价格(美元/分钟)取决于拨打地和目的地,以及一天中的时段和服务模式。有多种不同方式的组合(美国世界通信公司的 FCC♯1 资费表的厚度就超过了一英寸),因此长途电话服务的主要供应商通常仅向客户提供适用费率的几个示例。这些例子表明了费率受所涉及距离的影响,也表明了三个主要时间段的不同费率:白天(高峰时段)、傍晚,以及夜间和周末(低谷时段)。

40　　　在美国世界通信公司(MCI)的价目表中,数量折扣有两种形式。首先,每通电话都是按照两部制价目表收费的,除了收取每分钟的边际费用外,还规定每通电话的固定费用(从按键电话拨打的每通电话为 0.55 美元)。其次,根据国内日间电话(和所有国际电话)的月度结算提供数量折扣:月度结算在 50 至 100 美元之间的,折扣为 2%;超过 100 美元的,折扣为 5%。请注意,此折扣仅适用于高

---

① 美国世界通信公司的 FCC 价目表的♯1,参见"MCI Card Savings",美国世界通信公司,1988 年 2 月。

峰时段的国内电话,对不同的拨打地-目的地组合和不同的通话时间进行汇总,将其美元金额加总。此外,该折扣适用于通话总金额,而不是仅限于那些超过临界值的费用。据推测,该价目表的简单性旨在确保简洁的表述和便于客户理解。此外,它还体现出一个重要特征,即大多数客户的电话都会涉及太多的目的地,因此更具体的条款也毫无用处。

一些交换运营商还提供了其他的资费标准作为选择。例如,美国电话电报公司 1990 年的长途电话计费服务的基础价目表采用几乎统一的价格,按一天中的 3 个时段、11 个距离进行类别区分,并按呼叫类型收取附加费(大多是请接线员协助和个人对个人呼叫)[①]。对于 1 000 英里的距离,白天、傍晚和夜间/周末的价格分别为每分钟 0.249 美元、0.149 6 美元和 0.130 0 美元。但美国电话电报公司也提供了几种"美国畅打"套餐。其中一个套餐的月租为 8.7 美元,每月提供一小时的免费夜间和周末通话,之后超出的每分钟通话费率低至 0.11 美元,且不考虑通话距离;此外,根据一天中的不同时段(白天 10%,傍晚 25%)或目的地(国内或国际)对其他通话给予折扣。美国电话电报公司的这两种套餐表(基础长途电话服务和美国畅打套餐)实际上就是分段线性价目表:客户可以通过订购美国畅打套餐获得数量折扣。[②] 对仅在傍晚或白天拨打的,且距离为 1 000 英里以内的电话,如果每月的通话时间超过四到六小时,那么美国畅打套餐比基础长途电话服务更便宜。美国世界通信公司和斯普林特通信公司(Sprint)提供类似的选项,但价格略低且折扣较小,而太平洋贝尔通信公司(Pacific Bell)为国内通话提供类似的通话奖励表。此外,在 1990 年,美国世界通信公司为日间通话提供可选的三部制价目表:每月 12 美元的月租,有一小时的免费通话时间,额外使用按每分钟 0.20 美元计费。

美国电话电报公司为商业客户的大区长途服务提供明确的分段线性价目表。对日间通话,1990 年的专业长途服务价目表,为月租超过 200 美元的客户

---

① 美国电话电报公司的 FCC 价目表的♯1—♯12,总结于 Mitchell 和 Vogelsang(1991)中的表 7.5、8.5、9.1—9.4。

② Mitchell 和 Vogelsang(1991, p.148)报告称,"美国畅打"套餐的第一年(1984—1985),"将夜间/周末的通话时间平均增加 41.9%。[可选通话计划]用户群体的总价格弹性为-2 或更高,大大高于美国电话电报公司对所有住宅用户的估计"。

提供 8％的折扣,超过 2 000 美元的客户可享受 21％的折扣。对于拥有自己干线的大客户,远程长途服务的价目表中月租为 50 美元,对每月超过 7 500 美元的结算提供 5％的折扣,对超过 30 000 美元的结算提供 10％的折扣。去除初始接入费后,1 000 英里内折扣后的日间费率为每分钟 0.173 美元(每 6 秒计算一次),而长途计费服务、专业长途服务和高通话量长途服务的日间费率分别为 0.249 美元、0.254 美元和 0.239 美元。本书将在第 6.4 节中讨论此类多部制价目表。

41　　米切尔和福格尔桑(Mitchell & Vogelsang, 1991)的书对非线性定价在电话价目表设计中的作用进行了出色且全面的描述,包括本书中未涉及的许多细节。[1]

2.5　联邦快递的邮件费率

提供快递和传真传输服务的公司,在多个维度(包括业务量、物品大小及几个质量维度如交付速度和优先级)使用非线性定价。在本节中,我们描述了联邦快递公司针对其优先 1/快件(Priority 1/Courier-Pak)隔夜递送服务及标准空运递送服务,向大批量客户提供的"折扣"价格表。

表 2.2 展示了这两种服务的每磅边际价格。[2] 当这两种服务的价目表被绘制成图表时,它们略显复杂。然而,当以对数刻度绘制时,它们几乎一致,如图 2.3 所示。在对数刻度上,"优先 1/快件"的价目表基本上是由三个对数线性价目表的最小值组成。第一段对应的是 9 美元的最低费用,第二段对应的是 1 到 50 磅的重量区间,第三段对应的是 50 磅以上的区间。同样,标准空运件的价目表有两段,第一段对应的是 6 美元的最低费用,第二段对应的是 5 磅以上物品的

---

[1] 这一领域正在迅速变化。例如,1991 年 8 月 1 日,联邦通信委员会通过新规则"放宽〔美国电话电报公司〕不能为大型企业客户提供大批量折扣的限制";但是,对本地运营商想要降低"如美国电话电报公司等大批量客户的收费"仍有限制。(San Francisco Chronicle, 2 August 1991, page Bl.)

[2] 资料来源："U. S. Domestic Express Rates-Sample Only," Federal Express Corporation, 1989. 描述的每件包裹的费率是对提供隔夜递送服务的优先 1/快件,及标准空运的折扣率。根据该表,优先 1/快件的折扣为 11.50 美元和 40％中较大的那个;而标准空运,小于 150 磅的物品的折扣是 10 美元,大于 150 磅的物品得到 14％的折扣。表中未显示对 100 磅标准空运件的最高收费为 86 美元,这意味着 96—100 磅的边际价格为零。

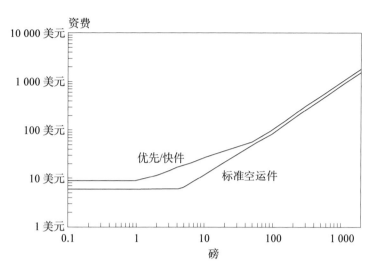

图 2.3 联邦快递的折扣价目表。

对数线性价目表。请注意,对于重物来说,这两个价目表之间的区别就是一个固定的百分比。

表 2.2 联邦快递的折扣费率

第 q 磅	优先 1/快件(美元/磅)	标准空运件(美元/磅)
1	9.00	6.00
2	2.50	0.00
3—4	2.75	0.00
5	1.75	0.50
6—10	1.65	1.00
11—50	0.75	1.00
51—100	0.90	0.85
101—300	1.02	0.86
301—500	0.99	0.84
501—1 000	0.96	0.82
1 000＋	0.90	0.77

2.6 达美航空的常客飞行返利

在美国航空业放松规制后不久,"常客飞行计划"成为航空公司营销策略的核心内容。这些计划以免费机票的形式提供返利,具体取决于客户累积的里程数。返利随着里程数的变化呈现非线性变化,以客户累计里程数成比例的增加返利。该计划对那些可能使用多家航空公司的客户施加了成本,因此常客飞行计划鼓励客户使用较少的航空公司;也就是说,它们强加了转换成本。此外,即使机票是由雇主支付的,返利也会直接归于旅行者,因此可以吸引商务旅行者。该计划使航空公司能够监测每个客户的出行频率和距离;因此,对在特定期限(如一年)内累计足够里程的、频繁出差的商务旅行者提供更多优惠,特别是那些没有折扣的机票。

图 2.4 描述达美航空提供的返利①。该图仅显示了经济舱客票需要扣除的里程数;一张用小数(如 0.25)表示的票,表明客户在购买指定里程的机票时可获得 25% 的折扣。返利机票适用于指定的三个区域(国内、夏威夷、日本或欧洲)内,由航空公司提供的任何美国国内出发地与任何目的地(往返或单程)。

除了在 30 000 英里处有一个拐点外,达美航空的国内返利表基本上是一个两部制价目表(包含一个 20 000 英里的固定费用)。这在其他例子中也是很明显的。例如,美国联合航空公司(United Airlines)在 1991 年冬季的特别奖励返现要求用 8、14 或 20 个航段来兑换 1、2 或 3 张国内机票,相当于每张机票的固定费用为 2 个航段,边际价格为 6 个航段。美国大陆航空公司(Continental)的返利政策也是一样的,除了兑换第四张机票的边际价格为 4 个航段。

航空公司还提供一些其他方面的折扣。其中最重要的是预购折扣,它在划分商务旅客和其他旅客的市场方面发挥着重要作用。例如,1989 年 5 月,达美航空在旧金山和亚特兰大之间的常规周中日间往返经济舱票价为 1 104 美元,夜间票价为 884 美元,但如果提前 3 天、7 天或 14 天购买就分别为 940 美元、

---

① 来源:"Frequent Flyer Program," Delta Airlines Inc., 1989。

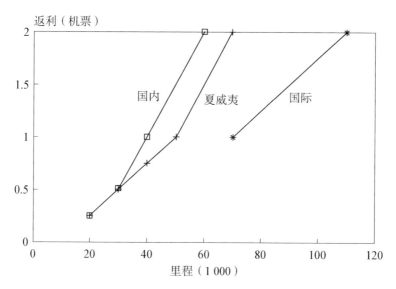

图 2.4 达美航空的常客返利。

398 美元或 338 美元。后两种票的周末价格要再高 40 美元,此外周中和周末的热门航班也会有进一步的溢价。类似地,提前 0 天、3 天和 7 天购买的单程无限制经济舱的票价为 552 美元、470 美元和 435 美元。图 2.5 展示了周中往返的客票价格。

第二个维度是对航班的需求,反映现货定价或高峰定价。达美航空的票价通过提供票价套餐来满足高峰需求溢价。例如,提前 14 天购买的周中日间往返经济舱票价为 338 美元,是其他情况下提供相同服务的三种票价之一。这三种票价分别为 338 美元、358 美元和 398 美元,每种票价都对应一定限额的座位:每个客户将被分配到价格最低的未满座的客票等级。

第三个维度,如果支付票价后行程被推迟或取消可以获得的退款百分比。如上所述,达美航空提前 0 天、7 天和 14 天购买的机票分别可获得 100%、75% 和 0% 的退款;因此,部分客户即使提前 14 天购买也会选择 398 美元的票价以获得更高比例的退款。

44

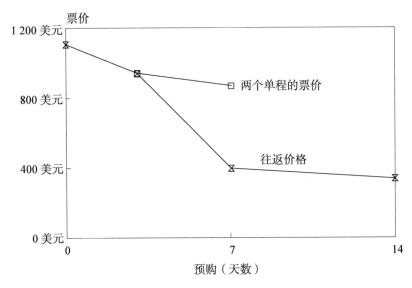

图 2.5 达美航空的预购票价。

45

2.7 小结

本章中的这些例子,激发了本书所研究的主题。熟悉上述几个行业定价政策的读者可能会发现,这些例子是多余的,因为解开错综复杂的费率设计问题是一项持续不断的挑战。对于其他读者来说,非线性定价的普遍适用性可能令人惊讶,因为在订购电力、电话、快递和飞机航班——还有租赁(设备、车辆、空间、房间)乃至银行和金融服务等许多其他服务——以及出版物和资本设备(计算机、复印机)等产品时,客户通常并不了解可能涉及的全部选项套餐。我们很容易把注意力集中在满足自己眼前需求的选项上,而很少考虑整体设计。在对产品线中一系列产品的性能(速度、精度、耐用性)的增量价格加以设计时,非线性定价具有隐含的作用,而了解这种隐含作用的一个方法,是检查设备制造商或一般供应商(如西尔斯[Sears])的目录。同样,数量折扣和分时使用的差异化费率的规定,可见于每月的公用事业结算中,见于航空公司(还有最近的酒店和租车公司)提供的票价和常客计划返现中,也见于在影院、视频、有线电视观看电影,或是在商业电视台"免费"观看电影的价格表中。

在我的定价课程中,一些 MBA 学生最初在为非线性定价的学期论文寻找研究主题时遇到了一些困难,但当我鼓励他们借鉴个人经验时,每个人最后都找到了一个有趣的主题。范围从食品杂货的包装尺寸定价到公司合并的条款,从汽车零部件的原始设备合同到飞行俱乐部的会员费。其中我最喜欢的应用,是为拟议的地球轨道上的商业实验室设施的空间、动力和发射优先级进行定价。

由于篇幅限制,除本章提到的这些来自主要的受规制行业和最近解除规制的行业的例子以外,我们无法列举更多的例子。而之所以选择这些例子,主要是因为它们更符合后续各章的研究重点。本书第一部分和第二部分强调非线性定价的优势,即有效利用垄断力量来收回受规制行业和其他资本密集型行业的成本。此外,这些例子也体现了第三部分和第四部分中描述的多维定价和多产品定价的多样性。

——第 3 章——
模型和数据来源

　　虽然第 2 章中的例子来自几个不同的行业,但是它们具有共同的重要特征。在每种情况下,价格表都沿着一个或多个维度差异化,以便为较大数量的购买提供较低的边际价格和平均价格。如果净价格超过边际成本,那么这些折扣会刺激需求并提高效率。例如,法国电力公司较低的边际价格,以及因服务时间和条件而不同的价格,能为客户提供关于边际供应成本的更准确信号。与对所有单位收取单一价格相比,利润会增加;在受规制的行业中,可以满足公司的收入要求,并为客户带来更大的净收益。

　　在本章和下一章中我们将介绍一些概念,帮助大家对这些行业和其他行业的非线性定价进行统一分析。本章将介绍后续各章中使用的基本工具。我们强调对客户需求行为的描述,是依据所收取的边际价格对连续购买增量的需求进行适当的聚合测量。我们将这个变量称为需求档案,它可以提供关于客户需求的最低量非聚合信息。为了设计能够满足不受规制行业的利润最大化或受规制行业的有效收入要求的非线性价目表,就需要这样的信息。

　　客户需求模型可以在不同的聚合水平上构建,包括对应于个体水平以及略有细微差别的细分市场。个体需求的模型可以基于终端使用的预期收益或特定的需求函数,并且同样的模型选择范围也适用于对更聚合的细分市场的分析。对需求行为的经验估计同样取决于对聚合水平的选择。然而,关于个体需求的可靠数据很少。因此,分析是否能适用于为设计价目表提供所需信息的最聚合数据,是很重要的实际问题。在本章以及第一部分的其余各章中,所用分析是基于适用于非线性定价的需求数据的理想化水平设计的。第二部分在完全非聚合水平的个体客户数据的基础上,使用收益或需求函数的模型重做了这些分析。

非线性定价的优势本质上是源于客户群体的异质性。因此,完全聚合的需求数据是不适用的,因为它隐藏了客户之间的异质性。例如,以每个价格售出的单位总量为需求聚合数据是不够的,因为我们无法区分这些数量是由一个还是多个客户购买的;也就是说,它们掩盖了购买规模的分布,通常客户之间的购买规模是有很大差异的。另一方面,因为非线性定价的本质特征是按购买规模进行区分的,所以不需要保留其他类型的差异化信息,仅保留每个价格下客户购买规模的分布数据就足够。

本章介绍的**需求档案**,提供了正确聚合水平的数据。它通过下列简要解释做到这一点。数据通常是通过观察客户对特定价格的购买情况而累积的,以这种形式,数据还直接确定了每个价格下的购买规模分布。你可以想象一个电子表格,每个价格分配到相应的行,每个购买量分配到相应的列。然后沿每行记录在该价格下观察到的购买规模分布,即购买每个连续增量单位的客户数量。这个说明的关键点是要认识到这种格式的数据也为每一列提供了该增量的需求函数。也就是说,每一列记录了以行所示的每个价格下购买该增量的客户数量。

因此,对于非线性定价,需求数据被非聚合的程度只要能够保留关于客户对连续增量的购买规模的需求(聚合)信息就足够了。在这个聚合水平下获得需求数据通常是实际可行的。幸运的是,有客户对统一价格的响应数据就已经足够了:因此公司不需要客户在非线性价目表下的响应数据来研究非线性定价的优势。需要注意的是,这些数据必须足以估计需求是如何随着价格变化而变化的。在实践中,当公司的前期经验提供的除当前价格以外的需求信息或其他估计需求弹性的信息很少时,这是一个有约束力的限制条件。

第 1 节回顾对需求行为建模的基本方法,这是线性定价和非线性定价的基础。标记星号 * 的两个小节表示它们包含技术讨论。第 2 节描述价目表设计中常用的需求模型的数据要求和估计方法。第 3 节讨论影响受规制企业福利的一些因素。第 4 节列出会影响非线性定价的几个常见的注意事项,以及与本节提到的限制性假设有关的注意事项。供读者选读的第 5 节总结后续各章中使用的技术性假设。

48

关于数学符号

本章和后面的各章都将使用微积分的符号,各种边际测度都用导数表示。例如,边际成本是公司的总成本随着供应或产出率的增加而增加的比率,而边际价格是客户的总费用(根据价目表)随着购买数量的增加而增加的比率。类似地,总和与平均数等聚合值用积分表示。公司的利润贡献是所售产品的利润率之和,而客户的总收益是买方估价和收取价格之间的差异之和。

一些读者可能会被这些数学符号吓倒,但我的经验是,写出相应的差值和求和更让人害怕,因为那样公式看起来会非常冗长和复杂。这样偏离了传达非线性定价基本概念的主要目的,因此我们采取一个折中的办法。我们经常使用微积分的符号,但在第一部分中,结果并不受这些符号的实质影响。每个边际测度都可以被解释和估计为离散差值的比率,每个积分都可以被解释和估计为离散项的求和。

如果自变量有一个较小的增量,那么读者可以将每个边际增量解释为因变量由此而获得的增量。例如,假设 $U(q, t)$ 表示由参数 t(表示客户"类型")描述的客户从购买数量 q 中获得的总收益。具体来说,$U(q, t)$ 是客户对购买规模 q 的最大支付意愿,以美元计。那么边际收益 $v(q, t)$ 被定义为随着数量 q 变化的(偏)导数 $\partial U(q, t)/\partial q$,给定客户的类型参数 t 不变。这种边际收益被解释为客户为购买规模的第 q 个增量单位愿意支付的费用。对于离散的增量,它实际上由收益增量与购买规模增量的比值计算而得。同样地,对第 q 个单位收取 $P(q)$ 的价目表有一个边际价格表 $p(q)$,可以用导数 $dP(q)/dq$ 或 $P'(q)$ 得到。该价格表可能是由公司直接提供的,也可能是通过价目表计算购买规模中每个增量单位的增量费用推导出来的。

本章在多处添加注释来说明微积分中各种符号的离散解释。实际上这些解释非常重要,因为在实践中,非线性价目表通常以多部制价目表或分段递减价格表的形式实施,在购买规模的离散区间内,价格变化也是离散的。本书的第一部分只是非正式地提到多部制价目表,在第二部分中才会精确描述。

3.1　需求行为的描述

用来分析需求数据的几个聚合级别,在设置统一价格的过程中是很常见的。通常,包括在整个市场、细分市场、个体客户或客户类型的层面上进行数据聚合。不同聚合级别可用于不同的目的。对于一个设定统一价格的利润最大化公司来说,使用聚合的市场数据来估计聚合需求函数可能就足够了,或者只使用这个需求函数的价格弹性来检验价格变化是否有利可图就可以了。然而,对各种细分市场或客户类型的分析,可能会揭示更多与产品差异化相关的信息。对于受规制的公司和公共事业企业来说,这些更精细的信息对于评估客户之间的收益分配是必要的,这也是规制机构特别关注的一个问题。

这些同样级别的数据分析对于非线性定价也很有用。此外,通过适当地记录和处理数据,基本可以获得设计非线性价目表所需的所有信息。尽管我们在第 4 章才会描述如何构建最优非线性价目表,但无论价目表设计是否旨在优化,都可以在适用的一般考虑的基础上来确定信息要求。

需求函数

当使用统一价格时,数据分析的主要目的是预测以每个价格 p 出售的总数量 $\bar{D}(p)$[①],$\bar{D}(p)$ 是经济理论应用中经常使用的需求函数。此外,就许多目的而言,只要对需求价格弹性进行估计就足够了,这表明随着价格上涨 1% 而产生的需求减少的百分比。将需求函数解释为价格的可微函数,该弹性由以下公式

---

① 这个符号表示一种标准惯例。需求函数上方的短线表示对应统一价格的销售总量,或者可以将其解释为每个潜在客户的平均需求。稍后我们将使用 $D(p, t)$ 表示类型为 t 的单个客户的需求函数,并使用 $N(p, q)$ 表示在统一价格 p 下至少购买 q 个商品的客户数量。因此,符号 D 表示的需求函数是根据所售产品的单位来衡量的,而符号 N 表示的需求档案是根据购买增量单位的客户数量或比例来衡量的。

给出

$$\bar{\eta}(p) = \frac{p}{\bar{D}(p)} \frac{d\bar{D}}{dp}(p)$$

对于离散的价格变化 dp,右边的分子是总需求的变化：$d\bar{D}(p) \equiv \bar{D}(p+dp) - \bar{D}(p)$。这个公式有时会写成以下形式,用百分比变化的比率表示：

$$\bar{\eta}(p) = -\frac{d\bar{D}(p)/\bar{D}(p)}{dp/p}$$

50   估算需求弹性绝非易事。即使可以直接观测到价格 p 的实际需求 $\bar{D}(p)$（且它随着时间的推移在各种变化中仍能保持稳定）,对需求弹性的估计也要求必须观测到对其他价格的响应。公司可能尝试过其他价格,才拥有这样的数据。但更常见的是,对其他价格响应的估计,需要市场研究技术从调查或小组研究中获取数据,或者通过收益-成本研究基于对最终用途的分析来估计客户的支付意愿。需求分析的结果,如需求弹性,与为获得可靠估计所需的投入相比是比较简单的。[1]

需求档案

非线性定价需要相同类型的数据,但采用部分非聚合的形式。回顾一下,非线性价格表对客户购买规模的每个增量可能收取不同的价格。因此,需预测的是对于每个增量（如第 q 个单位）,该增量在其边际价格 $p(q)$ 下的需求。这种需求通常不是用产品单位来衡量的,而是用购买此增量的客户数量来衡量的。也就是说,与衡量以统一价格 p 出售的单位数量的普通统一价格需求函数 $\bar{D}(p)$ 不同,我们测量以边际价格 p 购买第 q 个单位的客户数量或比例 $N(p, q)$。假如购买规模的增量不是 1 个单位时,这种测量方式特别有用：如果增量包括 δ 个

---

[1]   Mitchell 和 Vogelsang(1991)描述了美国电话电报公司在 20 世纪 80 年代反复低估选择其"美国畅打"电话套餐的客户数量。有关该方法（尽管现在已经过时）的完整调查和几项估计电力总需求的价格弹性的实证研究,请参见 Taylor(1975)。Koenker 和 Sibley(1979)根据 Taylor 调查中报告的两个弹性估计值,校准了他们研究的非线性功率定价的需求估计。有关电信服务需求的最新研究,请参阅 De Fontenay、Shugard 和 Sibley(1990)。

单位,则该增量的需求为 $N(p,q)\delta$。

　　类似地,在边际价格 p 下,第 q 个增量的需求价格弹性为

$$\eta(p,q) \equiv -\frac{p}{N}\frac{\partial N}{\partial p}$$

在这个定义中,$\partial N/\partial p$ 表示当价格改变时 N 的(偏)导数,只有价格改变,而该边际价格所适用的单位 q 是不变的。N 和 $\partial N/\partial p$ 均在 (p,q) 处评估。在离散条件下,需求档案的价格弹性就是第 q 个单位的需求的百分比变化除以价格的百分比变化:因此,对于价格变化 ∂p,可以得到 $\partial N \equiv N(p+\partial p,q) - N(p,q)$。

　　我们将二元函数 $N(p,q)$ 称为需求档案,它在价目表设计中发挥着核心作用。原因之一是需求档案比需求函数包含更多的信息。要了解这一点,注意观察对应统一价格 p 的聚合需求是:

$$\begin{aligned}\bar{D}(p) &= N(p,\delta)\delta + N(p,2\delta)\delta + \cdots\cdots \\ &= \sum_{k=1}^{\infty} N(p,k\delta)\delta\end{aligned}$$

其中 δ 表示增量的大小,k 表示购买的第 k 个增量。如果数量是精细可分的,那么我们可以将增量 δ 理解为无穷小,即使数量 $q \equiv k\delta$ 并不是无穷小。在这种情况下,总需求用积分形式表示:

$$\bar{D}(p) = \int_0^{\infty} N(p,q)dq$$

该公式表示在 q 处购买(无穷)小增量 $(dq \equiv \delta)$ 的 $N(p,q)$ 在所有 q 值的总和。

　　这些公式表明一个事实,总需求是第一个单位、第二个单位等的销售数量的总和。因此,人们总是可以从需求档案中重构统一价格的需求函数。即使是非统一价格的价格表 $p(q)$,同样的公式也是正确的:总需求是

$$\sum_{k=1}^{\infty} N(p(k\delta),k\delta)\delta \quad \text{或} \quad \int_0^{\infty} N(p(q),q)dq$$

类似的收益是:

$$\sum_{k=1}^{\infty} N(p(k\delta), k\delta) \cdot p(k\delta)\delta \quad \text{或} \quad \int_0^{\infty} N(p(q), q) p(q) dq$$

右边的积分表示从 $N(p(q), q)$ 个客户那里收取的费用 $p(q)dq$ 的聚合,这些客户以每单位价格 $p(q)$ 购买了规模为 dq 的增量,每个数量为 q。

需求档案的解释

本书中我们会反复使用需求档案的两种解释。两者都源自一个基本特征:非线性定价可以解释为对包含产品增量单位的产品系列进行定价。因此,一般产品的第一个、第二个……单位被视为独立定价的单独产品。每个后续单位的购买都需要按顺序购买其前面的单位这一事实是隐藏的,例如购买第二个单位需要事先或同时购买第一个单位。

52
需求档案 $N(p, q)$ 的第一个解释是,它描述对应每个统一价格 p 的购买规模的分布。也就是说,如果固定 p 且增加 q,则 $N(p, q)$ 的曲线描述的就是每连续增加 q 个单位,购买的客户数量就会下降。这与购买至少 q 个单位商品的客户数量相同,因此对于每个固定价格 p,需求档案 $N(p, q)$ 是客户购买规模的右累积分布函数。总之:

- **对于每个价格 p,需求档案规定了至少购买 q 个单位的客户数量或比例 $N(p, q)$。**

因为这个数字是可观测的,所以可以从需求数据中直接测量出需求档案。当然,这需要积累和记录有关客户购买规模的信息。从这个意义上,需求档案是需求函数的非聚合版本:需求数据是根据购买规模非聚合的。

图 3.1 显示如何根据客户收益的一般模型预测购买规模分布,其中每个客户都由表示其类型的参数 t 来描述。假设一个特定的收益函数 $U(q, t)$ 和价格 $P(q)$,该图将客户从每个购买规模 $q = 0, \cdots\cdots, 4$ 中获得的净收益绘制为类型参数 t 的函数。为简单起见,假设该函数是线性的,并且随着类型参数的增加而增加。随着 q 的增加,客户的总收益增加。但是对于每个固定类型 t,在某个

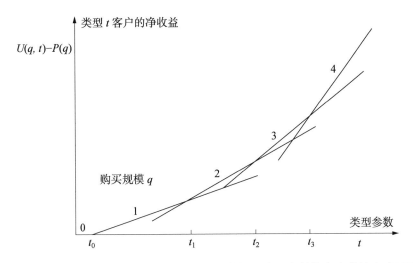

图 3.1　不同类型 t 客户选择的购买规模 q。具有较大类型参数的客户从较大购买量中获得的最大收益。

点,总收益的下一个增量会小于价目表的增量,即下一个单位的边际价格,这时客户会停止购买额外的增量。因此,该图显示每种类型 t 对应的最优购买规模的净收益,即最后一个购买单位的边际收益仍然超过边际价格的最大购买数量。如图所示,这样的模型可以预测恰好购买 q 个单位的客户是那些类型参数介于 t_{q-1} 和 t_q 之间的客户。那些购买第 q 个增量的人都是至少购买 q 个单位的人,即类型参数超过 t_{q-1}。反过来,公司可以使用观测到的购买规模分布来估计总体中类型的分布:实际购买至少 q 单位的数量是类型参数超过 t_q 的估计数量。

需求档案的第二种解释是它描述了客户支付意愿的分布。如果我们固定 q 并增加边际价格 p,那么需求档案衡量的是愿意为第 q 个增量支付这一价格的客户数量的递减。因此:

- 需求档案为每个第 q 单位确定为该单位愿意支付价格 p 的客户数量或比例 $N(p, q)$。

这种解释在基于客户行为的参数化模型的应用中很有用。例如,假设细分市场、数量带或客户类型由参数 t 表示,并且收益-成本分析表明类型 t 通过购买 q 单位获得美元收益 $U(q, t)$,因此从第 q 单位获得的边际收益是 $v(q, t) \equiv \partial U(q, t)/\partial q$。因此需求档案 $N(p, q)$ 测量了类型 t 客户的估计数量,其中 t 满足 $v(q, t) \geqslant p$,表明这些客户愿意为第 q 个单位支付至少 p 的费用。

图 3.2 展示需求档案的两种解释。以价格 p^* 购买至少 q^* 单位的客户数量和愿意为第 q^* 单位支付至少 p^* 的客户数量是相同的,因为它们都是用图中客户的需求函数与价格-数量对 $(p, q) > (p^*, q^*)$ 相交得到的阴影区域所表示的客户数量来衡量的。因此,$N(p^*, q^*)$ 是类型 $t > t^*$ 的客户数量,其中 t^* 类型的客户沿着阴影区域的两个边界是无差异的。特别地,类型 t^* 的需求函数通过点 (p^*, q^*)。

总之,需求档案可以解释为每个统一价格 p 的购买规模 q 的分布,比如[①]

$$N(p, q) = \# \{t \mid D(p, t) > q\}$$

其中 $D(p, t)$ 是类型 t 客户的需求函数。它也可以用每个单位 q 的边际估

54

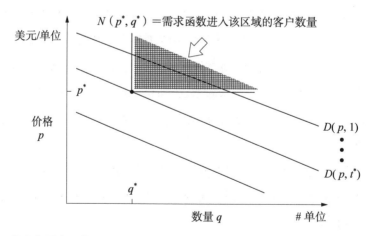

图 3.2 用客户需求函数测量的需求档案。在 (p^*, q^*) 处,需求档案衡量以价格 p^* 购买超过 q^* 或以超过 p^* 的价格购买 q^* 的客户数量。

---

① 符号 $\#$ 表示满足所述条件的客户数量,而不是客户类型本身的数量。如果每种类型的客户数量随着类型的变化是固定不变的,则这两种用法是等效的。

值的分布来衡量,即

$$N(p, q) = \#\{t \mid v(q, t) > p\}$$

这两种解释的使用方式不同。第一个对分析需求数据最有用,第二个则用于收益-成本模型的应用。此外,对于福利效应的分析,第二种解释可以推导出客户净收益的分布。

以下两小节介绍需求档案的更多技术内容,读者可以跳过不看。

隐式类型模型 *

为了简化说明,第一部分和第二部分的后续各章重点关注模型,客户之间的异质性由一个在总体中变化的类型参数描述——尽管第 8.4 节表明这种限制对于大多数实际目的来说并不重要。我们在这里可以通过重新考虑一个类型参数的基本含义来预测这个结果。

类型参数无法直接观测。此外,除了客户收益或需求函数的特定参数化之外,它没有基本的度量单位:一个类型参数的任何单调变换都将再次达到同样的实际目的。此外,它们的最终作用只是预测客户的购买规模,这是一个单维数量。因此,从根本上讲,人们发现单个类型参数就足以满足实际目的。[①]

这个猜想可以更精确一些。假设需求档案是根据人口的比例而不是客户的绝对数量来衡量的。我们可以通过以下属性定义一个隐式类型参数,假设 p、q 和 t 三者的关系满足等式 $t = 1 - N(p, q)$,则类型 t 的客户是当价格为 p 时购买 q 的人。如果我们进一步假设这些类型在总体中是均匀分布的,那么我们将获得一个能准确地解释可观测到的需求行为的模型。[②] 因此,第 6 章的阐述集中在单维类型参数的情况,因为这在很大程度上足以用于单产品定价问题的实际分析。

55

需求档案的更一般版本 *

上述需求档案 $N(p, q)$ 的使用需要几个隐含假设。在本小节中,我们将通

---

① 这仅适用于单一产品的价目表。对于多个产品,多个类型参数对真实描述客户的需求行为是很有用的。通常,人们希望类型参数至少与客户购买组合的数量和质量维度一样多。

② 每个隐式类型的需求函数都可以推断为由上述定义推导出的微分方程的解。

过描述一般公式以及如何推导出作为特例的需求档案来说明这些假设。

在一般公式中,我们的目标是确定由价目表 P 引起的对第 q 个增量的需求。如果类型 t 的客户偏好购买不少于 q 个单位(包含)的增量,则他更愿意购买第 q 个增量。这表示存在一些购买量 $x \geqslant q$,使得 x 的净收益超过任何购买 $y < q$ 的净收益。因此,用数学符号表示第 q 个增量的需求是[①]

$$N(P, q) \equiv \#\{t \mid (\exists x \geqslant q)(\forall y \ngeqslant q)U(x, t) - P(x) \geqslant U(y, t) - P(y)\}$$

原则上,这种需求取决于整个价目表 P。然而,对于大多数我们讨论的应用,x 和 y 的唯一关联是 $x = q$ 和 $y = q - \delta$,其中 δ 是增量的大小。也就是说,要知道类型 t 是否购买第 q 个增量,只需知道第 q 个增量是否提供超过其价格的增量收益。这定义了增量大小为 δ 的需求档案的特殊形式:

$$N(p(q, \delta), q; \delta) \equiv \#\{t \mid [U(q, t) - U(q - \delta, t)]/\delta \geqslant p(q, \delta)\}$$

其中,$p(q, \delta) \equiv [P(q) - P(q - \delta)]/\delta$ 是规模 δ 的第 q 个增量的每单位边际价格。前面定义的基础需求档案只是假设增量为任意小的特例:

$$N(p(q), q) \equiv \lim_{\delta \to 0} N(p(q, \delta), q; \delta) \quad \text{此处} \quad p(q) \equiv \lim_{\delta \to 0} p(q, \delta)$$

要使该需求档案能够准确预测客户的需求行为,充分条件是价格表和客户的需求函数是非增的,并且价格表从下方与每个需求函数仅相交一次。这可以确保,当购买小于最优购买时,客户从增量购买中获得的边际收益为正,当购买大于最优购买时为负;因此,当且仅当 q 小于最优购买,购买第 q 个增量是有收益的。因此,确保这个属性成立是最优价格表设计必须满足的附加条件。为了满足这一条件,后面的各章要么强加假设来确保其自动成立,要么对价格表规定充分约束的补救措施以使其成立。

其他版本的需求档案被用于一些特殊情况。例如,假设价目表规定在最低费用 P_* 下提供最低购买 q_*。愿意支付这一最低费用的客户数量是:

$$N_*(P_*, q_*) \equiv N(P_*/q_*, q_*; q_*)$$

---

① 将 $\exists$ 读作"存在……使得",将 $\forall$ 读作"对所有"。

在这种情况下,相关增量为 $\delta = q_*$,最低购买的每单位平均价格为 P_*/q_*。

偶尔也会使用更一般形式的主档案,以同时考虑总价目表和边际价格表:

$$M(P(q), p(q, \delta), q; \delta) \equiv \#\{t \mid U(q, t) \geqslant P(q)\} \&$$

$$[U(q, t) - U(q - \delta, t)]/\delta \geqslant p(q, \delta)$$

和 $M(P, p, q) \equiv \lim_{\delta \to 0} M(P, p, q; \delta)$。 例如,对最低购买的需求(如上)是:

$$N_*(P_*, q_*) \equiv M(P_*, 0, q_*; q_*)$$

或者,如果使用两部制价目表 $P(q) = P_0 + pq$ 的话,则第 q 个增量的需求为:

$$N_0(P_0, p, q) \equiv M(P_0 + pq, p, q)$$

它的一个特例就是最初定义的基础需求档案 $N(p, q) \equiv N_0(0, p, q)$。

适用于各种特殊目的的其他类型的需求档案也是可以构建的。在每种情况下,根据与所解决问题相关(或者为了简单起见,被假定为相关)的一般定义中关于 x 和 y 的相关值的假设,需求档案总结了对增量的需求(对一些正的增量规模 δ,或 $\delta \to 0$ 的极限情况)。对于这里讨论的主要问题,只考虑最初定义的基础需求档案 $N(p, q)$ 就足够了,下一节将描述如何根据需求数据对其进行估计。[①]

关于符号,为了便于说明,当增量 δ 可能很小或在文中很显而易见时,我们不区分需求档案 $N(p, q; \delta)$ 和 $N(p, q)$。

3.2 需求档案的估计

当公司从一系列价格中获得充足的需求数据时,比较容易估计需求档案。我们首先介绍,如何使用需求档案描述每个统一价格下购买规模的分布来做到这一点。然而,当公司以前没有使用除当前价格以外的其他价格时,需求档案或

---

① 各种需求档案的定义可以直接扩展到涵盖多种产品,参见第 12.1 节和第 14.1 节。在这种情况下,N 定义中的 $x \geqslant q$ 意味着对于捆绑包的数量 $q = (q_1, \cdots\cdots, q_n)$ 中代表每个产品的 i,$x_i \geqslant q_i$。

其价格弹性的估计通常基于客户收益的参数化模型。因此，我们提出第二个方法，基于需求档案表示增量单位的客户边际估值的分布。

需求档案的直接测量

第一种方法假设公司过去使用过几种统一价格。并且该公司有先见之明，为每个价格记录标准结算周期内客户购买规模的分布。例如，在 20 世纪 80 年代，美国大多数长途电话费率稳步下降（无论是以实际值还是名义值计算），从而产生大量对应不同费率水平的客户使用情况的数据——以及一些新形式的非线性价目表。[①] 通常，这些数据按客户类别（商业、住宅）、位置（城市、农村）和产品（常规的长途计费服务、大区长途线路服务）进行分类。此外，大多数公司能够记录大量有助于估计需求的额外数据，例如商业客户的业务线数据和家庭的社会人口统计数据。

用递增序列 p_j 表示收取的价格（或实际价格水平），其中 j 是区分不同价格的指标。例如，就电话公司来说是每英里每分钟多少美分。类似地，用递增序列 q_k 表示可能的购买规模，其中 k 是区分每个结算周期总使用量的数量带的指标；例如，就电话公司来说是每月长途电话的分钟-英里数。对应每个价格 p_j，该数据提供了当价格为 p_j 时购买规模在数量带 k 之内的**潜在**客户的数量或比例的测度 n_{jk}。需求档案是根据这些价格和数量直接估计出来的：

$$N(p_j, q_k) = \sum_{\ell \geqslant k} n_{j\ell}$$

也就是说，如果数组（n_{jk}）中的数据以电子表格表示的话，其中价格是行，成交数量带为列，那么需求档案是将每个值替换为同一行中多个值之和后获得的新数组。

然而，这种估计通常是不够的，因为它没有包含与费率设计有关的所有可能的价格和数量。有多种方法可以用来获得需求档案的平滑估计。例如，一个所谓的样条曲线可以拟合直接经验估计（Press et al. ,1986,§3）；或者经验估计也

---

① 有关客户电话使用量分布构建的说明，请参见 Pavarini（1979）以及 Heyman、Lazorchak、Sibley 和 Taylor（1987）。

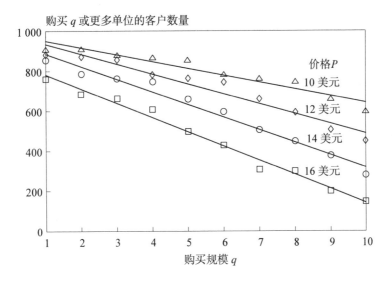

图 3.3 基于购买规模分布的需求档案的估计。这四个价格产生不同的购买规模分布。在图中,这些分布的估计是通过近似线性得到的。

可以构建为用于回归方程的数据,然后通过回归分析的常用统计技术估计其参数。如果使用回归模型,那么对每个价格 p_j,由 $N(p_j, q)$ 组成的估计值被解释为购买规模 q 的函数;或者回归可以应用于价格和数量的二元函数。图 3.3 用不同价格下的线性函数给出一个假设的例子。对于不同价格 $p = 10$ 美元,……16 美元,这些数据点代表客户购买的分布。回归线是通过最小化误差的平方和得到的。

在随后的例子中,我们将描述一些通常被估计的函数,以获得这种平滑的需求档案近似值。尽管如此,先基于直接的经验估计初步研究费率,随后再进行确认,是一种很好的做法;直到后来,人们才根据需求档案的平滑估计进行检查改进。

另一个有用的方法是对基于需求档案的两种不同解释的两个估计进行比较。

$$N(p_j, q_k) = \sum_{h \geqslant j} n_{hk}$$

如果第二种的直接估计与第一种的直接估计非常近似,那么第二种解释与第一种解释是完全一致的。然而,这两种估计之间的差异可能会以选择第一种估计而得到解决。原因是第二种方法依赖于客户的行为最大化其净收益的假设,而第一种方法则没有要求这一假设,因此相对不受客户特殊行为的影响。

需求档案的间接测量

当价格变化很小时,公司必须依赖于对客户需求函数或收益函数估计得出的需求档案的间接近似。通常这是通过假设每个客户(在相对同质的类别中,例如住宅客户)都由类型参数列表 t 充分描述来实现的。这些参数定义客户收益的度量 $U(q, t)$,它通常被定义为数量 q 的显式函数,其中列表 t 中的参数作为系数。例如,一个非常简单的模型假设函数 U 是使用两个类型参数 $t = (t_1, t_2)$ 的二次函数

$$U(q, t) = t_1 q - \frac{1}{2} t_2 q^2$$

从这样一个模型可以推导出类型 t 的边际收益函数 $v(q, t)$。通过反转关系 $p = v(q, t)$ 求出 q,这可以转换为响应统一价格 p 的 t 类型的预测需求函数 $D(p, t)$。在上面的例子中,这样使得两者都是线性的(对 q 和 p),

$$v(q, t) = t_1 - t_2 q \quad 且 \quad D(p, t) = \frac{1}{t_2}[t_1 - p]$$

将此模型转换为需求档案的估计需要一个额外数据,即类型在潜在客户群体中的分布。这种估计通常是以密度函数 $f(t)$ 的形式,或离散形式,表示每种类型 t 在总体中的比例。一个等价的形式是用分布函数 $F(t)$ 表示类型参数不超过 t 的潜在客户的数量或比例。以求和或积分的方式估计需求档案[①],

$$N(p, q) = \int_{T(p, q)} f(t)dt \quad 或 \quad N(p, q) = \int_{T(p, q)} dF(t)$$

---

① 右边的求和或积分可以解释为随着 t 变化将 $F(t)$ 中的所有增量相加。这是将集合 $T(p, q)$ 中所有类型的客户数量(密度或频率)相加的一般方法。

其中 $T(p, q)$ 是类型 t 的集合，$v(q, t) \geqslant p$ 或 $D(p, t) \geqslant q$。例如，对于上面的二次模型，

$$T(p, q) = \{t \mid t_1 - t_2 q \geqslant p\}$$

它包含 $t_1 - t_2 q = p$ 这条线一侧的所有类型 (t_1, t_2)。这条线表示那些对以价格 p 购买第 q 个增量不感兴趣的客户。

　　给定一个由客户类型参数描述的客户收益模型，剩下的实践问题是估计潜在客户群体中的类型分布。可以分两个步骤完成。第一步先确定分布函数 $F(t; \beta)$ 的形式，依赖于一组 β 参数。这些参数在类型分布的显式模型中以系数形式出现，类似地，需求档案 $N(p, q; \beta)$ 也由这些系数决定。第二步是使用对应不同价格的购买规模分布的数据来估计系数。

例 3.1： 为了说明第一步，假设分布函数是一个二元正态分布，其参数 (μ, σ, ρ) 表示总体中类型参数 $t = (t_1, t_2)$ 的均值、方差和相关性。那么，对上面的二次模型，$N(p, q; \beta)$ 是一个标准正态随机变量（均值为 0，方差为 1）超过如下定义 x 的概率 $\bar{\Phi}(x)$，

$$x \equiv [p - (\mu_1 - \mu_2 q)] / \Delta(q; \sigma, \rho)$$

此处

$$\Delta(q; \sigma, \rho) \equiv \sqrt{\sigma_1^2 - 2\rho\sigma_1\sigma_2 q + \sigma_2^2 q^2}$$

其中 σ_i^2 是 t_i 的方差，ρ 是 t_1 和 t_2 的相关系数，因此分布系数是类型分布的五个参数 $\beta \equiv (\mu_1, \mu_2, \sigma_1^2, \sigma_2^2, \rho)$。

　　第二步是统计任务，根据观测到的各种价格下的购买规模分布估计这些参数。由第一步可知，以 p 价格购买第 q 个增量的 N 个客户之间的预测关系为 $y = [p + \mu_2 q - \mu_1] / \Delta(q; \sigma, \rho)$。其中 $y \equiv \bar{\Phi}^{-1}(N)$。该数据由三个变量 $(y; p, q)$ 的观测值组成，目的是找到列表 β 的参数估计，该列表提供了数据与预测关系的最优拟合。任何一种统计估计的标准程序都可以用于这项任务。

　　如例子中一样，通常使用非线性回归模型来估计类型分布的参数。在这个

模型中,自变量是价格 p_j 和数量带 q_k,因变量是 $N(p,q;\beta)$,观测到的数据点是以价格 P_j 至少购买 q_k 的客户数量 $\left(\sum_{\ell \geqslant k} n_{je}\right)$。例如,$\beta$ 的最小二乘估计是选择一个 β 使预测关系的偏差平方和最小:

$$\sum_j \sum_k \left[N(p_j,q_k;\hat{\beta}) - \sum_{\ell \geqslant k} n_{je}\right]^2$$

计算此类估计值的统计软件程序已被广泛使用。这种估计的其他方法还包括最大似然估计和 probit 及 logit 模型,以及标准统计软件[1]中包含的各种方法。如果需求函数具有表示(恒定)价格弹性的单一类型参数,估计会大大简化;在这种情况下,我们只需要估计总体中这类弹性的分布的参数即可。

标准统计方法中一个常见部分是对所谓的干扰参数进行控制;因此,额外的自变量被纳入进来考虑客户的特征(例如,业务线和业务规模或家庭成员数量)和产品的附带特征(季节或一天中的时间,服务合同的类型)。将这些变量包含进来可以提高模型的预测准确性。尽管对于费率设计,人们常常希望能使用包含这些额外参数的模型,其中这些参数被设置为以相同条件向所有客户提供价格表的总体平均值。如果为不同的细分市场估计单独的需求档案,但为这些细分市场提供相同的价目表,那么对于费率设计,我们使用细分市场的需求档案的总和。需求档案的一个优点是它在公司成本和收入的表达式中是线性的。因此,使用需求档案的简单无偏估计就足够了,而且也确实是最优估计,因此这也将得到成本和收入的无偏估计。

通过使用相关分析及变异技术,还可以从社会人口统计数据(家庭客户)和业务线数据(商业客户)中收集其他信息。例如,购买规模分布与地区社会人口平均值(例如,家庭规模、收入、电器数量)的相关分析可用于将观测值从试点项目、调查数据或面板研究扩展到其他地区。

---

[1] McFadden 和 Train(1991)提供了使用概率模型进行相关估计的说明。Train 等(1987,1989)介绍了这些模型在电力和电信定价中的详细应用。

3.3　福利考虑

　　非线性定价的许多重要应用都在主要的受规制行业,如电力、通信和运输。在这些行业中,了解客户间的净收益分配尤为重要。如果不加区别地应用非线性定价,那么不需要改善所有客户的福利。特别是由于价格表通常会随着购买规模的增加而下降,所以当价格低于非线性价格表对初始单位的收费时,进行小额购买的客户更喜欢可以为公司带来相同收入的统一价格。在第 5 章中,我们分析了为避免小客户损失而经常使用的非线性定价形式。一般所称的帕累托改进非线性定价,指的是越来越普遍的提供至少两个价格表的做法。每个客户可以选择按照统一价格购买(小客户喜欢这个)或提供数量折扣的非线性价格表(大客户喜欢这个)。该政策确保没有客户因采用非线性价目表而面临不利。当提供此类选项时,小客户不会受到非线性定价的影响,而大客户(和公司)可以从中大大受益。

　　有两种方法来衡量客户收益率。第一种方法基于将客户类型明确参数化的模型,可以直接确定每种类型获得的净收益。因此,公司的利润贡献和消费者收益可以通过将与每个客户相关的这些金额相加来汇总。第二种间接方法使用需求档案来推断购买每个增量的客户数量,公司的利润贡献和消费者剩余能够通过对增量积分而获得。

通过参数化模型的剩余测量

　　为简单起见,假设公司的总成本只是它为个体客户服务而产生的成本之和。那么它的利润贡献,或生产者剩余,可以用下面的公式表示:

$$生产者剩余 \equiv \int_a^b [P(q(t)) - C(q(t))] dF(t)$$

在这个公式中,$q(t)$ 是类型 t 选择的购买量,客户支付价目表 $P(q(t))$,企业的成本为 $C(q(t))$。我们使用区间 $a \leqslant t \leqslant b$ 来表示总体中类型参数的范围。

　　客户购买满足需求条件 $q = D(p(q), t)$,或者等价条件 $p(q) = v(q, t)$。此

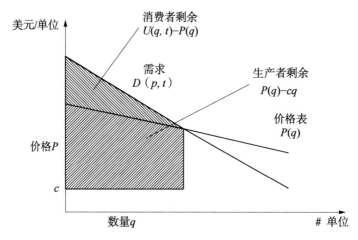

图 3.4 总剩余在生产者剩余和消费者剩余之间的划分。后两者可以用价格表同公司边际成本和客户需求之间的区域衡量。

购买为类型 t 提供净收益 $U(g(t)，t) - P(q(0))$，所有客户获得的净收益合计为

$$消费者剩余 \equiv \int_a^b [U(q(t)，t) - P(q(t))] dF(t)$$

图 3.4 描述一个客户的总剩余在生产者剩余和消费者剩余之间的划分。卖方的每单位利润是所收取的边际价格减去边际成本，因此生产者剩余是边际价格和边际成本之间的区域。类似地，消费者剩余是客户的边际估值 $v(q，t)$ 和边际价格 $p(q)$ 之间的差，因此所有购买单位的总剩余是需求函数 $D(p，t)$ 和价格表之间的区域。

通过需求档案的剩余测量

第二种方法使用不同的会计惯例来测量公司的利润贡献。在这种情况下，公司观测到从购买第 q 个增量的 $N(p(q)，q)$ 个客户获得的边际利润 $p(q) - c(q)$。将所有增量的边际利润相加就得到另一份利润表。

这种技术被称为分部积分，或者在离散情况下被称为分部求和。图 3.5 展示公司收入的分部积分结果。左图表示对类型 t 购买 $q(t)$ 收取费用 $P(q(t))$ 的收入，乘以该类型的客户数量，然后对所有类型求和。虚线表示从类型转换到购买量。右图表示的是每一单位的边际价格乘以购买这一单位的客户数量，代表

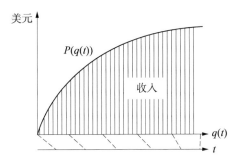
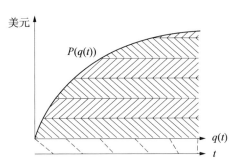

图 3.5　公司收入的两个版本。右边图中的区域是分部积分的结果：它累积了从购买规模的连续增量中获得的收入。

收入的相应横条区域，表示第 q 个单位的购买量是至少购买 q 个单位的客户数量；如果 q 和 t 之间的转换增加，那么这就是类型超过 $t(q)$ 且恰好购买 q 个单位的客户数量，即 $v(q, t(q)) = p(q)$ 的类型。

　　类似的过程也适用于构建消费者剩余。人们利用这样一个事实，即根据第二种解释，需求档案确定客户对每个增量单位的边际估值或保留价格的分布。对于固定的 q，愿意为第 q 个单位仅支付边际价格 p 的客户数量就是当价格略微提高就会停止购买第 q 个单位的客户数量，这是通过 $N(p, q)$ 的减少来测量的。如果将需求档案解释为保留价格的右累积分布函数，那么与第 q 个单位的保留价格 p 相关的客户数量或密度是 $\partial N(p, q)/\partial p$。[①]

　　因此，以边际价格 $p(q)$ 购买第 q 个单位的总消费者剩余为

$$\int_{p(q)}^{\infty}\left[p-p(q)\right]\left[-\partial N(p, q)/\partial p\right]dp \equiv \int_{p(q)}^{\infty}\left[p-p(q)\right]d\left[-N(p, q)\right]$$

$$=\int_{p(q)}^{\infty}N(p, q)dp$$

上式中的第二行重述了第一行（再次使用分部积分的方法），将消费者剩余表示为对第 q 个增量收取的边际价格 $p(q)$ 右侧的需求档案下的面积。换句话说，第

---

　　① 这与恰好购买 q 单位的数量不同，即 $|dN(p(q), q)/dq|$。这是作为一个总导数来计算的，测量当 q 增加时 N 下降的比例，以及 q 的变化导致 p 下降的比例。这对于解释预测数量如何受价格表的斜率影响是有必要的。

一个公式将 $p - p(q)$ 计入每一个愿意支付高于 $p(q)$ 价格的客户的消费者剩余。第二个公式使用不一样的会计方案,对于愿意支付高于价格 p 的 $N(p,q)$ 个客户中的每一位,都会计入 1 美元。因此,客户从购买第 q 个单位的净收益,是愿意支付下一个更高价格 $p(q)+1$ 美元的数量、愿意支付 $p(q)+2$ 美元的数量等的加权和,其中权重是根据每个客户对总剩余的贡献 $dp=1$ 美元。

因此,所有增量购买的总的消费者剩余是

$$\int_0^\infty \int_{p(q)}^\infty N(p,q)dpdq$$

后面几章使用的福利测度可以用这个公式和前面的生产者剩余公式计算出来。

福利分析的另一个方面在后面的各章中反复出现。有时这个分析涉及利润最大化垄断者的最优定价,有时它考虑垄断竞争和寡头竞争,它也研究规制企业达到一定收入要求的有效定价问题。虽然乍一看这些是不同的问题,但它们本质上是相似的,因为它们都是第 5.1 节中拉姆齐定价公式的特殊情况。拉姆齐定价主题是在满足企业收入要求的情况下,选择使消费者剩余总量最大化的价目表。一个特殊情况是,如果收入要求非常严格,那么利润最大化的垄断定价是唯一能够提高有效收入的方案。此外,如果收入要求不是那么严格,拉姆齐定价建议受规制企业的定价应该就像它是寡头垄断市场中的几家公司之一,这将使其利润降低到收入要求的水平。这些观点在第 5.1 节和第 12.3 节中有更详细的阐述。

因此,可以将费率设计的利润和效率动机分析放到一个统一框架中。要想提高最大化收益,定价必须有效,这是一个普遍原则。客户满意和客户的收益分布存在更多维度。我们对这一维度的主要分析在第 5.2 节中,我们说明所谓帕累托改进价目表的设计是确保与收入等值的统一价格相比,没有客户因非线性定价而面临不利。然而,在某些情况下,有必要对客户之间的收益分布施加进一步约束,而这些约束通常会损失分配效率。

3.4　注意事项

有许多修订在本次说明中被忽略,但有必要简要地提及一些。

1. 假设客户收益和需求行为是外生的;也就是说,他们的行为不受非线性
   定价的影响。尽管这在短期内可能是一个有效假设,但从长期来看通常
   是错误的。例如,对大宗购买给予可观的数量折扣可能会促使一些客户
   改变最终用途及其在设备和生产技术方面的投资。尽管适应通常需要
   时间,但如果只是因为资本设备的耐用性,它们最终还是会改变需求行
   为。因此,基于对统一价格的现有响应来衡量需求对数量折扣的响应,
   可能会严重低估需求的最终变化。费率设计可以通过对主要最终用途
   的电器和生产设备的收益-成本分析,并考虑行为因素导致的采用延迟,
   来预测这些次级响应。

2. 假定客户收益以货币形式表示。更普遍的方法是允许收入效应、风险规
   避、延迟收益的折扣,以及其他行为参数。为了简单起见,这里省略这些
   内容,因为充分的论述需要更多的技术细节和复杂的符号。此外,在密
   集使用非线性定价的行业中,它们对费率设计不是至关重要的。

3. 本章和第 6 章中对参数化模型的阐述假定公司知道或可以估计总体中
   的类型分布。事实上,这个分布通常是可变的,并且在任何时候,公司通
   常只能估计客户类型随着时间而创建或变化的潜在概率过程。之所以
   采用这种简化方式,是因为非线性定价通常适用于具有大量稳定客户群
   体的市场,而这些市场的总体分布(即群体中类型的直方图)与长期平均
   分布差别不大。此外,非线性定价表通常是在相对较长的时间跨度内提
   供的,在此期间,主要关注平均分布。

4. 假设客户直接从产品消费中获得收益。事实上,许多客户是作为生产商
   或销售中间商的其他公司。如果他们在竞争激烈的市场中经营,那么他
   们的收益就会通过更低的价格传递给零售客户。但如果他们在不完全

67

竞争的市场上中经营,允许一些垄断力量,那么他们可能会保留一些收益作为利润。这里我们先略过这个复杂问题,在第 5 章中将简要讨论。更多细节见布朗和西布利的论述(Brown & Sibley, 1986,第 6 章)。

5. 假设公司是一家垄断企业。事实上,如果企业在不完全竞争的市场中经营,则需要一些必要的修订。对需求档案和客户收益的估计常常是以其他产品,特别是那些相近的替代品或互补品的现行价格和一般经济情况为条件的。当竞争企业也使用非线性定价时,这一点尤为重要。尤其当每个企业的价格表是对其他企业价格表的响应时,这一点就更加重要。一家提供多种产品的公司会遇到第四部分中描述的类似问题。

6. 在解决受规制公司成本回收问题的每一章中,为解释清楚目的,我们假设只考虑价目表设计旨在最大化客户的总体净收益就足够了,其中企业受到净收入要求的限制。事实上,人们可能会考虑在衡量总体福利时,赋予某些类型的客户更大权重的可能性。我们在这里忽略这种可能性,因为它并没有为非线性定价的应用增加重要的新见解,却使阐述变得复杂。但是如果有必要,这些章描述的所有方法都可以扩展以解决这些问题。

这些结论的要点是,非线性定价是一个庞大的主题,需要在无数版本中解决。我们的阐述主要是为了传达基本原理,而不是在一个单一的综合性理论中包含所有的变化。

下面是选读小节,列出了在后续各章中使用的数学符号的一些基本假设。

3.5　标准假设 *

没有一组假设能为非线性定价的所有应用提供统一的标准假设。本节列出后续各章普遍使用的一些基本假设,这些假设对于大多数实际应用来说已经足够。在后面的各章中将针对特定主题提出额外假设。本文主要讨论非线性定价问题的公式和分析中涉及的主要观点。关键的分析特征主要以最优解的一阶必要条件的形式来表示。精通数学的读者会注意到,对充分条件的处理被省略了,有时甚至完全没有。我对这一缺陷的部分补救办法,请见第 8.1 和 8.2 节中的阐述。

期刊文献中引用的充分假设往往比必要假设要强得多,可能它们的限制性和令人生畏的复杂性阻碍了应用。另一方面,米格罗姆和香农(Milgrom & Shannon, 1991)最近的工作提供了关于准超模块化性质的准确的充分和必要条件。我还没有基于这些条件修订本书的阐述,但这似乎是非线性定价理论未来发展的正确框架。

公司的成本函数

除了第 15 章,我们始终假设公司的成本只取决于客户购买规模的分布。为客户 i 服务会产生特定的成本 $C(q_i)$,它取决于客户 i 所购买的数量,但不直接受客户的身份 i 影响,也不直接受任何描述客户的类型参数影响。[①] 特别是,购买相同数量的任意两个客户将给公司带来相同的成本。

企业可能会产生额外的成本,这取决于向所有客户供应的总数量,但为了说明的简单起见,我们通常假设企业总供给的边际成本是固定不变的:第 4.2 节中说明如何包含更一般的成本结构。成本函数 C 通常被假定为非负的、递增的和凸的,除了可能的固定接入成本或连接成本外(如果有避免局部最优的担心,许多结果同样适用于边际成本降低的情况)。因此,边际成本 $c(q) \equiv C'(q)$ 是非递减的。我们忽略规模报酬递增的影响,假设在受规制行业中,企业的收入要求大到可以收回运营和容量投资的全部成本。

除少数例外情况,我们不会根据日期、地点、突发事件或其他交付条件来区分公司的供应和客户的购买。因此,成本被解释为计费期的平均值以及应对可能发生的意外事件的预期。例外情况主要在第三部分中提到,涉及将交付条件解释为质量属性的情况。

---

① 非线性定价在委托代理问题和相关情景中应用的一个显著特征是,卖方的成本取决于客户类型。

69   这些假设的最简单版本经常用于例子：企业的边际成本是固定不变的。我们通常通过假设边际成本为零来进一步简化。

本文的一个不足之处是，对采用非线性定价的主要行业的容量成本、生产成本和分布成本的特定结构没有给予足够的重视。此外，关于规模经济或范围经济等一般特征的作用，也很少提供说明。有关这些方面更多详细信息的说明，推荐米切尔和福格尔桑（Mitchell & Vogelsang, 1991）关于电信行业，以及乔斯科和施马伦泽（Joskow & Schmalansee, 1983）关于电力行业的讨论。

需求档案

我们在第 4 章中说明，可以根据需求档案构建一个最优价目表。因此，需求方面的相关假设对需求档案强加了结构要求。我们在这里只描述与构建具有单一数量维度的单一产品的非线性价目表相关的假设，补充假设在第三部分和第四部分。

大部分讨论假设需求档案只取决于边际价格，而不是总价目表[①]。这是一种限制性假设——通常是错误的，因为它忽略一个事实，即随着价目表的提高，一些客户将停止购买；也就是说，它忽略了市场渗透的作用。因此，在第 4.4 节、第 6.7 节和第 7.4 节中，我们将明确解决伴随价目表而来的固定接入费的选择问题，并以一种意识到市场渗透率影响的方式对其进行优化。忽略固定费用最初是足够的（如第 6.7 节所示），当公司不因服务客户而产生任何设置成本时，最优价目表不会征收固定费用。

根据定义，需求档案 $N(p, q)$ 是非负的，且在数量 q 上递减。我们通常也假设它在价格 p 上递减。这与人们熟悉的直觉相符，即更高的价格会抑制需求。如果价格 p 或数量 q 足够大，我们假设 $N(p, q) = 0$；也就是说，潜在需求是有限的。为了应用微积分方法，需求档案也应该是二阶可微的。为了确保最优必要条件也足以确定全局最优，利润贡献（在不同的章节中以各种方式定义）必须有一个局部最大值；也就是说，它是单峰的或拟凹的。实践中使用的一些模

---

① 这大大简化了讨论。第 8.5 节表明扩展到更一般的公式是可能的，但会很复杂。

型违反这一点,因此人们抛弃局部最优值时必须慎重。

后面各章中的许多例子将使用这些假设的简单版本。例如,最简单的模型 70 是形式为 $N(p,q)=1-ap-bq$ 的线性需求档案,通过适当地选择度量单位,系数 a 和 b 可以取1。一个违背假设的需求档案的例子是 $N(p,q)=1-p^aq^b$,当价格为零时,每个 q 仍然是正值。

客户收益和需求函数

假设客户收益和需求函数是完全正则的。作为数量 q 的函数,每个收益函数 $U(q,t)$ 是非负的、递增的、有界的、凹的且二阶可微的。作为客户类型参数数组 t 的函数,假设它对 t 中的每一个组成部分都是递增的。这在一定程度上是一种约定,因为类型参数通常可以通过适当地缩放或一些其他转换得到重新定义。实质性的假设是,通过对类型参数的一些重新定义,收益函数可以变得单调。

假设客户的边际估值函数 $v(q,t)\equiv\partial U(q,t)/\partial q$ 对类型参数是递增的。这是一个强有力的假设,因为它实际上表明客户的需求函数是按照其类型参数严格排序的,而且与购买数量无关。这是一个非常充分的假设,可以确保生成的需求档案正确地预测客户将如何对价格表做出响应。然而,正如我们在第 8.1 节和第 8.4 节所解释的那样,这远非必要。

数值例子中使用了各种收益函数和边际估值函数。第 2 节中提到的二次收益函数是一个具有线性边际估值函数的简单版本。具有恒定价格弹性 $1/[1-bt]$ 的需求函数的收益函数是 $U(q,t)=aq^{bt}$,通过选择测量单位,系数 a 和 b 可以取1。

类型分布

为了获得需求档案的必要性质,类型分布函数也必须满足一些正则性条件。如果只有一个单一类型参数,且分布函数 $F(t)$ 具有密度函数 $f(t)\equiv F'(t)$,则完全充分条件为 F 具有递增的风险率,即比值 $h(t)\equiv f(t)/[1-F(t)]$ 随 t 的增加而增加,或者是常数。这不是一个很严格的条件,因为在实践工作中常用的分布函数几乎都满足这个条件。如第 6.6 节所示,包括我们经常在例子中使用的正态分布、指数分布和均匀分布。对多类型参数分布函数的类似假设很难表述:第 13 章的内容基于莫里斯(1976,1986)在基础工作中使用的假设。这些假设的目的是避免客户集中在特定的购买规模。

在第 6 章中,我们证明只有边际收益函数和右累积分布函数的类型弹性比值才会影响最优价目表的构建。因此,第 8.1 节将边际估值和风险函数是类型参数的递增函数的假设,替换为较弱的假设,即这些类型的弹性比值是递减的。

价目表和价格表

价目表一般要求是非负且递增的。实践中往往要求它也是次可加的。这意味着几笔小额购买的费用不低于购买的小金额总和。这个性质可以防止客户(或套利者)通过将大笔购买分成几笔较小的购买来规避价目表。这个性质的一个强充分条件要求价目表是凹的,或者等价于边际价格表没有递增的部分。在第 4 章和第 6 章中,我们展示如何改变最初不满足这个条件的最优价格表,使其按要求非增。

进一步的隐含约束是,每个客户的购买预测是对所提供的价目表的最优响应。这就要求客户购买满足一阶和二阶必要条件,且满足全局最优。客户的一阶必要条件的一般形式是增量单位的边际估值等于边际价格,而二阶条件进一步表明增加购买量会减少而不是增加所获得的净收益。后者本质上要求价目表的凹性小于客户的收益函数。或者,它指出,客户的需求函数与上述价格表相交且只相交一次,以确保全局最优性。在技术文献中,通过对收益函数或需求函数的假设直接施加这个约束被称为单交叉性条件。许多常用的参数化模型都能自动满足这一约束条件,但第 8 章展示了如何将分析扩展到更一般的模型。

对客户收益函数和类型分布提出假设的实际影响,是确保由它们构建的需求档案具有所需的性质。在实践中,经验估计的需求档案通常具有正确的性质。原则上,需求档案可能是非单调的,但这种情况与对客户行为的实际预测相差甚远。然而,参数化模型有一定的风险,因为公式化表述不佳的模型会导致预测异常。

3.6　小结

本章介绍后续将用于描述非线性定价下客户需求行为的基本工具。对于普通的统一定价,费率设计所需的基本数据是对总需求函数的估计。非线性定价需要表明不同增量需求的购买规模的非聚合数据。这一要求体现了非线性定价的主要特征,即它是一种产品差异化,将连续增量解释为不同的产品。非聚合数据还保留了有关客户需求行为异质性的相关信息。

需求档案是对需求数据的有力汇总。它可以解释为指定购买规模的分布如何随着价格的变化而变化,或者也可以解释为客户对随着数量变化而变化的增量单位的估值分布。第一种解释便于从非线性价目表中估计企业的利润贡献,第二种解释便于估计消费者剩余。

本章对第一部分和第二部分中所研究的单一产品情况提出的特征描述,在第三部分中将被拓展到具有多种质量属性的产品中,并在第四部分中拓展到多产品价目表。

72

第 4 章
价目表设计

73 非线性价目表表示一种特殊的产品系列。对在结算周期内购买的每个增量，向客户收取边际价格表中指定的相应价格。因此，价格表因增量而异。本章用产品系列来解释如何从客户的增量需求构建最优价格表。

在本章中，我们假设企业是一家利润最大化的单一产品垄断销售商。第 1 节说明可以通过选择每个增量的价格来构建边际价格的最优价格表，从而最大化该增量的利润贡献。为此，当边际价格为 $p(q)$ 时，需求档案 $N(p(q), q)$ 被解释为当边际价格为 $p(q)$ 时对第 q 个增量的需求。第 2 节补充了一些技术上的改进。第 3 节概述了构建与边际价格表匹配的固定接入费需要考虑的因素；如果公司在为单个客户提供服务时不产生固定成本，则不收取固定费用。第 4 节基于产品差异化的捆绑解释重新探讨了这些结论。第 5 节将分析扩展到分段递减价格表的多部制价目表设计。

本章的阐述使用基本的方法——除了在第 2 节中用星号（*）标记的一些选读资料，该方法在省略技术细节的情况下介绍价目表设计的主要思想。高级主题得到简化处理，特别是这里总结的一些方面并不精确，除非明确提出进一步的假设。后续各章将更详细地研究这些主题，但它们也依赖于更复杂的分析。

4.1 垄断者的价格表

对于单一产品,垄断者通常会选择最大化利润贡献的价格,其中利润贡献是利润率乘以所选价格下的需求。该计算所需的数据是公司的成本表以及对每个价格的需求或需求弹性的估计。我们需要类似的数据来确定数量不同时产品系列的价格,但需求估计必须根据购买规模进行非聚合。

我们在这里假设,可得到的数据提供了对用 p 表示的几种价格和用 q 表示的几种购买规模中的每一种组合的需求估计。这些估计可以表示为一个表格数组,其中行对应不同的价格,列对应不同的购买规模,表格中的每一个输入值表示在价格 p 购买 q 个产品的客户的数量或比例 $n(p, q)$。如果采取适当的措施来记录客户购买情况,需求数据通常会以这种形式累计:对于提供的每个价格 p,公司观测到的客户购买规模的分布。非线性定价的第一次尝试通常从过去使用过的少数几个价格的数据开始。在这种情况下,估计必须基于对客户需求弹性的推断,如第 3 章所述。还必须注意识别结算周期的作用和衡量购买规模的维度。例如,购买规模必须符合在指定结算周期内购买的单位数量。因此,费率,比如每月多少单位,是相关的衡量标准。

本章分析的核心思想是,价目表可以解释为对购买规模的每个连续增量收取不同的费用。因此,价目表作为一个价格表 $P(q)$,其中 $P(q)$ 表示购买规模为 q 时所收取的总金额,也可以表示为愿意为购买规模的第 q 个增量支付每单位 $p(q)$ 的价格表。例如,如果可能的购买规模是整数 $q=1, 2, \cdots\cdots$,那么 $p(q)=P(q)-P(q-1)$ 是第 q 个单位的收费价格。如果增量的大小为 δ,则 $p(q)=[P(q)-P(q-\delta)]/\delta$ 是第 q 个增量的每单位价格,即达到 q 个单位的最后一个增量。在实践中,通常对一个范围内的增量收取相同的价格,如在分档价目表中,但在这里我们允许最开始时对每个增量收取不同的价格。

这个想法是通过进一步意识到购买第 q 个增量的客户也必须购买所有更小的增量来实现的。这个特征本质上是禁止转售市场的结果。每个增量的需求,是购买这个增量的客户数量。这就等于说,对第 q 个增量的需求跟所有购买规

模至少和 q 一样大的需求相同。使用表格数组 $n(p, q)$，对价格 p 的第 q 个增量的需求是购买 q 或更多数量的客户数量。

$$N(p, q) = \sum_{x \geq q} n(p, x)$$

数组表格 $N(p, q)$ 是第 3 章中定义和描述的需求档案。N 的每一行都是 n 同一行的部分和的列表。为了构建最优价目表，需求档案可以用客户的数量或比例，或者在价格 p 下需要第 q 个增量的潜在客户的比例来测量。

75　　重要的是要认识到需求档案不同于从单一统一价格 p[①] 获得的总需求，即

$$\bar{D}(p) = \sum_{q} n(p, q)q$$
$$= \sum_{q = \delta, 2\delta, \cdots\cdots} N(p, q)\delta$$

其中 δ 是购买规模的增量，$p\delta$ 是针对每个增量收取的费用。需求档案是总需求函数的非聚合版本，并且保留客户对每个统一价格响应的购买规模信息。

类似地，当提供非增的价格表 $p(q)$ 时，购买第 q 个增量的客户数量的预测是 $N(p(q), q)$。因此，总需求是购买每个增量（$q = \delta, 2\delta, \cdots\cdots$）的客户数量的总和，

$$Q = \sum_{q} N(p(q), q)\delta$$

需求数据的另一个保存更多信息的表达式是需求函数 $D_i(p)$ 的集合，它对应于总体中的每个客户 i。也就是说，$D_i(p)$ 表示客户 i 以每单位的统一价格 p 选择的购买规模。如果这种形式的数据可得，则可以通过将 $N(p, q)$ 解释为 $D_i(p) \geq q$ 的客户 i 的数量来构建需求档案。我们为此使用以下符号表示，

$$N(p, q) = \#\{i \mid D_i(p) \geq q\}$$

需求档案用于以下结构，因为它体现了找到最优价目表所需的最少信息。然而，更重要的是要认识到它的使用涉及一个隐含的假设。为了确保

――――――――――

① 后一个例子假设需求档案测量总体中潜在客户数量的一小部分。因此，衡量收益的单位，例如公司的利润或消费者剩余，是总体中每个潜在客户在每个结算周期消费的货币。

$N(p(q),q)$实际上是第 q 个增量的已实现需求,需要假设以统一价格 $p=p(q)$ 购买至少 q 个商品的客户也将在提供完整增量价格表时至少购买 q 个单位。通常,价格表是非增的,每个客户愿意为第 q 个增量支付的最高价格也是如此。依赖于需求档案来总结需求数据,进一步要求增量价格表最多与每个客户的需求函数相交一次,且从下方相交。在实践中,此条件通常可以毫无困难地得到满足,在第 2 节中,我们将详细介绍它在分析中的作用。

为了完成这个构想,我们最初假设公司的成本表反映每个单位的固定成本 c,和规模 δ 的每个增量的成本 $c\delta$。特别地,供应购买量为 q 的可变成本是 cq,如果 $m(q)$ 个客户选择购买规模 q,那么总可变成本为 $C(Q)=cQ$,其中 $Q=\sum_q m(q)q$ 是供应总量。

因此,价格表 $p(q)$ 对增量的预期总利润贡献可以表示为根据购买规模的增量区分的各个细分市场的利润贡献之和:

$$Pft \equiv \sum_q N(p(q),q) \cdot [p(q)-c]\delta$$

在这种情况下,要找到最优价格表,只需分别为每个细分市场找到最优价格即可。也就是说,第 q 个增量的最优价格是使该增量的利润贡献最大化的价格:

$$R(p(q),q) \equiv N(p(q),q) \cdot [p(q)-c]$$

下面的简单例子展示了计算过程。

例 4.1:假设价格和购买规模如表 4.1 所示,表 4.1 列出需求档案。每一列对应产品系列的一个细分市场,其中 $\delta=1$ 的购买规模或"数量带"为 1、2、3、4 和 5 个单位。例如,第一列第一行的输入值表明,如果价格为每单位 2 美元,则至少有 90 个客户购买一个单位。(恰好购买一个单位的人数是 15,因为有 75 人购买至少两个单位。)在第一列的底部显示第一个单位收取的最优价格是 4 美元,假设供应的边际成本为 $c=1$ 美元。这个最优价格是通过计算每个价格 $p=2$ 美元,……,5 美元下的利润贡献来确定的。例如,价格为 2 美元的利润贡献是在该价格下购买 90 个单位的需求乘以利润率 2 美元－1 美元＝1 美元,得出总贡献为 90 美元,小于从每单位 4 美元的最优价格中获得的总贡献 $65 \times (4-1)=$

表 4.1 例 4.1 的需求档案：边际成本 $c = 1$ 美元时的最优价目表

p	$q:$	$N(p, q)$					$\bar{D}(p)$
		1	2	3	4	5 单位	
2 美元 / 单位		90	75	55	30	**5**	255
3 美元		80	65	**45**	**20**	0	210
4 美元		**65**	**50**	**30**	5	0	150
5 美元		45	30	10	0	0	85
$p(q):$		4 美元	4 美元	3 美元	3 美元	2 美元 / 单位	4 美元
$P(q):$		4 美元	8 美元	11 美元	14 美元	16 美元	
$R(p(q), q):$		195 美元	150 美元	90 美元	40 美元	5 美元	
总利润：		45 美元	30 美元	40 美元	5 美元	0 美元	480 美元 / 450 美元
‘CS’$(q):$							120 美元 / 85 美元
‘TS’$(q):$							600 美元 / 535 美元

195 美元。类似地，来自四个可能价格的第 3 个增量（$q = 3$）的利润贡献分别为 55 美元、90 美元、90 美元和 40 美元，其中最大值为 90 美元，以价格 3 美元或下一个更高的价格 4 美元均可获得，但是我们会选择较低的价格。表中对应最优价格选择的输入值用斜体表示。表中显示的最优价格意味着价目表 $P(q)$ 分别对购买规模 1、2、3、4 和 5 单位收取 4 美元、8 美元、11 美元、14 美元和 16 美元。

当使用表格中的数字数据时，检查需求档案的一致性是很有用的。除了需求档案沿着每一行和每一列非增的要求之外，还进一步要求边际价格的最优表预测的购买模式应一致。例如，假设客户对较低的边际价格做出较大的购买响应，那么递减的边际价格表所预测的第四个单位的需求会超过第三个单位的需求，这是不一致的。在以上例子中，一致性检查得到满足，对每个连续单位的需求都小于前一个单位。也就是说，当提供最优价格表时，第一个、……第五个单位的预测需求分别为 65、50、45、20 和 5。当表格中使用的度量单位超过客户选择的实际增量时，可能会违反一致性。

表中还展示了总需求函数 $D(p)$，如果企业对所有单位收取统一价格 p，那么它就表示总需求。注意 $\bar{D}(p) = \sum_{q=1,\cdots\cdots,5} N(p, q)$。 最优的统一价格是使总利润贡献最大化的价格 $\bar{D}(p) \cdot [p-c]$。 对于表中所示的例子，最优的统一价格是 4 美元，它从 150 个单位的销售中产生 450 美元的利润贡献。相比之下，最优价目表从 185 个单位的销售中产生 480 美元的更高利润贡献，对应的平均价格为每单位 3.60 美元。表中还显示消费者剩余和总剩余的最小估计值，用 CS 和 TS 表示，是基于需求档案中愿意支付高于收费价格的客户数量来估计的。例如，有 45 位客户愿意为购买第一个单位比 4 美元多支付 1 美元。

从表中可以看出非线性定价的优势。为大宗购买提供价格优惠能刺激需求，否则这些需求会被更高的统一价格扼杀。这种特别的价目表有更多的优势，它能增加公司利润而不损害任何客户，因为最优价格表对每个单位的收费不超过最优的统一价格。在第 5 章中，我们将证明这个特征是可以推广的：当统一价格超过边际成本时，存在一个非统一的价格表，它为公司增加相同的净收益，增加部分客户的净收益，并且不会减少任何客户的净收益。

这个例子中非线性定价的优势源自客户之间的异质性。将市场细分为不同的数量带，使得卖方能够为某些客户选择的较大购买规模提供更低的价格。所有客户都可以享受同样的折扣，但只有那些需要更大购买量的客户才能利用这个机会。

78

需求档案概括了客户之间的异质性，该异质性是在允许非线性价目表的最粗略分析的聚合水平上。如第 3 章所述，对于每个指定价格，它表示客户要求的购买规模的分布；对于每个指定增量，它表示客户保留价格的分布。在应用中，根据不同单位的需求价格弹性来描述这些信息通常很有用。例如，价格 $p°$ 比另一个价格 p 产生更高的利润贡献，如果

$$N(p°, q)[p°-c] > N(p, q)[p-c]$$

当 $dN \equiv N(p°, q) - N(p, q) > 0$，且 $dp \equiv p° - p < 0$，这个条件可以等价地表示为

$$\frac{p^{\circ} - c}{p^{\circ}} > \left[\frac{dN/N}{-dp/p}\right]^{-1}$$

如果 dN 和 dp 的符号相反，则将不等号反向。因此，最优价格 $p(q)$ 提供的利润率百分比约等于第 q 个单位的需求档案的价格弹性 $\eta(p, q) = [dN/N]/[-dp/p]$ 的倒数：

$$\frac{p(q) - c}{p(q)} \approx \frac{1}{\eta(p(q), q)}$$

价格弹性衡量的是随着价格每下降一个百分点，需求增加的百分比。因此，这个条件表明利润率百分比乘以利润率百分比每下降一个单位的需求下降应为 1，这表明现有客户因降价而损失的利润由其他客户增加的新需求的利润来补偿。

79   如果我们将价格 p 解释为一个连续变量，并且需求档案是可微的，那么这样描述是准确的。在这种情况下，使利润贡献 $N(p, q)[p-c]$ 最大化的价格满足必要条件

$$N(p(q), q) + \frac{\partial N}{\partial p}(p(q), q) \cdot [p(q) - c] = 0$$

这个条件表明，企业从第 q 个单位的价格微小变化中获得的边际利润为零。特别是，价格每增加 1 美元，企业从购买该单位的 N 个客户中的每个客户那里都获得 1 美元的额外收益，但同时也从通过不购买该单位来响应价格上涨的 $|\partial N/\partial p|$ 个客户这里损失边际利润 $p(q) - c$。在这种情况下，需求档案的价格弹性是

$$\eta(p, q) \equiv -\frac{p}{N(p, q)}\frac{\partial N}{\partial p}(p, q)$$

因此必要条件可以等价地表述为

$$\frac{p(q) - c}{p(q)} = \frac{1}{\eta(p(q), q)}$$

也就是说，对于最优边际价格 $p(q)$，第 q 个单位的利润率百分比恰好是需求档案价格弹性的倒数。这种"逆弹性规则"对于所有垄断定价情况都很常见，但在

这里它分别应用于增量单位的每个市场上。

　　通常，需求档案引起的价格弹性随着 q 的增加而增加，因此最优价格表 $p(q)$ 是递减的，且最优价目表 $P(q)$ 是购买规模①的凹函数。这可以在任何客户购买的最后一个单位 q^* 的临界值看到：对于这个 q 值，$N(p(q^*)，q^*)=0$，但 $\partial N/\partial p < 0$，所以 $p(q^*)=C$。也就是说，最后一个单位以边际成本出售②。然而，在某些情况下，以这种方式计算的价格表可能会有递增的区段或折叠段；我们在第 2 节中讨论发生这种情况时所需的修订。

　　最优条件的另一种表述要求价格表沿着价格表的轨迹 $(p(q)，g)$ 满足　　　　80

$$\frac{d}{dq}R = \frac{\partial}{\partial q}R。$$ 也就是说，随着 q 的增加，第 q 个单位的利润贡献 R 的下降完全可以归因于需求和边际成本的变化，这表明改变价格表不可能进一步提高利润。这个条件可用于使用常规会计数据来检验价格表的最优性。

例

例 4.2：图 4.1 描述的是一个最大化利润贡献的例子，其中需求档案为 $N(p，q)=1-p-q$，边际成本 $c=0$。对于第 q 个单位的几个值中的每一个，利润贡献在图中所示的边际价格 $p(q)$ 处最大化③。q 值越小最优边际价格越大的特点是很典型的，但如上所述，它并不普遍。

例 4.3：一个更具体的例子是从在第 6 章研究的那类客户需求函数的显式模型　　　81中推导出来的。每个潜在客户由两个参数 t 和 s 描述，如果花费 $P(q)$ 购买 q 个

---

①　这与客户需求的价格弹性增加完全不同。对于第 6 章中研究的参数化模型，需求档案的价格弹性是类型分布的类型弹性跟恰好购买数量 q 的客户的需求函数的价格和类型弹性之比的乘积。即使每个客户的需求函数具有固定的价格弹性，需求档案的价格弹性也会随着类型分布的类型弹性和客户需求函数的类型弹性的比值而变化，并且对于拥有最高类型的客户，最终必须下降到零。对于大量购买的客户来说，更高的需求价格弹性往往会增加需求档案的价格弹性，但这远非必要。

②　在价格缓慢下滑到最终急剧下降的情况下，这可能会产生误导。此外，这一属性依赖于是否有最后一个可以出售的有限数量的单位。尽管这是实践中的现实情况，但我们稍后展示的例子中 $q^*=\infty$ 并且所有 $q<\infty$ 单位的价格仍然高于边际成本，参见第 2 节和例 8.1 中的"坏例子"。对一个模型是否良好制定的一个方便的测试，就是为了检验它是否意味着在某个有限数量下是没有需求的。

③　如果使用多部制价目表，这条曲线是一个阶梯函数；也就是说，单个边际价格适用于 q 的每一个区间。

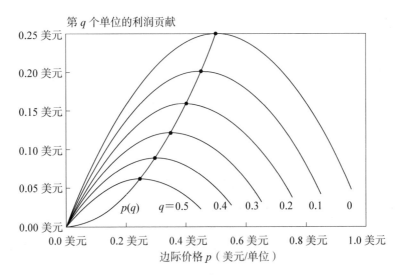

图 4.1 在边际价格的最优选择 $p(q)$ 下,第 q 个单位的利润贡献最大化。假设 $N(p, q) = 1 - p - q$ 且 $c = 0$。

单位的公司产品,并在代表所有其他商品的组合 x 上花费 $p^* x$,那么他的净收益为 $U(q, x; t, s) - P(q) - p^* x$。收益函数 U 是以下形式的二次函数

$$U(q, x; t, s) = qt + xs - \frac{1}{2}[q^2 + 2aqx + x^2],$$

其中参数 a 衡量公司产品能替代其他商品的程度。因此,客户对公司产品的需求为

$$D(p, p^*; t, s) = ([t - p] - a[s - p^*])/[1 - a^2]$$

假设没有对组合 x 施加非负性的约束。如果 $t - as \geq q[1 - a^2] + p - ap^*$,则类型为 (t, s) 的客户至少购买 q 个单位。假设在总体客户中,t 和 s 是均值为 1、标准差为 1、相关性为 r 的二元正态分布。那么用总体中的一个部分来衡量的需求档案,是均值为 0、标准差为 1 的标准正态随机变量 ξ 超过以下值的概率,

$$z(p, q) \equiv (q[1 - a^2] + [p - 1] - a[p^* - 1])/\sqrt{1 - 2ra + a^2}$$

即,$N(p, q) = Pr\{\xi \geq z(p, q)\}$。对于这个客户需求行为模型,图 4.2 显示企业针对多个参数值的最优边际价格表 $p(q)$。通常,p^* 增加会提高价格表,而 r

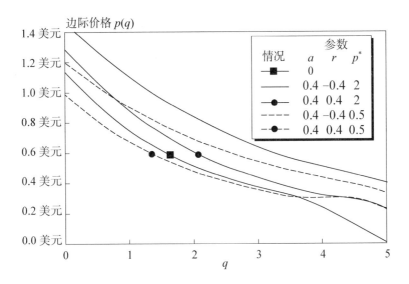

图 4.2 在例 4.3 中的一些参数的不同取值下的边际价格表。

增加会降低价格表。增加替代参数 a 的主要作用是在 $p^* < 1$ 时降低价格表,在 $p^* > 1$ 时提高价格表。我们可以观察到最后列出的价格表在 $q=4$ 附近有一个递增的区域:这是因为与其他商品进行价格竞争而出现的。如前所述,这个问题将在第 2 节中得到解决。

4.2 扩展和限定条件

在使用前面几节中描述的最优价目表结构时,可以考虑一些扩展情况和限定条件。

可变的边际成本

在第 1 节的分析中我们假设边际成本是固定不变的,但这并不是必要条件。如果边际成本随供应给客户的数量而变化,那么在计算第 q 个单位的边际价格时使用的合适的边际成本是生产和交付该单位的边际成本 $c(q)$。或者说,如果公司的总成本随提供给所有客户的数量总和的变化而变化,那么要使用的边际成本就是要生产的最后一个总供应单位的预期边际成本。更一般地说,公司向客户 $i=1$,……, n 供应数量为 q_i 的供货单 $Q=(q_1$,……, $q_n)$ 的总成本 $C(Q)$,可能是总供给量 $Q=\sum_i q_i$ 和个人购买 q_i 的函数:

$$C(Q)=C_1(Q)+\sum_i C_2(q_i)$$

在这种情况下,个人购买 q 的边际成本是

$$c(q)=C_1'(Q)+C_2'(q)$$

其中 $C_1'(Q)$ 是总供给的边际成本[①]。要应用这种结构,必须反复进行直到用于构建价目表的总预期边际成本与从价目表设计中产生的总购买量预测的边际成本一致。

如果边际成本随着时间因需求和供应条件的变化而变化,那么它的平均值是相关的测量值。如果存在容量限制,则会增加额外的溢价来反映稀缺供应的配给,用溢价衡量可能已获得服务的其他客户所放弃的利益[②]。

另一种表述假设公司有固定的供应或可用容量 Q,因此总需求受到可行性条件的限制,

$$\int_0^\infty N(p(q), q)dq \leqslant Q$$

在这种情况下,边际成本 c 随一个非负的拉格朗日乘数 γ 增加,这个乘数要足够大,以保证总需求不超过总供给的限度。

例 4.4:假设需求档案是 $N(p, q)=1-pq^a$,其中 $0<a\leqslant 1$。那么当拉格朗日乘数为 γ 时,最优价格表是 $p(q)=1/2[c+\gamma+q^{-a}]$,并且对第 q 个单位的最终需求是 $N(p(q), q)=1/2[1-(c+\gamma)q^a]$。因此,将需求保持在供应限制 Q 内的最优乘数是

---

① 即使每个人的购买对总体的影响是微乎其微的,这也是成立的。例如在模型中,需求由购买规模的平稳分布函数描述,而 Q 表示平均购买量。

② 因为我们只考虑一种产品,所以平均边际成本在这里是相关的。如果高峰时段和低谷时段的服务有差异,那么边际成本将被分别分配给每个产品,如后面关于多种产品的各章所述。

$$\gamma = \max \left\{ 0, \left(\frac{1}{2} \frac{a}{[1+a]Q} \right)^{1/a} - c \right\}$$

请注意,如果边际成本已经大到足以抑制需求,则乘数为零。

这反映了一个一般性原则,即供应限制是通过扩大边际成本进而包含有限稀缺容量的估算价格来实现的。

必要条件的直接推导[*]

对数学感兴趣的读者可以注意到,可以通过价目表 $P(q)$ 的总利润贡献最大化直接推导出最优价格表的必要条件。假设总成本只是简单的每个客户发生的成本之和,那么利润贡献就是生产者剩余

$$PS \equiv \int_0^\infty [P(q) - C(q)] \cdot \nu(q) dq$$

其中在 $(p(g), q)$ 处,客户购买数量 q 的密度是 $v(q) \equiv -dN/dq$。该密度考虑以统一价格 $p = p(q)$ 购买 q 的客户密度 $-dN/dq$,以及由边际价格表的斜率 $p'(q)$ 导致的需求变化。在这种形式中,问题中涉及变分计算,相关的最优性条件是欧拉条件,这里它的形式是:

$$\frac{d}{dq} \left\{ N + \frac{\partial N}{\partial p} \cdot [p(q) - c(q)] \right\} = 0$$

这个条件似乎比之前推导出的条件更弱。但是变分法的横截性条件要求大括号内的数量在最大购买量 q^* 处为零,因此对于所有的 $q \leqslant q^*$ 来说它都是零。这就是第 1 节中直接推导出的最优价格表的必要条件的形式。

如果首先使用分部积分的方式重新表述利润贡献,也可以得到以下类似结论,

$$PS \equiv \int_0^\infty [P(q) - C(q)] \cdot \nu(q) dq = \int_0^\infty N(p(q), q) \cdot [p(q) - c(q)] dq$$

除去固定费用和固定成本。使用最右边重新构建的版本,逐点选择第 q 个单位

的最优边际价格 $p(q)$ 来最大化在该单位的所有购买的利润贡献。这就证明了第 1 节中的构造是合理的。

必要条件的充分性

前面的分析是根据最优点的一阶必要条件来描述价格表的特点。一般来说,这种情况可能有多重解。可以通过施加二阶必要条件来排除无关的解,如局部最小值。该条件的一种有用形式是,需求档案的价格弹性 $\eta(p(q), q)$ 是所选解中价格的递增函数。更一般地,如果需求档案的价格弹性在任何地方都是关于价格的递增函数,那么一阶必要条件就为最优价格表提供了唯一解。这一属性在实践中经常能得到满足,因为它反映一个非常直观的事实,即在较高的价格下客户有更多机会选择替代产品和服务,对价格的更大敏感性表现为在较高价格下的价格弹性更高。

递减价格表和熨烫程序

为防止客户的套利行为,许多应用要求价目表是购买规模的凹函数。这相当于要求价格表是非增的——允许数量折扣,但不能有数量溢价。如果边际成本是购买规模的强递增函数,或者随着数量 q 的增加,需求档案对价格 p 变得不敏感,那么这个要求可能会影响最优价格表。特别地,如果 $\partial^2 N/\partial q \partial p$ 在 $(p(q), q)$ 处过大,则价格表在 q 处是递增的。实践中使用的许多模型能够保证价格表是递减的,因为对于较大的 q 值,需求档案的价格弹性增加的速度更快。然而,在其他情况下,边际价格表可能会在购买规模的某些区间增加,甚至会出现折叠或缺口。在这种情况下,可以根据以下程序修订价格表。

85 假设最优性必要条件的解为,

$$N(p(q), q) + \frac{\partial N}{\partial p}(p(q), q) \cdot [p(q) - c(q)] = 0$$

价格表 $p(q)$ 在某个区间 $a < q < b$ 内递增,图 4.3 描述两种这样的情况。在左图中,价格表定义明确但不单调,而在右图中,最优性条件允许价格表向后折叠,

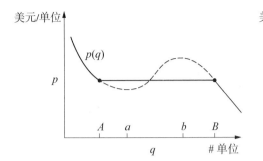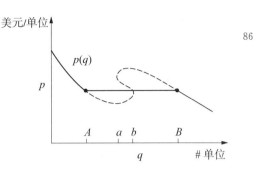

图 4.3 通过熨烫程序构建一个非增的价格表。选择水平的区段是为了使其平均满足最优性条件。

即在某些 q 值上存在多重解。[①] 在这种情况下,最优的受约束价格表必须是固定不变的。例如 $p(q) = p$,在更宽的区间 $A \leqslant q \leqslant B$ 上,$A \leqslant a < b \leqslant B$,$p(A) = p$,且 $p(B) = p$。 在这个区间内,必须**平均**满足最优性条件,即,

$$\int_A^B \left\{ N(p, q) + \frac{\partial N}{\partial p}(p, q) \cdot [p - c(q)] \right\} dq = 0$$

请注意,这些条件提供三个方程来确定需要明确的三个值 A、B 和 p。如果初始价格表在几个区间内是递增的,那么可能需要多次重复此过程,以便最终得到一个非增的价格表。也就是说,首先将该过程分别应用于价格表中递增的每个最短区段;如果新的价格表仍然有递增的区段,那么就重复此过程;以此类推,直到没有递增的区段。这种使价格表扁平化的方式被称为"熨烫"。

一个相关类型的难点如图 4.4 所示。在左图中,价格表中有一个比客户需求表更急剧下降的部分,因此会从上方与需求表相交;而右图表明,这种情况也可能发生在价格表向下折叠的地方。在这两种情况下,价格表都有一个缺口,因为客户不会在价格表急剧下降的地方选择购买规模。在第 8 章中,我们将描述可用于确定缺口的两个端点的熨烫程序的变化形式。

图 4.5 是一个有递增区段的价格表的具体例子,展示例子 4.3 在参数 $a = 0.6$,$r = 0.6$,$p^* = 0.5$ 时的"最优"价格表。当产品是相近的替代品时,客户对

[①] 如果必要条件允许解出现在不同的连接组成部分,则可能会出现更复杂的情况;参见 8.1 节。

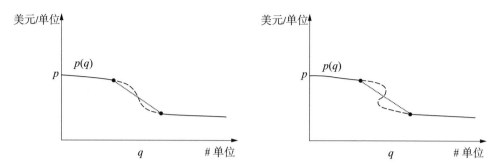

图4.4 价格表中的缺口,比客户需求函数更急剧地下降。

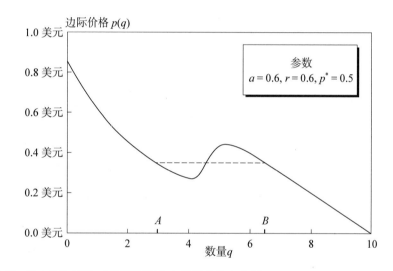

图4.5 例4.3 的例子,应用熨烫程序来确保价格表非增。

产品的评价高度相关,竞争产品的价格相对较低。水平虚线表示通过熨烫程序得到的价格表的最优的扁平部分。正如人们所预料的那样,这一区段的价格略低于竞争商品的价格 p^*。

第12.1节的图 12.3 展示了一个具有急剧下降区段的价格表的例子。

需求档案的预测能力

上面的讨论假设需求档案是对客户如何响应非线性价格表的购买行为的合理预测。正如我们所指出的,当客户可以套利时,可能需要消除价格表中递增的区段以保持需求档案的预测能力。更一般地,只要价格表与客户的需求函数在多个点相交,或者从上方而不是下方相交,那么需求档案的预测能力就会失效,需要进行更复杂的分析。为了排除这些有问题的情况,非线性定价的理论分析中使用假设确保最优价格表从下方与每个客户的需求函数只相交一次。这些相同的假设也证明使用需求档案来总结客户的需求行为是正确的。对更一般性公式的全面分析我们将在第 6 章和第 8 章中阐述,其中会提出一个能够处理具有更复杂特征的情况下的公式。

此外,我们还必须检查指定的需求档案是否符合实际。以下是一些典型的"坏"例子。

1. 如果需求档案是 $N(p, q) = 1 - kp^a q^b$,且边际成本为零,那么直接应用最优化条件表明最优边际价格表是 $p(q) = \beta/q^{b/a}$,其中 $\beta^a = 1/k[1+a]$。然而,预测的结果是,有相同分数 $1 - k\beta^a$ 的客户购买**每个**增量。

2. 给定 $p + q < 1$,那么具有一些相似属性的需求档案是 $N(p, q) = 1 - p/[1-q]$。如果边际成本为零,则最优价格表是 $p(q) = \frac{1}{2}\max\{0, 1-q\}$。但是,预测的结果是相同分数的 $1/2$ 的客户购买所有增量 $q \leqslant 1$;因此,所有这些客户的实际购买规模都为 1,每个客户支付的总费用为 $P(1) = 1/4$。这又是一个客户在单一购买规模处扎堆的例子,但在这种情况下,购买量是有限的。如果边际成本 c 是正的,那么就不存在扎堆购买现象,价格表为

$$p(q) = \frac{1}{2}\max\{c, 1+c-q\}$$

这些例子表明检验一个指定的需求档案是否符合实际是非常必要的。在第 8 章中将介绍排除此类异常情况的充分条件。

4.3 捆绑解释

还有一种观点将非线性定价解释为捆绑的例子。如果同时购买几种产品的费用低于单独购买所有产品费用的总和,则称为捆绑包。捆绑适用于多样化的产品(例如新车的选项),但如果"产品"是同一通用商品的单位,则效果与非线性定价相同。也就是说,对于两个单位的捆绑包,向客户收取的费用少于单个商品费用的两倍。

捆绑的方法对于理解为什么非线性定价能够应用于超出参数化模型限制的情况特别有用。图 4.6 描述客户对第一个单位和第二个单位的估值(v_1,v_2)的二维空间,以及代表这些估值在总体中的分布的散点。对于第一和第二个单位的一对边际价格(p_1,p_2),图中的实线将空间分为了三个区域,分别是购买 0、1 或 2 个单位的客户。近似最优价格的计算遵循第 1 节中的方法。也就是说,需求档案是根据图中点的分布来计算的。重要的观察结果是,这些点可以被任意分散。此外,只要它们的整体分布稳定,其位置的随机波动就不重要。相比之下,在一个参数化模型中,客户之间的差异是由 m 个类型参数来描述的,这意味着这些点位于 m 维轨迹上。

88

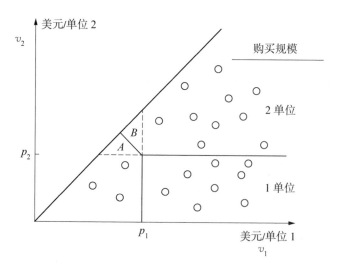

图 4.6 非线性定价的捆绑分析。注:〇表示某一类客户的估值。

　　这个图也说明为什么计算只是近似的。需求档案的方法可能会出现两个误差：首先，估值位于三角区 A 的客户被认为会购买第二个单位，而不是第一个单位。但实际上他们两者都不会买；其次，估值位于三角区 B 的客户相似，但实际上他们两者都会买。如果一个单位的规模 δ 相对于客户的购买量来说较小，那么这些误差通常也是很小的，此时三角形 A 和 B 也很小[①]。后面的各章假设单位是无限小的，价目表随着购买规模的增加而平稳增加。这个假设可以使基于边际计算的分析更简单，且实际应用中的误差也很小；此外，非线性定价的基本概念也更加清晰。

　　从图中还可以进一步了解到，三角形 A 和 B 中的客户，是那些在数量为一个单位时价格表高于其需求函数、在数量为两个单位时低于其需求函数的客户。因此，对于两个单位，价格表不会从下方与需求函数相交。在第 6 章中，我们明确要求价格表与客户的需求函数自下方相交一次。许多参数化模型自动满足这一要求。虽然通常来说并不需要满足，但如果显著地违反，分析时必须考虑客户是如何选择购买规模的。例如，在图中，两个三角形 A 和 B 之间的 45° 边界线表示客户是否购买两个单位的最优选择。

　　为了明确这一点，我们在图 4.7 中展示如何从客户对统一价格 p 的响应中

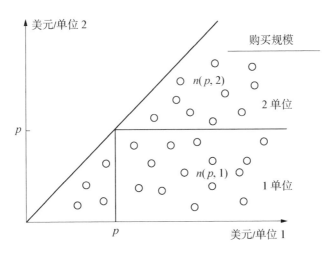

图 4.7　从客户估值的分布中构建需求档案。注：$n(p, 1) = 14$ 个客户，$n(p, 2) = 10$ 个客户。

---

　　① 然而，每当价格表的计算表明连续单位的价格急剧下降时，最好修订价格表来考虑到估值在三角形 A 和 B 中的客户数量——正如我们在第 4 节所阐述的一样。

构建需求档案。在购买 1 个单位的区域中,估值的数量是 $n(p, 1)=14$,在购买 2 个单位的区域中,$n(p, 2)=10$。回顾一下,$N(p, 1)$ 是在这个价格下购买一个或多个单位的客户数量,而 $N(p, 2)$ 是购买至少两个单位的数量;所以,$N(p, 1)=24$,$N(p, 2)=10$。

4.4 固定成本和固定费用

公司为每个服务的客户承担固定成本的情况是很重要的。这种成本的最常见来源是为单个客户保留的容量。这一成本通常通过辅助连接或接入费,或者最低购买要求来回收。电力行业中使用的"需量费用"与功率使用有关,是固定的,是基于客户的最大功率需求。在有些应用中,个体客户的安装(如连接设备)和管理(如计量和计费)的固定成本也很重要。这些成本通常通过附加在价目表上的固定费用来回收。它们在非线性定价中的作用通常很小。

最优非线性价目表的一个重要特征是,如果企业为客户提供服务时不产生固定成本,则不收取固定费用。我们简单说明为什么会这样。设想固定费用 $P_\circ$ 和最低购买 q_* 在条件 P 下相关。其中 P 是使客户以统一价格 $p_*=p(q_*)$ 购买 q_* 与完全不购买无差异的金额,最低费用可以定为 $P(q_*)=P_\circ+p_*q_*$。此外,固定费用可以解释为

$$P_\circ = \int_0^{q_*} [\hat{p}(q, q_*) - p_*] dq$$

其中,$\hat{p}(q, q_*)$ 是附加费,使相同(数量)的客户购买每个单位 $q \leqslant q_*$,即 $N(\hat{p}(q, q_*), q)=N(p_*, q_*)$。$q_*$ 是总利润贡献最大化的最优选择

$$N(p_*, q_*) \cdot [P(q_*) - C(q_*)] + \int_{q_*}^{\infty} N(p(q), q) \cdot [p(q) - c(q)] dq$$

其中包括收取的最低费用和超过 q_* 的购买后的边际费用。从这个准则推导出的最优选择 q_* 的必要条件是

$$P(q_*) = C(q_*) + [q_*/K(q_*)] \cdot \int_0^{q_*} \frac{\partial \hat{p}}{\partial q_*}(q,q_*)dq$$

其中 $K(q) = -[q/N]\dfrac{d}{dq}N$ 是对第 q 个增量的需求总弹性。如果固定成本为零,即 $C(0)=0$,那么这个条件下的解是 $q_*=0$,表示固定费用也为零。同样,如果固定成本很小,那么固定费用也很小。

最重要的教训是,非线性定价主要强调边际价格表的设计。如果固定成本为零,则不使用固定费用,因为它们会限制市场渗透率,并且不能给其他客户带来好处。但对于依赖固定费用的多部制价目表来说并非如此,这只是因为用边际价格代替固定费用所施加的限制。重要的是要认识到,这个结论是基于一个假设,即如果净收益是负的,那么客户就会完全放弃购买服务。如果客户在任何情况下都会订购,或者至少固定费用不会降低市场渗透率,那么使用固定费用通常是最优的。

如果公司为每个客户提供服务时有固定成本,那么可能需要正的固定费用来收回全部成本。在这种情况下,固定费用可能会超过固定成本。此外,对最低购买规模收取的费率通常会超过企业的成本。第 6 章和第 8 章中会分析这种情况。

4.5　多部制价目表

根据需求档案的价格弹性来描述最优价格表,取决于为客户购买的每个增量改变边际价格的可能性。然而在实践中,为每个增量提供不同价格是过于细微的差异化,不足以证明客户和公司的交易成本是合理的。正如第 2 章中《时代》周刊、《新闻周刊》和法国电力公司的例子,大多数企业的价目表规定的价格在很大的范围内都是恒定不变的。这种分段线性的价目表被称为"多部制价目表"。

如第 1 章所述,多部制价目表采取多种形式。其中最简单的是两部制价目表,由固定费用和为每个购买单位需支付的统一价格组成。n 部制价目表通常包含一个固定费用及 $n-1$ 个不同的"分段递减"边际价格,应用于不同的区间或数量带。在常见的连续的边际价格下降的情况下,提供 $n-1$ 个两部制价目表可以获得相同的实际效果,每个客户可以根据预期购买进行选择。一组可选的两部制价目表为客户提供具有相同基本结果的套餐——尽管不确定使用情况的客户可能会选择比相应的多部制价目表更贵的两部制价目表。一个重要的例子是对适应客户不同使用率的服务产品系列或租赁机器产品系列的定价。例如,一组小型、中型和大型机器,如复印机,提供的是依次提高的月租金和依次降低的每份复印费用,这就组成一个由三个两部制价目表或单一的四部制价目表的套餐。就机器的例子而言,对成本和设计的考虑可以有效地将价目表限制在少数几个部分。然而,更普遍的是,当 n 值较大时,使用一个最优的 n 部制价目表而不是价格连续变化的最优价目表所放弃的利润和总剩余是 $1/n^2$ 阶的;因此,对于只有少数几个部分的最优价目表来说,不必太多考虑成本。

构建多部制价目表的步骤与上面讨论的类似。主要的区别是,在构建需求档案时,必须考虑到每个边际价格所适用的更大范围的增量。此外,还有一个实际限制条件,说明如下。

假设第 i 个边际价格 p_i 适用于 $q_i \leqslant q \leqslant r_i$ 范围内的每个第 q 单位,我们用符号 $[q_i, r_i]$ 表示这个数量带。基于数量带的需求档案的表达式是

$$\bar{N}(p, [q_i, r_i]) \equiv \bar{N}(p, i) \equiv \sum_{q_i \leqslant q \leqslant r_i} N(p, q)\delta$$

如果 q 是连续变化的,那么

$$\bar{N}(p, i) = \int_{q_i}^{r_i} N(p, q)dq$$

这描述了在 q_i 和 r_i 范围内以统一价格 p 购买增量的客户数量。如果收取边际价格 p,每单位的边际成本为 c,那么企业可以从每个增量获得利润贡献 $[p-c]\delta$。作为第一个近似,在这个区间内对增量收取的边际价格 p_i 使利润贡献最大化。

$$\bar{N}(p_i, i) \cdot [p_i - c]$$

表4.2 例 4.5 的需求档案

c＝1		$\bar{N}(p, i)$		总计
p	q:	[0, 2]	[3, 5]	
2 美元/单位		165	90	
3 美元		145	*65*	
4 美元		*115*	35	
5 美元		75	10	
$p(q)$:		4 美元	3 美元/单位	
利润		345 美元	130 美元	475 美元

下面的例子说明了这个计算方法。

例 4.5：我们把例 4.1 改编如下——相同的价格 p_1 应用于第一个单位和第二个单位的购买，第二个价格 p_2 应用于所有额外单位的购买。表 4.2 展示价格表的计算结果，其中指定边际价格 p_1＝4 美元和 p_2＝3 美元，同样假设 c＝1 美元。

　　上面提到的限制性条款，以及从例子中得到的价格表只是近似最优的，原因
如下。在这个例子中，如果第一个数量带的价格是 5 美元，第二个数量带的价格是 2 美元，那么看起来第一个等级有增量需求的客户（75 人）比第二个等级的（90 人）要少。这是因为从第二个单位到第三个单位的大幅降价会吸引部分额外客户购买第二个单位来获得第三个单位的低价；如果需要为第二个单位支付 5 美元，那么其他那些本来会以 2 美元购买第三个单位的客户就不会再购买。因此，实际购买第二个和第三个单位的人数在 75 到 90 之间，但仅靠需求档案是无法确定这个数字的。例 4.1 中计算的价格表可能出现同样的误差。一般来说，必须明确考虑客户有动机购买增量捆绑包以获得捆绑包中最后一个增量的价格优惠，如第 3 节中捆绑所述①。但是目前我们暂不考虑这一因素，因此"最优"一词应该加上引号，以表明我们没有考虑到客户在数量带边界的需求行为。

――――――――

　　① 这一困难的根源在于需求档案是过于聚合的数据，因此无法推断出客户在多部制价目表各区段边界处的行为。本书第二部分中研究的非聚合模型允许精确的特征描述，如 6.4 节中所述。

一个 n 部制价目表还包括边际价格应用的区间以及固定费用(如果有的话)的具体规定。因此,一般的结构要求所有区间的利润贡献之和加上收取的固定费用是最大化的。在这里我们描述一个近似公式,它忽略客户在各区段边界处的行为而只保留简单的计算。第 6.4 节将给出精确描述的公式。

近似表述

对于这个表述,我们假设当提供多部制价目表时,在 $[q_i, r_i]$ 区间内以统一价格 p_i 购买第 q 个单位的客户数量是相同的。如前所述,这忽略了边界处的需求行为:当 q 非常接近 q_i 时,一些不应该存在的客户被包含在内,而当 q 非常接近 r_i 时,一些本该存在的客户会被排除在外。此外,我们令 $r_i = q_{i+1}$,这样在价格表中没有缺口。当价目表有很多区段时,这些误差通常很小。

对于这个表述,利润贡献是

$$N_*(P(q_1), q_1) \cdot [P(q_1) - C(q_1)] + \sum_{i=1}^{n-1} \bar{N}(p_i, [q_i, q_{i+1}]) \cdot [p_i - c]$$

第一项是一种描述固定费用的方式:当最低购买是 q_1 时,客户支付 $P(q_1)$, N_* (P, q) 表示愿意购买这个最小量的客户预测数量,即从 q 单位中获得的总收益超过价目表 P 的人数。我们可以把 $P_0 = P(q_1) - p_0 q_1$ 当作估算的固定费用,该费用要求客户以 P_0 的价格支付 q_1 个单位的初始购买。如果价目表是由固定费用 P_i 和边际价格 p_i 组成的两部制价目表的套餐,那么第 i 个单位的固定费用可以通过以下式子从前一个单位的固定费用计算出来,

$$P_{i-1} + p_{i-1} q_i = P(q_i) = P_i + p_i q_i$$

推导出递归公式,

$$P_i = P_{i-1} + [p_{i-1} - p_i] \cdot q_i$$

也就是说,固定费用的增量是为了所有 $q \leqslant q_i$ 单位应付的较低边际价格。这样的套餐确保第 i 个两部制价目表能将为区间 $q_i \leqslant q \leqslant q_{i+1}$ 内的数量支付的金额最小化。

通过为每个区间 $i = 1, \cdots, n-1$ 选择价格 p_i 和断点 q_i 来实现利润贡献

最大化。我们可以设置 $q_n = \infty$ 保证购买规模没有上限。为了避免客户套利，通常将价格限制为非增的，如第 1.3 节中所述，当然断点必须是递增的。

例 4.6：在这个例子中，我们假设需求档案是 $N(p, q) = 1 - p - q$。 如前所述，在计算中我们忽略了客户在各区间边界处的行为，而直接使用数量带的需求档案。在这个前提下，

$$N(p_i, [q_i, q_{i+1}]) = \begin{cases} [q_{i+1} - q_i][1 - p_i - \bar{q}_i] & \text{如果 } i < n - 1 \\ \dfrac{1}{2}[1 - p_i - q_i]^2 & \text{如果 } i = n - 1 \end{cases}$$

其中 $\bar{q}_i = \dfrac{1}{2}[q_i + q_{i+1}]$ 是数量带内的中点。因此，一个"最优"的 N 部制价目表使用的边际价格是

$$p_i = \begin{cases} \dfrac{1}{2}[1 + c - \bar{q}_i] & \text{如果 } i < n - 1 \\ \dfrac{2}{3}c + \dfrac{1}{3}[1 - q_i] & \text{如果 } i = n - 1 \end{cases}$$

其中 $i > 1$，且数量带区间的断点满足 $q_i = 1 + c - [p_{i-1} + p_i]$。给定 q_1，这些条件提供一个联立方程组，可以用来确定所有的数量带以及每个等级的收费价格。

为了更好地说明这些结果，我们假设最后一个价格 p_{n-1} 满足与其他价格相同的公式；此外，我们设 $q_1 = [1 - c]/n$，当没有固定成本、固定费用或最低购买时，这被证明是正确的。在这种情况下，断点是 $q_i = [1 - c]i/n$，其中 $i = 1, \cdots, n$，且第 i 个区间的价格为 $p_i = \dfrac{1}{2}[1 + c - (1 - c)(i + 0.5)/n]$。如果使用两部制价目表，那么与第 i 个价格 p_i 相关的固定费用为 $P_i = \dfrac{1}{4}[1 - c]^2 i[i + 1]/n^2$。图 4.8 显示当边际成本 $c = 0$ 时，$n = 3$ 和 $n = 5$ 的多部制价目表。值得注意的是，断点间隔均匀，在每两个相邻区间之间的边际价格稳步下降，而相关的固定费用则呈二次方增长。在销售方面，相同数量的客户在每个数量带选择购买规模，但是每个区间里销售的单位数量是稳步下降的。因此，由于边际价格下降，这些单位的收入也呈二次方下降。随着区间个数 n 的增加，

95

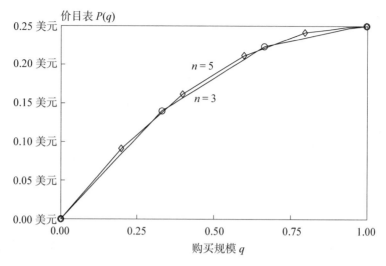

图4.8 例4.6中 $n=3$ 和 $n=5$ 的近似多部制价目表。

公司的利润也增加,直到将从非线性价目表 $P(q)=\frac{1}{2}[1+c]q-\frac{1}{4}q^2$ 获得的

利润 $\frac{1}{12}[1-c]^3$ 最大化。

　　例6.3在明确考虑客户在各区段边界处的需求行为后,重新计算这些结果,并得到一个精确答案,该答案仅在 n 很大的情况下会略有不同。特别是,如果 $c=0$,那么第 i 个真正的最优边际价格是 $p_i^o=[n/(n-0.75)]p_i$,其中 p_i 是上例中计算的值;此外,区段之间的边界略有不同。这种关系表明"最优"价格表与
96　　真正的最优价格表的近似程度。一般来说,如果价目表有很多区段,则相邻区段的边际价格差异不大,那么客户在多部制价目表的各区段间的边界处的行为是无关紧要的。

4.6　小结

　　本章将非线性定价解释为一种特殊的产品差异化。产品系列包括各种增量单位,每个单位都以自己的价格出售,可能还会有个最低购买。从这个角度来

看，最优价格表的构建可以简化为最低购买（如果有的话）和购买规模中的每个增量的最优价格的计算。这个观点也可以通过将非线性定价理解为捆绑的特例来说明[①]。

对增量的需求用需求档案 $N(p, q)$ 衡量。对于每个价格 p，它规定第 q 个增量的需求。需求档案可以从统一价格获得的数据估计出来，因为对于每个价格，它代表客户购买规模在总体中的右累积分布函数。估计需求档案后，企业可以通过最大化出售第 q 个单位的利润贡献来计算最优价格表 $p(q)$。当需求档案是如表 4.1 所示的表格形式时，或者如表 4.2 所示的分段递减价格表时，通过简单计算就可以得出结果。可以包括每个客户的可变边际成本和一个总边际成本的组成部分。固定成本可以通过固定费用回收，但如果固定成本为零，则最优固定费用为零。

在分析中我们假设价格表是非增的，但如果不是，也可以通过熨烫程序适当地变平，使消费者剩余和生产者剩余在边际价格统一的单位区间内的边际贡献平均为零。其他技术修正也适用；例如，如果需求档案要完全准确地预测客户的需求行为，那么边际价格表必须与每个客户的需求函数从下方相交一次。此外，关于捆绑的分析表明，如果增量很大，当中等购买规模不是最优时，则还需要考虑客户如何在较大和较小的购买规模之间进行选择。

第 8 章中描述了非线性定价的一般模型，熨烫程序则解决了其中可能出现的几种复杂情况。非单调性、折叠、陡峭区段和多个组成部分的价格表在实际使用的模型中都很少见，但它们在不施加非现实的强假设情况下不能被完全排除。因此，后续各章中的大部分说明都集中在不会出现这些复杂情况的常规案例上，但偶尔也会提到如何通过修正来应对这些非常规案例。大多数修订都有一个共同特点，即价格表的一个区段在一个区间内（单位或类型的）被改变（平坦、垂直或缺口），其中最优条件只需要在平均上满足即可。

97

---

① 如第 13.5 节所示，多产品价目表包括每个产品的单位的捆绑，以及产品之间的捆绑。

第 5 章

拉姆齐定价

　　许多公营企业和受规制的私营公用事业公司获得的收入仅够收回其总成本。除了运营和管理成本外，这些成本还包括投入容量的资本成本。对于这些公司来说，拉姆齐定价是产生有效价目表设计的一种方式。第 4 章中构建的利润最大化的垄断者价格表，是基于拉姆齐定价的价目表设计的一个应用。垄断定价是一种特殊情况，公司的资本和管理成本太大，因此需要利润最大化。[①] 一般来说，拉姆齐定价允许公司充分利用垄断力量来满足其收入要求。

　　拉姆齐定价的指导原则是，在公司收入能覆盖其总成本的约束下构建价目表并使得客户收益的总和最大化。[②] 在应用中最常用的聚合值，是对客户净收益的货币价值的简单的未加权总和，即消费者剩余。一些应用中还包含一些额外约束。最重要的约束是，与为公司提供相同净收入的统一价格表相比，没有任

---

　　① 这是对垄断的狭义解释。通常，在市场上具有垄断地位的企业也会受到其他企业的进入威胁，为了阻止其进入，必须保持低价。有关阻止进入的定价分析，请参阅 Wilson(1992b)的调查；有关可竞争市场的特殊情况的研究，请参阅 Baumol、Panzar 和 Willig(1982)以及 Maskin 和 Tirole(1988)。

　　② 这是拉姆齐定价的主要内容，以 Frank P. Ramsey(1903—1930)的名字命名，他在 1927 年的一篇文章中首次提出并分析了这个应用。它有时被称为拉姆齐-布瓦特定价，以纪念 Marcel Boiteux(1956)的进一步研究。拉姆齐定价被规制机构广泛使用；例如，1983 年美国州际商务委员会采用拉姆齐定价作为制定铁路运价的基本原则。Baumol(1987)提供了一个简短的介绍，包括这个主题的简短历史。关于拉姆齐定价与禁止在公用事业费率中进行不当价格歧视的法律规定的关系分析，请参见 Henderson 和 Bums(1989)。

何客户在拉姆齐定价中会更差。施加此约束是为了确保客户和规制机构接受拉姆齐定价，并视其为对现有统一价格表的改进。它的实际结果通常是对小额购买的价格设置一个上限。一般来说，对大宗购买的数量折扣没有影响。

第 1 节介绍受规制的垄断定价的拉姆齐公式。在这个公式中，价目表旨在最大化消费者剩余，即在满足公司收入的要求下最大化总客户净收益。非线性定价的主要概念延续到这个公式中，除了需求档案的价格弹性被人为夸大，从而降低价格表。随后的各节详细阐述为确保没有客户因公司采用非线性价目表而受到不利影响所需做的修订。第 2 节介绍帕累托改进价目表的概念，并推导出受此要求约束的最优价目表的条件。第 3 节介绍其在电话行业的应用。

5.1　受规制企业的价格表

在本节，我们证明拉姆齐定价的实际影响只是简单地降低每一个售出单位的利润率百分比，直到公用事业公司的收入等于其总成本。关键要求是，这种减少应该是每个单位的垄断利润率百分比的相同部分。这种利润率百分比的一致性被称为拉姆齐定价规则。所有单位共有的垄断利润率百分比的部分被称为"拉姆齐数"，通常用 α 表示。对于利润最大化的垄断企业，$\alpha = 1$；对于没有约束性收入要求的受规制企业，$\alpha = 0$。拉姆齐数通常介于这两个极端值之间。

因此，如果为利润最大化的垄断企业构建最优价目表在第 q 个单位产生的利润率百分比 $m(q) = [p(q) - c(q)]/p(q)$，那么受规制的公用事业公司将使用一个利润率为 $\alpha m(q)$ 的价格表，其中 α 为独立于 q 的固定部分——如果客户的需求真的保持不变的话。然而事实上，客户对受规制的公用事业公司提供的较低价格会做出响应。因此，实际规则是，公用事业公司的价格表应满足以下条件：

$$\frac{p(q) - c(q)}{p(q)} = \frac{\alpha}{\eta(p(q), q)}$$

其中 η 是需求档案的价格弹性，α 取值使得公用事业公司能收回其总成本。这个拉姆齐定价规则通常由以下条件表示：每个增量的利润率百分比和需求档案价格弹性的乘积都应该相同（即等于拉姆齐数）。因此，通过将这些产品进行列表和比较，并查看它们之间是否存在很大的差异，可以对现有或拟议价格表的最优性进行实证检验。

我们利用需求档案的双重解释推导出拉姆齐定价规则。由于分析与 4.4 节中的处理类似，此处省略公司向每个客户收取固定费用或坚持最低购买的可能性；完整的说明参见第 6 章。

100

拉姆齐价格表的构建

我们在第 3 章中给出需求档案的两种解释。对于固定的统一价格 p，需求档案 $N(p, q)$ 表示客户购买规模的右累积分布。根据这种解释，$N(p(q), q)$ 个客户以边际价格 $p(q)$ 购买第 q 个单位，总需求为

$$Q = \int_0^\infty N(p(q), q) dq$$

每售出的第 q 个单位中，公司的利润贡献是价格与边际成本之间的差 $p(q) - c(q)$，这个单位的销售量为 $N(p(q), q)$。因此，根据价格表 $p(q)$ 销售的所有单位的公司利润贡献为

$$PS \equiv \int_0^\infty N(p(q), q) \cdot [p(q) - c(q)] dq$$

企业的利润贡献也被称为生产者剩余，与消费者剩余相对应。假设公司需要净收入 R_* 来收回其总成本，我们要求满足约束 $PS \geq R_*$。

根据第二种解释，对于每个固定的第 q 个单位，需求档案 $N(p, q)$ 表示该单位的客户边际估值的右累积分布。因此，以 $p(q)$ 的价格购买第 q 个单位的总的客户净收益为

$$CS(q) \equiv \int_{p(q)}^\infty [p - p(q)] d[1 - N(p, q)] = \int_{p(q)}^\infty N(p, q) dp$$

在这个公式中，第一个求和或积分使用变量 p 来参数化第 q 个单位的客户边际估值或保留价格，并使用 $1 - N(p, q)$ 表示客户边际估值的左累积分布。右式

中的积分是利用性质 $N(p,\infty)=0$ 并通过分部积分得到的。因此,所有增量单位的聚合量是

$$CS = \int_0^\infty \int_{p(q)}^\infty N(p,q)dpdq$$

也就是总消费者剩余。

　　拉姆齐定价方法选择的价格表,在收入限制允许的范围内,最大化客户净收益这一聚合指标。这一原则可以解释为,在两个反映影响规制政策的政治因素的限制条件下,寻求有效地将购买分配给客户。第一个被称为"各自为战"约束:公用事业公司的全部成本从客户那里回收,而不是通过一般税收收入等其他方式补贴。第二个限制条件是,在众多有效分配中,选择一个最大化消费者剩余的方式。这种选择的常见理由是,每个客户都受到几个行业的公用事业公司和各种公共项目的影响,也会受到税收、补贴和具有实质性分配效应的福利项目的影响。如果没有一个统一方案来协调所有这些项目以实现分配目标,每个项目都是最大化总收益的,那么总体来说,最大的潜在收益可以通过税收和其他具有明确福利或分配目标的计划进行再分配。

　　出于一些历史原因,优化通常等价于在收入限制下最大化总剩余 $TS \equiv CS+PS$。拉格朗日乘数 λ 用于在此目标中明确地包含收入约束。它是一个经选择的大到足以满足收入要求的非负数,但如果超出要求则取零。加入拉格朗日项后,研究的问题变成最大化

$$\mathcal{L}_* \equiv TS + \lambda[PS - R_*] \quad \text{或者等价于} \quad \mathcal{L} \equiv CS + [1+\lambda]PS$$

其中后者对收入要求的依赖完全由乘数 λ 表示。在目前的情况下,乘数 λ 衡量的是公司收入要求每增加一个单位导致的总剩余减少。这种减少通常是积极的,因为公司只有通过进一步利用其垄断力量才能获得更大的净收入,这会降低可以实现的消费者剩余。在垄断利润最大化的极端情况下,只有公司的利润才重要,对应的 $\lambda = \infty$。

　　完整写出增广拉格朗日目标函数,我们得到:

$$\mathcal{L} \equiv \int_0^\infty \left\{ \int_{p(q)}^\infty N(p,q)dp + [1+\lambda] \cdot N(p(q),q) \cdot [p(q)-c(q)] \right\} dq$$

因此,对于每一个第 q 个单位,边际价格 $p(q)$ 使大括号中的表达式最大化。这就产生了描述最优价格表的必要条件:

$$-N(p(q),q)+[1+\lambda]\left\{N(p(q),q)+\frac{\partial N}{\partial p}(p(q),q)\cdot[p(q)-c(q)]\right\}=0$$

102   对这一条件的解释很简单:大括号中的因子在第 4 章很常见,即公司从第 q 个增量获得的边际利润贡献,第一项仅指出价格每上涨 1 美元会导致购买该增量的 $N(p(Q),Q)$ 客户的消费者剩余减少 1 美元。价格的上涨也会导致 $|\partial N/\partial p|$ 客户避免购买第 q 个增量。如果 $p(q)>c(q)$,这将影响企业的利润贡献,但客户的消费者剩余基本不受影响,因为客户不在乎是否把最后这个增量添加到他们的购买中。

使用拉姆齐数 $\alpha\equiv\lambda/[1+\lambda]$,这个最优条件可以等价地表示为

$$\alpha N(p(q),q)+\frac{\partial N}{\partial p}(p(q),q)\cdot[p(q)-c(q)]=0$$

这是我们以后使用的标准形式。

最优条件也可以用利润率百分比表示:

$$\frac{p(q)-c(q)}{p(q)}=\frac{\alpha}{\eta(p(q),q)}$$

其中 $\eta(p,q)$ 是需求档案的价格弹性,如第 4.1 节所示。这种形式的最优条件表明,拉姆齐定价的基本效果是降低所有单位的垄断利润率百分比,从而公司只获得所需的收入。对这种效应可以给出多种解释。直接解释强调每个单位的价格包含一个满足公司收入要求的**从价税**(ad valorum)或增值税。该税以与该单位的需求价格弹性成反比的百分比加价表示。价格弹性较低的单位征税更多,因为它们的需求被税收减少得较少。特别是由于边际成本定价会导致偏离完全有效需求,税收会造成福利损失,而这种福利损失(以消费者剩余衡量)大致与价格弹性成正比。由此产生的定价规则有效地利用公司的垄断力量来满足收入要求。

有时会使用另外两种解释。第一种是企业基于需求档案价格弹性的规制强

制行为,该弹性被人为地夸大了 $1/\alpha$,就好像来自其他企业的不完全替代品的产品的价格竞争比实际情况更严重一样。在第 12 章中提出的第二种解释是,规制迫使公司表现得好像它是提供完美替代产品的 $1/\alpha$ 个公司之一。任何一种解释都将规制的实际影响解释为强加竞争,而事实上根本不存在竞争。

这种形式的最优性条件推广了第 4 章中推导出的条件,因为 $\alpha=1$ 是利润最大化垄断的情况。它还包括完全有效的边际成本定价的情况:当收入约束没有约束力时,$\lambda=0$ 且 $\alpha=0$,因此 $p(q)=c(q)$。因此,拉姆齐定价是垄断定价和边际成本定价的一般形式,介于两个极端情况之间,它包含符合公司可能有的各种收入要求的各种可能性。如果拉姆齐数更高,为了收回公司更大的固定成本,利润率会更高。

当公司的边际成本增加且收入要求较小时,熨烫价格表对拉姆齐定价有显著影响。例如,极端情况 $\alpha=0$ 对应于完全有效的定价,如在一个完全竞争的市场中:每一个边际价格等于相应的边际成本,因此是递增的。但是如果客户可以用几笔小规模购买代替大规模购买,那么价格表必须被限制为次可加性的(或者更严格地说,非增的)。因此,熨烫程序的实际影响是收取单一的统一价格,且该价格等于最大规模的最后一个单位的边际成本。这可能需要对单个单位收取边际成本,依赖于每个客户进行多个单位的购买来弥补一个更大的购买。

拉姆齐定价的福利方面

规制机构很少会采用未经修改的拉姆齐定价法。在本小节中,我们提到它们关注的两点。首先我们描述一些效率方面的考虑,然后介绍与第 2 节分析相关的分配问题。

● 拉姆齐定价的效率

尽管受规制企业要收回其全部成本时需要使用垄断力量,但是企业被允许使用的垄断力量的种类是一个选择问题;此外,垄断力量可能因低效使用而被滥用。

基于拉姆齐定价原理推出的非线性价目表,假设企业可以对不同的增量收取不同的价格。如果边际成本是恒定的,那么这是一种完全由价目表设计造成的价格歧视,因为通常销售给一个客户的增量与销售给其他客户的增量是大致相同的。事实上,基于效率标准的拉姆齐定价的一般原则必然导出非线性定价,并因此导致在生产或消费中难以在实际上区分差异的增量出现差异化的价格,这似乎令人费解。如上所述,这个难题的答案是利用其垄断力量来区分价格是公司满足其收入要求的有效途径。从技术角度来看,这个答案体现在以下事实中:(需求档案的)总价格弹性对不同的增量是不同的,因此,为满足收入要求而产生的总福利损失,可以通过基于价格弹性对增量进行不同定价来最小化。这一结论不可避免地来自这样的限制,即向所有客户提供相同的价目表,因此只有总价格弹性以及最大化总客户净收益(如消费者剩余)的目标才重要。

104   然而,对使用价格歧视的担忧有更深层次的根源。除了分配方面,对价格歧视的担忧源于它可能导致生产效率和分配效率的低下,特别是通过质量降级。一个典型的例子是,航空公司使用非线性定价,不允许对预购机票退款。在出发时间前不久售出的高价机票可能意味着一些座位空置,客户可能会因严格的行程新增成本。类似地,随着时间的推移而降低价格的出版商会蒙受存储成本,并延迟客户的收益。也可以想象,电力和通信等公用事业服务的质量可能被人为地降低以促成价格歧视。因此,规制机构在允许涉及价格歧视的价目表方面持谨慎态度,部分原因是为了确保它们不会因质量降级或其他来源的生产或分配低效而得到维持。

这里使用的拉姆齐定价公式通过隐含地假设产品质量和生产技术是固定的,避开了这些问题。它不涉及为了满足公司收入要求是否应该允许使用生产低效的垄断力量的问题;也就是说,这种定价方式只是假设质量规范及生产和分配系统是有效运行的。[①]

● 拉姆齐定价的分配效应

令人担心的第二个根源是,当以最大化客户净收益为目标时,拉姆齐定价可能降低小额购买客户的净收益,即使它为他人提供了补偿性收益。为了说明这一点,我们举两个例子来说明不受限制地使用拉姆齐定价的可能后果。

例 5.1:在这个例子中,假设需求档案为 $N(p, q)=1-q/[l-p]$,假设 $p+q \leqslant$

[①]   有关这些主题的分析,请参见 Laffont 和 Tirole(1992)以及 Spulber(1989)。

1。基于这些条件，最优价格表为

$$p(q) = 1 + \frac{q}{2}\frac{1-\alpha}{\alpha} - \sqrt{\left(\frac{q}{2}\frac{1-\alpha}{\alpha}\right)^2 + q\frac{1-c}{\alpha}}$$

105

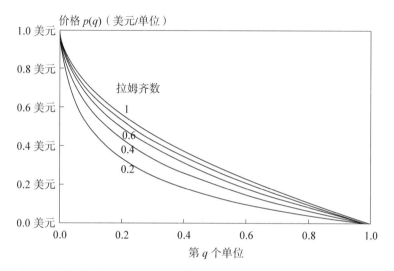

图 5.1　例 5.1：拉姆齐数 $\alpha = 0.2(0.2)1$ 的边际价格表。

106

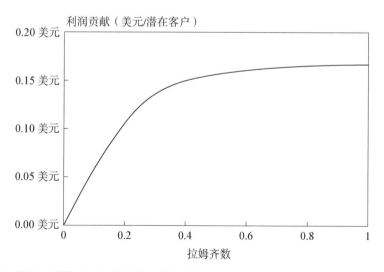

图 5.2　例 5.1：净收入对拉姆齐数 α 的依赖性。

图 5.1 显示拉姆齐数 α 的几个值的价格表,假设边际成本 $c = 0$。图 5.2 显示利润贡献如何随着拉姆齐数的增加而增加。请注意,对于初始增量,价格表对任何正的拉姆齐数收取 $p(0) = 1$ 的费用。即使是利润最大化的垄断企业,统一价格也只有其一半大。因此,与统一价格相比,拉姆齐价格表对初始单位的收费更高,对最后一个单位的收费较低。因此,小额购买的客户会面临费用超过统一价格的价目表。

例 5.2:一个更极端的例子是:需求档案 $N(p, q) = 2 + \log(l + p)/\log(q)$,其中 $q < 1$。图 5.3 描述与例 5.1 中拉姆齐数值相同的最优价格表,边际成本 $c = 0$。初始增量的边际价格是 $p(0) = \infty$,因为需求档案的价格弹性对初始增量为零。利润贡献受拉姆齐数的影响如图 5.4 所示。

在这两个例子中,初始增量的价格本质上是这些增量的垄断价格,与拉姆齐数无关。此外,在第二个例子中,无限高的价格是征收固定费用的一种间接方式。

对于小额购买的客户,与为公司提供相同净收入的统一价格相比,拉姆齐价格表是更不利的。例如,在第一个例子中,统一价格 p 提供净收入 $\bar{D}(\bar{p})[\bar{p} - c]$,

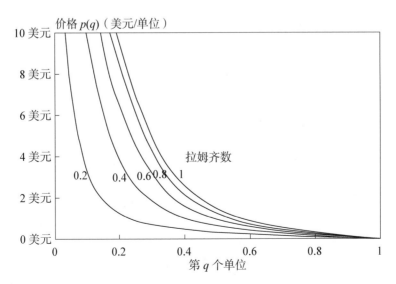

图 5.3 例 5.2:拉姆齐数 $\alpha = 0.2(0.2)1$ 的边际价格表。

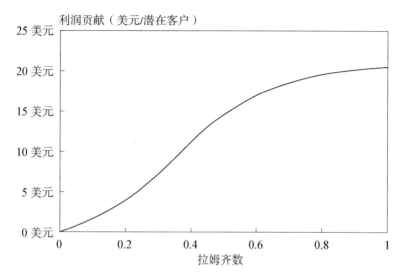

图 5.4　例 5.2：净收入对拉姆齐数 α 的依赖。

其中总需求为 $\bar{D}(\bar{p}) = \dfrac{1}{2}[1-\bar{p}]$。对于每个统一价格 $\bar{p} < 1$，都有一个拉姆齐数 $\alpha(\bar{p})$ 使得非统一价格的拉姆齐价格表为公司产生相同的净收入。如果在这两种价格表之间进行选择，小额购买的客户更喜欢收入等值的统一价格，而大额购买的客户则更喜欢拉姆齐价格表，因为大额购买可以享受大量的数量折扣。

　　避免客户之间矛盾的一个折中方案，是允许边际价格设置上限。设定价格上限等于收入等价的统一价格，可以确保没有客户因采用非线性定价而面临不利。这样做生成的价格表如下：

$$p^{\circ}(q) = \min\{\bar{p}, \ p(q)\} = \begin{cases} \bar{p} & \text{如果 } q \leqslant \bar{q} \\ p(q) & \text{如果 } q > \bar{q} \end{cases}$$

这种折中方案能在不损害小规模购买客户的情况下，为大客户获得数量折扣的效率优势，但拉姆齐数更大。非均匀的部分 $p(q)$ 是使用一个更大的拉姆齐数计算的，确保公司的收入要求仍然得到满足。

　　实际实施通常是基于每个客户可选的选项套餐。例如，在第 2.4 节中描述的美国电话电报公司价目表中，第一个选项是应用于所有单位的统一价格 p，第二个选项是在支付固定费用 $\bar{p}\bar{q}$ 后应用于单位 $q > \bar{q}$ 的非统一价格 $p(q)$，当 $q \leqslant$

$\bar{q}$ 时提供免费服务。购买超过 $\bar{q}$ 的客户会更喜欢第二个选项。

在第 2 节中,关于拉姆齐定价分配效应的更多讨论提供了一个警示:当客户实际上是中间生产商时,非线性价目表的福利影响取决于从数量折扣中获得的利益传递给零售消费者的程度。

● **其他福利标准**

除了基于公司的收入要求最大化总剩余,拉姆齐定价也可以根据其他福利标准来制定。对不同类型客户使用不同福利的权重标准的结果,是使拉姆齐数依赖于这些客户购买的每个单元的平均福利权重。在极端情况下,当购买超过一定数量 q_* 的客户被分配零福利权重时,最终结果就是对这些 $q > q_*$ 的单位,$\alpha = 1$。这表明公司利用其完全垄断力量,提高从超过 q_* 的单位中获得的最大收入,以便在处于初始区间 $0 < q < q_*$ 的单位上提供较低的价格(或在有价格上限的情况下,提供较低的统一价格)。因此,使用其他福利标准支持小额购买的客户,并不会实质性地改变公司对较大数量产品使用非线性定价是最优的这一结论。

108

5.2 帕累托改进价目表

如上所述,对于公用事业公司而言,非线性价目表的实施通常受到对客户的分配结果的限制。从统一价格变为多部制价目表或完全非线性价目表可能使一些客户受益,但对其他客户产生不利影响。例如,引入固定费用再加上较低的边际价格的两部制价目表可以使需求量大的客户受益,但完全阻止其他客户进行任何购买。因此,公用事业公司和规制机构认为需要考虑不损害任何客户的价目表修正。具有这种性质且不会减少企业收入的价目表修正被认为是帕累托改进。[1]

---

[1] 这个名称来源于经济学家维尔弗雷多·帕累托(Vilfredo Pareto, 1848—1923),他研究了经济政策改变的一致同意标准。

帕累托改进价目表的例子

现有的非最优价目表可以通过多种途径以帕累托改进的方式进行修正,我们在此仅介绍其中的几种方法。最初,我们假设客户需求是独立的,即提供给一个客户的价目表不会影响另一个客户的选择。这一假设将在稍后重新讨论。

- **引入两部制价目表**

当现有价目表与所有购买单位的统一价格呈线性关系时,可以通过引入适当设计的两部制价目表作为客户的可用选项来实施帕累托改进。这里要强调的是两部制价目表是可选的,而不是必须选的。新价目表可以被解释为有两个选项的套餐:每个客户可以选择现有的线性价目表,$P_1(q) = P_1 + p_1 q$,其中 $P_1 = 0$,p_1 是当前的统一价格;或者新的两部制价目表,$P_2(q) = P_2 + p_2 q$,其中 P_2 是一个正的固定费用,边际价格 $p_2 < p_1$。很明显,完全知情的客户不会因为这个套餐而面临不利,因为每个客户都保留继续在旧价目表下购买的选择权,实际上那些打算购买数量远低于 $q^* = P_2/[p_1 - p_2]$ 的客户更愿意继续使用旧价目表。因此,它仍然能确保公司的收入不会减少。一个关键的事实是,当 p_1 超过公司的边际成本时,确实存在 $P_2 > 0$ 和 $p_2 < p_1$ 的选择[①]。两种可选价目表合在一起提供一个分段递减价格表,其中第二个区段为超过 q^* 的增量单位提供较低的价格 p_2。因为 p_1 超过边际成本,所以存在一些 q^* 选择,当购买量超过这个值时可以通过提供较低的边际价格 p_2 来增加公司收入。

这个结果显然也可以扩展到现有定价政策为两部制价目表的情况,即 $P_1 > 0$。事实上,引入一种固定费用较低、边际价格较高的选项也是有益的。一般来说,如果最优价目表是凹的,也就是说它相当于一个可选两部制价目表的套餐,那么通过引入一个附加选项,可以对现有的几个不完全最优的两部制价目表的套餐进行帕累托改进。

- **引入数量折扣**

另一种方法是通过为最大的客户提供数量折扣来刺激销售。当现有价目表

109

[①]　关于这一事实的证明,请参见 Willig(1978),这基于客户间需求独立的假设。

的边际价格(最大的客户购买的最后一个单位)超过边际成本时,适当设计的数量折扣就是帕累托改进。要看到这一点,最简单的是考虑增加一个数量折扣,给公司带来新的销售。假设在现有价目表下,任何客户的最大购买为 q,假设对该单位收取的边际价格超过公司提供该单位所需的边际成本。假设公司要修正现有的价目表,对第 q 个之后的单位以介于边际成本和现有价目表之间的某个价格供应。根据这一修正后的价目表,每个客户将以相同的价格购买至少和以前一样多的产品,但是将以低于公司边际成本的价格购买额外的单位。因此,没有客户会因此面临不利,且有一些客户会获得收益(至少会鼓励最大客户购买更多),同时增加公司收入。

回想一下,最优非线性价目表有一个特征,即最后一个单位以边际成本出售;因此,更多的数量折扣并不能帕累托改进最优价目表。对许多公共事业公司来说,非最优价目表可以通过为最大客户提供数量折扣来提高他们的购买量这一事实是很常见的:他们通常会意识到为超大额购买提供优惠条件来增加收入的机会,同时他们的工业客户也会受益——最终增加的收入可以为所有客户提供更低的价格或更好的服务。

● 引入最优非线性价目表区段

110

另一种策略允许客户根据最优非线性价目表的价格表来选择购买单位。假设 $P(q)$ 和 $p(q)$ 是当前的价目表及其价格表,它可能反映统一定价、两部制价目表或任何更复杂的选项套餐。令 $P^*(q)$ 和 $p^*(p)$ 表示最优非线性价目表及其价格表。通常,对小规模购买来说当前价格更低,对大规模购买来说最优价格表更低。因此,存在一些购买规模 q^*,当购买小于 q^* 时当前价格更便宜,当增量单位大于 q^* 时最优价格更便宜。在这种情况下,没有客户面临不利,较大的客户可以受益,同时公司收入增加——或者如果公司不需要成本回收的话,它们还可以降低所有的价格。

与其他情况一样,这种帕累托改进修订的结果是提供一个新的选项套餐,对于第 q 个单位,实际边际价格是当前价格 $p(q)$ 和最优价格 $p^*(q)$ 中的较小者。出于这个原因,一些规制机构(如联邦通信委员会)明确要求在不取消现有价目表的情况下提供新的可选价目表。

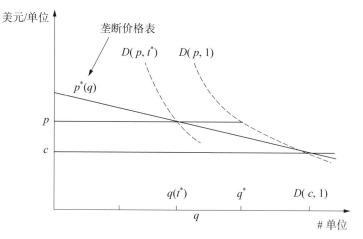

111

图 5.5　帕累托改进价格表：$p^\circ(q) = \min\{p, \; p^*(q)\}$，类型 $t > t^*$ 的客户从较低的边际价格中获益。

修订后的价目表如图 5.5 所示，假设客户为每单位支付统一价格 p 和最优垄断价格表 $p^*(q)$ 中的较小者。如果客户用类型参数 t 标识，如图所示，所有大于临界值 t^* 类型的客户都会增加他们的购买量，并且他们的净收益也会增加。此外，公司利润也会增加，因为最优价格表 $p^*(q)$ 旨在从超过 $q(t^*)$ 的单位中获得最大化的利润贡献，$q(t^*)$ 是 t^* 类型的客户购买的最后一个单位。

非线性定价的最优约束

包含上述三个版本的一般公式，是基于明确意识到价目表设计不能承认任何对客户不利的要求。除了先前关于企业获得足够收入来收回成本的限制之外，这一要求还为总剩余最大化问题增加许多限制。根据第 6 章中的公式，如果现有价目表 $P(q)$ 使类型 t 客户获得净效益 $U(q(t), t) - P(q(t))$，则最优价目表 $P^\circ(q)$ 必须满足以下约束

$$U(q^\circ(t), t) - P^\circ(q^\circ(t)) \geqslant U(q(t), t) - P(q(t))$$

对于每种类型 t，$q(t)$ 和 $q^\circ(t)$ 是两种价目表下类型 t 的最优购买。如果现有的价目表是凹的，那么这个约束表明边际价格具有以下形式

$$p^\circ(q) = \min\{p(q), \; p^*(q)\}$$

这里,$p^*(q)$是无约束最优非线性价目表的边际价格表,该表使企业可以获得所需收入。无约束价格表 $p^*(q)$ 为不同区间内的单位提供数量折扣。实际上,对于每 q 个单位,客户可以在旧边际价格 $p(q)$ 和新边际价格 $p^*(q)$ 之间进行选择。当有一个区间为超过某个断点 q^* 的所有单位都提供数量折扣时,在该断点处 $p(q^*) = p^*(q^*)$。因此,购买少于 q^* 单位的客户会选择旧价目表,且不受新价目表的影响。而购买超过 q^* 单位的客户可以从数量折扣中受益。

一个典型例子如图 5.6 所示,假设现有价目表收取统一价格 p。价格表的连续性是一个普遍特征:图 5.7 所示的不连续性不会出现在最优价格表中。在

112

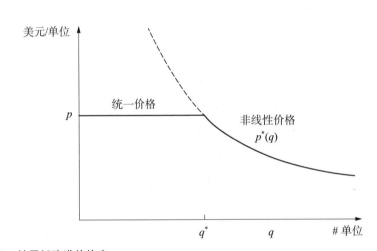

图 5.6 帕累托改进价格表。

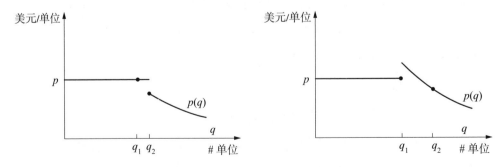

图 5.7 价格表中的非最优不连续性。

每个例子中,都存在一个不被任何客户选择购买的区间(q_1, q_2)。这样的价目表总是可以通过使用介于上述两者之间的价格表得到改进,这对客户和公司都有好处。原因基本上是那些已经提到过的统一价目表可以改进的理由。

下面举例说明现有价目表采用统一价格情况下的分析。

例 5.3:假设需求档案是 $N(p, q) = 1 - p - q$,是从类型 t 均匀分布在 0 和 1 之间的一个总体中得到的,从收益函数 $U(q, t) = tq - \frac{1}{2}q^2$ 中导出需求函数 $D(p, t) = t - p$。

为简单起见,假设公司的边际成本为零。在这个例子中,统一价格 p 确保公司收回收入 $R(p) = \frac{1}{2}p[1-p]^2$,并得到总消费者剩余 $CS(p) = \frac{1}{6}[1-p]^3$。我们假设 $R(p)$ 是公司收入要求的金额,我们检验通过无约束和受约束非线性定价来满足这一收入要求的结果。

在无约束非线性定价的情况下,拉姆齐定价准则意味着最优价目表的第 q 个单位的利润率百分比为 $\alpha/\eta(p(q), q)$,其中 η 是需求档案的价格弹性。这个准则意味着最优的无约束非线性价格表是,

$$p(q) = \beta[1-q]$$

其中 $\beta = \alpha/[1+\alpha]$。该价格表实现的收入为 $R[\beta] = \frac{1}{3}\beta[1-\beta]$,消费者剩余为 $CS[\beta] = \frac{1}{6}[1-\beta]^2$。假设收入约束 $R[\beta] = R(p)$ 用来确定边际价格表的适当斜率 β,则这是可以达到的最大消费者剩余。

我们首先注意到,如果 $p = 1/3$,从任何统一价格中可获得的最大收入为 $2/27$,而通过 $\beta = 1/2$ 的无约束非线性价格表,可以获得收入 $2/24$,高出 12.5%。因此,对于总体中收入要求超过 $2/24$ 的每个潜在客户,没有任何非线性定价系统是足够的;而对于收入要求超过 $2/27$ 的客户,也没有任何统一价格是足够的。特别是,有一些收入要求排除了统一定价。当然,在这些情况下,$q^* = 0$ 是不可行的,因为既要确保没有客户面临不利,又要提高所需收入。

113

接下来,我们注意到,对于通过统一定价或非线性定价获得的收入要求,对客户的分配效应是完全不同的。在统一定价下提供服务的最小类型是 $t=p$,而在非线性定价下是 $t=\beta$。此外,对于这些类型,在统一定价下的净收益为 $\frac{1}{2}[t-p]^2$,但在非线性定价下为 $\frac{1}{2}[t-\beta]^2/[1-\beta]$。特别地,如果 $0<p<1/3$,那么收入约束 $R[\beta]=R(p)$ 要求 $\beta>p$;因此,非线性定价为更少的客户服务,并且为低类型客户提供更少的净收益——当然,非线性定价为高类型客户提供更多净收益,而且可能超过补偿。

我们考虑一个非线性价目表,如果要求它为公司带来与统一定价相同的收入,并且进一步要求没有客户面临不利,那么该价目表就是最优的。在这种情况下,最优价格表采用上面指定的形式:

$$p^\circ(q)=\min\{p,\ p^*(q)\}$$

其中 $p^*(q)=\gamma[1-q]$,和 $\gamma=1/3$,独立于统一价格 p。请注意,γ 的这个选择对应于乘数 $\lambda=1$,相关的拉姆齐数为 $\alpha=1/2$,这将得到 $\beta=1/3$。[①] 在这个价格表中,对购买数量小于 $q^*=1-3p$ 的类型 $t\leqslant1-2p$,按照统一价格 p 收费;而购买较多的类型,为前 q^* 个单位支付统一价格,之后根据适用于超过 q^* 单位的价格表 p^* 提供的数量折扣支付。与统一定价相比,最优价格表 p° 确保没有客户面临不利,高类型的客户获得更大的净收益,公司仍然获得所需的收入 $R(p)$。

表 5.1 比较统一定价、无约束非线性定价和受约束非线性定价下,实现固定收入要求的消费者剩余。我们发现无约束非线性定价实现最大的消费者剩余,而受约束非线性定价实现的消费者剩余比统一定价的多,同时确保没有客户面临不利。在收入要求的大部分范围内,受约束的非线性定价产生的消费者剩余至少是无约束非线性定价的一半,如果收入要求很高则更多。如图 5.8 所示,与收入要求变动的影响相比,消费者剩余的差异很小。

① 在这个例子中,与最优价格表 p^* 相关的拉姆齐数 α 与统一价格 p 及其收入 $R(p)$ 无关。这个特征是有限的一类模型所特有的。图 5.10 中的下一个例子说明它通常不成立。然而,我的经验例子表明,最优拉姆齐数通常对在相关非线性价目表中作为价格上限的统一价格是不敏感的。

表 5.1 三种定价政策对比

收入要求 $R(p)$:	0.004 9	0.022 6	0.040 5	0.054 2	0.064 0	0.070 3	0.073 5
统一定价							
价格 p:	0.01	0.05	0.10	0.15	0.20	0.25	0.30
CS:	0.161 7	0.142 9	0.121 5	0.102 4	0.085 3	0.070 3	0.057 2
受约束的非线性定价							
断点 q^*:	0.97	0.85	0.70	0.55	0.40	0.25	0.10
CS:	0.161 7	0.143 0	0.122 2	0.104 6	0.090 7	0.080 7	0.075 2
无约束非线性定价							
斜率 β:	0.014 9	0.073 0	0.141 5	0.204 3	0.259 2	0.302 4	0.328 2
CS:	0.161 7	0.143 2	0.122 8	0.105 5	0.091 5	0.081 1	0.075 2

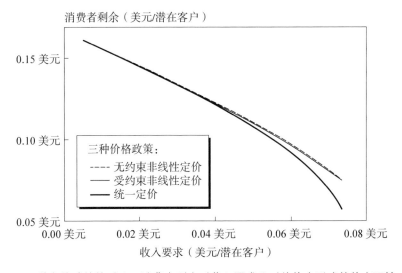

图 5.8 三种定价政策的对比。消费者剩余对收入要求比对价格表形式的约束更敏感。

例 5.4：在图 5.9 中可以看到类似的模式，在例 4.3 的基础上设置替代参数 $a = 0.4$，类型参数间的相关系数 $r = 0.4$，替代商品的价格 $p^* = 0.50$ 美元，公司的边际成本 $c = 0$。图中显示不同拉姆齐数对应的统一定价（虚线曲线）和受约束

115

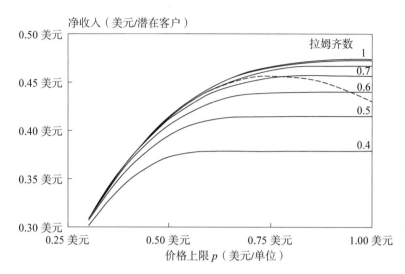

图 5.9 例 5.3：收入对价格上限 p 和拉姆齐数 α 的依赖性。虚线代表统一定价的收入。

非线性定价的收入。① 如同前面的例子,如果价格上限 p 远低于垄断者的最优统一价格,则收入对拉姆齐数的选择相对不敏感。当较大的拉姆齐数主要通过较高的初始单位价格影响收入时就会出现这种情况,但这些较高的价格会受到价格上限 p 的限制。在图中,因收入等值的拉姆齐数变化而产生的收入变化几乎是难以察觉的。实际上是有一些变化的,但与总收入的规模相比非常小。图 5.10 显示不同拉姆齐数的受约束非线性定价和统一定价的收入差异。每个圈出的点表示价格上限(由沿横坐标的标记表示),如果与相关的拉姆齐数一起使用,则受约束非线性定价与统一定价产生相同的收入。请注意收入差异的规模要乘以 10 000 倍才能在垂直维度上产生可感知的变化。图 5.11 显示拉姆齐数和价格上限之间的关系。图中的每一点都代表一个拉姆齐数和一个价格,使用该价格的统一定价跟使用该拉姆齐数和价格上限实施受约束非线性定价产生的收入相同。较小的价格上限的曲线几乎是平坦的,因为很少有客户适用于价格表下降部分提供的数量折扣。

117

---

① 收入是按照每个潜在客户来衡量的,潜在客户定义为那些在零价格下有正需求的 80.86% 的客户,通过标准化使 $N(0, 0) = 1$。

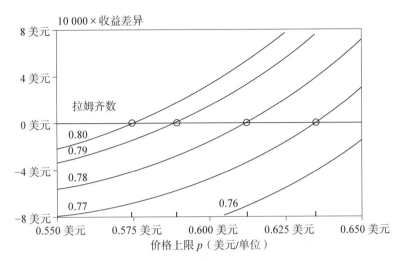

图 5.10 例 5.3：与统一定价收入相同的拉姆齐数的判定。

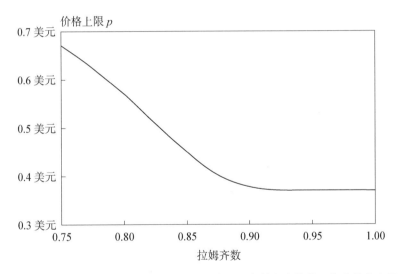

图 5.11 例 5.3：统一价格和拉姆齐数的关系，该拉姆齐数产生的收入与有价格上限的受约束非线性定价的相同。

这类例子的主要含义是，如果公司的收入要求很大，那么非线性定价往往会带来可观的收入；另一方面，避免客户不利的成本相对较小。然而，应该记住，在其他情况下，统一定价是满足公司收入要求的最优方式。如果客户类型在总体中是基于指数分布而不是假设的均匀分布的话，那么上面的第一个例子就是这种情况。在这些情况下，为大规模购买提供数量折扣并没有获得更多的收入。

在第3节中，我们将进一步说明在电话服务中帕累托改进价目表设计的应用。在此应用中，根据现有价目表下的使用量水平将客户分为几组。因此，设计问题就变成那类通常可以通过数学算法解决的受约束的最大化问题。也就是说，除了常规标准，即价目表最大化消费者剩余和公司净收入的适当加权平均值，还增加了明确的约束条件，要求每个现有数量带中的客户在新价目表下和在旧价目表下一样好。通常这种方法得到的结果与上文得出的结果非常接近：如果最优价目表是受约束的帕累托改进，那么它收取的边际价格就是旧价格和满足收入要求而构建的无约束最优价格中的较小者。唯一的例外是新旧价目表边界的边际价格 $p(q^*)$，因为在旧价目表下以这个价格购买最后一个单位的客户现在有动机在新价目表下购买额外的单位。第3节中的例子就体现了这一点。

依赖性需求

上述帕累托改进价目表的构建系基于客户需求是独立的这一假设。然而，在一些重要情况下，客户需求是以排除帕累托改进的方式共同依赖的。事实上，对大客户的数量折扣可能会减少公用事业公司的收入。

在能说明这种可能性的极端情况下，客户是竞争激烈的行业中的公司，使用公用事业公司出售的服务作为它们生产运营的投入。此外，客户是异质性的，因为有些大公司对优越的低成本技术的垄断使得它们获得正利润，而一些小公司（"竞争边缘"）的边际成本决定行业中的产品价格。确切地说，假设这两种类型的企业为每单位产出使用固定数量的公用事业服务。在这种情况下，即使公用事业公司提供一个只对大企业有利的额外数量折扣，因为小企业的边际成本保持不变，该行业的市场价格以及对行业产品的需求仍然是保持不变的；然而，大公司额外的成本优势会进一步增加其市场份额。对公用事业公司的实际影响是，大公司增加的购买完全抵消了小公司减少的购买。因此，由于小公司支付的价格高于大企业支付的边际价格,公用事业公司的收入下降。①

如果没有可行的帕累托改进价目表,这就不是一个完整的论证,因为人们还
必须证明,没有办法设计一个替代价目表,将大公司的部分收入重新分配给小公
司和公用事业公司,从而使得没有人面临不利。② 不过,这也表明上述简单的结
构是不够的。

118

5.3　长途电话价目表

我们描述非线性定价在长途电话价目表设计中的应用,并确保与普遍的统
一价格相比,没有哪一类客户会面临不利。③

在美国,自 1984 年以来,交换机(即长途)运营商对客户与其网络间的连接
收取两种费用(美分/分钟):一种是线路费,用于收回对流量不敏感的本地环路
的成本;另一种是对流量敏感的费用,用于收回本地交换运营商网络中的交换和
干线服务的成本。1986 年,用于高峰时段的测量服务的发起交换接入,这些费
用平均为 7.56 美分/分钟。一般来说,它们作为长途服务统一收费(美分/分钟)
的一部分被转嫁给客户。对于大客户来说这些费用是可观的,因此会促使它们
安装绕过本地环路和交换的直接连接。1986 年 6 月,纽约电信公司(NYTel)向

---

① 正如 Ordover 和 Panzar(1980)所指出的,这本质上是美国 1936 年《罗宾逊-帕特曼法案》所
禁止的对竞争性小公司的"次生线伤害"。也就是说,对大公司的数量折扣会减少小公司的市场份
额。在本例中,公用事业公司的收入也会下降,因此它们可能不是自愿提供这样的折扣,但该法案旨
在解决大客户有足够的市场力量来讨价还价的情况。当然,这种议价能力要求大客户能够可信地威
胁,自己能在没有公用事业服务的情况下经营。在电力(或电信)的情况下,热电联产(或旁路)的可
行性增加了这种威胁的可信度,但该法案也规定卖方可以满足和竞争者同样低的价格作为防御措
施。热电联产是可能的竞争者。

② Ordover 和 Panzar(1980)基于更多的假设提供了一个完整的证明。要证明帕累托改进的价
目表通常是不可能的,就需要考虑以下情况,公用事业公司的现行价目表使用利润最大化的统一价
格,而且由于客户的行业具有竞争性,因此也能使公用事业公司和客户行业的综合利润最大化。在
这种情况下,显然不可能增加所有三方的利润,因为它们已经都完全最大化了。实际上,如果公用事
业公司的统一价格已经是对大公司的利润征税的最优方式,那么数量折扣就没有任何优势。然而,
应该指出的是,这一论点不足以在监管背景下进行完全有启发的分析,因为它没有考虑对行业产品
的最终客户的影响,他们将从小企业边际成本的降低中受益。

③ 本节讨论基于 Heyman、Lazorchak、Sibley 和 Taylor(1987)。

表 5.2 使用量和弹性的分布

类型	使用等级	账户百分比	每月分钟数	弹性	
				当前	替代
1	0—60	74.03	14.55	0.16	0.16
2	61—1 000	25.47	160.21	0.16	0.16
3	1 001—2 000	0.26	1 364.46	0.22	0.50
4	2 001—7 000	0.17	3 547.77	0.22	0.50
5	7 001—20 000	0.05	11 026.07	0.31	0.70
6	20 000+	0.02	67 425.60	0.31	0.98

联邦通信委员会提出申请,要求直接向客户收取非线性价目表,部分原因是为了防止其大客户绕过这一费用。非线性价目表可以理解为一个分段递减价目表,也可以理解为一组六个两部制价目表的下包络,下面将介绍这种价目表。

表 5.2 显示了在现行统一收费下,纽约电信公司的客户按照使用等级划分的平均使用情况的当前分布。表中还显示基于计量经济学研究的每个使用等级内客户的当前需求弹性,以及基于绕过的长期预测而粗略估计的替代弹性表:高使用客户的弹性较高表明,由于使用绕过的替代方案,它们对价格更加敏感。在下文中,我们假设每个使用等级 i 的需求是具有恒定弹性的需求函数 $q_i = t_i/p_i^{e_i}$,其中 p_i 是边际价格,e_i 是弹性,t_i 表示与该类别相关的客户类型参数。基于统一价格 $p = 7.56$ 美分、每月使用的分钟数和表中所示的弹性,可以计算出参数 t_i。至于成本,根据新英格兰电话公司提交的类似价目表,假设服务的边际成本为 1 美分/分钟。

表 5.3 显示纽约电信公司拟议的分段递减(或"阶梯")价目表基于假设模型的预测结果,其中计算基于弹性的替代集,并与当前的统一收费比较。剩余的变化以每位客户每月美元的形式记录。请注意拟议价目表几乎不影响收入,但它为大客户提供实质性的好处。因为增加了总剩余,所以在经济上它是有效率的。但它对某些类型的客户是不利的,所以不是分配中性的。

表 5.3　纽约电信公司拟议价目表的预测结果（替代弹性）

客户类型	拟议价目表（美元）	消费者剩余的变化（美元）	生产者剩余的变化（美元）
1	0.096 1	−0.29	0.25
2	0.071 3	−0.80	0.89
3	0.048 4	16.85	0.36
4	0.035 2	119.61	−50.93
5	0.030 2	582.87	−214.14
6	0.026 9	5 061.42	−1 134.39
平均		1.135	−0.007

　　另一种方法是对价目表设计施加约束来确保没有任何类型的客户面临不利。表 5.4 显示这种以最大化消费者剩余和生产者剩余的总和为目标的计算结果。请注意，这些结果表明，这样一组可选两部制价目表可能不让任何客户面临不利，同时还增加利润（即生产者剩余）。表 5.5 显示对当前弹性（而不是替代弹性）的类似计算。在这种情况下，每个客户每月利润的平均变化是 ＋10 美分，而且对每个类型都是正的。

表 5.4　最优价目表：Ⅰ（替代弹性） 120

类型	固定费用（美元/月）	使用费（美元/分钟）	消费者剩余的变化	生产者剩余的变化
1	0	0.075 6	0	0
2	0	0.075 6	0	0
3	0.52	0.075 2	0	0.23
4	29.18	0.067 4	0.82	12.06
5	342.17	0.044 6	66.00	170.61
6	3 495.58	0.023 8	2 350.00	1 956.60
平均			0.50	0.50

表 5.5 最优价目表：Ⅱ（当前弹性）

类型	固定费用（美元/月）	使用费（美元/分钟）	消费者剩余的变化
1	0	0.075 6	0
2	0	0.075 6	0
3	0	0.075 6	0
4	0.49	0.075 4	0
5	73.27	0.069 0	1.04
6	2 989.17	0.031 3	381.00
平均			0.077

这些结果表明了一种用于公用事业费率设计的方法。其目的是将费率构建为非线性价目表，以便在效率上获得最大的收入，同时确保没有任何主要的客户子群体因新价目表的变化而面临不利。这主要是通过在当前的价目表套餐中添加新选项来完成的。这种约束有助于确保新的价目表得到规制机构的认可。

121

5.4　小结

一个受规制的公司可以被解释为有效地设定价格以满足收入要求。拉姆齐定价的公式将效率解释为最大化消费者剩余，且只使用提高所要求的收入需要的最小垄断力量。在这种情况下，公司运营方式与利润最大化的公司完全相同，只是利润率按比例均匀地降低，使得企业获得的不会超过收入要求。

拉姆齐定价的应用通常受到限制，即没有客户因提议的变化而面临不利。在这种情况下，可以通过允许客户对每个单位的购买从旧价格表或新价格表中选择，来构建帕累托改进价目表。新价目表可以是各种类型的，例如两部制价目表或通过包含额外的数量折扣而修订的旧价目表，如最优价格表的一部分。所有这些都可以在不减少公司收入的情况下使部分或所有客户受益，也可能增加公司利润。

　　当旧价目表使用统一价格时,为满足收入要求而优化设计的非线性价目表通常包括旧价目表和大额购买的数量折扣。在例子中,与收入要求的影响相比,确保没有客户面临不利的成本很小。这一特征很大程度上是由于非线性定价的收益集中在大规模购买的客户,因此为小额购买的客户保证供应的成本相对小。

　　非线性价目表还可以满足统一定价无法实现的收入要求。这一点对提供原本无法赢利的服务非常重要。这在受网络外部性影响的行业中尤为重要。电信行业提供了一个标准例子:每个客户的收益取决于有多少其他人订购服务从而可以进行电话交流。因此,启动一项新服务需要吸引足够大的临界数量的初始客户,以便在他们之间创造共同利益,然后再吸引更多的用户。此外,这些收益必须足以让价格能够至少收回系统连接、接入和固定运营的成本。例如,基于固定费用或两部制价目表定价的缺点是,它需要比非线性定价更大的临界数量。例如,奥伦、史密斯和威尔逊(Oren, Smith & Wilson, 1982a)报告了一项针对听力受损用户设计的特殊系统的应用,该系统的非线性定价使固定费用所需的临界数量是客户规模的 22%,而两部制价目表所需的临界数量是规模的 41%。一旦系统完全建立起来,利润最大化的最优非线性价目表将产生更多的总剩余和更多的公司利润,但将为用户带来更少的消费者剩余。每个用户的平均费用在这三种制度下几乎相同。[①] 然而,如果没有非线性定价,更大的临界数量可能意味着该系统将永远无法建立。因此,除了本章提到的非线性定价的优点,我们还可以补充一点,即使用非线性定价可能是提供服务所必需的,否则这些服务将无利可图,或需要依赖初始补贴才能达到所需的临界数量。

122

---

　　① 当存在这种或其他类型的正外部性时,最优非线性价目表收取的固定费用低于公司提供接入的成本。因为可以为其他用户创造收益,所以通过接入补贴来吸引更多客户是有利的。这是较小临界数量的一个主要来源,在系统完全建立后它还能提高市场渗透率。

第二部分
非聚合需求模型

第 6 章

单参数非聚合模型

125　　　如第一部分所述,非线性定价的基本原则是根据需求档案归纳出构建最优价格表所需的最少数据。本章,我们将以客户偏好或需求行为的显式模型进行类似的说明。在这些模型中,单个客户或细分市场通过表明其类型参数来表示,而它们的收益或需求直接作为这些参数的函数进行估计。计量经济学研究经常运用此类非聚合模型来解释各种特征是如何影响客户需求的,这些特征包括居民客户的收入水平及社会人口类别等,或是公司客户的业务线及生产率等。

前几章的分析只考虑了购买规模每个增量的总需求,而本章将在与模型中的数据相同的非聚合水平上进行分析。因此,单个客户或细分市场所选择的数量和支付的价格是明确指定的。不过,为了简化表述,这里的论述限于由一个单维类型参数来描述客户之间的差异,且该参数的总体分布已知。我们将在第8.4节中说明,针对单个产品使用价目表时,使用单参数总体上不会造成实质性损失。

为了简化初始描述,我们在第1节中假设客户规模是有限的。第2节假设另一个极端,客户规模足够大到可以将其建模为一个连续体;其中,每个客户都由一个在总体中连续分布的单维类型参数来描述。第3节简要讨论两部制价目表的特殊情况。随后的第4节将详细分析一般的多部制价目表。第5节拓展介绍完全非线性价目表,并在第6节中给出若干案例。最后,第7节将描述最优固定费用。尤其值得注意的是,在公司服务客户而未产生固定费用的情况下,最优非线性价目表将省略固定费用。对于最优多部制价目表而言情况并非如此,但即使提供较少的选择,差异也微不足道。

第 1 节中,我们假设公司设计价目表是为了最大化其利润贡献。后续的几节,包括为了最大化消费者剩余或总剩余而设计的拉姆齐定价在内,都服从一个约束条件,那就是公司的利润贡献足够满足其收入要求。本章只考虑最优价目表的必要条件,充分条件将在第 8 章中讨论。

126

6.1　离散类型模型

反映客户需求行为异质性的模型是公式化的基本要素。为此,每一个客户或细分市场被归为几个类型中的一个,并由该模型来明确每种类型的需求行为。这些可能的类型由指数 $i=1,\cdots\cdots,m$ 表示。我们假设,公司已知分到每种类型 i 的客户数量或比例 f_i,并且能准确预测每种类型的需求。

类型 i 客户由效用函数 $U_i(q)$ 描述,该函数表示购买规模为 q 时的总收益。如果客户按价目表 $P(q)$ 购买该数量,那么其净收益为 $U_i(q)-P(q)$。由于此处没有收入效应,因此收益直接以货币金额衡量,且有 $U_i(0)\equiv 0$。

根据函数 $C(Q)$,公司成本通常取决于所有客户购买的列表 $Q=(q_1,\cdots\cdots,q_m)$。例如,人们经常假设 $C(Q)=C(\sum_i f_i q_i)$,或 $C(Q)=\sum_i f_i C(q_i)$,或其他组合。为简便起见,在这里我们采用后一种形式。

这个公式表示,当每个类型 i 客户按价目表 P 购买数量 q 时,公司的利润贡献为

$$利润贡献=\sum_{i=1}^{m} f_i \cdot [P(q_i)-C(q_i)]$$

想要激励客户进行这些购买,价目表必须满足两个约束条件。第一是确保客户与完全不买相比,更愿意进行指定购买:

$$U_i(q_i) - P(q_i) \geqslant U_i(0) - P(0) \equiv 0$$

该条件称为类型 i 的参与约束条件。请注意,除非客户进行正购买,该条件都排除收取正金额的情况。第二个条件是确保客户更愿意进行本类型的指定购买,而不是购买被分配给其他类型的商品:

$$U_i(q_i) - P(q_i) \geqslant U_i(q_j) - P(q_j),且每个 j \neq i$$

这个条件称为类型 i 的激励兼容性约束条件。下面我们用 $P_i \equiv P(q_i)$ 表示购买规模为 q_i 时价目表收取的总费用。

首先,我们假设所有变量 P_i 和 q_i 都被限定为一组可能值的有限集。在这种情况下,最优价目表可以通过如下方法确定:在满足参与约束和激励兼容性约束条件的值所形成的可能组合中进行搜索,直到找到一个能最大化利润贡献的可行值组合。找到这样的最优组合后,通过将总费用 P_i 分配给购买规模 q_i 就可以确定价目表。对于未分配给任何类型的其他数量,常用的确定方法是,使得价目表 $P(q)$ 与下一个更大的分配购买的费用相同,这足以阻止在区间 $q_{i-1} < q < q_i$ 内的购买。

上文所述的寻找最优的费用和购买规模的组合是一项进展缓慢的任务,并且即使在快速运算的计算机上也相当耗时。因此,更优的方法可以基于这样一种规范——潜在购买规模可以是任何实数,类似地,潜在费用也可以是任何实数。因而,此后购买规模和价目表费用都限于非负实数($q_i \geqslant 0$)。当然,在这种情况下,模型还必须以易于分析的方式为每种类型分配总收益函数 $U_i(q)$。我们通常假设简便的正则性条件:U_i 是递增的、凹的和可微的。考虑到购买规模和价目表费用的真实域,最大化受参与约束和激励兼容性约束的利润贡献其实是一个非线性约束优化的标准问题。对于某些应用场景来说,依靠标准软件来解决此类问题是最好的实用方法。

最优价目表的特性

这一节中,我们希望建立可以从数学原理推导出解的重要特性。最优解的必要条件可以用拉格朗日乘数表示,即 λ_{ij},它与类型 i 的第 j 个激励兼容性约

束条件相关。这样的乘数是一个非负数,且只有当约束条件正好在最优解处得到满足时才为正数。可以推导出以下重要特性:

1. 如果类型为 i 时有 P_i 和 q_i 都为正,那么类型 i 为活跃客户,即

$$v_i(q_i) - c(q_i) = \sum_{j \neq i} \lambda_{ji} \frac{f_j}{f_i} [v_j(q_i) - v_i(q_i)]$$

其中 $v_i(q) = U_i'(q)$ 是第 i 个类型的边际收益,或对第 q 个商品的支付意愿,且 $c(q) = C'(q)$ 是公司的边际成本。

2. 如果类型 i 客户的净收益为正,则其参与约束条件不具有约束力,即

$$f_i = \sum_{j \neq i} [\lambda_{ij} f_i - \lambda_{ji} f_j]$$

回想一下,前面我们预测,类型 i 客户最终会选择购买规模 q_i,使得 $v_i(q_i) = p(q_i)$,其中 $p(q_i)$ 是第 q_i 个商品的价目表边际价格。因此,特性 1 表明,公司在第 q_i 个商品上的利润率 $p(q_i) - c(q_i)$ 由一个加权组合决定,即其他类型客户 $j \neq i$ 和类型 i 客户对该个商品支付意愿差异的加权组合。只有当其他类型客户对他们的分配购买与类型 i 的购买 q_i 之间并无所谓的情况下,这些权重在最优解时才是正的。特性 2 则对这些权重作出了限制:它们必须满足一致性条件。

如果没有进一步假设,构建一个同时满足特性 1 和特性 2 的解极为困难,通常来说这必须依靠计算机程序的数值分析进行非线性约束优化。然而,我们在此处强加了大多数非线性定价理论研究中使用的进一步假设,以获得最优价目表的简单描述。这个假设是为了达成一种特殊情况,即对于每个活跃类型 i,唯一具有约束力的激励兼容性约束条件是类型 $j = i - 1$ 的约束条件。也就是说,只有对下一更高类型的客户而言,本类型购买与类型 i 购买并无差异。当然,这种特殊情况存在的关键在于最开始就将客户类型以一种可行的方式进行排序。比如说,一个常用来达成这种特殊情况的假设是:高类型客户在每个价格上都有高需求,这一点我们将在后续几节中说明。不过,即使假设要弱得多,这种特殊情况也往往成立,因为最优价目表通常具有这样一种特性,即每种类型客户的购

买规模被其他至多一种类型所"羡慕"。[①]

基于如上假设,我们可以进一步挖掘乘数 λ_{ij} 仅对 $j=i-1$ 为正的这一事实。在这种情况下,如果我们定义 $\hat{\lambda}_i = f_i \lambda_{i,i-1}$,特性 2 就可以转换为以下形式:

$$\hat{\lambda}_i - \hat{\lambda}_{i+1} = f_i \quad \text{且} \ \hat{\lambda}_{m+1} = 0$$

由此得出

$$\hat{\lambda}_i = \bar{F}_i \quad \text{其中} \ \bar{F}_i \equiv \sum_{j \geqslant i} f_j$$

因此 $\bar{F}_i$ 表示类型 i, $i+1$, ……, m 的客户数量(且 $\bar{F}_{m+1} = 0$),且权重 $\hat{\lambda}_i$ 必须与该数量相等。基于特性 1 中的这一事实可得如下关键描述:

$$v_i(q_i) = c(q_i) + \frac{\bar{F}_{i+1}}{f_i}[v_{i+1}(q_i) - v_i(q_i)]$$

该式决定了购买规模 q。为了诱导类型 i 客户进行分配数量 q_i 的购买,第 q_i 个商品的边际价格一定是 $p_i = v_i(q_i)$。而且,由激励兼容性条件进一步可得,价目表是通过如下公式递归构造的:

$$P_i = P_{i-1} + U_i(q_i) - U_i(q_{i-1})$$

从 $P_{i^*} = U_{i^*}(q_{i^*})$ 开始,其中 i^* 是愿意按边际价格购买该分配数量的最低类型。若所得价目表是凹的,那么一种方法是提供一个结合了边际价格 p_i 和固定费用 $P_i - p_i q_i$ 的套餐,该套餐是由 m 个两部制价目表构成的。

最优条件的实用形式重申了这一点,正如

$$[v_i(q_i) - c(q_i)]\bar{F}_i = [v_{i+1}(q_i) - c(q_i)]\bar{F}_{i+1}$$

这种形式表明,无论第 q 个商品是在边际价格 $v_i(q_i)$ 还是边际价格 $v_{i+1}(q_i)$ 被销售给高于 i 的类型 j 客户,其利润贡献都是一样的。图 6.1 展现了类型 i 客户被分配购买第 q 个商品产生的利润贡献 $[v_i(q) - c(q)]\bar{F}_i$ 的计算过程。购买规模 q_i 是可以分配给类型 i 客户的最大规模,且这时第 q 个商品的利润贡献大

---

① 有关一般情况的分析,参见 Champsaur 和 Rochet(1989),Guesnerie 和 Seade(1982),Matthews 和 Moore(1987),以及 Moore(1984)。

于将其分配给下一更高类型客户所能获得的利润贡献。在此条件下,总价格表的构建将实现这样一种状态:无论是类型 i 还是更高类型客户,对于他们来说,购买分配规模 q_i 或是下一更低类型的分配规模并无差异。这一点如图 6.2 所示。该图描绘了对类型 i 客户而言,能从 (q_i, P_i) 中产生净收益 $U_i(q_i) - P_i$ 的购买规模与价目表组合 (q, P) 所形成的轨迹。

130

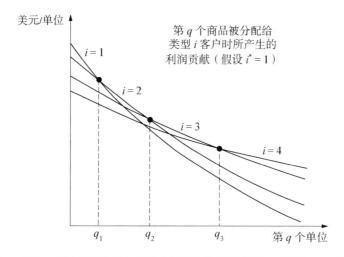

图 6.1 每一类型客户被分配的所有增量商品的利润贡献都超过分配给下一个更高类型客户所能获得的利润贡献。

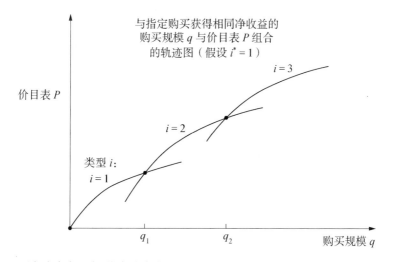

图 6.2 对每类客户而言,指定给本类型的购买与下一更低类型的购买无差异。

这种特征本质上等同于之前在第 4 章中使用需求档案 N 所得出的结论,也可以通过愿意在边际价格 p_i 购买第 q 个商品的客户数量 $N(p_i, q_i)$ 来确定 $\overline{F}_{i+1}$。第 4 章本质上是对此处所得结论的一种直观阐释。

扩展到连续统的类型

这一分析可以直接扩展到客户类型由连续的实值参数 t 描述的情况。在这种情况下,将相邻类型之间的差异缩小到零这一限制可以产生每种类型 t 购买 $q(t)$ 的类似特征:

$$v(q(t), t) = c(q(t)) + \frac{\overline{F}(t)}{f(t)} \cdot \frac{\partial v}{\partial t}(q(t), t)$$

在这个式子中,将 $f(t)$ 定义为类型 t 客户密度,$\overline{F}(t)$ 为高于类型 t 的客户数量,$v(q, t)$ 是类型 t 对第 q 个商品的支付意愿。给定预测各类型客户购买行为的价格表 $q(t)$,边际价格表为 $p(q) = v(q, t(q))$,其中 $t(q)$ 是购买 q 的客户类型。图 6.3 和图 6.4 举例说明了最优价格表的计算,其中边际成本为零。如第一张图所示,实践中使用的许多模型里都有风险率 $f(t)/\overline{F}(t)$ 不断增加,但 $v_t(q, t)/v(q, t)$ 却在 t 中递减、在 q 中递增。图 6.3 中所显示的交点确定了三

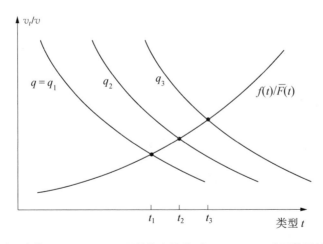

图 6.3 针对三个数量 $q_1 < q_2 < q_3$ 及其指定的类型 $t_1 < t_2 < t_3$,购买数量的类型分配的构建。

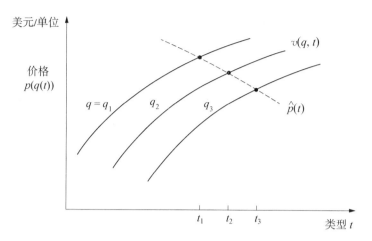

132

图 6.4 为类型 t 客户购买的边际单位 $q(t)$ 构造的边际价格 $\hat{p}(t)=p(q(t))$。此价格即该类型客户所购买的最后一单位商品的边际估值 $v(q(t),t)$。

种类型 t_i，及其被指定的三个数量 q_i，随后会在图 6.4 中被用于确定每种类型所对应的边际价格 $\hat{p}(t)=p(q(t))$，也就是对该类型客户而言这个商品的边际估值 $v(q(t),t)$；每类客户在此价格购买其边际单位 $q(t)$。

换言之，如果 $D(p,t)$ 是类型 t 客户的需求函数，当 $p=v(q,t)$ 时，$q=D(p,t)$，那么可以由这一性质推导出：

$$\frac{\partial v(q,t)}{\partial t}=-\left[\frac{\partial D}{\partial t}(p,t)\right]\div\left[\frac{\partial D}{\partial p}(p,t)\right]\equiv-D_t/D_p$$

因此，就需求函数而言，描述最优价格表的条件是

$$[\hat{p}(t)-c]D_p(\hat{p}(t),t)f(t)+D_t(\hat{p}(t),t)\bar{F}(t)=0$$

在这个式子中，为每一类型 t 分配边际价格 $\hat{p}(t)$，且推断购买满足规模 $q(t)=D(\hat{p}(t),t)$，在这一数量上可以评估出边际成本 c。我们可以从关系式 $p(q(t))=\hat{p}(t)$ 推导出价格表。最优条件更直观的表述如下：

$$[\hat{p}(t)-c]\cdot[\partial_p D(\hat{p}(t),t)]\cdot f(t)dt+dp\cdot[\partial_t D(\hat{p}(t),t)]\cdot\bar{F}(t)=0$$

这种形式的表述指出，对于 $f(t)dt$ 位类型 t 客户而言，提高该类型的边际价格会通过降低每人 $\partial_p D$ 程度的需求而降低利润贡献；而这些损失又和从更高类型

客户身上获得的边际利润增量 dp 抵消了。请注意,类型 $t+dt$ 被重新分配了先前给类型 t 的价格 $\hat{p}(t)$,这也就是为什么更高类型客户的需求变化是 $\partial_t D$。

在随后的各节,我们将更详细地讨论这种特性,包括将理论延伸到公司需满足收入要求时的拉姆齐定价理论。在明确公式的细节之后,我们将推导两部制和多部制价目表的类似特性。随后,我们将直接从基本公式重构非线性价目表的特征。

6.2 单维类型模型

在本节,我们将构建一个具有单维连续客户类型或细分市场的一般模型。该模型将用于论证第 1 节中构建的模型以及第 4 章中的需求档案公式。

与离散类型情况一样,公式的基本要素包括每种客户类型的需求行为模型以及总体中客户类型的分布。与需求档案公式不同,此公式需要从需求数据中分别获得两个估计值。但是估计过程中的自由度基本保持不变,类型分布仅计算具有估计需求函数的客户数量,并且该分布确实可以在不失一般性的情况下呈现均匀。

假设类型指标 t 是可能类型区间中的实数。分布函数 $F(t)$ 表示类型指标不高于 t 的客户数量(即度量或比例)。类型 t 客户的偏好为效用函数 $U(q, t)$,该函数表示购买数量 q 时获得的总收益。如果客户以成本 $P(q)$ 购买此数量,则净收益为 $U(q, t) - P(q)$。同样地,此处没有收入效应,收益直接以货币金额衡量,并且 $U(0, t) = 0$。图 6.5 描绘了类型 t 的客户选择最优购买数量 $q(t)$ 的原理:客户选择这样一个数量,使得自己在购买此数量时,能从购买数量与价目表对应费用的轨迹中获得最大化的净收益。该图中价格的凹度反映了边际价格表的递减性。

每种类型也可以通过其需求函数 $D(p, t)$ 来描述,指向其与统一价格 p 相呼应的最优购买。如果 $v(q, t) \equiv U_q(q, t)$ 是类型 t 对第 q 个商品的边际估值,则当价格表从下方与需求函数相交时,需求函数满足 $v(D(p, t), t) = p$。

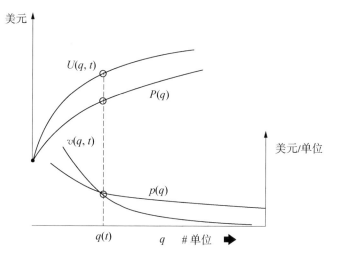

图 6.5　客户的购买选择：净收益 $U(q, t) - P(q)$ 在边际收益 $V(q, t)$ 与价格表 $p(q)$ 的交点达到最大值。

我们作出以下技术性假设：[①]

A1：类型分布函数有一个与之对应的密度函数 $f(t) = F'(t)$，它在区间 $a \leqslant t \leqslant b$ 上为正。类型高于 t 的客户数量由 $\bar{F}(t) \equiv 1 - F(t)$ 表示。我们通常假设风险率 $f(t)/\bar{F}(t)$ 是递增的。

A2：效用函数对每个参数 q 和 t 是平滑可微且递增的，并且对 q 是凹的；也就是说，其偏导数有 $U_q > 0$，$U_{qq} < 0$，且若 $q > 0$，则 $U_t > 0$。此外，增量单位的边际收益随着客户类型的升高而增加，即 $U_{qt} > 0$，或等效地有 $v_t > 0$。这表示更高类型的客户在每一价格上都有更大的需求。

A3：成本函数是平滑可微的、非递减的且凸的；特别需要注意的是，边际成本 $c(q)$ 是非递减的。

　　第一个假设 A1 本质上表示：总体中客户很多，他们的类型不会围绕任何一种类型聚合。我们认为公司已知客户类型的分布，也就隐含地假设了人口及其

　　[①]　在第 8.1 节中，为了获得完全充分条件，还额外假设了 A4。这些假设可以根据 Milgrom 和 Shannon(1991) 的准超模块化进行重塑，以获得必要充分条件。

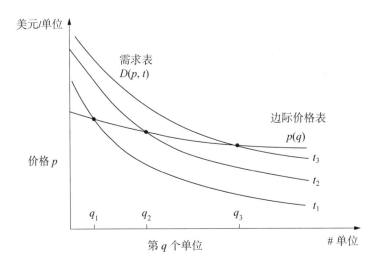

图 6.6 代表性需求函数和价格表。

经济环境足够稳定,因此公司可以从经验数据中学习。显而易见,第二个假设表明每种类型 t 都有一个需求函数 $D(p, t)$,它是增量单位的边际价格 p 的递减函数。此外,类型较高的客户一致地具有更大的需求。因此,如果 $t' > t$,那么在每个价格 p 处都有 $D(p, t') > D(p, t)$。这排除了两种类型的需求函数相交的可能性。所以,客户类型意味着按购买规模排序的细分市场,与收取的价格无关。图 6.6 描绘了一个例子,其中显示了几个需求函数,以及对第 q 个商品的价格表 $p(q)$。上述假设所施加的限制如图所示。最明显的是,更高类型客户统一地具有更高的需求函数。

请注意,当边际收益被看作是购买规模 q 的函数时,价格 p 的需求函数轨迹 $q = D(p, t)$ 也可以解释为边际收益 $p = v(q, t)$。根据假设 A2,v 是 q 的递减函数,也是 t 的递增函数。

与需求档案公式的关联

我们应该认识到,这一表述的要素基本上是由第 4 章中使用的需求档案 $N(p, q)$ 来概括的。为此,我们将观测另一种类型指标:客户等级 $r = F(t)$,它在单位区间上呈均匀分布。假设 A2 表明,r 意味着客户在任何分配价格上购买规

模的排名顺序。这一假设还意味着,根据无论哪种定义构建的需求档案

$$N(p, q) = \#\{t \mid v(q, t) \geqslant p\} = \#\{t \mid D(p, t) \geqslant q\}$$

都是价格 p 和购买规模 q 的递减函数。相反,给定需求档案时,只要把 p 和 q 看成方程 $1-r=N(p, q)$ 中另外两个参数的函数就可以求解 p 或 q。如果我们求解 q,那么可以得到第 r 等级客户的需求函数 $q=D(p, r)$;如果我们求解 p,那么可以得到边际效用 $p=v(q, r)$ 表示客户为第 q 个商品付费的意愿。此外,等级 r 客户的效用函数可以计算为所购单位的边际估值之和

$$U(q, r) = \int_0^q v(x, r)dx$$

换而言之,当不存在收入效应的前提下,$\int_p^\infty D(\pi, r)d\pi$ 表示在统一价格 p 时的消费者剩余。

　　最优价格表的确定条件也有一个精确的类比关系。为了在利润最大化公司的案例中将第 1 节与第 4 章中推导出的条件联系起来,我们再次假设类型指标的分布函数 $F(t)$ 无须均匀。运用需求档案,我们先前已经推导出了条件

$$N(p, q) + N_p(p, q) \cdot [p - c] = 0$$

来描述第 q 个商品最优边际价格表上的价格 $p = p(q)$。也就是说,我们可以用恒等式 $1-r=N(p, q)$ 来求解那些在边际价格 p 购买 q 的类型 $t(p, q)$ 客户所在的等级 $r(p, q)$。因而,需求档案为

$$N(p, q) = 1 - r(p, q) = \bar{F}(t(p, q))$$

其中,根据定义 $t(p, q)$ 满足 $p = v(q, t(p, q))$。 这意味着

$$N_p(p, q) = -f(t(p, q))t_p(p, q) = -f(t(p, q))/v_t(q, t(p, q))$$

将这些关系代入需求档案的最优条件,得到替代条件

$$\bar{F}(t) - [f(t)/v_t(q, t)][v(q, t) - c] = 0$$

这与第 1 节中推导出的条件相同,即用于描述类型 t 客户最优分配购买规模 $q(t)$ 的条件。如果式子左侧是 q 的递减函数[寻找最优分配 $q(t)$ 时],或者 t 的

递减函数[如果该问题被转化为相当于寻找类型客户购买行为的最优分配 $t(q)$],那么这个局部最优的一阶必要条件就是全局条件的唯一解。这些单调性条件将在第 4 章和第 8.1 节中转化为作为充分条件强加的单调性条件。

总体而言,这种结构表明,只要客户需求函数互不相交,以客户单维类型为基础的模型,本质上等价于先前使用需求档案的模型,这样类型就表示明确定义的细分市场。

客户的二阶条件

不过,这里还有一个附加条件。为了达到局部最大值,客户的二阶必要条件要求 t 购买 q 时满足 $v_q(q, t) - p'(q) \leqslant 0$。这表示价格表从下方与需求函数相交。就需求档案而言,就转化成了一个相当复杂的要求:在 $p = p(q)$,有

$$[N_{pq}/N_q - N_{pp}/N_p] \cdot [p - c] \leqslant 1$$

但在有显式类型的模型中,这就转化为更简单的要求,即类型对购买量的分配 $q(t)$ 必须是非递减的。我们将在第 8.1 节中做进一步分析。

6.3 两部制价目表

非线性价目表的一个特例是两部制价目表,之所以这样称呼是因为它包括每个购买单位的统一价格,以及购买任何正数量都需支付的固定费用。两部制价目表通常不是非线性价目表的最优形式,但如果监测客户累积购买的成本很大,它就显得极具优势了。

提供两部制价目表通常是权宜之计——通过对每个客户的额外统一收费来增加公司收入。然而,如果固定费用会将某些客户拦在购买行为的门槛之外,这就可能是低效的。也就是说,两部制价目表与最优非线性价目表的区别在于——后者由于没有固定成本,因此不会征收让客户望而却步的固定费用。前者的主要影响就在于,以降低市场渗透率为代价来换取从余下的市场收取更高

固定费用的机会。当试图满足相同的收入要求时，比起采用高于边际成本的统一价格，两部制价目表相对来说更加有效，因为它能让价格更逼近边际成本。尽管如此，全面比较时我们还是必须考虑到市场渗透率下降的问题。

首先，我们展示了垄断者利润最大化情况下构建的最优两部制价目表。公司的利润贡献有两个来源：售出每单位商品的利润率 $p-c$，以及从每位选择订购价目表的客户那里收取的费用 P。若 t_* 是订购者中最低的类型，则 $\bar{F}(t_*)$ 是订购者的数量，那么这两个共同组成了利润贡献，或者说生产者剩余

$$\mathrm{PS} = P \cdot \bar{F}(t_*) + [p-c] \cdot \int_{t_*}^{\infty} D(p,t)dF(t)$$

也就是说，每种类型 $t \geqslant t_*$ 在统一价格 p 上的需求为 $D(p,t)$。因此，核心问题是明确价目表如何影响以 t_* 表示的市场渗透率。在实际生活中这很难准确预测。但在这里，我们贯彻"模型可以准确描述客户从订购价目表中所获取的收益"这一假设。因此，类型 t 订购者若购买 q 个单位的商品，其获得的净收益为 $U(q,t) - pq - P$，也可以用消费者剩余的形式来表示

$$\int_p^{\infty} D(\pi,t)d\pi - P$$

因此，该模型预测，消费者剩余为零的类型 t_* 客户即为边际订购者，尤其值得注意的是作用于市场渗透率 t_* 的费用 P 是

$$P = \int_p^{\infty} D(\pi,t_*)d\pi$$

将这种描述代入利润贡献的公式中，然后将公司的利润贡献最大化问题转化为最优统一价格 p 和市场渗透率 t_* 的联合测定问题。假设

$$\bar{D}(p,t_*) = \int_{t_*}^{\infty} D(p,t)dF(t)$$

及

$$\bar{\eta}(p,t_*) = -p\bar{D}_p(p,t_*)/\bar{D}(p,t_*)$$

为市场渗透率为 t_* 时的总需求及其相应的价格弹性。

这里我们只展示价格的决定性条件，t_* 的条件有待之后讨论。用价格弹性

形式表示利润率百分比为：

$$\frac{p-c}{p}=\frac{1}{\bar{\eta}(p,t_*)}\left[1-\bar{F}(t_*)\frac{D(p,t_*)}{\bar{D}(p,t_*)}\right]$$

因为 $\bar{D}(p,t_*)/\bar{F}(t_*)$ 只是平均需求量，因此方括号中的数量是 1 减去最小需求量与平均需求量之比的差。[①] 与设定利润率百分比等于价格弹性倒数的普通统一定价形成鲜明对比的是，在两部制价目表的情况下，考虑到对市场渗透率的影响，利润率会有所降低。尤其是较低的价格更能实现深入的市场渗透率，从而能从更多用户那里收取固定费用。当然，在利润率和支付固定费用的用户数量之间进行权衡，就是公司在设计两部制价目表时做决策的本质。

垄断公司受到规制时也会得到类似的结果。在这种情况下，公司的目标是通过实现"公司利润贡献能够满足收入要求"这一条件来最大化总剩余。前面公司利润贡献的公式确定了生产者剩余 PS，消费者剩余的对应公式为

$$\mathrm{CS}=\int_{t_*}\left[\int_p^\infty D(\pi,t)d\pi-P\right]dF(t)$$

它加总了扣除固定费用 P 之后，该类型客户在需求曲线和统一价格表 p 之间的剩余。因此，拉姆齐定价问题的目标是最大化 $\mathrm{CS}+[1+\lambda]PS$，$\lambda$ 为公司收入要求的拉格朗日乘数，$\alpha=\lambda[1+\lambda]$ 为相应的拉姆齐数。确定最优利润率的条件与这个公式完全类似：

$$\frac{p-c}{p}=\frac{\alpha}{\bar{\eta}(p,t_*)}\left[1-\bar{F}(t_*)\frac{D(p,t_*)}{\bar{D}(p,t_*)}\right]$$

在非线性定价的情况下，放宽收入要求的效果是通过降低与任何特定市场渗透率相关的利润率来进一步强调对效率的考虑。反过来说，这也扩大了市场，降低了固定费用。

139   没有固定费用和统一价格 p 的普通线性价目表是一个重要的特例。在这种情况下，边际用户属于类型 t_*，对于他们来说以统一价格 p 购买是边际值得

---

① 在 8.4 节中研究的更一般的模型中，该比率可以超过 1，因为边际类型 $t_*(\theta)$ 的平均需求可以超过平均水平；在这种情况下，边际价格低于边际成本；参见 Oi(1971)和 Schmalansee(1981a)。

的。因此,$D(p, t_*) = 0$,统一价格 p 的最优条件是

$$\frac{p-c}{p} = \frac{\alpha}{\bar{\eta}(p, t_*)}$$

其中 $\bar{\eta}(p, t_*)$ 是总需求的价格弹性。这是从统一定价的拉姆齐公式推导出的标准条件。各种形式的多部制和非线性定价只是在不同程度上分解这一特例。

同样的结果也可以从需求档案 $N(p, q)$ 的公式中推导出来。有赖于客户需求函数互不相交的假设,我们观察到市场渗透率也可以用客户在愿意支付固定费用之前一定会预期的最低购买规模 q_* 来描述。因此,总需求 $\bar{D}$ 为

$$\bar{N}(p, q_*) = \int_{q_*}^{\infty} N(p, q) dq$$

此外,如果 $r_* = F(t_*)$ 表示边际订购者的等级,那么运用第 2 节中从需求档案导出的需求函数,则有 $q_* = D(p, r_*)$。计算产生该市场渗透率的固定费用的方法如前:

$$P = \int_{p}^{\infty} D(\pi, r_*) d\pi$$

这些关系在先前构造中的运用使得通过需求档案中的聚合数据执行计算成为可能。

我们通过为一个例子推导最优两部制价目表来描述这些方法,不过仅适用于最大化垄断利润这一案例。

例 6.1:假设排名第 r 位客户的需求函数为 $D(p, r) = \frac{r}{B}[A - p]$。这个需求函数意味着

$$P = \frac{r_*}{2B}[A - p]^2 \quad \text{即市场渗透率 } r_*(P) = 2BP/[A - p]^2$$

是取决于固定费用的。因此,公司利润以固定费用 P 和统一价格 p 表示为

$$\text{利润} = \frac{1}{2}[p - c][A - p][1 - r_*(P)^2] + P[1 - r_*(P)]$$

140 **表6.1** 例6.1:最优两部制价目表

c/A	p/A	$10 \times PB/A^2$	利润$/A^2$
0.00	0.39	0.407	0.15
0.10	0.45	0.330	0.12
0.20	0.51	0.261	0.09
0.30	0.57	0.200	0.07
0.40	0.63	0.147	0.05
0.50	0.70	0.102	0.04
0.60	0.76	0.065	0.02
0.70	0.82	0.037	0.01
0.80	0.88	0.016	0.01
0.90	0.94	0.004	0.00
1	1	0	0

能使利润最大化的两部制价目表如下式：

$$p = c + \frac{1}{2}[1 - r_*][A - c], \text{且} P = \frac{r_*}{2B}[A - p]^2$$

其中
$$r_* = \frac{5}{4} - \sqrt{17/16} \approx 1 - 0.780\,78$$

因此,最优两部制价目表旨在吸引大约78％的潜在客户订购。表6.1列出了每单位成本 c 的最优单位价格 p、固定费用 P 以及总体中每个客户产生的最终利润。请注意,高成本公司很少利用机会来收取订购费。固定费用和单价呈现出随单位成本的变化而反向变化的特点。

最优条件为平均值

为了引入下一节中采用的方法,重新表述两部制价目表的最优条件会很有帮助。边际价格 p 的最优条件可以写成

$$\int_{t_*}^{\infty} \left[[p-c] \cdot D_p(p, t) + \alpha \frac{\overline{F}(t)}{f(t)} \cdot D_t(p, t) \right] dF(t) = 0$$

这仅仅说明,在第 1 节中推导出的非线性价目表的最优条件,对于两部制价目表,平均而言也应该满足——其中,这里的平均值与客户类型的分布有关。边际类型 t_* 的最优条件可以类似地转换为

$$\int_{p}^{\infty} \left[[\pi-c] \cdot D_p(\pi, t_*) + \alpha \frac{\overline{F}(t_*)}{f(t_*)} \cdot D_t(\pi, t_*) \right] d\pi = 0$$

这可以再一次被解释为 p 和最大可能价格之间所有价格的平均值。以上大致就是第 4 章中采用的方法,其中最优条件是根据每个边际价格适用的数量区间内的总需求或平均需求档案来确定的。这也是用熨烫程序来压平价格表的理由,否则价目表中会有一个递增的部分。

边际类型的最优条件有其特殊用途。例如,由固定费用组成的统一费率没有任何边际使用费用,因此有 $p=0$。为了确定最优固定费用 P,可以使用上述条件来确定边际类型 t_*,那么固定费用就是该类型的消费者剩余 $P = \int_{0}^{\infty} D(0, t_*) dp$。同样的方法也适用于三部制价目表,其中初始部分被限制为固定费用,边际价格为 0,其上限为可分配的最大购买规模,超出此范围时适用统一价格。

在下一节中,我们将证明这一结构可以直接推广到多部制价目表的每一部分。

6.4 多部制价目表

非线性定价的实施通常会提供一个由多个两部制价目表组成的选项套餐,供每位客户选择。客户会根据不同选项的预期净收益来选择某个两部制价目表,该价目表也将作为卖方收费的基础。这样的套餐模拟了一个分段线性的 n 部制价目表,其中包括固定费用以及 $n-1$ 个部分的分段递减价格表。

如果多部制价目表是凹的,那么多部制价目表和可选两部制价目表套餐是

等价的。也就是说,如果每个客户都选择了能使其实际使用量的结算费用最小化的价目表,那么两部制价目表套餐的实质就是凹价目表,即这些两部制价目表的下包络。有一些流行的价目表设计并没有将凹度考虑在内。三部制价目表中一种特别常见的形式是,将固定费用解释为特定的免费供应,当价格高于此适用统一价格 p 时,这相当于分配 $p_1=0$ 及 $p_2=p$ 为价格表第一和第二部分的边际价格。同样地,最低生活保障费率允许客户在量少时低价购入,但会在进一步购买时收取更高的价格。不过,在实践中,还有一个更深刻的区别,即客户通常无法准确预测在随后的结算周期内哪种可选两部制价目表是最优的。如果公司以成本最低的选项事后计费,则可以部分弥补这一缺陷。

尽管有这些忧虑,我们还是根据可选两部制价目表套餐来描述最优多部制价目表的构建。事实证明,即使相关的多部制价目表不是凹的,我们所推导出的结论仍然有效。最优条件是在不施加"边际价格必须递减"这一约束的情况下推导出来的。如果真的只有在价目表为凹的情况下才能实现可选两部制价目表套餐,那么这样的约束应该可以从修正后的凹价目表中推导出。

多部制价目表的构建遵循了两部制价目表构建的方法。假设套餐包含 $n-1$ 个由 $i=1,\cdots\cdots,n-1$ 指数索引的两部制价目表,第 i 个价目表收取固定费用 P_i 且边际价格为 p_i。假设上述指数有序,使得 $P_i<P_{i+1}$ 且 $p_i>p_{i+1}$。以 $i=0$ 及 $P_0\equiv0$ 和 $p_0\equiv\infty$ 表示不从任何价目表进行购买的选项。因为我们假设了需求函数按客户类型排序,所以选择第 i 个价目表(如果有)的类型 t 客户的集合是一个区间 $t_i<t<t_{i+1}$,其中 $t_n=\infty$。类型 t 客户在第 i 个价目表的购买所产生的卖家利润贡献和客户净收益,就是生产者剩余和消费者剩余:[①]

$$\mathrm{PS}_i(t)=[p_i-c]\cdot D(p_i,t)+P_i,\ \text{及}\ \mathrm{CS}_i(t)=\int_{p_i}^{\infty}D(p,t)dp-P_i$$

且相应的总和为

$$\mathrm{PS}=\sum_{i=1}^{n-1}\int_{t_i}^{t_{i+1}}\mathrm{PS}_i(t)dF(t)\quad\text{及}\ \mathrm{CS}=\sum_{i=1}^{n-1}\int_{t_i}^{t_{i+1}}\mathrm{CS}_i(t)dF(t)$$

---

① 在某些应用中,边际成本还取决于所选择的价目表,比如 c_i,或者取决于那些选择该价目表的客户的平均购买规模。我们在这里省略了这些可能性。

通常,价目表设计问题的拉姆齐公式可以理解为消费者和生产者剩余的加权之和 CS＋[1＋λ]PS 的最大化,其中 λ 代表满足公司收入要求约束的拉格朗日乘数,而 α＝λ/[1＋λ] 是对应的拉姆齐数。设计问题中的变量是 $n-1$ 对固定费用和边际价格组合 $\langle P_i , p_i \rangle$。价目表的这些参数确定了由类型 t_i 区分边界的相应细分市场。

价目表 i 和 $i-1$ 对类型 t_i 客户的无差别条件可以用类型 t_i 的消费者剩余表示为如下等式

$$P_i - P_{i-1} = \int_{p_i}^{p_{i-1}} D(p , t_i) dp$$

也就是说,在考虑从价目表 $i-1$ 到 i 的转变时,客户必须意识到,固定费用的增加应由较低边际价格所产生的更大使用量的净值来补偿。[①] 这种补偿意味着

$$P_i = P_0 + \sum_{j \leqslant i} \int_{p_j}^{p_{j-1}} D(p , t_j) dp$$

因此,生产者和消费者剩余的公式可以完全用边际价格 p_i 和相邻细分市场边界的类型 t_i 来表示。

如图 6.7 所示,分段递减价格表由四个两部制价目表构成,即 $\langle P_i , p_i \rangle$, $i=1, \cdots\cdots, 4$。固定费用中的每个增量 $P_i - P_{i-1}$ 等于边界类型 t_i 客户在每一购买单位上都从边际价格 p_{i-1} 移动到更低的 p_i 时所获得的消费者剩余。因此,固定费用 P_4 是这些增量的总和,即整个阴影区域所示。该图还展示了与每种两部制价目表相关的将市场划分为不同数量带的情况。两个相邻数量带之间出现分离,是因为客户的需求从一个边际价格转换到下一个较低价格时大幅增加。

从公式中去除固定费用后,拉姆齐定价问题的目标函数如下,

144

$$\sum_{i=1}^{n-1} \left\{ \int_{t_i}^{t_{i+1}} \left(\int_{p_i}^{\infty} D(p , t) dp + [1+\lambda][p_i - c] \cdot D(p_i , t) \right) dF(t) \right.$$
$$\left. + \lambda F(t_i) \int_{p_i}^{p_{i-1}} D(p , t_i) dp \right\}$$

---

① 如果套餐包含这样一个初始选项,即提供固定数量 q_1 且固定费用 $P_1 > P_2$,或者是更一般性的固定费用加上统一价格 $p_1 < p_2$,则必须以不同的形式表述该等式。在此处情况下,为 $P_2 - P_1 = q_1 \cdot [p_1 - p_2]$,且 $q_1 = D(p_2 , t_2)$。

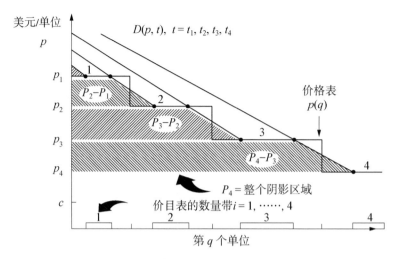

图 6.7 分段递减价格表。由于固定费用中的增量 $P_i - P_{i-1}$,两部制价目表$\langle P_{i-1}, p_{i-1}\rangle$ 和$\langle P_i, p_i \rangle$对客户 t_i 来说并无差异。

　　总和中,第一项代表类型 t 消费者剩余;第二项是此类型客户购买的利润贡献;第三项表明,类型高于 t_i 的客户会选择某个价目表 $j \geqslant i$,并因此支付增量固定费用 $P_i - P_{i-1}$,这个增量等于类型 t_i 从边际价格 p_{i-1} 转移到 p_i 而减少的收益,这就是为什么该客户处于这些相邻细分市场的边界上。

　　在这一版本的设计问题中,变量为 $n-1$ 对$\langle p_i, t_i\rangle$。根据定义,这些变量都受到 $p_i \leqslant p_{i-1}$ 和 $t_i \geqslant t_{i-1}$ 的约束,其中 t_0 是最低的客户类型,t_n 为最高的。此外,$D(p_0, t_1) = 0$ 表示类型 t_1 的客户对购买行为无动于衷。当上述关系得到满足时,边际价格 p_i 的最优选择必要条件要求

$$\int_{t_i}^{t_{i-1}} \left\{ [p_i - c] \cdot D_p(p_i, t) + \alpha \frac{\overline{F}(t)}{f(t)} \cdot D_t(p_i, t) \right\} dF(t) = 0$$

这是完全非线性价目表最优条件的精确表示,唯一的区别在于,积分表示的是选择第 i 个价目表的细分市场中客户子群的平均值。

　　请注意,如果细分市场和其他价目表是固定的,那么满足该条件需要选择边际价格 p_i 和相应的固定费用 P_i,从而使得第 i 个细分市场的两个边界保持不变。在其他情况下,细分市场会发生变化以满足附加条件。比如说,在固定费用

为零且 $t_2 = \infty$ 时,通过使用附加条件 $D(p_1, t_1) = 0$ 来锁定边际购买者,以最终确定最优统一价格 p_1。

类型 t_i 的边界最优选择的必要条件也类似:

$$\int_{p_i}^{p_{i-1}} \left\{ [p - c] \cdot D_p(p, t_i) + \alpha \frac{\overline{F}(t_i)}{f(t_i)} \cdot D_t(p, t_i) \right\} dp = 0$$

这个条件也等于一个平均值——在这种情况下,等于区间上相邻价目表收取的边际价格的平均值。

随着套餐中两部制价目表的数量 $n-1$ 的增加,p_i 和 t_i 的最优条件收敛到相同的条件,这正是对应 $n = \infty$ 的完全非线性价目表的最优条件。然而,非线性价目表在大多数实际应用实施起来成本高昂或不切实际,因此非线性价目表可以由具有多个可选两部制价目表套餐、具有多个线性部分的单一价目表或具有多个步骤的分段递减价格表来近似表示。幸运的是,实际上我们并不需要那么多参数。尽管一个套餐只提供四到五个两部制价目表,但通常足以实现完全非线性价目表的大部分收益。我们在以下例子中展现了这一特性。在第 8.3 节中,我们会解释为什么这一规律是普遍适用的。

例 6.2:假设类型 t 的需求函数是 $D(p, t) = t[1 - p]$,类型是均匀分布的,公司的成本为零,并且 $\alpha = 1$。 在这种情况下,最优条件为

$$p_i = 1 - [t_i + t_{i+1}]/2 \quad 且 \quad t_i = 1 - [p_i + p_{i-1}]/2$$

在边界条件 $t_n = 1$ 时可以解出上式,此时也有最高类型以及 $p_0 = 1$。 这些条件表明第 i 个边界类型和第 i 个边际价格是

$$t_i = \frac{i - 0.5}{n - 0.5} \quad 及 \quad p_i = 1 - \frac{i}{n - 0.5}$$

因此第 i 个固定费用为

$$P_i = \frac{1}{3} \cdot \frac{[i - 0.5]i[i + 0.5]}{[n - 0.5]^3}$$

第 i 个价目表的数量带是购买规模的区间 $q_i \leqslant q \leqslant Q_i$,其中

$$(q_i, Q_i) = [i/(n-0.5)^2] \cdot (i-0.5, \ i+0.5)$$

以 $\bar{q}_i = [i/(n-0.5)]^2$ 为中心。请注意,哪怕细分市场的规模相等,市场数量带宽从 $i=1$ 时的 $1/[n-0.5]^2$ 到 $i=n-1$ 时的 $[n-1]/[n-0.5]^2$ 也各不相同。公司的利润或者说生产者剩余是

$$\text{PS}(n) = \frac{1}{6} \cdot \left[1 - \frac{1}{4(n-0.5)^2} \right]$$

因此,使用少数选项所损失的利润与 $n-0.5$ 的平方成反比。这表明只有少数选项的套餐足以获得大部分潜在利润。

图 6.8 展示了 $n=5$ 的情况下等效的分段线性价目表。图中比较了 $n=\infty$ 对应的完全非线性价目表和 $n=2$ 对应的最优两部制价目表;每个价目表只显示在其产生的最小和最大购买规模范围内的部分。显然,五部制价目表实际上与实践中应用的非线性价目表相同;而两部制价目表则与其相差很大,尤其对小额购买和大额购买都有很大限制。公司从五部制价目表和两部制价目表中获得的利润分别为非线性价目表的 98.8% 和 88.9%。

146

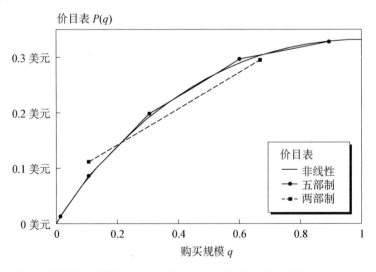

图 6.8 例 6.2 的最优非线性价目表、五部制价目表和两部制价目表。

例 6.3：我们通过一个例子来强化上述结论，这个例子强调了拉姆齐数的作用。需求函数是 $D(p, t) = t - p$，并且再次假设类型均匀分布，边际成本为零。在这种情况下，最优 n 部制价目表的参数为

$$t_i = 1 - [n-i]/d(n), \quad p_i = \alpha[n-i-0.5]/d(n)$$

$$P_i = \alpha i/d(n) - \alpha[1+\alpha][n-0.5(i+1)]i/d(n)^2$$

其中 $d(n) = [1+\alpha][n-0.5] - 0.5$。图 6.9 展示了 $n = 5$ 时 $\alpha = 0.5$ 和 $\alpha = 1$ 两种情况的价格表，还显示了 $n = \infty$ 对应的非线性价目表的价格表。在每种情况下，倾斜部分代表 t_i 的需求函数，而对于类型 t_i 来说，在两个相邻段之间购买并无差异。公司的利润和消费者剩余为

$$\text{PS}(n) = \frac{\alpha}{3[1+\alpha]^2} \left\{ 1 - \frac{1}{4d(n)^3}[(1+\alpha^3)(n-0.5) - 0.5] \right\}$$

$$\text{CS}(n) = \frac{1}{6[1+\alpha]} \left\{ 1 - \frac{\alpha}{4d(n)^3}[d(n)(2+\alpha) - \alpha] \right\}$$

对于这些式子中的每一行来说，仅使用套餐中的 $n-1$ 个选项所造成的损失仍然

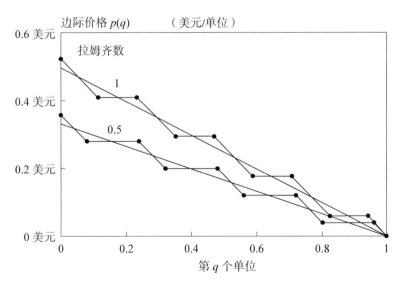

图 6.9　例 6.3：使用拉姆齐数 $\alpha = 0.5$ 和 1.0 的五部制价目表的价格表。

147

与 $1/n^2$ 成正比。如果 $n=2$,那么与非线性价目表相比,当 $\alpha=0.5$ 或 1 时,生产者剩余相差 5.5% 或 4%,消费者剩余则为 10% 或 4%。但是如果 $n=5$,那么生产者剩余和消费者剩余的值与非线性价目表相应数值的差距都在 1% 以内。

例 6.4:本例使用例 4.3 中的模型,参数如下:替代参数 $a=0.4$,类型参数相关系数 $r=0.4$,替代商品价格 $p^*=0.5$ 美元,拉姆齐数 $\alpha=1$,边际成本 $c=0$。图 6.10 展示了最优非线性价格表以及 $n=4$、6 和 11 的三个 n 部制价格表。每张 n 部分表中的每个倾斜段都表示 t_i 类型客户的需求函数,对他们来说,在有 n -1 个选项的套餐中,第 $(i-1)$ 个和第 i 个两部制价目表之间没有差别。这些 n 部制价格表近似于非线性价格表的程度并不是非常明显。事实上,这三者所获得的利润都只是非线性价格表利润的一部分。表 6.2 更清楚地展示了这一点。上半部分展示了六部制价格表的数据,用 $m_i \equiv \bar{F}(t_i) - \bar{F}(t_{i+1})$ 表示会选择第 i 个两部制价目表的潜在客户比例,且 $\bar{q}_i$ 表示这些客户的平均购买规模。"平均值"这一行显示的是每个数量带内客户的平均比例,接着是固定费用、边际价格和购买规模在所有客户中的平均值。下半部分显示了三个 n 部制价目表各自的市场渗透率(所服务的潜在客户的比例)、从固定费用和边际费用中获得的利润以及销售总量。无论提供多少选项,固定费用都占利润的四分之一左右。市场渗透率约为潜在市场 0.8086 的一半,而潜在市场由那些在零价格具有正需求的客户组成。对于这三个 n 部制价目表,固定费用和边际费用的总利润分别为 0.3610 美元、0.3615 美元和 0.3618 美元,它们相差最多 0.2%。因此,如果套餐经过优化设计,那么通过仅提供三个两部制价目表的套餐就几乎可以实现潜在利润。

在第 8.3 节中,我们更普遍地证明了与完全非线性价目表相比,使用 n 部制价目表所造成的损失大约与 $1/n^2$ 成正比。

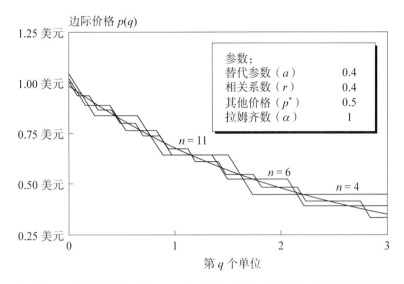

图 6.10　例 6.4：非线性价格表和 $n = 4, 6, 11$ 的多部制价格表。多部制价格表近似于非线性价目表并产生几乎相同的利润。

表 6.2　例 6.4：三个多部制价目表

n	i	t_i	$\bar{F}(t_i)$	m_i	P_i	p_i	q_i	Q_i	$\bar{q}_i$
6	1	0.243	0.404	0.080	0.011	0.889	0.159	0.392	0.274
	2	0.456	0.324	0.088	0.070	0.763	0.542	0.828	0.682
	3	0.719	0.236	0.092	0.179	0.642	0.973	1.349	1.151
	4	1.063	0.144	0.087	0.350	0.521	1.492	2.059	1.744
	5	1.583	0.057	0.057	0.629	0.391	2.215	∞	2.680
	平均值：			0.081	0.222	0.673			1.217
	总计：								
4				0.395	0.086	0.275			0.491
6				0.404	0.090	0.272			0.492
11				0.412	0.092	0.270			0.492

需求档案的公式

如果将需求档案解释为反映以单一类型参数为指标的客户群体的需求行为，那么也可以根据需求档案构建多部制价目表。为此，我们对图 6.9 中的价格表进行解释，在第 i 个数量带的上下限 $q_i \equiv D(p_i, t_i)$ 和 $r_i \equiv D(p_i, t_{i+1})$ 之间的区间 $q_i \leqslant q \leqslant r_i$ 中，有 $p(q) = P_i$，且 $p(q)$ 为区间 $r_{i-1} < q < q_i$ 内边界类型 t_i 的需求价格。

将类型 t_i 的需求函数 $D(p, t_i)$ 表示为函数 $q(p', p_i, q_i)$，其中 $N(p, q(p; p_i, q_i)) = N(p_i, q_i)$。请注意，$q(p_i; p_i, q_i) = q_i$ 且 $q(p_{i-1}; p_i, q_i) = r_{i-1}$。此外，固定费用的增量

$$P_i - P_{i-1} = \int_{p_i}^{p_{i-1}} q(p; p_i, q_i) dp$$

与类型 t_i 从边际价格 p_{i-1} 移动到 p_i 的收益相匹配。

消费者剩余的公式如第 5 章中所述，公司的利润贡献也可以用需求档案表述为生产者剩余

$$PS = \sum_{i=1}^{n-1} \left\{ N(p_i, q_i) \cdot \int_{p_i}^{p_{i-1}} q(p; p_i, q_i) dp + [p_i - c] \cdot \int_{q_i}^{r_i} q dN(p_i, q) \right\}$$

对于每个两部制价目表 i，第一项表示从选择价目表 $j \geqslant i$ 的客户 $N(p_i, q_i) \equiv F(t_i)$ 处收取的增量固定费用 $P_i - P_{i-1}$，第二项表示这些客户从第 i 个数量带中所购买商品的利润 $P_i - c$，积分表示平均购买量。

150　　　先前推导的第 i 个边际价格 p_i 的最优选择条件可以直接转化为从需求档案表示的形式

$$\int_{q_i}^{r_i} \{ \alpha N(p_i, q) + N_p(p_i, q) \cdot [p_i - c] \} dq = 0$$

同样地，如 4.5 节所述，该条件要求，平均地，在与第 i 个价格相关的数量带内，非线性价目表的最优条件得到满足。类似地，边界类型 t_i 的最优选择条件可以从需求档案角度转化为

$$\int_{p_i}^{p_{i-1}} \{\alpha N(p, q_i) + N_p(p, q(p; p_i, q_i)) \cdot [p - c]\} dp = 0$$

6.5 非线性价目表

与 n 部制价目表公式一样,我们将非线性价目表的设计问题解释为将价格 $p(t)$ 分配给每种类型 t 的过程。从这些角度出发,公司从非线性价目表中所获得的利润可以写成生产者剩余:[①]

$$\text{PS} = \int_0^\infty [p(t) - c] \cdot D(p(t), t) dF(t) - \int_0^\infty \overline{F}(t) \cdot D(p(t), t) dp(t)$$

将限制取为 $n \to \infty$,可从 n 部制价目表的利润公式中获得该公式,且按照惯例,我们认为 $p(t)$ 是价格 p_i 的上限,而其中 t 又是细分市场边界 t_i 的上限。对于 n 部制价目表来说,$p(t)$ 是类型 t 客户为其购买需求 $D(p(t), t)$ 支付的统一价格,并且每个类型的 $t' \geqslant t$ 客户都支付增量的固定费用 $D(p(t), t)|dp(t)|$ 以获得边际价格的减量 $dp(t)$。

这个公式可以与类型 t 在响应统一价格 p 时进行最优购买所对应的消费者剩余 $W(p, t) \equiv \int_p^\infty D(p, t) dp$ 结合起来。总体来说,拉姆齐定价问题的目标函数为:

$$\int_0^\infty \{[W(p(t), t) + [1+\lambda][p(t) - c] \cdot D(p(t), t)] f(t)$$
$$- \lambda \overline{F}(t) \cdot D(p(t), t) p'(t)\} dt$$

其中 λ 是公司收入约束的拉格朗日乘数。只有当欧拉必要条件满足时,才能选择使该目标函数最大化的分配价格 $p(t)$:

$$[p(t) - c] \cdot D_p(p(t), t) f(t) + \alpha \overline{F}(t) \cdot D_t(p(t), t) = 0$$

151

---

① 这个公式可以从定义 $\int_0^\infty [P(q(t)) - c \cdot q(t)] dF(t)$ 使用部分积分以及变量的微分推导出来。当边际成本不恒定时,得到的式子会更加复杂。

其中 $\alpha = \lambda / [1 + \lambda]$。这正是该 n 部制价目表的最优条件随着 $n \to \infty$ 所至的极限。

直接推导

为了直接推导出该结果,我们通过假设边际成本 c 是常数并且边际价格表非增来简化过程。我们用所谓的"对偶函数"或"间接函数"或"效用函数"来表示客户偏好,以消除数量变量

$$W(p, t) = \max_{q} \{U(q, t) - pq\}$$

该式表示客户从统一价格 p 中可获得的净收益,也就是前面所述的需求函数下的消费者剩余。最优数量选择由需求函数 $D(p, t)$ 确定,且我们沿用前文假设效用函数对 q 严格为凹,因此需求函数相对于价格递减。在这种情况下,与价格相关的间接效用函数的导数为 $W_p(p, t) = -D(p, t)$。因此,在找到分配价格 $p(t)$ 之后,我们可以推断出类型 t 的购买数量 $q(t) = D(p(t), t)$。 和前面几个部分一样,如果更高类型客户在每个价格上都对商品有更高的需求,那么这个数量分配一定是非递减的。如此才能确保客户最优购买的二阶必要条件得到满足。比如说,价格分配非增就可以满足,我们会在下文中假设这样的情况。

现在,价目表被解释为固定费用 P 和边际价格 p 的一对单维度的轨迹。我们通过数量 q 来参数化描述该轨迹,可以直接将该轨迹解释为价目表。如果 $\langle P(q), p(g) \rangle$ 是该轨迹上的第 q 对组合,则针对购买规模 q 收取的费用为

$$\mathcal{P}(q) = P(q) + p(q)q$$

或者,我们可以假设产生的费用 $\mathcal{P}(q)$ 是数量 q 的凹函数,价目表可以解释为可选两部制价目表的套餐,在

$$\mathcal{P}(q) = \min_{\langle P, p \rangle} \{P + pq\}$$

这种情况下,通过选择两部制价目表 $\langle P(q), p(q) \rangle$ 就可以得到购买规模 q 的最低费用。

使用这个公式,拉姆齐定价问题可以被转换为将每个类型 t 分配给 $\langle P(t),$

$p(t)$〉的问题,其中,〈$P(t)$,$p(t)$〉包括固定费用 $P(t) \equiv P(q(t))$ 和边际价格 $p(t) \equiv p(q(t))$。因此,类型 t 的消费者剩余为扣除固定费用后的 $W(p(t), t) - P(t)$,公司的利润贡献为 $P(t) + [p(t) - c] \cdot D(p(t), t)$。然而,这种分配受到严格的限制,客户可以自由地从所提供的选项套餐中自行选择喜欢的组合。正如在多部制价目表中推导的那样,这种约束可以通过以下表述来解释:除非能带来更低的边际价格以实现足够的收益,否则客户不愿意支付更高的固定费用。我们把它写作

$$P'(t) + D(p(t), t)p'(t) = 0$$

这表示,对于类型 t 客户来说,通过模仿稍高类型客户所获得的较低边际价格正好能被所需的稍高固定费用所抵消。或者说,这种约束可以表述为一个要求,较低类型客户必须支付累积的固定费用增量,即

$$P(t) = \int_0^t D(p(s), s)[-p'(s)]ds$$

我们用 $P(0) = 0$ 来表达这样一个事实,即客户也可以选择完全放弃购买。运用这种关系进行分部积分,则公司固定费用所产生的总利润贡献可以写为

$$\int_0^\infty P(t)dF(t) = \int_0^\infty \bar{F}(t)D(p(t), t)[-p'(t)]dt$$

在右侧,被积函数表示所有类型 t 及以上的客户都选择支付增量固定费用 $P'(t)$ 以获得低于 $p(t)$ 的边际价格。

综合以上结果,如前所示,拉姆齐定价问题的目标函数为

$$\int_0^\infty \{[W(p(t), t) + [1+\lambda] \cdot [p(t) - c] \cdot D(p(t), t)]f(t)$$
$$- \lambda\bar{F}(t) \cdot D(p(t), t) \cdot p'(t)\}dt$$

该目标函数通过从类型到边际价格选择分配 $p(t)$ 以实现最大化。在最优分配价格非负且非增的情况下,其描述来自变分计算的欧拉条件:

$$p(t) - c = \alpha\left[\frac{F(t)}{f(t)}\right]\left[\frac{D_t(p(t), t)}{-D_p(p(t), t)}\right]$$

153　　其中 $\alpha = \lambda/[1+\lambda]$。该式的最优条件与先前推导出的那些公式等同,只是符号不同。其弹性如第 4 章所述,为

$$\frac{p(q)-c(q)}{p(q)} = \frac{\alpha}{\eta(p(q),\,q)}$$

其中需求档案推算出的价格弹性为

$$\eta(p,\,q) = \eta_p \frac{\phi_t}{\eta_t}$$

由需求函数 $D(p,\,t)$ 的价格弹性 η_p 和类型弹性 η_t 的绝对值,以及类型分布 $\overline{F}$ 的弹性 Φ_t 构成。这个表达式推导自恒等式 $N(p,\,q) \equiv \overline{F}(t)$,当 $q = D(p,\,t)$ 时,该恒等式成立,描述在价格 p 上第 q 个增量的需求 $N(p,\,q)$。根据利润率 $\pi = p - c$ 和类型 t 等级的补数 $s = \overline{F}(t)$ 可以得到另一版本的表达,需求弹性相对于 π 和 s 的比率即为拉姆齐数 α。

该版本由于直接使用依赖于类型的需求函数而具有实践优势。通常来说,寻找最优价格表的问题其实是求解两个联立非线性方程的过程。这两个方程与边际价格 p,以及对应的愿意为规模 q 而支付此价格的最低客户类型 t 有关。

6.6　一些例子

现在,我们一起来讨论几个解释上述分析方法的例子。

例 6.5: 我们首先讨论这样一种情况,在特殊情况下统一价格就是最优选择。[1] 假设类型 t 客户的需求函数为 $D(p,\,t) = k[t - \log(p)]$,且人口总体中的类型分布呈指数分布函数 $F(t) = 1 - e^{-t/m}$,使得类型指标的均值为 m。在这种情况下,当 $\alpha < 1/m$ 时,最优价目表收取统一价格

---

[1]　Salant(1989)给出了统一价格为最优价格的充分条件,Wilson(1988)研究了一个适用于劳动力市场和航空公司预购机票的特殊案例。

$$p = c/[1 - \alpha m]$$

这个结果本质上是需求档案的诱导价格弹性为常数 $\eta = 1/m$。类似地,如果 $D(p, t) = kt^a p^{-b}$ 且 $\overline{F}(t) = t^{-1/\gamma}$,则当 $\alpha < \eta$ 时有 $\eta = b/a\gamma$ 及 $c/[1 - \alpha/\eta]$。

如果价格表没有被前述的熨烫程序压平,那么只要价格表在全域递增,其他最优统一价格的例子就会出现。

例 6.6:如前例,当类型呈指数分布时,我们可以从需求函数 $D(p, t) = A - Bp/t$ 中得到一个线性价格表的例子。在这种情况下,最优价格表是 $p(q) = c + \alpha m$ $[A - q]/B$。如果需求函数具有 $D(p, t) = A - Bp/t$ 或 $D(p, t) = tA - Bp$ 两种形式之一,并且类型分布是均匀的且 $F(t) = t$,那么价格表同样是线性的,形式为 $p(q) = [1 - \beta]c + \beta[A - q]/B$,其中 $\beta = \lambda/[1 + 2\lambda]$。然而,上述第二个需求函数与指数型分布相结合会产生一个统一价格 $p = c + \alpha m A/B$。

例 6.7:本例中,假设类型 t 客户具有线性需求函数

$$D(p, t) = \frac{t}{B}[A - p]$$

对应的收益函数为

$$U(q, t) = Aq - \frac{B}{2t}q^2$$

此外,假设客户类型在总体中均匀分布。将此代入最优条件中意味着价目表将吸引 $t(q)$ 类型的客户购买 q 个商品,其中 $t(q)$ 是二次方程

$$t^2[A - c] - [1 - \alpha]Bqt - \alpha Bq = 0$$

的较大根。实现这一点时的边际单位价格表是

$$p(q) = v(q, t(q)) = A - Bq/t(q)$$

在没有赋予利润贡献权重的特殊情况下,比如说 $\lambda = 0$ 且 $\alpha = 0$ 时,我们如预期的那样可以得到统一价格等于边际成本,即 $p(q) = c$。在另一种极端情况下,将所

表6.3 例6.7:最优价目表的切向近似($A=1$, $B=1$, $c=0.1$)

切点($\hat{q}$)	0	0.2	0.4	0.7
固定费用(美元)	0	0.028 3	0.080 0	0.185 2
价格(美元/单位)	1.000	0.576	0.400	0.206
区间(单位)	$0 \leqslant q \leqslant 0.067$	$0.067 \leqslant q \leqslant 0.294$	$0.294 \leqslant q \leqslant 0.543$	$0.543 \leqslant q \leqslant 0.794$

有权重都赋予利润贡献,即 $\alpha=1$,则价格表为

$$p(q) = A - \sqrt{Bq[A-c]}$$

对应价目表为

$$P(q) = q\left[A - \frac{2}{3}\sqrt{Bq[A-c]}\right]$$

也就是说,公司提供名义上的统一价格 $p=A$,但如果客户的购买规模为 q,则对其提供 $\frac{2}{3}\sqrt{Bq[A-c]}$ 每单位的折扣。在这种定价策略下,每个客户的平均利润贡献为 $[A-c]^2/6B$,这比公司在忽略客户异质性的最优统一价格 $p=\frac{1}{2}[A+c]$ 下所获得的利润高出三分之一。另外如第4章所述,最优价格表也可以通过最大化第 q 个增量对应的市场利润贡献

$$N(p(q),q) \cdot [p(q)-c]$$

并使用需求档案

$$N(p,q) = 1 - Bq/[A-p]$$

直接导出。该需求档案衡量了以价格 p 购买第 q 次增量的人口比例。

可以推测,以平方根表示价目表是不切实际的。然而,表6.3展示了四个两部制价目表的套餐,它们是用最优垄断价目表的切线得到的。尽管该套餐不是最优套餐,但还是为公司获取了几乎相同的利润贡献。

例6.8:本例中,假设客户都是相似的,除了类型 t 客户每购买一单位商品就会产生 t 美元运输成本。特别地,类型 t 客户的需求函数以如下形式呈线性:

$$D(p,t)=a-b[p+t]$$

且运输成本低于 t 的客户比例为 $F(t)=t^k$。具体来说,如果公司在客户均匀分布的中心区域有一个工厂,那么通常有 $k\approx 2$。由于需求函数随着 t 的增加而减少(而不像之前假设的那样增加),我们选择使用 $-F$ 而非最优条件下的 F。在最优条件下使用此规范意味着价格表的设计应当能够吸引如下类型客户购买 q 单位商品:

$$t(q)=\frac{k}{k+\alpha}\left[\frac{a-q}{b}-c\right]$$

因此,边际单位的价格表是

156

$$p(q)=\frac{k}{k+\alpha}c+\frac{\alpha}{k+\alpha}\left[\frac{a-q}{b}\right]$$

且价目表为

$$P(q)=q\left\{\frac{k}{k+\alpha}c+\frac{\alpha}{k+\alpha}\left[\frac{a-\frac{1}{2}q}{b}\right]\right\}$$

如前例,如果 $\alpha=0$,则统一价格等于所应用的边际成本,否则公司将采用更高的名义价格及提供数量折扣。

超过实际成本费用的发生率为

$$P(q(t))-cq(t)=\frac{\alpha}{2b}\left[\frac{(a-bc)^2}{k+\alpha}-(k+\alpha)(b/k)^2t^2\right]$$

其中 $q(t)$ 是类型 t 的购买规模。因此,客户对公司收入要求的贡献主要来自那些低运输成本的类型,并且这些利润贡献随着运输成本增加而呈二次方减少。这一特点相当普遍;也就是说,为了满足公司的收入要求,在消费产品方面具有优势的客户往往会承担更高的费用。这部分解释了为什么规制机构愿意接受非线性定价。

然而,如果这种模式是不被接受的,那么非线性定价描述特定发生率模式的这一事实可能导致其被修改或拒绝。例如,在运输成本方面,一种流行的替代方案是公司承担部分运输成本,以提升在远距离客户中的市场渗透率。假设市场中仅有一名利润最大化的垄断者(即 $\alpha=1$)且 $k=2$,公司提供统一价格 $p(t)$,该价格取决于交付成本 t,且在这种情况下交付成本完全由公司承担。那么,最优价格为

$$p(t) = \frac{a}{2b} + \frac{1}{2}\left[c + t\right]$$

这表明公司收取普遍的垄断价格并承担一半的运输成本。在这种情况下,类型 t 的客户为公司利润贡献了

$$\left[p(t) - c - t\right]q(t) = \frac{1}{b}\left[(a/2b) - \frac{1}{2}(c+t)\right]^2$$

这也是二次方的,但发生率与以前有很大不同,客户之间的净收益分布也是如此。图 6.11 展示了 $a/b=1$ 和 $c=0.1$ 情况下的价格表 $p(t)$。图中一个显著的特征是,运费承担最优定价模式下的市场渗透率更深,即使客户远在 $t=0.9$ 处也会进行正购买,而原产地定价则止于 $t=0.6$,统一交付定价也在 $t=0.6$ 处停止,因为在这两种模式下公司不愿意为更远处的客户提供服务。

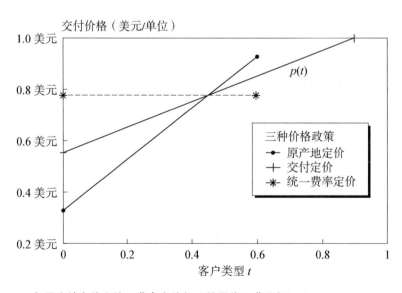

图 6.11 与原产地定价和统一费率定价相比的最优运费承担。

非线性定价同样适用于客户偏好出于其他考虑的情况。一个重要的例子是,制造商为零售商制定批发价,零售商又制定自己的转售零售价。特许经营也类似于此,特许经营商通过对特许产品进行非线性定价来分享其更大批量特许经营的部分利润。下面我们通过一个例子来说明。

例 6.9:我们假设有一家制造商向许多零售商销售其产品。假设零售商之间在空间上充分分离,因此可以认为其各自的零售市场是相互独立的。尤其值得注意的是,每个商店根据制造商的批发价和商店所在地的需求情况来制定其零售价。认识到这一点后,制造商可以从向大批量零售商提供数量折扣的非线性价格表中获得优势。举个最简单的例子,假设商店被分为以单一参数 t 为指标的多种类型,类型 t 的商店的需求函数是 $D(p, t) = t - p$,以每月单位来衡量的。假设当地需求情况会均匀地提高或降低需求函数。这样一家商店的最优零售价格是 $p_t = \frac{1}{2}[t + c_s + p(q_t)]$,其中 c_s 是商店的边际成本,$p(q_t)$ 是商店每月所购最后一单位商品 q_t 的制造商边际价格。那么,商店每月销售数量预计为 $q_t = \frac{1}{2}[t - c_s - p(q_t)]$。设 c_m 为制造商的边际成本,然后我们考虑制造商的定价问题。如果零售商的类型均匀分布,那么可以提出以下与制造商相关的问题。以 $t(q)$ 表示购买 q 个商品的商店类型,那么 $1 - t(q)$ 比例的商店将购买第 q 个商品,且制造商在第 q 个商品上可获得的利润为 $p(q) - c_m$。假设商店遵循上文推导出的最优零售定价策略,那么该利润也可以表述为 $t(q) - c_s - c_m - 2q$。类似地,该细分市场的净利润为

$$[1 - t(q)][t(q) - c_s - c_m - 2q]$$

为了最大化净利润,制造商的最优选择是对应的类型 $t(q)$,因此它们更偏好 $t(q) = \frac{1}{2}[1 + c_s + c_m + 2q]$。达到这一结果的边际价格是

$$p(q) = t(q) - c_s - 2q = \frac{1}{2}[1 - c_s + c_m] - q$$

因此,q 个商品对应的总收费为

158

$$P(q)=\frac{1}{2}q\left[1-c_s+c_m\right]-\frac{1}{2}q^2$$

所以,预计销售给类型 t 商店的数量为

$$q_t=t-\frac{1}{2}\left[1+c_s+c_m\right]$$

只有当类型 t 足够大时 q_t 才为正;也就是说,制造商宁愿放弃市场较小的商店以赚取利润。使用此定价策略时,制造商的总净利润(按零售商数量标准化后)为 $\frac{1}{24}\left[1-c_s-c_m\right]^3$。如果两个边际成本都为零,则标准总净利润约为 0.0417;相反,使用单一统一价格定价时,制造商将收取 $p=\left[8-\sqrt{7}\right]/q\approx0.301$,且获得净利润 ≈0.0351——因此,非线性定价可以多产生 19% 利润。在实践中,制造商只需提供三到四次降价就足以实现大部分潜在利润。

6.7 固定成本和固定费用

每当公司为单个客户提供服务而产生固定成本时,最优价目表就会包含固定费用。这个固定费用的构建过程与最优价格表的构建完全一致。然而,我们已经说明,如果公司的固定成本为零,那么使用完全非线性的价格表时,固定费用也为零。多部制价目表通常包括初始部分的正固定费用,但如果提供多个可选项,则这部分费用很小,因此它只是因为选项数量有限而为正。

与前几节一样,客户类型由单维参数 t 来描述。类型超过 t 的客户的数量或比例是 $\bar{F}(t)$。类型 t 购买规模 q 时的收益函数为 $U(q,t)$,且有第 q 个商品的边际收益函数为 $v(q,t)=U_q(q,t)$,两者都随着类型指标的升高而增加,但 v 随着 q 的增加而下降。换句话说,收益是需求曲线 $D(p,t)$ 下方的面积。公司供应单个客户的总成本函数和边际成本函数分别为 $C(q)$ 和 $c(q)$。我们认为,只有在客户进行正购买时,才会发生固定成本为 $C(0)$ 这种情况。

价目表 $P(q)$ 的确定与其边际价格表 $p(q)$ 类似,但前提依然是仅在客户进

行正购买时才需支付固定费用 $P(0)$。实践中,接入需求等同于购买需求。因此,价目表由两部分组成:

- 最低购买 q_* 的最低价格 $P_* \equiv P(q_*)$。高于最低类型 t_* 的所有类型都会进行此购买或是更大规模的购买。
- 边际价格表 $p(q)$ 对 $q > q_*$ 的增量部分征收费用。这些增量由类型 $t > t_*$ 的客户购买。

因此,最小数量 q_* 作为最低费用 P_* 的区段出售。公司也可以将价格表扩展至增量 $q < q_*$ 并收取固定费用 P_0,这样最低费用为

$$P_* = P_0 + \int_0^{q_*} p(x) dx$$

且总价目表为

$$P(q) = P_0 + \int_0^q p(x) dx$$

为了最简便地确定固定费用,我们在本节使用拉姆齐定价问题中一种稍有不同的表述。公司的利润贡献或者说生产者剩余,可以根据为每种类型客户的分配购买 $q(t)$ 来表示:

$$\mathrm{PS} = \int_0^\infty \left[P(q(t)) - C(q(t)) \right] dF(t)$$

分部积分后我们得到一个等价公式:

160

$$\mathrm{PS} = \bar{F}(t_*) \cdot \left[P_* - C(q_*) \right] + \int_{t_*}^\infty \bar{F}(t(q)) \cdot \left[p(q(t)) - c(q(t)) \right] dq(t)$$

其中依然有:$q_* = q(t_*)$ 是最低购买,t_* 是购买的客户类型,$P_* = P(q_*)$ 是购买 q_* 的价目表。公式中的第一项表示类型 $t > t_*$ 进行正购买的度量 $\bar{F}(t_*)$,公司从每类这些客户的最低购买 q_* 中所获得的利润贡献是 $P_* - C(q_*)$,即价目表会扣除公司提供此次购买的总成本。实际上,$F(t_*)$ 是在价格 P_*(包含补贴 q_*)上的接入需求。

我们在此公式中做几处替换，以将客户购买行为纳入考量。第一处针对类型 $t > t_*$ 客户，有 $v(q(t), t) = p(q(t))$，表示 $q(t)$ 以其被分配的边际价格落于 t 的需求曲线上。第二处，表示进行此购买的最低类型 t_* 是净收益 $U(q_*, t_*) - P_*$ 为零的类型之一，因此我们在公式中替换 $U(q_*, t_*) = P_*$。以上替换也适用于消费者剩余的公式，因此，分部积分后可以得到：

$$CS = \int_{t_*}^{\infty} [U(q(t), t) - P(q(t))] dF(t)$$

$$= \int_{t_*}^{\infty} \overline{F}(t) U_t(q(t), t) dt$$

定价问题的拉姆齐公式再次在公司收入约束下最大化消费者剩余，即 $CS + [1+\lambda]PS$，其中，λ 是公司收入约束的乘数，$\alpha = \lambda/[1+\lambda]$ 是对应的拉姆齐数。我们对边际价格最优表的分析会生成与第 1 节和第 5 节中完全相同的条件。因此，我们仍然需要确定最低购买 q_*、最低费用 P_* 和最低类型 t_*。运用上述公式，其中任意一个最优选择的必要条件是：

$$U(q_*, t_*) - C(q_*) - \alpha \frac{\overline{F}(t_*)}{f(t_*)} U_t(q_*, t_*) = 0$$

这个最优条件与分配给每个类型 $t > t_*$ 的购买 $q(t)$ 的最优条件完全相似。运用 $q_* = q(t_*)$ 提供了一个能够确定 t_* 的方程，从而也确定了 $P_* = U(q(t_*), t_*)$。

另一种构造会用到辅助需求档案 $M(P, q) = \# \{t \mid U(q, t) \geqslant P\}$。上述必要条件本质上等同于通过制定最低费用 P_*，来使客户购买最小数量 q_* 时的消费者剩余及生产者剩余最大化

$$\int_{P_*}^{\infty} M(P, q_*) dP + [1+\lambda] \cdot M(P_*, q_*) \cdot [P_* - C(q_*)]$$

其必要条件为

$$\alpha M(P_*, q_*) + M_P(P_*, q_*) \cdot [P_* - C(q_*)] = 0$$

该条件的应用需要将 $P_*(q_*)$ 解释为最低购买 q_* 的函数，然后通过以下约束

$$M(P_*(q_*),\, q_*)=N(p(q_*),\, q_*)=\overline{F}(t_*)$$

来确定 q_* 和 t_*。就本章使用的假设而言,这样的构造已经足够,但想构建更一般的公式则需要如 4.4 节和 8.5 节中的方法。

对公式的解释也类似。例如,我们可以认为最低购买 q_* 的利润率百分比与该初始区段的需求价格弹性成反比。此外,在多部制价目表的分析中,这种条件可以简单地解释为非线性价格表相应条件的平均值,那么在这种情况下,可以对购买这些单位的单一类型 t_*。所购买的单位 $q \leqslant q_*$ 求得平均值:

$$\int_0^{q_*}\left\{v(q,\, t_*)-c(q)-\alpha\frac{\overline{F}(t_*)}{f(t_*)}v_t(q,\, t_*)\right\}dq=C(0)$$

此条件的一个重要推论是,当固定成本为零时,固定费用为零。要理解这一点,还请注意零购买规模的收益为零这一点与客户类型无关;也就是说,$U(0,\, t)=0$,因此 $U_t(0,\, t)=0$。因此,如果 $C(0)=0$,则最低购买 $q_*=0$ 满足条件。在这种情况下,t_* 只是价格表中购买愿意最低的类型,即 $q(t_*)=0$。这个结果显然依赖于如下假设:失去购买机会的接入权是没有价值的。可以预见,在电话服务仅用于接听电话的情况下,这很可能是错误的。

当固定服务成本为正时,可以应用最优条件来获得公式

162

$$P_*=U(q_*,\, t_*)=C(q_*)+\alpha\frac{\overline{F}(t_*)}{f(t_*)}U_t(q_*,\, t_*)$$

$$=C(0)+\int_0^{q_*}\left[c(q)+\alpha\frac{\overline{F}(t_*)}{f(t_*)}v_t(q,\, t_*)\right]dq$$

$$=C(0)+p_*q_*+\int_0^{q_*}q\left[c'(q)+\alpha\frac{\overline{F}(t_*)}{f(t_*)}v_{tq}(q,\, t_*)\right]dq$$

其中 $p_*=p(q_*)$,且第三行是通过对第二行分部积分得到的。第三行表示,如果边际成本不变且 $v_{tq}=0$,则最低费用为 $P_*=C(0)+p_*q_*$。这其实只是一个两部制价目表,其中固定费用等于固定成本,边际价格等于第 q_* 个商品在价格表中收取的价格。当且仅当边际成本或客户需求函数的斜率显著变化时,最低费用才会偏离这个近似值。下面的例子说明了这一特征。

例 6.10：本例中，假设 $\alpha = 1$ 且

$$U(q,\,t) = taq - \frac{1}{2}bq^2,\ C(q) = C_0 + cq,\ F(t) = t$$

其中 C_0 是为客户提供服务的固定成本。那么最优价格表是 $p(q) = [a + c - bq]/2$，且类型 t 购买 $q(t) = [a + c - 2t]/b$。应用最低购买的最优条件可以得到

$$q_* = \sqrt{2C_0/b} \quad 和 \quad P_* = C_0 + p_* q_*$$

因此，最低费用 P_* 包含等于固定成本的固定费用 $P_0 = C_0$，以及最低购买 q_* 商品的统一价格 $P_* \equiv p(q_*)$。因此，我们可以认为，公司从最低购买中获取的利润独立于固定成本本身。相反，它完全来自最低购买所收取的统一价格：

$$P(q_*) - C(q_*) = [p_* - c] \cdot q_*$$

最优价格表也可以解释为两部制价目表的最低价格表，它收取固定成本以及每单位统一价格 p_*，以及对增量单位收取价格表 $p(q)$ 的非线性价目表，即不包含高于 p_* 的边际价格。

图 6.12 显示了以这种方式构建的最优价格表。它还表明，固定成本中的固定费用恰好等于最低类型 t_* 的消费者剩余，由前 q_* 个单位的统一价格 p_* 计算

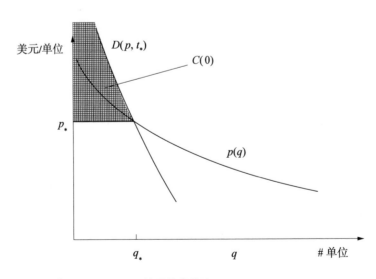

图 6.12 在固定费用 $P_0 = C(0)$ 下的最优价格表。

可得。从另一个角度来看，价格表还可以解释为对每个 $q \geqslant 0$ 的单位收取 $v(q, t_*)$ 和 $p(q)$ 的最大值。

6.8　小结

在本章中，我们将作为客户行为总结的需求档案替换成了一个确定的客户收益或需求函数的非聚合公式。该模型依赖于单维参数来识别客户类型或细分市场。因此它受到原有假设的限制，即不同类型客户的需求函数不相交。

我们既讨论了离散类型的模型，也讨论了连续类型的模型。后者用于描述多部制非线性价目表的构建。在每种情况下，都会重复出现相同的基本最优条件，但其形式因所使用的模型会略有不同。这种最优条件与从需求档案公式中获得的条件基本相同。多部制价目表的最优条件只是非线性价目表相应条件的平均值。同样的解释也适用于固定费用的确定，虽然只有在公司提供服务时产生固定成本的前提下该费用才是正数。

— 第 7 章 —
收入效应

　　本章介绍在构建非线性定价时,如何纳入客户偏好中的收入效应。简单起见,此处只讨论垄断企业的定价。引入收入效应后,拉姆齐定价将更加复杂,这一问题将在第 13 章中介绍。需求档案中包含的收入效应取决于(商品的)总价目表和边际价格。在需求档案中纳入收入效应会使计算变得复杂,为了求出最优价目表,需要求解一个二阶微分方程。当收入效应很大时,商品价目表取决于客户的收入及其需求的收入弹性。

　　第 1 节描述了收入效应是如何改变需求档案的。第 2 节推导了达成最优价目表的条件。第 3 节利用参数化模型,举例说明了收入效应产生作用的三种主要方式。这些例子各有特色,表明在实际应用中,考虑收入效应的不同特征十分重要。第 4 节简单介绍了在收取固定费用时,需求档案的变化情况。

7.1　构建需求档案

　　当客户偏好中有收入效应时,需求档案的一般形式为 $N(P(q), p(q), q)$,表明对第 q 个单位商品的需求取决于该单位商品的边际价格 $p(q)$,及其总价目表 $P(q)$。因价格的增量而引发的需求变化可用客户的预算约束来解释。因为商品价格(的增加)会减少客户用于其他购买的收入。举一个经典例子,假设在 $P(q) \leqslant I(t)$ 时,客户 t 购买 q 个单位商品可以获得的净效用为 $U(q, I(t) - P(q), t)$。此时,客户的总收入为 $I(t)$,可以被分为两部分,一部分为 $P(q)$,用于购买 q,另一部分为 $I(t) - P(q)$,用于购买其他商品。[①] 假设这是一个普通商品,则只有当边际效用为正时,客户才会选择购买该商品,即:

$$v(q, I(t) - P(q), t) - h(q, I(t) - P(q), t)p(q) \geqslant 0$$

其中,$v = U_q$ 是第 q 个单位商品的边际效用,$h = \partial U / \partial I$ 是收入的边际效用。因此,对第 q 个单位商品的需求可由需求档案预测:

$$N(P, p, q) = \#\{t \mid s(q, I(t) - P, t) \geqslant p\}$$

其中,$s = v/h$ 是客户在收入和商品之间的边际替代率。这个需求档案衡量的是在边际价格 p 下购买第 q 个单位商品的客户数量和为这次购买所花费的总费用 P。

7.2　最优价目表的特征

当需求档案依赖于总价目表时,如何使企业的利润最大化就更复杂了,因为它引入了一个变分法的问题。达成最优定价有两个必要条件,第一个是欧拉条件:

$$\frac{\partial N}{\partial P} \cdot [p(q) - c(q)] - \frac{d}{dq}\left\{N + \frac{\partial N}{\partial p} \cdot [p(q) - c(q)]\right\} = 0$$

其中,N 及其导数根据 $(P(q), p(q), q)$ 计算得出。d/dq 指全导数,为了求 $d/$

---

① 效用函数以任意单位计量。为了进行福利比较,可以将该效用函数转换成以货币为计量单位的净收益。例如,通过 $U(0, I(t) + V(z), t) = z$ 来定义函数 V,然后用相同的方法来替换效用函数 U。

$$\hat{U}(q, I(t) - P(t), t) \equiv V(U(q, I(t) - P(q), t))$$

$\hat{U}$ 衡量的是为了获得与购买 $(q, P(q))$ 相同的效用所需要的收入增量。在下文的 7.3 节中使用了这种表示方法。

dq,需要计算 $P(q)$、其导数 $p(q)$ 和其二阶导数 $p'(q)$。因此,计算出一个满足欧拉条件的价格相当于解一个二阶微分方程。[①]

第二个必要条件是使微分方程有特定解的边界条件。对于具有良好正则性的问题,这些边界条件就是利用变分法原理推导出的横截性条件。如果排除了固定费用的影响,那么横截性条件只适用于最大购买量 q^*,并需要具备以下两个条件:

$$N + N_p \cdot [p - c] = 0 \tag{1}$$

$$Nc + pN_p \cdot [p - c] = 0 \tag{2}$$

由上述两个条件方程可以看出,在没有收入效应时,最大购买量及其价格由两个条件决定:(1)需求量达到最小 ($N = 0$);(2)边际价格等于边际成本 ($p = c$)。然而,有收入效应时,情况会更复杂。在第 3 节的各个例子中,条件(1)使得在 $q = q^*$ 时,$N > 0$,这表明大量客户同时选择购买 q^*。[②] 在考虑收入效应的公式中,时常发生这种客户扎堆的情形。

如果企业产生了固定成本,并收取固定费用,那么类似的横截性条件也适用于最低购买 q_*(一般为正数),然而,当 $q = q^*$ 时,最好用第 6.7 节和第 8.5 节中的方法来解决。

回顾一下第 4 章的结论,即如果没有收入效应和固定费用,条件(1)对任意购买规模均成立。因为如果没有收入效应,则 $\partial N / \partial P = 0$。此时欧拉条件的解若能在 $q = q^*$ 时满足条件(1),则在任意 q 时都能满足条件(1)。

7.3 例子

本节用三个例子阐释收入效应是如何作用于不同类型客户的。在所有的例

---

① Press 等(1986,§16)描述了解方程的数值方法。正如下文所示,微分方程通常是普通的椭圆形方程,受购买规模的两个极值对应的边界条件的约束。

② 产生这一现象的原因是,尽管在 $q = q^*$ 时,边际价格等于边际成本,在 q 无限趋近于 q^* 时,$N_p \cdot [p - c] < 0$。

子中,公司的边际成本均为零,且客户的类型参数呈均匀分布。此外,每个客户的效用函数都具有可加可分的形式,即

$$U(q, I-P(q)) = u(q) + \frac{1}{1-A}\left[I-P(q)\right]^{1-A}$$

其中,I 表示客户的收入。参数 $A < 1$ 用来衡量收入效应的大小。它指的是收入弹性,即边际替代率相对于剩余收入 $Y=I-P(q)$ 的弹性,相当于需求的收入和价格弹性的比值。若 $A=0$,则表示不存在收入效应,其表达式与第 6 章中的相同。我们采用标准化的 $u(0)=0$,并假设存在一个最大的购买量 q^*,在此购买量下,所有客户的边际收益 $v(q) \equiv u'(q)$ 都低于企业的边际成本,即 $v(q^*) \leqslant c \equiv 0$。此处和第 2 节一样,讨论的是不收取固定费用的情况,所以 $P(0)=0$。

类型参数 t 可以影响三个因素:u、A 和 I,在下述三个例子中,类型参数分别影响其中一个,在后两个例子中,类型参数与因素是完全相同的。

例 7.1:在这个例子中,假设客户只在公司产品的消费效用上有差异,则其效用函数为

$$u(q, t) = tq - \frac{1}{2}q^2$$

由该式可得,$v(q, t) = t - q$ 且 $q^* = 1$。假设客户的类型参数 t 是在 0 和 1 之间均匀分布的,且所有客户都有相同的收入 I 和相同的收入弹性 A,该情况下的需求档案为:

$$N(P, p, q) = 1 - q - p/[I-P]^A$$

该式指出了愿意以边际价格 p 购买第 q 个单位商品的人数比例(此时购买量为 q,购买总费用为 P)。利用该需求档案,欧拉条件可以写成:

$$p'(q) = -\frac{1}{2}\left\{[I-P(q)]^A + A\frac{p(q)^2}{[I-P(q)]^A}\right\}$$

这个微分方程的解可以简化表示为客户在购买了 q 份商品后的剩余收入 $Y(q) = I - P(q)$。满足两个横截性条件的唯一方程解也满足下列方程式

167

$$\int_{y}^{Y(q)} \left[x^A (x-y) \right]^{-1/2} dx = 1-q$$

其中,为保证 $P(0)=0$,常数项 y 需满足方程

$$\int_{y}^{I} \left[x^A (x-y) \right]^{-1/2} dx = 1$$

请注意,$y \equiv Y(1)$,所以这是类型参数 $t=1$ 做出最大购买量 $q^*=1$ 时的剩余收入。

图 7.1 显示了在 $A=0.2$ 时,价目表是如何随着购买量和客户总收入 I 的增加而变化的。此时,收入效应对价目表的影响较小,收入增加一千倍,商品价目表仅增加四倍,这反映在参数 y 和 I 上,当收入增加一千倍时,最大支出 $I-y$ 从收入的 20% 下降到收入的 0.1%。图 7.2 用最低剩余收入 y 替代收入 I,显示了每位潜在客户可为公司带来利润的对数与客户收入的对数几乎呈线性增长,且增速与收入弹性 A 成正比。和猜想一样,如果没有收入效应(即 $A=0$),则公司的利润与客户的收入无关。扩展来说,如果 A 很小,那么收入对价目表的影响几乎可以忽略不计。这是其他各章中忽略收入效应的一个理由。

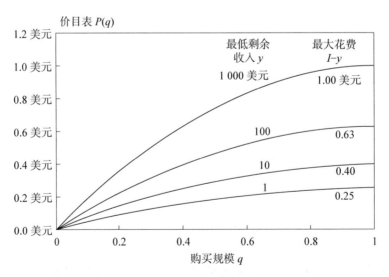

图 7.1 例 7.1:当收入弹性 $A=0.2$ 时,不同收入下的价目表 $P(q)$。

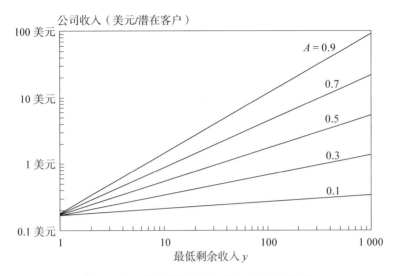

图7.2 例 7.1：不同收入和收入弹性的潜在客户能为公司创造的收入。

然而，下一个例子表明，如果客户间的差异主要在于其收入弹性，则价目表对于收入变化会很敏感。

例 7.2：这个例子按照客户不同的收入弹性进行分类，因此，其效用函数为

$$U(q, I-P(q), t)=u(q)+\frac{1}{1-t}[I-P(q)]^{1-t}$$

为对其进行进一步说明，我们假设 $u(q)=q-\frac{1}{2}q^2$，所以 $v(q)=1-q$ 且 $q^*=1$。

因此，该情况下的需求档案为：

$$N(P, p, q)=1-\frac{\log(p/v(q))}{\log(I-P(q))}$$

欧拉条件可以写成：

$$p'(q)=p(q)\frac{v'(q)}{v(q)}+\frac{p(q)^2}{[I-P(q)]\log_e(I-P(q))}$$

其中常数 $e=2.7183\cdots\cdots$ 是自然对数函数的底数。和前面的例子一样，这个微分方程的解可以用剩余收入 $Y(q)$ 来简化表示。满足横截性条件的唯一解也满

170

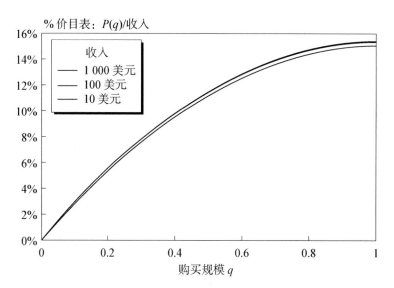

图 7.3 例 7.2:价目表占收入的比重几乎是恒定的。

足下列方程

$$Y(q)\left[1-\log_e Y(q)\right]-I\left[1-\log_e I\right]=K\left[q-\frac{1}{2}q^2\right]$$

其中,常数 K 由下述条件方程决定

$$K=\frac{1}{e}Y(1)\log_e Y(1)$$

如图 7.3 所示,针对不同的购买规模,价目表占收入的比重几乎是恒定的。对于收入分别为 10 美元、100 美元和 1 000 美元的客户来说,购买量达到最大时的价目表分别为 $P(1)=1.504$ 美元、15.288 美元和 153.71 美元。

下一个例子也展示了客户的收入对于价目表的影响。

例 7.3:假设客户的类型与收入相同,即 $I(t)=t$,但客户在其他方面的偏好是一致的,则其效用函数可以表示为:

$$U(q,\ t-P)=u(q)+\frac{1}{1-A}\left[t-P\right]^{1-A}$$

假设收入在 0 和 B 之间均匀分布,则需求档案为:

$$N(P, p, q) = \#\{t \mid P \leqslant t \ \& \ v(q)[t-P]^A \geqslant p\}$$
$$= 1 - b \cdot [P + (p/v(q))^a], \text{其中 } a = 1/A, b = 1/B$$

利用该需求档案,欧拉条件可以写成 $p'(q)/p(q) = v'(q)/v(q)$。这意味着价格表可以表示为 $p(q) = kv(q)$,价目表可以表示为 $P(q) = K + ku(q)$。由于不收取固定费用,所以 $K = 0$。运用该价目表的公式,公司收入可以计算为:

$$\int_0^{q^*} N(P(q), p(q), q)p(q)dq = [B - k^a][ku(q^*)/B] - \frac{1}{2}B[ku(q^*)/B]^2$$

通过横截性条件,可以计算出使得公司收入最大化的 q^* 和 k。

最大购买量 q^* 和 k 可以被证明是相互独立的。因此,当 $v(q^*) = 0$ 时,由于 $c = 0$ 且 $p(q^*) = kv(q^*) = 0$, q^* 可以满足横截性条件(2)。由于 $p(q^*)/v(q^*) = k$ 恒成立,包括分子分母都为 0 的情况,所以横截性条件(1)可以被写为:

$$\{1 - b[ku(q^*) + k^a]\} - bak^a = 0$$

在 0 和 $B/u(q^*)$ 之间存在一个唯一值,可以满足上述方程,该值就是 k 的最优取值,即上文中所提到的,使得收入最大化的 k 值。

因此,垄断企业可以以客户购买产品产生的总效用 $u(q)$ 乘以倍数 k 来对产品进行定价。该价目表可以用一些货币术语来表示,如下所示:

$$\alpha \equiv A/[1+A], \ k^* \equiv ku(q^*)/B, \ u^* \equiv u(q^*)/B^{1-A}$$
$$t_* \equiv \alpha[1-k^*], \ t^* \equiv t_* + k^*$$

收入低于 Bt_* 的客户购买量为零,其余客户则会选择正的购买量。特别地,收入高于 Bt^* 的所有客户都会选择购买 q^* 个单位商品。在这些购买行为中,收入低于 Bt^* 的客户将收入中超过 Bt_* 的部分用于购买。知道 t_*,就可以得到 $k^* = 1 - t_*/\alpha$ 和 $t^* = 1 - t_*[\alpha^{-1} - 1]$,这些都是无维度的分数。价目表就可以表示为

$$P(q) = [k^*B][u(q)/u(q^*)]$$

即最大收入中的一部分和购买 q 单位商品与购买 q^* 单位商品相比所产生的相对总效用的乘积。

上述条件足以确定不会购买商品的潜在客户比例 t_*,该比例可由 k 的条件

172

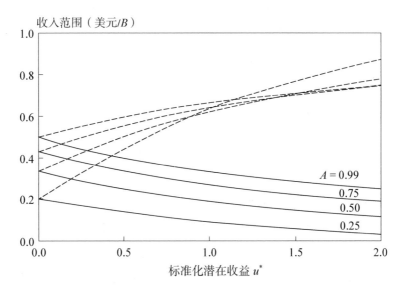

图 7.4 例 7.3:收入参数作为 u^* 的函数。请注意:— t_*;--- t^*; $k^* = t^* - t_*$。

方程经变化后得到,具体等式如下:

$$t_*^{-A} - \frac{1}{\alpha} t_*^{1-A} = u^*$$

图 7.4 中的实线显示了在不同收入弹性 A 和标准化潜在收益 u^* 下 t_* 的值;虚线代表了对应的 t^* 值。图上并没有显示 $A = 0$,即 $t_* = 0$ 且 $t^* = k^* = \min\{1, u^*\}$ 时的曲线。图 7.5 显示了在价目表中出现的参数 k^* 的曲线,$k^* \equiv t^* - t_*$。当 u^* 较小时,k^* 随着 A 的增加而缓慢下降。当 $A = 1$ 时,$k^* = 1 - 1 \Big/ \left[1 + \frac{1}{2} u^*\right]$。

每位潜在客户为公司带来的收入,可以被看作客户最大收入的一部分,即:

$$收入 / B = k^* \left[\frac{1}{2} + \left(\frac{1}{2\alpha} - 1\right) t_*\right]$$

图 7.6 展示了这一曲线。通过极限法可以得到 $A = 0$ 时的曲线。

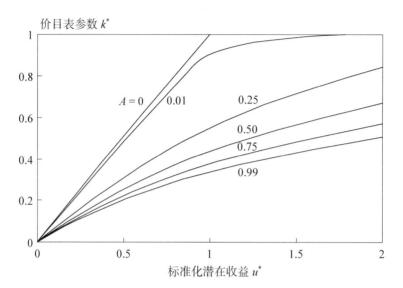

图 7.5 例 7.3：价目表参数 k^*。

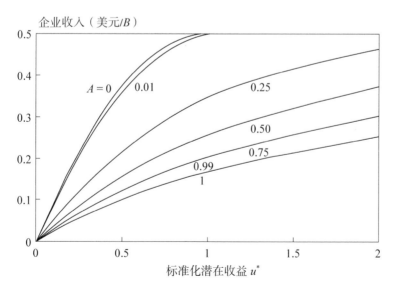

图 7.6 例 7.3：不同收入弹性的企业收入。

$$\lim_{A \to 0} 收入 /B = \begin{cases} u^* - \dfrac{1}{2}(u^*)^2 & 如果 \ u^* < 1 \\[2mm] 1/2 & 如果 \ u^* \geqslant 1 \end{cases}$$

173 因此,即使收入弹性非常小,(企业的)收入也主要取决于 B 和 u^*。另一种极端情况是:

$$\lim_{A \to 1} 收入 /B = \frac{1}{2}\left[1 - \frac{1}{1 + \dfrac{1}{2}u^*}\right]$$

在图中,$A = 1$ 的曲线与 $A = 0.99$ 的曲线没有区别。

对于一个相对收入为 $\hat{t} = t/B$ 的客户来说,他购买产品的概率相当于他收入中的 $B\hat{U}(\hat{t})$ 增量部分,即消费者剩余,计算方式如下:

$$\hat{U}(\hat{t}) = \begin{cases} 0 & 如果 \ \hat{t} \leqslant t_* \\[2mm] \{[1-A][\hat{t} - t_*]u^*/k^* + t_*^{1-A}\}^{\frac{1}{1-A}} - \hat{t} & 如果 \ t_* < \hat{t} < t^* \\[2mm] \{[1-A]u^* + [\hat{t} - k^*]^{1-A}\}^{\frac{1}{1-A}} - \hat{t} & 如果 \ \hat{t} \geqslant t^* \end{cases}$$

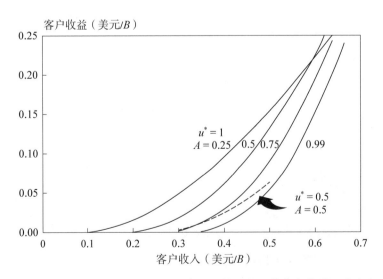

图 7.7 例 7.3:当 $u^* = 1$ 时,相对收入为 $\hat{t}$ 的以美元衡量的客户收益。请注意:---是 $u^* = 0.5$,$A = 0.5$ 的情况。

图 7.7 画出了在 $u^* = 1$ 时,不同的 A 所形成的消费者剩余 $\hat{U}(\hat{t})$ 图形,其中只显示了介于 t_* 和 t^* 之间的相对收入。图中的虚线部分是 $u^* = 0.5$,$A = 0.5$ 的情况,作为参照组。当收入弹性较小时,若 $u^* < 1$,则消费者剩余可以忽略不计,因为价目表几乎占据了全部的收益,尤其是当

$$\lim_{A \to 0} \hat{U}(\hat{t}) = \hat{t} \cdot \max\{0,\ u^* - 1\}$$

这反映出,若没有收入效应,那么客户收入的不同将不会影响商品定价,因此企业制定的垄断式价目表可以获取全部收益。

7.4 固定费用

当收取固定费用时,总价目表也会影响需求档案。为了弄清收入效应和固定费用效应的区别,此处简单介绍一下固定费用效应。

如果固定费用为正,则第 6.7 节中的分析可以基于另一个主档案展开:

$$N(P,\ p,\ q) = \#\{t \mid U(q,\ t) \geqslant P\ \&\ v(q,\ t) \geqslant p\}$$

与在收入效应下一样,在固定费用效应下,主档案衡量的是愿意以边际价格 p 购买第 q 个单位商品,且以总费用 P 购买 q 个商品的客户数量。其实,如果需求档案的数据来源是两部制价目表,那么上述定义就恰如其分地解释了何为需求档案。但是请注意,客户偏好本身并不包括收入效应。事实上,如果客户以最低购买 q_* 进行购买就足以令企业支付其固定费用,那么当客户的购买量大于 q_* 时,其需求行为只由边际条件决定。因此,最大购买量 q^* 所满足的欧拉条件和横截性条件(1)与(2)意味着价格表 $p(q)$ 可以直接通过求解常规的最优条件方程 $N + N_p \cdot [p - c] = 0$ 来确定,由于 q 的取值范围为 $q_* \leqslant q \leqslant q^*$,因此 $N_p = 0$。然而,当购买量较小,即 $q < q_* \equiv q(t_*)$ 时,约束条件 $P(q) = U(q,\ t_*)$ 使得至少有 t_* 的客户会选择购买商品。由此可得,$P(q_*) = U(q_*,\ t_*)$。用于确定 q_* 和 $P(q_*)$ 的横截性条件基本上沿用了第 6.7 节中的方法,即在固定费用效应下确定 q_* 和 t_*,故此处不再赘述。另外,如果价目表扩展到了 $q = 0$ 的情况,那

么当 $q \leqslant q_*$ 时, $P(q) = U(q, t_*)$。综上所述,企业收取的固定费用等于它的固定成本,而当 $q < q_*$ 时,企业统一收取 $p_* = p(q_*)$ 的费用。因此, t_* 是由下列条件决定的:

$$U(q_*, t_*) = C(0) + p(q(t_*))q(t_*)$$

同时,当 $C(0) = 0$ 时, $q(t_*) = 0$。

7.5 小结

第 3 节中的例子表明,收入效应可以以多种方式影响非线性定价。尽管需求档案对价目表的依赖性足以体现收入效应,但相关例子表明,这种依赖性的原因有很多,最优价目表也证实了这一点。

这些例子的适用对象是追求利润最大化的垄断企业,但当效用一定时,它们也适用于拉姆齐定价,因为收入约束的主要影响是按比例减少利润率,如第 4 章所述。

例 7.1 中的模型可以解释为什么本书的其他各章忽略了收入效应。因为只要客户的边际替代率对价目表不敏感,那么最优价目表对收入效应也就不敏感。但需要重视以下两种情况,即客户的收入弹性很小和剩余收入远大于在该商品上的支出。这就是为什么企业在构建面向居民客户的服务价目表时,常常忽略收入效应。理论上说,商业客户通常不存在明显的收入效应,因为他们不受预算约束。

例 7.2 和例 7.3 分别呈现了当客户差异主要存在于其收入弹性或收入时会发生的两种极端情况。例 7.2 表明,当客户间的异质性主要在于其收入弹性时,收入效应占据主导地位,价目表对于收入变化高度敏感。尽管这一问题缺乏经验证据,但一些作者认为收入弹性是不变的,罗伯茨(Roberts, 1979,第 4 节)将其称为庇古定律。例 7.3 是一个中间案例,着眼于居民客户间的收入差异对价目表的影响。核心结论是,收入效应会影响企业利润率的大小,但不会改变价目表的基本形式。在例 7.3 中,利润率与 k^*、 B,以及 $u(q)/u(q^*)$ 均成一定的比例。其中,后两者分别代表客户的收入范围以及客户收益的相对大小。参数 k^* 与 u^* 成正比,与 A 成反比。价目表对客户收入范围呈现出的不同依赖性是对第 4 章结论的一个重要修正。

第 8 章

技术性修正

　　本章旨在对前几章中的模型进行一些技术性修正。本章涉及了更多的数学知识，但我们并没有对其进行逐一推导，因为本章的目的主要在于解决一般公式中可能会出现的部分复杂问题。本章中有三个小节补充说明了一些技术方面的内容。

　　第 1 节介绍了在不满足第 6.2 节中所述正则性假设的模型中，可能出现的各种复杂特征。第 2 节对非线性定价的最优条件进行了另外两种推导。这些推导通过提出最优数量和类型分配方面的问题，补充了第 6.5 节中最优价格分配的推导。我们提出如何通过熨烫程序的变形来优化分配方式，以确保其满足必要的单调性条件。此外，我们提出了可以充分确保一般形式解的最优条件自动满足单调性的假设。

　　第 3 节又回到多部制价目表的主题，并明确了一个一般特性，即仅凭借一部分的多部制价目表就可以实现完全非线性定价的大部分优点。第 4 节证明当客户的类型参数为多维时，最优条件基本不变。最后，在第 5 节中，我们展示了当总价目表的大小对需求档案产生影响时，如何修正第 4 章中的分析。主要结论是，为小额购买提供类似于最低生活保障费率的较低价格。

8.1 技术上的考虑

若直接根据第 4 章和第 6 章中提出的最优条件来构造价目表,结果可能不尽如人意。让我们来回顾一下出现这种情况的多种原因。这一方法存在两个基本缺陷,其一是价格表可能与部分客户的需求存在出入。此时价格表与客户的需求在上方有交点,导致预测的购买量是客户净收益的局部最小值,而不是预想中的局部最大值。其二是公司的最优条件存在多重解,而不是唯一解,其中一些解代表的是局部最小值。这两个缺陷往往会一起出现,但我们通过假设,可以将其避免。

多重解

首先,我们可以发现第 4.3 节中提到的关于捆绑的几个注意事项也适用于此处,且范围更广。图 8.1 展示了当最优价格表与客户需求函数多次相交时的两种情况。在左图中,两个圆点代表了两种可能的最优购买量。在从左圆点移动到右圆点时,除非客户获得的净收益超过前几个单位的损失。如两个阴影区域所示,否则左圆点才是真正的最优购买量。右图中也存在两个解,此时最优购买量要么是标注出来的点,要么是零购买,即 $q=0$。

图 8.1 中的两个图表都分别有一个未标注出的交点,该点对客户而言不是

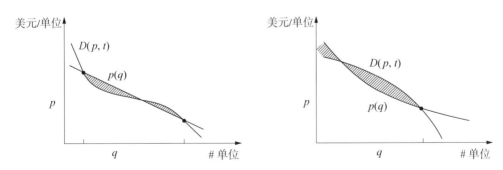

图 8.1 两个具有多个局部最优购买点的例子。

最优购买量,因为它代表的是客户净收益的局部最小值,而不是局部最大值。当需求函数从下方与最优购买量相交时,就会出现这种情况。

这些例子表明,设计最优价格表时应避免让客户在可选范围内产生局部最小值或多个局部最大值。实际上,如果采用第 6.2 节中的假设 A2,基本可以避免产生多个局部极大值。试想下,若类型 t 的客户在购买量为 q 时有一个全局最大值,在购买量 $\bar{q}$ 时也有一个局部最大值,其中 $\bar{q}$ 是类型 $\bar{t}$ 客户的最优购买量,则等式 $v(\bar{q}, t) = v(\bar{q}, \bar{t})$ 成立。但因为我们假设边际估值函数 v 是随着客户类型参数的增加而增加的严格递增函数,这一点就被排除在外了。也就是说,通过排除不同类型参数与其需求函数的交点,我们已经排除了多个局部最大值现象,未排除的只剩下需求为 0 时的情况。因此,我们的主要任务是确保价格表不会让客户在可选范围内产生局部最小值。如上所述,这相当于确保价格表仅从下方与每种类型参数的需求函数相交。

179　　为了解决这一问题,我们增加了更多条件以避免产生局部最小值。该条件可由最大值情况下客户的二阶必要条件得出。类型 t 的客户和购买量 q 之间需要同时满足一阶条件 $v(q, t) - p(q) = 0$ 和二阶条件 $v_q(q, t) - p'(q) \leqslant 0$。首先假设有一个定义明确的函数 $t(q)$,指定购买 q 的类型,且这个函数是可微的。那么边际价格表就是 $p(q) = v(q, t(q))$,且在 $(q, t(q))$ 下有 $p' = v_q + v_t t'$。因此,二阶条件要求 $v_t t' \geqslant 0$,也可理解为,由于在假设 A2 中 v_t 为正,此时需满足 $t'(q) \geqslant 0$。对于一定范围内的购买量,类型在局部是购买量的平滑函数,则此函数一定是非递减的。也就是说,即使随着购买量的增加,类型出现离散跳跃,这种跳跃也不会下降。同样,当类型-购买量 $q(t)$ 的分布为定义明确的函数时,客户的二阶条件要求该分布是非递减的。

这些条件在一般情况下的影响如图 8.2 所示。图中标出了满足公司最优条件(即下列公式)时的所有 (q, t) 并展示了其轨迹。

$$[v(q, t) - c(q)]f(t) - \alpha \bar{F}(t)v_t(q, t) = 0$$

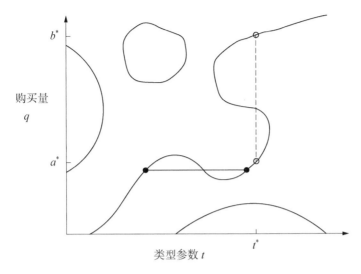

图 8.2 具有多个非单调分支的解的轨迹的例子。

在假设的例子中,q 作为 t 的函数和 t 作为 q 的函数可能存在多重解。① 虽然原则上轨迹图的每一个分支都有可能成为公司的最优解,但是在四个连通分支中,只有一个才是相关解。沿着相关解的这一部分,我们使用了类似于第 4.2 节中所述的熨烫程序:水平实线表示 $q(t)$ 的值在这一区间被约束为非递减,同样,垂直虚线表示反向赋值 $t(q)$ 在这一区间被约束为非递减。在每种情况下,线的位置都代表了公司达到最优情况的必要条件可以在相关区间内被满足。沿着水平实线,各类型的客户都被分配了相同的购买量。垂直虚线表示随着类型的增加,购买量会出现离散跳跃。

在后一种情况下,熨烫程序解释如下,假设购买量的范围在 $\bar{a} \leqslant q \leqslant \bar{b}$ 之间,且 $t(q)$ 递减,那么当范围扩大至 $a^* < q < b^*$ 时,类型分配一定是常数,即 $t(q) = t^*$。在此范围内,价格表与类型 t_* 的需求表相同,即 $p(q) = v(q, t^*)$。 当 q 和 t 满足以下公式时,通常能达成最优条件:

$$\int_{a^*}^{b^*} \{[v(q, t^*) - c(q)]f(t^*) - \alpha F(t^*)v_t(q, t^*)\}dq = 0$$

① 这个例子中的轨迹图包含了有限数量的连通分支,且各分支均为光滑流形,这里有一个隐含假设,即零是公司最优条件左侧的正则值。

该条件加上两个端点条件,即 $p(a^*)=v(a^*,t^*)$ 和 $p(b^*)=v(b^*,t^*)$,足以分别确定 a^*、b^* 和 t^*。该修正使得在 a^* 到 b^* 的区间内的任何购买量都不会影响类型 t^*。因此,可以预计除了 t^* 类型的客户,没有客户的购买量会在 a^* 到 b^* 的区间内,尽管公司可能更倾向于 t^* 类型的客户会购买 b^* 个商品。

熨烫程序在下面两个公式中也发挥了额外作用。回想一下,在第 4.2 节中,设计熨烫程序是为了确保最终的价格表为非递增的。在下面两个公式中,熨烫程序都限制了函数值的增长率:

$$q'(t) \geqslant -v_t(q(t),t)/v_q(q(t),t) \quad \text{或} \quad t'(q) \leqslant -v_q(q,t(q))/v_t(q,t(q))$$

同样,使用熨烫程序,通常可以通过将不相等的区间限制为相等的区间而达成最优条件。

第一种情况的熨烫程序效果如图 8.3 所示。最终的价格表显示在底部,为实心曲线,其中包括标记为(1)的垂直段,该垂直段所对应的购买量 q^* 被赋值给一个区间内的类型。熨烫程序对于价目表的影响在图的上半部被标记出来,即

181

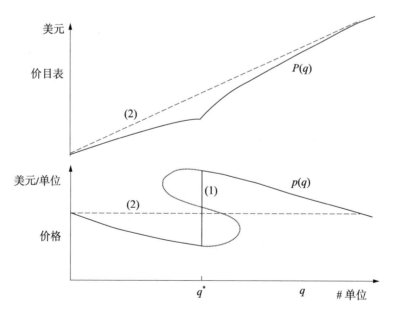

图 8.3 当一个 q^* 对应一个区间内的所有类型时,熨烫程序对价格表和价目表的影响如图所示。(2)所代表的统一价格是为确保非递增的价格表而进一步实施熨烫程序的结果。

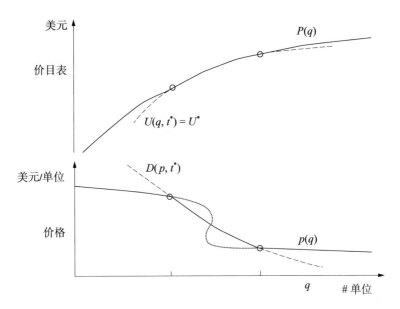

图 8.4　当价格表与 t^* 类型的需求曲线在某一购买量区间内重合时,熨烫程序产生的影响。

会在购买量为 q^* 时产生尖点。当类型呈双峰状分布时,容易产生这种情况,此时价格表分为两段,每段适用于一个单独的客户子群。若进一步要求价格表是非增的,则如水平段(2)和同样标记为(2)的价目表的线性区段所示。如果客户的购买量超过了 q^*,从而将一笔购买量分为若干个小于 q^* 的购买量,那么价格表就必须是非增的。

　　第二种情况的熨烫程序效果如图 8.4 所示。对于购买量的某些区间来说,价格表随着熨烫程序所选定的 t^* 类型的需求表而变动。类似地,在该区间内,价目表与该类型的无差异曲线相接。这种情况往往发生于类型参数较小并相对缺乏需求弹性时,因此当购买量较大时,价格表会急剧下降。这种现象也可以由类型的双峰分布或需求的价格弹性所解释。

产生唯一解的充分条件

　　图 8.2 中解轨迹的复杂特征不会出现在具有正则性质的模型中,该模型排除了企业最优条件的多重解。只需两个正则性假设就可以避免多重解情况:一

是确保给定类型 t,可以确定唯一购买量 $q(t)$。二是给定购买量 q,就可以确定唯一类型 $t(q)$。如果这两个假设都成立,此时满足最优条件的(q,t)的轨迹图只有一个分支,且该分支在两个变量上都非递减。满足其中任何一个假设,都可以保证轨迹图只有一个分支。如果只满足一个假设,则可应用熨烫程序来消除违反另一个假设时可能出现的非单调性。同时违反两个假设的模型几乎不存在,故此处不予讨论。

为了简单地表述这些假设,此处用 $s=1-r=\bar{F}(t)$ 表示代用类型参数,代表客户等级的补充。因此,第 q 个单位商品的边际估值为:

$$\bar{v}(q,s)=v(q,\bar{F}^{-1}(s))$$

这是关于 s 的递减函数。它的代用类型弹性

$$\omega(q,s)\equiv -s\bar{v}_s/\bar{v}=\left(\frac{tv_t(q,t)}{v}\right)\div\left(\frac{tf(t)}{\bar{F}(t)}\right)$$

是需求档案价格弹性的倒数,根据假设 A2,它为正。最优条件可用以下式子表示:

$$\frac{\bar{v}(q,s)-c(q)}{\bar{v}(q,s)}=\alpha\omega(q,s)$$

假设 A2 和 A3 意味着该等式的左侧是关于 q 和 s 的非增函数,那么必要的正则性假设与右侧的代用类型弹性的单调性有关:[①]

A4:代用类型弹性 $\omega(q,s)$ 是关于(a)购买量 q 和(b)代用型 s 的递增函数。

从上述关于 ω 的公式可看出,代用类型弹性是边际估值函数 v 的类型弹性与右累积分布函数 F 之比。因此,为了满足假设 A4,只需保证每个弹性都是单调的

---

① 我们忽略了一类假设,即当公司的固定成本为正时,确保该固定费用是一个特定值:它要求弹性 $\Omega(q,s)\equiv -s\bar{U}_s/\bar{U}$ 在 s 中是单调的。我们也省略了 Guesnerie 和 Laffont(1984)在其他理论中提出的一些技术性假设。特别是,他们注意到在效用函数 U 中,类型参数的定义域需要满足利普希茨(Lipschitz)连续条件,并且只有当 $q'(t)$ 的变化次数为有限次数时,熨烫程度才可行。

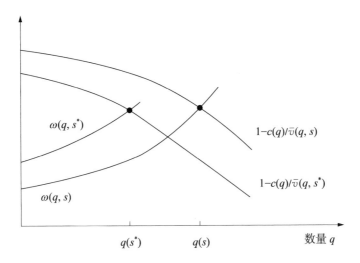

图 8.5 构建数量分配。假设 A4 表明如果 $s < s^*$,则 $q(s) > q(s^*)$。

即可。[①]

　　在假设 A4 中,(a)部分确保每个类型在解的轨迹图上至多只有一个对应的购买量。类似地,(b)部分确保每个购买量至多只有一个对应的类型。此外,在 A4 中若给定(a)或(b),则对应的另一个假设一定是非递减的。图 8.5 展示了在限定 $\alpha = 1$ 时,(a)和(b)这两个部分是如何确保购买量关于类型的分布是非递减的(购买量关于代用类型的分布是非增的)。最优条件的左侧和右侧部分,是分别根据两个值 $s < s^*$(代用类型指标)绘制的。假设 A4 要求 s 的两条曲线位于 s^* 的两条曲线之外。因此,满足最优条件的两个交点使得 s 所对应的 $q(s)$ 大于 s^* 所对应的 $q(s^*)$。这确保了购买量会随着代用类型 s 的增加而减少,而随着实际类型参数 t 的增加而增加。

　　根据拉姆齐定价法,α 的不断减少会增加每种类型所对应的购买量。图 8.6 展示了这种情况,其中 $c = 0$ 使得最优条件为 $\omega(q(s), s) = 1/\alpha$,绘制在了左边的纵坐标上。该图展示了当类型 $t_1 > t_2 > t_3$ 时,所对应的购买量 $q_1 > q_2 > q_3$,代用类型 $s_1 < s_2 < s_3$,并根据客户最优条件 $p(s) = \bar{v}(q(s), s)$ 计算出了相关边际

---

①　大多数分布函数在实际应用中,其风险率 $f(t)/F(t)$ 都是在递增的;与之相随,v_t/v 在不断递减。v 的类型弹性也可以表示为需求函数的类型弹性与价格弹性之比。

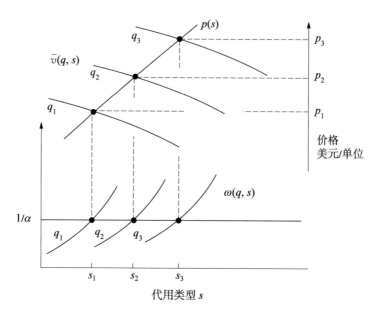

图 8.6 数量和价格分配的另一种构建。如果 $c = 0$，那么每个价格 $p_i = \bar{v}(q_i, s_i)$，其中 $\omega(q_i, s_i) = 1/\alpha$。

价格 $p_1 < p_2 < p_3$。减少拉姆齐数 α 会抬高水平线，导致每个购买量对应的代用类型会更高（即更低的实际类型），从而减少为购买最后一单位商品所支付的边际价格（显示在右侧纵坐标上）。

在下一节中，我们将描述最优价格表的两种推导方式。第一种方式是根据类型确定购买量 $q(t)$，根据假设 A4 的部分条件，即满足（a）部分来推导。如果此时（b）部分不满足且函数不是单调的，则熨烫程序会使函数平坦化，以使某一区间内的所有类型都对应一个相同的购买量。当推导出的价格表与需求函数在类型参数的某一子区间由上至下相交时，就会出现这种情况。因此，需要对该函数的分布，即价格表进行修正，将每种类型所对应的购买量限制为其分布的最大值。类似地，第二种方式是根据购买量确定类型 $t(q)$，通过满足假设 A4 中的（b）部分为基础来推导。此时若不满足（a）部分，则熨烫程序会产生一个购买量区间。在此区间，价格表与单个类型的需求函数相交。上述两种方法在经典应用中往往是需要用到熨烫程序的，不过仅适用于较小类型或购买量的初始区间。

8.2 最优价目表的推导

在本节中，我们推导了以单维参数代表客户类型的最优价格表。第一个公式以类型决定购买量 $q(t)$ 的分布，第二个公式以购买量决定类型 $t(q)$ 的分布。这两个公式都是通过满足客户的最优条件来推导最优价格表。最优条件指 $p = v(q, t)$，即类型 t 的客户以 p 为边际价格选择购买 q 单位商品。此外，还设置了固定费用，以从购买量最小的客户中获取所有的消费者剩余。

上述推导以第 6.2 节中的假设 A1、A2 和 A3 为基础。若发生了本章第 1 小节中所述的复杂情况，则可用假设 A4 中的(a)部分或(b)部分排除。

最优购买量分配

该方法通过客户类型来确定最优的购买量分配，从而间接得出最优价格表。在这个公式中，价目表是通过引入每种类型的消费者剩余作为辅助变量来隐含表示的。

类型 t 的客户所对应的消费者剩余 $W(t)$ 是指在所提供的价目表范围内能获得的最大净收益，即

$$W(t) \equiv \max_q \{U(q, t) - P(q)\}$$

因此，包络特性意味着其导数为：

$$W'(t) = U_t(q(t), t)$$

其中，$q(t)$ 表示当 t 类型的客户获得最大净收益 $W(t)$ 时所对应的最优购买量。我们将此等式作为约束条件，以确保 $q(t)$ 至少是局部最大值。具体价格则可用 $P(q(t)) = U(q(t), t) - W(t)$ 来表示。

这些部分为公司的优化决策提供了数据，如下所示，客户总剩余为

$$CS = \int_{t_*}^b W(t) dF(t)$$

其中，$t_* \geqslant a$ 是所能提供的最小类型参数。此时，生产者剩余为

$$PS = \int_{t_*}^{b} [P(q(t)) - C(q(t))] dF(t)$$

在拉姆齐定价公式中,该式被限定为超过收入要求。设 λ 为公司收入要求所限定的拉格朗日乘数,另外,设 $\mu(t)$ 为表示受包络特性约束的拉格朗日乘数,则最大拉格朗日乘数的表达式为

$$\int_{t_*}^{b} \{(W(t) + [1+\lambda][U(q(t), t) - W(t) - C(q(t))]) f(t)$$
$$+ \mu(t)[W'(t) - U_t(q(t), t)]\} dt$$

在该表达式中,第一项 W 是类型 t 的消费者剩余,第二项 $U-W$ 是价目表,$U-W-C$ 是生产者剩余。选择 $W(t)$ 和 $q(t)$ 这两个函数(非负函数)来最大化表达式,同时通过 λ 和 $\mu(t)$ 函数来确保满足相应约束。

最优的欧拉必要条件可直接推导得到,但如果使用分部积分修正涉及 $W'(t)$ 的项,则动机更为明确:

$$\int_{t_*}^{b} \mu(t) W'(t) dt = \mu(b) W(b) - \mu(t_*) W(t_*) - \int_{t_*}^{b} W(t) \mu'(t) dt$$

修正后,可选择 $W(t)$ 和 $q(t)$ 来最大化每一类型 t 的点态被积函数。这就产生了两个条件,首先,对于 $t_* < t < b$,最优 $W(t)$ 的要求

$$-\lambda f(t) - \mu'(t) \leqslant 0$$

同样,最优 $q(t)$ 的要求

$$[1+\lambda][v(q(t), t) - c(q(t))] f(t) - \mu(t) v_t(q(t), t) \leqslant 0$$

与以往一样,其中 $v = U_q$,$v_t = U_{qt}$,$c = C'$。在每个条件下,若 $W(t)$ 或 $q(t)$ 为正,则该不等式必为等式。类似地,在 $t=b$ 的边界上,如果 $W(b) > 0$,则 $W(b)$ 的最优要求 $\mu(b) = 0$。然而,如果存在固定成本,则通常 $W(t_*) = 0$,且 $\mu(t_*) > 0$。

这两个条件可如下进一步细化。回想一下,假设 A2 要求若 $q(t)$ 为正,则 U_t 为正,从而 $W'(t)$ 为正且 $W(t)$ 递增。因此,若任一类型 t 为正值,则 $W(t)$ 递增,当 t 值足够大时,$W(t)$ 必为正。特别地,由于 $W(b) > 0$,故 $\mu(b) = 0$,因此第一

个条件意味着 $\mu(t) = \lambda F(t)$。若 $q = q(t) > 0$，则将此式代入第二个条件中得到

$$[v(q,t) - c(q)]f(t) - \alpha F(t)v_t(q,t) = 0$$

其中通常 $\alpha = \lambda/[1+\lambda]$。只要满足此条件，客户的一阶必要条件要求价格表为 $p(q) = v(q,t)$。可通过推导 t_* 的相似横截条件得出固定费用大小（若有）：

$$[U(q_*,t_*) - C(q_*)]f(t_*) - \alpha F(t_*)U_t(q_*,t_*) = 0$$

若 $t_* > \alpha$，其中最低购买为 $q_* = q(t_*)$，那么最低费用为 $P(q_*) = U(q_*,t_*)$，固定费用为 $P_0 = P(q_*) - p_* q_*$，前提是对所有 $q \leqslant q_*$，采用统一价格 $p_* = p(q_*)$。因此，我们再次得到了和先前第 6 章中推导的最优购买相同的条件。

此最优条件的应用取决于几个条件。首先，除非购买量的分布也满足公式中未明确包含的辅助约束条件，否则它不是一个必要条件。如上所述，$q(t)$ 必须是一个非递减函数。[①] 当类型参数的区间不满足这一条件时，熨烫程序可以确保在更大区间范围内的连续分布，这样通常可以达成最优条件。类似地，熨烫程序可用于确保推导出的价格表满足非递减。

其次，如果存在多重解，则该条件不足以确定最优值。即使（轨迹图）只有单一分支，也可能存在一个 t 对应多个 q 或一个 q 对应多个 t 的情况。满足假设 A4 的任意一个部分都足以排除多重解的情况。如果同时满足假设 A4 的两个部分，则可以保证该分布是非递减的。

最优类型分配

接下来，我们将描述另一种推导方法，即如何构建购买量到类型的最优分配 $t(q)$。简单起见，我们不重复最小类型、最低购买和最少费用的推导。

在这个方法中，消费者剩余和生产者剩余的公式如下：

$$CS = \int_{q_*}^{B} [U(q,t(q)) - P(q)]dF(t(q))$$

$$PS = \int_{q_*}^{B} [P(q) - C(q)]dF(t(q))$$

---

① 由于 $v_t > 0$，此公式中的限制条件 $q'(t) \geqslant 0$ 就相当于 $W'' \geqslant U_{tt}$。

其中，$b = t(B)$。通过分部积分法，可替换需求条件 $p(q) = v(q, t(q))$ 来得到修正后的目标函数，该函数完全以购买量为 q 时对应的类型 $t(q)$ 表示。忽略常数项，我们得到：[①]

$$\int_{q_*}^{B} \bar{F}(t(q))\{U_t(q, t(q))t'(q) + [1 + \lambda][v(q, t(q)) - c(q)]\}dq$$

这个公式由两部分构成。括号中的第二项表示第 q 个单位商品的利润率。通过判断类型为 $t(q)$ 的客户购买商品的边际意愿而得出商品的边际估值，系数 $\bar{F}(t(q))$ 衡量愿意以该价格购买第 q 个单位的所有类型的客户数量。括号中的第一项使用包络特性 $W' = U_t$ 测量从第 q 个单位商品的销售量中得到的增量的消费者剩余 $\dfrac{d}{dq}W(t(q))$。

确定该最优分配的必要条件是变分法中的欧拉条件。该条件再次推出了先前推导出的最优条件：

$$[v(q, t) - c(q)]f(t) - \alpha\bar{F}(t)v_t(q, t) = 0$$

只有在 $t = t(q)$ 时，购买量 q 所对应的类型 $t(q)$ 才能取到最优值。假设 A4 的 (b) 部分确保该条件具有唯一解 $t(q)$。如果不满足 (a) 部分，则可能需要应用熨烫程序来构建非递减的函数。确定 $t(q)$ 后，最优价格表为 $p(q) = v(q, t(q))$。

替代福利标准

这些推导也会考虑福利标准，而不是根据公司的收入要求使总剩余最大化。例如，在第一个公式中，可将拉姆齐定价法的目标设定为最大化加权的剩余测量，

$$\int_a^b \{w(t) \cdot W(t) + w_0 \cdot [P(q(t) - C(q(t)))]\}dF(t)$$

189　该测量考虑了公司的收入要求和包络特性。在这个式子中，类型 t 客户所获的净收益的福利权重为 $w(t)$，公司的福利权重为 w_0，再乘以类型 t 客户的净收益

---

① 省略的常数项包含在第 6.7 节推导最优固定费用的公式中。

$P(q(t)) - C(q(t))$。 与其他两种方法相比,该式所得到的最优条件的唯一区别是,拉姆齐数依类型 t 而定,

$$\alpha(t) \equiv \int_t^b \left[1 - \frac{w(t)}{\hat{w}_0} \right] dF(t) / \bar{F}(t)$$

同时,必须充分满足假设 A4(b),以确保购买量和类型的函数是单调的。该式中的 $\alpha(t)$ 表示 1 减去类型超过 t 的客户的相对福利权重的有条件期望,其中 $\hat{w}_0 \equiv w_0 + \lambda$ 指的是公司依据其收入要求允许的总福利权重。

在重要情况下,福利权重的施加对先前导出的主要定性结论没有实质性影响。例如,如果将所有权重赋给最小类型参数,则对于所有更高的类型参数 $t > a$,有 $w(t) = 0$, $a(t) = 1$。 这表明该公司充分利用其垄断能力,从福利权重为零的更高类型中获得最大收入。这样做是为了满足其收入要求,**并**为最小类型 t 客户的购买提供补贴,否则其可能被排除在购买范围之外或将以更高价格购买较少数量。如果得到的价格表初始部分是递增的,且较高类型的客户可利用机会以低价购买初始单位,则熨烫程序的应用将导致在购买规模的初始区间上价格是统一的,而对后续单位的购买使用垄断非统一价格表,如第 5 章里所述。

小结

除了多部制价目表的类似特征外,我们还一起进行了非线性定价的最优价格表所需的四种条件的推导。需求档案和类型分配公式分别根据购买量确定价格和类型,而其他公式则是通过类型来确定价格和购买量。这阐释了三个变量之所以有相关性,其实是遵循了一般性原则:通过预测类型 t 的客户以边际价格 p 购买的商品数量 q,$\langle p, q, t \rangle$ 三者形成相关。第 4 章中的需求档案公式消除了类型变量 t,并将边际价格解释为仅取决于 q 的费用函数 $p(q)$。接着根据 $q = D(p(q), t)$,推出边际价格 $p(q)$ 下购买量为 q 的类型,其中 D 是依赖于类型的需求函数。第 6 章中的公式将边际价格视为关于 t 的函数 $\hat{p}(t)$,即 $\hat{p}(t) \equiv p(q(t))$。 这里的 t 指的是会以一定的价格购买边际单位商品的客户。而本章中的公式消除了价格变量,只考虑类型与购买量的函数及反函数。在阐明如何运用函数单调性来确保满足客户最优条件的问题上,每个公式都有一定的优势。

每种情况都是先将第三个变量从公式中去除,之后再重新加入公式。

190　　对于满足强正则性假设的模型,这几种方法是等价的,都可以满足必要的单调性条件。但是,对于不满足某些假设的模型,这几种方法采用了不同的方式以确保单调性。比如熨烫程序可以确保在某个连续分布的区间内达成相关最优条件,从而满足单调性条件。事实上,这只是多部制价目表中各部分最优条件的一种变体。原则上,必须从各个角度来检验结果的单调性。然而,在实际应用中,通常模型自带的特征会保证结果在某些角度上是单调的,因此只需关注剩余部分。其目的是确保预测的购买量对客户是最优的,此时的价格表对公司来说也是最优的。

8.3　多部制价目表的近似最优

　　第6.4节中提到的多部制价目表都有一个明显的特征,若可选列表里的选项增多一倍,则因选项有限而损失的消费者剩余约可减少四分之三。该特性用数学术语来表示就是(因选项有限而形成的)损失约为 $1/n^2$。本节将证明该特性的合理性。如第6章所述,我们使用价格分配公式,是因为它适用于多部制价目表的研究。

　　回想一下第6章,拉姆齐定价问题的目标函数为:

$$S[p] \equiv \int_0^\infty \{[W(p(t), t) + [1+\lambda] \cdot [p(t)-c] \cdot D(p(t), t)] f(t)$$

$$+ \lambda \overline{F}(t) \cdot D(p(t), t) \cdot p'(t)\} dt$$

其中 $W(p, t)$ 是统一价格 p 下的 t 类型客户的剩余,λ 是与公司收入要求相关的乘数。对于该公式,非线性价目表的最优条件为欧拉条件 $E(p(t), t) = 0$,其中

$$E(p, t) \equiv [p-c] \cdot D_p(p, t) + \alpha \frac{\overline{F}(t)}{f(t)} \cdot D_t(p, t)$$

$\alpha = \lambda / [1+\lambda]$ 是相关拉姆齐数。对于以 $n-1$ 个两部分可选价目表套餐表示的 n 部制价目表来说,当套餐中的分段 $i=1$, ……, $n-1$ 的边际价格被定义为 p_i, 以便和区间范围 $t_i \leqslant t < t_{i+1}$ 内的 t 逐一对应时,(n 部制价目表)通常可以满足类似条件。此时 p_i 的最优条件是:

$$\int_{t_i}^{t_{i+1}} \left\{ [p_i - c] \cdot D_p(p_i, t) + \alpha \frac{\overline{F}(t)}{f(t)} \cdot D_t(p_i, t) \right\} dF(t) = 0$$

也可写为:

$$\int_{t_i}^{t_{i+1}} E(p_i, t) dF(t) = 0$$

因此,选择第 i 选项的客户往往可以满足欧拉条件。同样,t_i 的最优条件为

$$\int_{p_i}^{p_{i-1}} \left\{ [p - c] \cdot D_p(p, t_i) + \alpha \frac{\overline{F}(t_i)}{f(t_i)} \cdot D_t(p, t_i) \right\} dp = 0$$

也可写为:

$$\int_{p_i}^{p_{i-1}} E(p, t_i) dp = 0$$

这也是一个平均值。

设 p 和 p'' 为类型参数的最优非线性和 n 部制价格表的函数。我们的任务是证明目标值与 $S[p] - S[p'']$ 间产生的差值为 $1/n^2$ 级。要做到这一点,我们必须假设(1)α 是固定的,独立于 n;(2)欧拉条件有唯一解,如 A4 中一样;(3)E 存在有界导数。我们使用下列式子来衡量两个价目表的差异程度,n 部制价目表的最大细分市场的规模,以及通常来说有多少 n 部制价目表是无法满足欧拉条件的。

$$\delta \equiv \max_t | p(t) - p''(t) |, \quad \epsilon = \max_i | F(t_{i+1}) - F(t_i) |$$

以及 $$\overline{E} \equiv \int_0^\infty | E(p''(t), t) | dF(t)$$

此外,基于等级指数 $r \equiv F(t)$,可定义 $E^*(p, r) \equiv E(p, F^{-1}(r))$ 和 $r_i \equiv F(t_i)$。

191

上述推导默认目标值之间的差值约为 $\delta \bar{E}$。因此，它足以表明 $\bar{E}$ 的阶数为 $n\delta^2$，而 δ 的阶数为 $1/n$。若 S 是关于 p 的普通函数，且 $S'(p)=0$ 处于最优，则很容易推导出：

$$S(p) - S(p^n) \approx \frac{1}{2} \big[p - p^n \big]^2 \cdot \mid S''(p) \mid \approx \mid p - p^n \mid \cdot \mid S'(p^n) \mid$$

当 $n \to \infty$ 时，$p^n \to p$。此时 $E(p^n(t), t)$ 或其平均值 $\bar{E}$ 就相当于是 $S'(p^n)$。图 8.7 对当前这一复杂结构进行了说明。图 8.7 分别画出了非线性价目表和三部制价目表的价格表 $p(t)$ 和 $p^3(t)$，阴影部分指的是这两者的差值。非线性价格表完全满足欧拉条件，但是三部制价格表通常并不满足。$\bar{E}$ 由 $2n$ 个三角形部分组成，和阴影部分可以被看作是等比例的。我们需要证明每个阴影部分约等于 $\frac{1}{2} \delta \varepsilon$，且 δ 和 ε 的阶数都为 $1/n$，从而证明总的 $\delta \bar{E}$ 的阶数与 $\delta [2n] \left[\frac{1}{2} \delta \varepsilon \right] \approx 1/n^2$ 的阶数相同。

为了计算 $\bar{E}$，让我们回忆一下以下内容：为计算 n 部制价目表所需的最优条件确保了处于每个水平区间 $t_i < t < t_{i+1}$ 范围内的 p_i 和处于每个垂直区间 $p_i <$

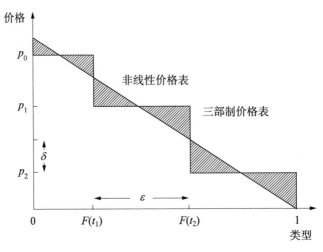

图 8.7　最优非线性价格表和三部制价格表的价格分配图。阴影部分与这两种价格表的差值成正比。

$p < p_{i-1}$ 范围内的 t_i 通常满足欧拉条件。这意味着在取绝对值之前，相邻阴影区域的 $\overline{E}$ 大小相等，符号相反。关键的一步是展示除比例常数外，每个部分数量级的阶数与 $\delta \varepsilon$ 的阶数相同。为此，我们用 p_i 的最优条件得到：

$$0 = \int_{t_i}^{t_{i+1}} E(p_i, t) dF(t)$$

$$= [r_{i+1} - r_i] \left\{ E(p_i, t_i) + \frac{1}{2} [r_{i+1} - r_i] E_r^*(p_i, r_i) + \cdots\cdots \right\}$$

$$= [r_{i+1} - r_i] \left\{ (E(p(t_i), t_i) + [p(t_i) - p_i] E_p(p(t_i), t_i) + \cdots\cdots) \right.$$

$$\left. + \frac{1}{2} [r_{i+1} - r_i] E_r^*(p_i, r_i) + \cdots\cdots \right\}$$

其中，第一行中的积分是 r_{i+1} 的函数，第二行是围绕 r_i 值的泰勒级数展开式，第三个等式使用了 $p = p(t_i)$ 时，$E(p, t_i)$ 的泰勒级数展开式。若忽略系数 $r_{i+1} - r_i$，会发现 $p(t_i) - p_i$ 和 $r_{i+1} - r_i$ 是成比例的。关于 t_i 的最优条件的类似分析也得到了同样的结果，$p(t_i) - p_i$ 和 $r_i - r_{i-1}$ 之间存在一个比例系数。最终发现，所有类似的差值间都存在某一特定的比例系数，所以它们都具有相同阶数。特别地，δ 和 ε 的阶数相同。此外，如果我们计算每部分的 $\overline{E}$ 的泰勒级数展开式，会发现每部分的阶数都是 $\delta \varepsilon$，即 δ^2，和我们想要证明的一样。

　　也可以用更直观的方法证明 δ 和 ε 具有相同阶数，如下所示。如果 δ 比 ε 大得多，那么价格表 $p''(t)$ 会在某个位置出现骤降，但并不会产生较大的市场分割。相应 $\overline{E}$ 的相邻部分不会相等，这与 n 部制价目表的最优性相矛盾。本质上，这表明除了成比例外，δ / ε 还必须近似于各细分市场的非线性价格表的平均下降率。

　　最后，为了完成整个推导，我们观察到 ε 的阶数也必须为 $1/n$，以确保各细分市场的规模总和就是总市场规模。与其等价的条件是，δ 必须为 $1/n$ 阶，以确保各价格差异总和等于所提供的最高和最低价格之差。结合以上内容，可以得到目标价格之差为 $1/n^2$ 阶。

　　这一结果解释了为什么第 2 章的图中仅呈现了一些价格间断。仅包含几段的多部制价目表，或有几个可选两部制价目表的套餐，通常足以得到非线性价表目所能提供的大部分利润和消费者剩余。例如,如果单个两部制价目表所能提供的潜在剩余为 80％,那么拥有三个两部制价目表的套餐通常能产生超过 95％的收益率,足以实现大多数目标。

如果可选项很多,那么最优的市场细分状态是将市场等分,因为 δ 和 ϵ 不但成比例,而且都是 $1/n$ 阶的。然而,该结论对对应数量带的带宽来说不一定是正确的。在例 6.2 中,它们的阶数从最小时 $(i=1)$ 的 $1/n^2$ 变至最大时 $(i=n-1)$ 的 $1/n$。该特性表明,在实际应用中,高销量区段的带宽通常明显更大。联邦快递公司的价格表就很好地说明了这一点。

194

8.4 多维度的客户类型

在本节中,我们将展示如何构建多维客户类型的最优价格表。这一点很重要,因为在实际应用中,很少能仅用一个维度对客户进行分类并预测他们的需求行为。更何况在大部分情况下,公司只能掌握与客户需求行为不完全相关的社会人口统计数据。为了将本小节的内容与第 4 章联系起来,此处根据需求档案来制定公式。

假设有 m 个类型指标,即 $j=1,\cdots\cdots,m$。按照类型名单 $t=(t_1,\cdots\cdots,t_m)$ 对客户进行分组。总体样本可以被看作多维分布函数 F,$F(\hat{t})$ 指的是在 j 维度下,属于 $t_j \leqslant \hat{t}_j$ 的这部分客户。假设以类型名单 t 分组的客户的总收益函数为 $U(q,t)$,其对于第 q 个单位商品的边际支付意愿为 $v(q,t)$,需求函数为 $D(p,t)$,可得到 $U_q(q,t)=v(q,t)$ 以及 $v(D(p,t),t)=p$。

为了使该公式适用于单维参数,我们可以将所有类型分为多个单维族群。θ 表示任意满足下列条件的单维(也可能是多维)类型的族群:

- 每一个类型都属于且仅属于某个特定族群。
- 一个族群中的所有类型都位于一条单一的单维曲线上。
- 类型是按照次序排列的,所以在一个族群中,相同价格下,类型参数较高的客户比类型参数较低的客户购买得更多。

在下文中，我们用 $G(\theta)$ 来表示 θ 的分布函数，θ 是可以将各个族群区分开来的辅助参数。G 的定义域由 Θ 决定。我们用 $F(t|\theta)$ 表示属于 θ 族群的类型 t 的条件分布函数，$\bar{F}(t|\theta)=1-F(t|\theta)$ 指的是在族群 θ 中，购买量超过类型 t 客户购买量的类型占比。

令 $t(p,q|\theta)$ 表示在族群 θ 中，以边际价格 p 购买 q 单位商品的类型。族群 θ 中存在唯一的 t，使得 $v(q,t)=p$。根据假设，该函数是一个定义良好的函数。为了论述方便，我们进一步假设它是可微的。请注意，在族群 θ 中，条件需求档案为：

$$N(p,q\,|\,\theta)=\bar{F}(t(p,q\,|\,\theta)\,|\,\theta)$$

该式明确了在族群 θ 中，以边际价格 p 购买第 q 单位商品的客户的比例。因此，总需求档案为：

$$N(p,q)=\int_{\Theta}N(p,q\,|\,\theta)dG(\theta)$$

以上述公式为基础，我们几乎可以完全按照单维客户类型的推导方式来推导多维客户类型的最优价格表。通过部分积分法，可以很快得到价格表 $p(q)$ 对族群 θ 的消费者剩余的贡献。

195

$$CS(\theta)=\int_{0}^{\infty}N(p(q),q\,|\,\theta)[\delta U(p(q),q\,|\,\theta)]dq$$

其中，我们定义：

$$\delta U(p(q),q\,|\,\theta)=\sum_{k}\frac{\partial U}{\partial t_k}\left[\frac{\partial t_k(p(q),q\,|\,\theta)}{\partial p}p'(q)+\frac{\partial t_k(p(q),q\,|\,\theta)}{\partial q}\right]$$

同样，公司从该族群中得到的利润贡献就是剔除所有固定费用和固定成本后的生产者剩余：

$$PS(\theta)=\int_{0}^{\infty}N(p(q),q\,|\,\theta)\cdot[p(q)-c(q)]dq$$

因此,用 λ 作为公司收入约束的拉格朗日乘数,将表达式最大化后得到:

$$\int_{\Theta}\{CS(\theta)+[1+\lambda]PS(\theta)\}dG(\theta)$$

其中,Θ 是便于划分族群的辅助参数 θ 的定义域。

再次进行第 4 章中的推导,我们发现描述最优价格表的欧拉条件是:

$$\frac{p(q)-c(q)}{p(q)}=\alpha\frac{-\int_{\Theta}N(p(q),q\mid\theta)dG(\theta)}{p(q)\int_{\Theta}[\partial N(p(q),q\mid\theta)/\partial p]dG(\theta)}$$

$$=\frac{\alpha}{\eta(p(q),q)}$$

其中,$\alpha=\lambda/[1+\lambda]$ 是拉姆齐数,$\eta(p,q)=-pN_p(p,q)/N(p(q),q)$ 是总需求档案在各类型族群中的平均价格弹性。该欧拉条件是单维情况下的精确表达,它表明(价目表的)构建并不要求客户的类型一定是单维的。

上述推导只是想表明,客户类型不一定要是单维的。最优价格表的基本拉姆齐法只取决于需求档案,与客户类型的维度无关。

虽然此处我们没有讨论多部制价目表和固定费用,但前面的分析也延伸到了这些情况。回顾一下第 6.4 节,多部制价目表中各部分的最优条件需要该部分基本满足非线性价目的最优条件。延伸推导多维客户类型的最优价格表也有类似的条件:它也需要基本满足非线性价目的最优条件,但此时还需考虑以 θ 分类的类型族群。例如,在多部制价目表的需求档案公式中,两个最优条件中的第一个被重新定义为:

$$\int_{\Theta}\left\{\int_{q_i(\theta)}^{r_i(\theta)}\{\alpha N(p_i,q\mid\theta)+N_p(p_i,q\mid\theta)\cdot[p_i-c]\}dq\right\}dG(\theta)=0$$

其中,第 i 个两部制价目表的数量带 $q_i(\theta)$ 和 $r_i(\theta)$ 的限制取决于族群 θ。[①] 固定费用的分析与第 4.4 节一样。然而,由于最低购买取决于族群,所以最好用固定

[①] 然而,人们还必须认识到,对于有些家庭,可能没有一个成员对价目表 $i-1$ 和 i 是无差别的,就像如果一个家庭没有成员或所有成员都选择价目表 $j>i$,这可以解释为在计算平均值时对域 Θ 的限制。

费用而不是最低费用来说明最优条件。

必须补充一点,能否构建多维客户类型的最优价格表取决于是否有可能将客户类型分为多个单维族群,从而使每个族群的需求呈单调变化。这个条件很简单,但绝不是毫无意义的,在某些情况下,该条件是不可能被满足的。下面的例子表明该条件可以帮助解决客户的需求函数与很多其他函数相交的情况。特别是,第一个例子展示了促使第 5 节中对最低生活保障费率进行分析的那种需求,但对多维类型的分析表明,最优价格表不存在最低生活保障费率的部分。

例 8.1:假设每位客户都可由类型参数 $t = (a, b)$ 来描述,即对第 q 个商品的支付意愿是 $v(q; a, b) = a - bq$。也就是说,那些愿意以价格 p 购买第 q 个商品的客户是类型参数位于 (a, b) 之间,且 a, b 满足条件 $a - bq \geqslant p$。假设 a 和 b 的值独立分布于总体样本,并且各自在 0 和 1 之间均匀分布。那么,以价格 p 购买第 q 个商品的客户比例为:

$$N(p, q) = \frac{1}{2q} \cdot \begin{cases} (1-p)^2 - (1-p-q)^2 & \text{如果 } p+q \leqslant 1 \\ (1-p)^2 & \text{如果 } p+q \geqslant 1 \end{cases}$$

此时,最优价格表为:

197

$$p(q) = \begin{cases} A - Bq & \text{如果 } q \leqslant q^* \\ p^* & \text{如果 } q \geqslant q^* \end{cases}$$

其中,

$$A = \frac{c+\alpha}{1+\alpha}, \quad B = \frac{\alpha}{1+\alpha} \frac{1}{2}, \quad q^* = \frac{1-c}{1+\alpha/2}, \quad p^* = \frac{c+\alpha/2}{1+\alpha/2}$$

例如,如果边际成本 $c = 0$,拉姆齐数 $\alpha = 1$,则价目表为:

$$p(q) = \begin{cases} \dfrac{1}{2} - \dfrac{1}{4}q & \text{如果 } q \leqslant \dfrac{2}{3} \\ \dfrac{1}{3} & \text{如果 } q \geqslant \dfrac{2}{3} \end{cases}$$

请注意,价格表是分段线性的。因此,最优价目表的初始段是二次的,第二段是线性的,就像两部制价目表一样。

该案例的一个特殊性是,边际价格表没有下降至边际成本。此外,公司的最大销售量和销售总量是无限的。这是由于类型参数为 $\alpha > p^*$ 和 $b = 0$ 的客户在价格 p^* 处的需求是无限大的。如果要让这个例子一般化,需要给类型参数 b 加一个定义域,限定其为 $\varepsilon < b < 1 + \varepsilon$。加上该定义域后,价格表的第二段就会像通常一样下降至边际成本。此时的最优价格表为:

$$p(q) = \begin{cases} A - Bq & \text{如果 } q \leqslant q^* \\ A^* - B^* q & \text{如果 } q \geqslant q^* \end{cases}$$

各参数为:

$$A = \frac{c + \alpha}{1 + \alpha}$$

$$B = \frac{\alpha}{1 + \alpha}\left[\frac{1}{2} + \epsilon\right]$$

$$A^* = p^*$$

$$B^* = \frac{\alpha}{2 + \alpha}\epsilon$$

$$q^* = \frac{1 - c}{1 + \alpha/2 + \epsilon}$$

198 其中,$p(q) \geqslant c$,或表示为 $q \leqslant \bar{q} \equiv [1 - c]/\epsilon$,其中 $\bar{q}$ 指最大购买量。

例 8.2: 在本例中,假设每位客户都可以由需求函数 $D(p; a, b) = a - bp$ 描述。函数对 (a, b) 在总体样本中呈二元正态分布。假设 a 和 b 的边际分布的均值和方差分别为 (A, s_a^2) 和 (B, s_b^2),并且该联合分布的相关系数为 r,那么总需求档案 $N(p, q)$ 指的就是 $a - bp$ 超过 q 的概率。因此,$N(p, q) = \Phi(T(p, q))$,其中 Φ 是标准正态分布函数,均值为 0,标准差为 1。

$$T(p, q) \equiv \frac{A - Bp - q}{s(p)} \quad \text{以及} \quad s(p)^2 \equiv s_a^2 - 2prs_a s_b + p^2 s_b^2$$

为保证准确性,此类模型要求类型参数集中分布于 a 和 b 的实值(即正值)周围,

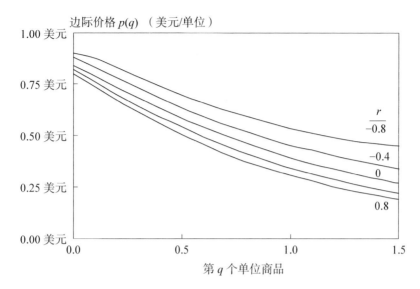

图 8.8 例 8.2：最优边际价格表 $p(q)$，其中 r 在 -0.8 至 0.8 之间变动(以 0.4 为单位)。

而且方差(尤其是 s_b)不能太大。该模型本身是缺乏准确度的，因为 a 和 b 有可能是负值；然而，当该概率很小时，它们对最优价格表几乎没有影响。

图 8.8 显示了相关系数 r 在不同取值下的最优价格表，其他条件限定为 $\alpha = 1$，$c = 0$，$A = 1$，$B = 1$，$s_a = 0.5$，$s_b = 0.25$。可以发现，当 r 更高时，整体价格会偏低，但是对最终收入的影响是有限的。图 8.9 不仅显示了在相关系数 $r = 0.8$，而 q 的取值不同时，第 q 个单位商品所能带来的收益是如何随着所收取的边际价格而变化的，还显示了能获得最大收入的边际价格表 $p(q)$。

这些例子中用到的方法是通用的。试想一个计量经济学的需求模型，它以类型列表 $t = (t_1, \cdots, t_m)$ 来描述每一位客户，其组成部分 t_j 是各种社会人口学指标，如收入、家庭人数等。对于机构客户来说，t_j 还可能包括客户的产出率、技术、生产成本，以及竞争环境(如需求和要素弹性)等指标。该模型预测，类型 t 的客户对 q 单位商品的支付意愿是由预估函数 $v(q, t)$ 决定的；或者反过来说，是由需求函数 $D(p, t)$ 决定的。因此，要预测会以价格 p 购买第 q 个单位商品的客户数量就是预测符合 $v(q, t) \geqslant p$ 或 $D(p, t) \geqslant q$ 的类型 t 客户。通过该方法计算出的客户数量就是 $N(p, q)$ 的值，用于计算第 q 个单位商品的最优价格

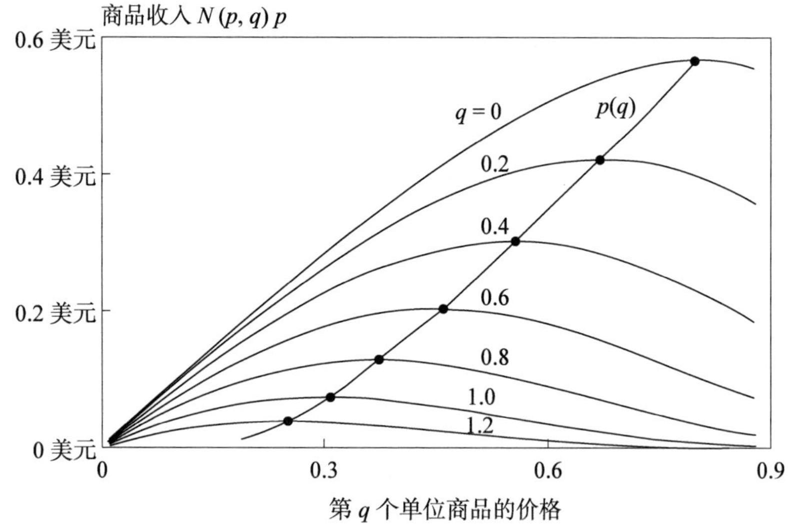

图 8.9 例 8.2：当 $r = 0.8$ 时，商品收入 $N(p, q)p$ 和价格表 $p(q)$ 间的关系。

$p(q)$。可以通过客户的购买规模判断客户的属性，从而构建这类模型，并通过观察客户对不同价目表的响应来不断完善该模型。

在上面的例子中，一个典型的需求模型需要假定一个特定的函数形式，以客户类型参数的函数来表示其估计系数。例如，对于多项表达式 $D(p, t) = \sum_{k=0}^{K} a_k(t) p^k$，如果存在非聚合需求数据，则首先估计系数为 $(a_k(t))_k = 0, \cdots\cdots, K$。然后，根据预测的总体样本中类型参数的分布，计算出满足 $D(p, t) \geq q$ 的样本比例，该值就是需求档案 $N(p, q)$ 在 (p, q) 时的值。当然，如果所有的需求数据都是可得的，则可以直接估算出需求档案。随后观察客户对各个价格表的响应，对估测值进行修正优化。但也必须考虑到这样一个事实，即客户需要时间来调整他们在相关设备和生产技术上的投资，以充分利用商家所提供的数量折扣。[①]

---

① Smith(1989)提出了一个应用于优先级差异化服务定价的估计方法(参见第 10 章)。Train 和 Toyama(1989)提出通过观察客户的响应来优化估计的方法，他们为农业抽水所使用的电力提供了新的分时价目表。

8.5 需求档案的通用构建法

在这一章的最后,我们提出了一种需求档案的通用构建方法,可以统一推导出最优价目的价格表和固定费用。它的优点是揭示了最低生活保障费率和类似条款的合理性,指出应该为需求量小的客户提供更优惠的服务。这个公式使用了一个更普遍的需求档案的形式,但我们展示了它是何时以及如何简化为之前使用的形式。

主档案 $N(P, p, q)$ 衡量愿意以总价格 P 购买 q 个商品,且以价格 p 购买第 q 个单位商品的客户数量。如果以类型参数 t 对客户进行分类,从而影响了其效用函数 $U(q, t)$ 和边际效用函数 $v(q, t)$,则

$$N(P, p, q) \equiv \#\{t \mid U(q, t) \geqslant P \ \& \ v(q, t) \geqslant p\}$$

更通用的需求档案形式要求只有当净收益 $U(q, t) - P(q)$ 和边际净收益 $v(q, t) - p(q)$ 同时为正时,客户才会购买第 q 单位商品。这避免了一种情况,即客户为了获得购买后续单位商品的补偿收益,而在没有收益的情况下购买第 q 个单位商品;然而,它抓住了大多数模型和实际应用的基本特征。主档案可以由需求数据估算得出,其中需求数据指的是与每一对总价格减边际价格(P, p)对应的购买量的分布。例如,对一个固定费用为 P_0,边际价格为 p 的两部制价目表来说,$N_0(P_0, p, q)$指的是购买量大于 q 的客户人数,且 $N(P, p, q) = N_0(P - pq, p, q)$。

利用主档案,公司的利润贡献或生产者剩余可以写成

201

$$\text{PS} \equiv N(P_*, 0, q_*) \cdot [P_* - C(q_*)] + \int_{q_*}^{q^*} N(P(q), p(q), q) \cdot [p(q) - c(q)]dq$$

其中,购买量 q 的范围为 $q_* \leqslant q \leqslant q^*$,当购买量是最低购买 q_* 时,收取的价目表为 $P_* = P(q_*)$。这说明以最低价 P_* 购买 q_* 个商品的客户数量为 $N(P_*, 0, q_*)$ 个,而 $N(P(q^*), p(q^*), q^*)$ 指的是购买量达到最大量 q^* 时的客户数量。对处于 $q_* \leqslant q \leqslant q^*$ 范围内的每一单位购买量来说,$N(P(q), p(q), q)$ 中

的每一位客户都可以带来 $p(q)-c(q)$ 的利润贡献。

如果将主档案解释为客户（心里）保留价格的分布，就可以得到类似消费者剩余的公式。对于购买量为 q_* 的客户来说，其消费者剩余为

$$\int_\infty^{P_*} [U-P_*]dN(U, 0, q_*) = \int_{P_*}^\infty N(P, 0, q_*)dP$$

类似地，第 q 个单位商品所对应的消费者剩余为

$$\mathcal{N}(P, p, q) \equiv \int_p^\infty N(P, \pi, q)d\pi$$

在第一个公式中，等式左边是等式右边的反向积分，因为 N 是右累积分布函数；等式右边是通过部分积分法得到的。由此可见，消费者剩余为

$$CS \equiv \int_{P_*}^\infty N(P, 0, q_*)dP + \int_{q_*}^{q^*} \mathcal{N}(P(q), p(q), q)dq$$

如上所述，这个公式假定只有在 $U(q, t) \geqslant P(q)$，且 $v(q, t) \geqslant p(q)$ 时，客户才会购买第 q 单位商品。因此，它要求价格表与各个类型参数的需求函数仅从下方相交一次。[①]

在拉姆齐定价中，需要选择能使 CS+$[1+\lambda]$PS 最大化的价目表，其中 λ 是拉格朗日乘数，需要大到足够满足公司的收入要求。我们将最优价目需要满足的条件分为了两部分。

202

边际价格表

对于任何超过最优价格表的单位价目表来说，其最优价格表需要满足的条件是变化微积分中的欧拉条件，即：

$$\frac{d}{dq}E(P(q), p(q), q) = [1-\alpha]\mathcal{N}_P(P(q), p(q), q) + \tag{1}$$
$$N_P(P(q), p(q), q) \cdot [p(q)-c(q)]$$

如果 $P(q) > 0$，则该式中的 $\alpha = \lambda/[1+\lambda]$ 就是拉姆齐数，且：

---

① 第6章中具体论述了如何做到该限制条件，以及在后续推导中所需的修正。

$$E(P, p, q) \equiv \alpha N(P, p, q) + N_p(P, p, q) \cdot [p - c(q)]$$

欧拉条件需要解一个关于价目的二阶微分方程,该微分方程需要满足边界条件,即通过相关横截性条件确定 q^* 的大小。这些边界条件要求满足 $\langle P, p, q \rangle \equiv \langle P(q^*), p(q^*), q^* \rangle$ 的数量对是有限的。

$$E(P, p, q) = 0 \quad \text{以及} \quad [1 - \alpha] \mathcal{N}(P, p, q) + N(P, p, q) \cdot [p - c(q)] = 0 \tag{2}$$

也就是说,类似的拉姆齐条件在 $q = q^*$ 时得到满足,而且对于最后一单位的购买量来说,消费者剩余和生产者剩余对目标的贡献是零。这些条件仅表明购买量的大小是没有明确限制的。只要客户的需求够大,它也可以无限大。在 $q = q^*$ 时,客户对于边际价格 $(p = c)$ 的需求为 $0(N(P, p, q) = 0)$。

　　式(1)和式(2)直接决定了价目表的计算方式。首先,我们需要对 $P^* \equiv P(q^*)$ 的值有一个差不多的估计。通过等式 $N(P^*, p(q^*), q^*) = 0$ 和 $p(q^*) = c(q^*)$,可以确定 q^* 的大小。接着,通过 q^* 倒推出微分方程(1),判断在 $q = q_*$ 时,式(1)是否满足边界条件。如果不满足,则需要不断调整 P^* 的值,直到得到一个近似解。[①] 然而,在大部分实际应用中,都需要对上述方法进行修改。通常,购买量超过某一特定数量 Q 的客户会获得正的净收益;因此,对于 $q > Q$,$\delta N / \delta P = 0$,此时式(1)的右边为零,价格表[与 $P(q)$ 无关]由条件等式 $E(P(q), p(q), q) = 0$,或 $E(0, p(q), q) = 0$ 得到。这只是之前用一般需求档案 $N(p, q)$ 得出的最优条件。当总价目不会影响价格表的确定时,一般需求档案与主档案 $N(0, p(q), q)$ 基本上是相同的。

　　图 8.10 解释了这一点,类似于图 4.1,该图描述了在单一情况下,价格表 $p(q)$ 使得满足 $q > Q$ 的每一单位 q 都达到利润贡献最大化。然而,当 $q_* < q \leqslant Q$ 时,价格表并不能使利润贡献达到最大,如实线曲线所示,在 q 处于初始区间内时,其所对应的价格表 $p(q)$ 低于能使利润贡献最大化的价格 p。该曲线遵循微分方程(1)的路径,起始点为 $P(Q)$,即购买量为 Q 时的总价格。然而,图 8.11

203

　　[①]　这样的计算方法参考了计算椭圆形偏微分方程的数值方法,如 Press et al. (1986, Chapter 16)。

表明,原则上,对低于 Q 购买量的单位边际价格的抑制会在价格表上形成折叠。该折叠实际上表明价格表是不连续的,如图中的虚线垂直段所示。这表明没有客户会选择购买位于边际价格表向后弯曲部分的数量。请注意,通常会有某一类客户,其购买量为 Q,这一类客户的需求函数与图 8.11 中的虚线垂直段相交。

204

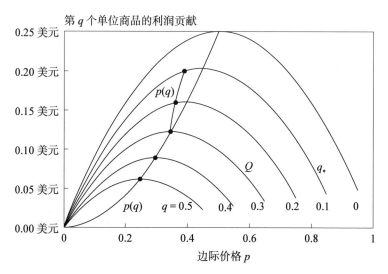

图 8.10 当 $q > Q$ 时,最优价格表 $p(q)$ 使该单位的利润贡献最大化;但当 $q < Q$ 时,最优价格低于利润贡献的最大值,因为主档案对总价目 $P(q)$ 很敏感。

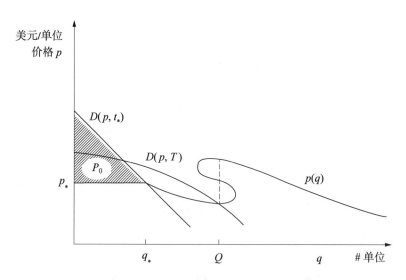

图 8.11 当 $q < Q$ 时,若边际价格必须降低以使 T 类型客户能够负担得起固定费用 P_0,则价格表将是不连续的。

在图 8.11 中,最低费用表示为 $P_* = P_0 + p_* q_*$,这是一个两部制价目表,包含了固定费用 P_0 和边际价格 $p_* = p(q_*)$。最低购买 q_* 对应的是 t_* 类型客户的购买量,该类型客户在价格 p_* 下的消费者剩余勉强可以支付固定费用 P_0。价格表会不连续是因为当 $q_* < q < Q$ 时,商品价格必须低到足以令 T 类型的客户承担固定费用。这是因为当 $q < Q$ 时,T 类型的客户从购买中获得的消费者剩余实在太少,甚至不足以支付固定费用。因此,在初始区间 $q_* < q < Q$ 中,价格表的价格需要降低,以使 T 类型的客户能够从边际价格表中获得足够的剩余来支付固定费用。如前所述,这可能会使得价格表在 Q 处突然向上跳动,导致价目表出现拐点或尖点,并使大量客户在购买量为 Q 的地方扎堆购买。除了 T 类型客户外,还有其他不受固定费用大小限制的客户,但他们会因为当 $q > Q$ 时,边际价格的跳动而不敢进一步购买。原则上,价格表的好几个购买区间都可能会受到价目表大小的影响,但实际上通常只有初始区间受到影响。请注意,这种情况只发生于不同类型的需求表相交时。在图 8.11 中,类型 t_* 和 T 的需求曲线是相交的。在第 6 章中,通过假设客户的需求函数彼此不相交,我们排除了上述现象。

出现于初始区间的低价被称为最低生活保障费率。它们的目的是留住不想为服务支付过多价格,因此不愿意支付固定费用的客户。除非价格表在初始部分提供低价,不然他们不会选择购买。[①] 另一种方法是实施熨烫程序,得到一个统一的价格,适用于 Q 以下(和 Q 以上)的所有单位,如图 4.3 中的右半部分所示。

205

最低购买和最低费用

现在我们开始分析如何确定最优的最低购买 q_* 以及对其收取的最低价目表 P_*。横截性条件要求:

---

① 设定最低生活保障费率的其他动机也很重要,包括提供普遍服务的目标,以及在电话服务中的网络外部性,即客户需要一部电话来接听其他用户的来电。如果有一些大客户的需求弹性很大,就像选择旁路的情况,那么其他增量的价格,比如在 q_* 附近的价格,可以被压低到边际成本以下。

$$\alpha N(P_*, 0, q_*) + N_P(P_*, 0, q_*) \cdot [P_* - C(q_*)] \tag{3}$$
$$= \alpha N(P_*, p_*, q_*) + N_p(P_*, p_*, q_*) \cdot [p_* - c(q_*)]$$

如果 $P_* > 0$，则：

$$N_q(P_*, 0, q_*) \cdot [P_* - C(q_*)] + p_* N_p(P_*, p_*, q_*) \cdot [p_* - c(q_*)]$$
$$= [1 - \alpha][A - B] \tag{4}$$

如果 $q_* > 0$，其中：

$$A \equiv \int_{p_*}^{\infty} N(P_*, p, q_*) dp + p_* N(P_*, p_*, q_*) \quad \text{以及}$$

$$B \equiv \int_{P_*}^{\infty} N_q(P, 0, q_*) dP$$

为了解释这些条件，我们注意到式（4）的右边实际上是零，因为 A 和 B 仅仅是两种不同的计算方式，都用于计算购买第 q_* 个单位商品所获得的总剩余。①

为了深入研究，简单起见，我们假设 $N(P_*, 0, q_*) = N(P_*, p_*, q_*)$，这样一来，最小购买的客户也愿意以边际价格 p_* 购买第 q_* 个单位商品，例如上图中的 t_* 类型客户。上述情况假定在不收取固定费用时，消费最少的客户会以统一价格 p_* 购买的商品数量大于 q_*。此时，结合式（3）和式（4）得到：

$$p_* = -\frac{N_q(P_*, 0, q_*)}{N_P(P_*, 0, q_*)} \equiv \left(\frac{\partial P_*}{\partial q_*}\right)_{N=N_*}$$

也就是说，如等式最右边所示，初始的边际价格 p_* 应该和（与 q_* 对应的）价目表 P_* 的变化率保持一致，这样才能保证订购服务的客户数量保持不变，即 $N_* \equiv N(p_*, 0, q_*)$。最后，当 $Q = q_*$，即价目表中没有最低生活保障部分时，等式（3）的右边为零，因为此时等式（3）的右边部分仅代表为了计算 q_* 处的最优价格表而设定的条件 $E(P_*, p_*, q_*) = 0$。综上所述，我们得到了两个对称形式的一般弹性条件：

① 在根据需求数据来估计主档案时，应该注意到这一限制条件。尽管在理论上它是真的，但是实际的数据可能并不遵循这一条件。

$$\frac{p_* - c(q_*)}{p_*} = \frac{\alpha}{[-p_* N_p / N]} \quad \text{以及} \quad \frac{P_* - C(q_*)}{P_*} = \frac{\alpha}{[-P_* N_P / N]}$$

这两个一般弹性条件,一个针对最优边际价格,另一个针对最优最低费用。前者用主档案的边际价格弹性来确定边际价格,而后者使用主档案的总价格弹性来确定最低费用 P_*。

　　图 8.12 分别画出了这两个条件确定最低购买和最低费用的方式。此时默认了 t_* 类型的客户对应的购买量为 q_*,也只有满足这一条件,$N = N_*$ 才成立,才能画出轨迹图。价格表 $p(q)$ 由其弹性条件确定,与其对应的价目表 $P_*(q_*)$ 作为关于 q_* 的函数,由其弹性条件确定(如上)。最优的最低购买 q_* 被定义为:t_* 类型的客户在同时满足 $U(q_*, t_*) = P_*(q)$ 和 $v(q_*, t_*) = p(q_*)$ 时的购买量。因此,为了确定 P_* 和 q_* 的大小,我们沿着边际价格表向后移动,以找到某一个略小于 q_* 的值,可以同时满足上述两个条件。[①]

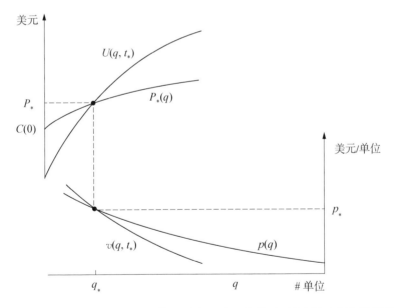

图 8.12　当 t_* 类型的客户付出同等的价格和边际价格时,其最低购买和最低价格的确定。

---

　　①　在一般情况下,这个问题的计算较为复杂,必须准确地确定 $P(Q)$ 的大小,才可以确保 q_* 可以同时满足两个条件。可以用熨烫程序来处理 $p(q)$ 曲线上的折叠,但对于 $P_*(q_*)$ 曲线上的折叠,显然只能在局部最大值中找到正解。

如图所示，当且仅当公司的固定成本 $C(0)$ 为正时，最低购买才为正，且此时 $P_* > C(0)$。然而，例 6.10 表明，在某些情况下，$P_* = C(0) + p_* \cdot q_*$，即只要对所有的购买量 $q < q_*$ 收取统一价格 p_*，那么固定费用就只是企业的固定成本。

该图说明，当客户的需求表彼此不相交时，更容易确定和计算最优价目表。此时，一般的需求档案就足以确定价格表。若使用主档案，则可以更容易地确定最低购买和最低费用或固定费用。由于该模型的简便性，在其他各章中也用到该模型进行解释说明。尽管通常来说，我们需要结合式(1)—(4)来完全确定最优价目表，但在大部分情况下，使用更简单的模型和简便的计算也足以得到最优价目表，并可能揭示出具有现实意义的某些特征。

8.6 小结

本章对第 6 章中用到的参数化模型做了进一步的分析和论证。第 1 节阐释了一些技术上的复杂情况，正是因为这些技术难题，尽管非线性定价的模型使用了明确的类型参数，但是大量关于非线性定价的文献都晦涩难懂。我们还指出了在使用第 4 章、第 6 章中提到的实际应用方法时的注意事项。当我们通过需求行为（由客户和市场类型决定）的计量经济学模型来构建需求档案时，尤其需要重视上述注意事项。

在推导价格表时，若基本的最优条件没有办法满足模型所需的单调性条件，该推导就会很困难。第 1 节和第 2 节详细描述了可能出现的种种困难。数量分布必须满足单调性才可以确保价格表与每位客户的需求表自下而上相交，客户的净收益最大化也需要满足这一要求。满足额外的单调性条件还可以确定问题的唯一局部最优解，同时也是全局最优解。上述两个单调性条件都可以通过假设 A4 来满足，而假设 A4 的两个部分确保公司只会有一个最优方案，且客户的购买量也满足单调。同时我们也强调，如果没有 A4 这样的假设，则可以通过正确选择公司的解决方案或使用熨烫程序来克服困难，从而确保单调性。

第 3 节和第 4 节从另外两个方面进行论述。首先，含有多个部分的最优多部制价目表与最优非线性价目表只有微小的差别。特别是,得到的结果是近似最优的,其精确度与部分购买人数的平方成反比。第二,对于多维类型的客户来说,非线性价目表和多部制价目表的特征仍然基本相同,仅有一个对单维类型族群进行平均化的程序不同。

最后,第 5 节讨论了需求档案扩展到总价目表的程度限制了市场渗透率的情况。在这种情况下,根据主档案得到的最优价格表可能会为小额购买提供更低的价格。

208

第三部分

多维价目表

— 第 9 章 —
多维定价

前面的各章研究了当每个客户只选择购买数量时单个产品的价目表设计。本章和后续各章展示了如何将用于单个产品的定价方法应用于更复杂的价目表设计问题。本章从最简单的情况开始,单个产品具有客户选择的多个质量属性。第2章中的例子表明,一些公司根据影响客户使用评估的质量维度来区分他们的产品。此外,公司经常区分交付条件,例如使用时间或地点以及交付的可靠性或速度。这些选择允许客户为每个单位分配一些质量属性组合,并为所选组合支付相应的价格。重要的是这些选择是灵活可变的,从某种意义上说,客户可以为同一通用产品的不同单位选择不同的质量属性。

第1节根据数量和质量增量的需求档案,明确了所需的基本数据。第2节推导出最优价目表的条件,并展示它们如何应用于客户偏好的参数化模型。第3节提供了计算方法的例子,当客户拥有关于影响他们选择的服务质量的相对价值的优越高级信息时,计算会更加复杂。第4节介绍了一个模型,它适用于电信和运输服务中每个客户为每个项目分配一个交付延迟。

本章始终假设公司的成本和客户的收入在不同的质量属性之间是可分的。可分性假设可以简单地体现多维和多产品定价的一些基本思想。第10章中给出了一个详细的例子,其中该方法被应用于优先级服务的非线性价目表设计。本章也是第11章的基础,在第11章中我们进一步分析了包括用电服务高峰时段的容量定价。

9.1 一个多维公式

多维定价的主要特征是假设客户可以为每个单位分配不同的质量属性组合。客户可以自由选择每个单元的质量属性,从而将多维产品和第 13 章中研究的同类产品区分开来。在后一种情况下,公司提供多种产品,每种产品都有固定的质量属性配置。如果提供的产品种类丰富,这两种情况可能相似,但如果种类有限,则由于客户对质量属性选择的限制,多种产品的定价会更加复杂。本章从多维非线性定价的简单公式开始,这实际上提供了无限种类的质量配置。

多维产品的一个典型例子是邮件递送,如第 2.5 节中的联邦快递价目表的例子。该公司提供的通用产品是递送货品。但是,客户寄送物品不受任何单一服务模式的限制,他可以选择邮寄每件物品的递送速度。根据每个递送速度类别内邮寄物品的大小和数量来评估价格。类似地,在电力情境中,客户为多个能源需求块中的每一块选择时间或其他服务属性,例如服务优先级或可靠性。同样地,航空公司客户为每次旅行选择航班和服务质量。

有多种方法可以描述客户的购买情况。以下概述了两种不同的用于汇总客户在结算周期内购买的会计惯例。**分配表**根据对多个产品购买的常见直观核算数据来描述客户的购买。但是对于多维价目表的设计,涉及客户购买的更方便表示是个人档案表格,它记录了客户选择的各种质量增量。考虑到购买动机,本章例子参考了普通邮政信件服务的情景,将服务区分为普通邮件、航空邮件和特快专递。

尽管这些送货模式通常用排序的质量级别表示,但我们采用符号来表示基本质量级别,假设更快的送货速度是根据与送货所需的平均天数成反比的一些指数来量化的。很明显,序数性质在分析中没有特别困难。但该公式确实依赖于这样的假设。如果两者以相同的价格提供,则所有客户都更喜欢质量较高的而不是质量较低的那一个。这并不包含质量维度,例如在客户那里排名不同的颜色或口味。

分配表

　　客户购买的实物项目或服务可以表示为一个数量单位分配了 m 个质量属性的数量级列表(q_1，……，q_m)。因此，在一个结算周期内，客户的总购买量是

213

通过计算每个可能的质量量级列表分配了多少物品来描述的。这种形式的描述称为分配：它指定了客户对产品质量的分配。在邮政例子中，分配指定了三种递送方式的信件数量：常规、航空邮件和特快专递。对应的 $m=1$ 具有指示递送速度的单维度的三个可能量级。或者，该任务只简单记录客户购买的普通邮票、航空邮件和特快专递邮票的数量。可以想象在每个与各服务质量列表相对应的文件箱内会有一堆购买订单，且每封信件都采用该服务模式递送。

　　一个赋值可以表示为形式为(q_1，……，q_m，q_{m+1})的 n 个列表(即长度为 n ＝ $m＋1$ 的列表)的集合，其中 q_{m+1} 是分配给质量量级的 m 列表(q_1，……，q_m)。因此，每个客户购买一组 n 列表，其中每个 n 列表是一个长度为 n 的向量 q ＝(q_1，……，q_n)，其每个元素指定了各种质量或数量的大小。从这个角度来看，客户的购买集合包括 n 个质量和数量量级空间中的点，每个点对应于购买集中的 n 个列表之一。

　　在第 13 章中，当我们研究多种产品的定价时也使用了分配表。质量属性量级的每个 m 列表标示了公司提供的各类产品之一。客户的购买集描述了公司在结算周期内提供的每种产品的单位数量。在本章中，我们没有明确地使用分配表，因为它的替代形式可以更好地利用多维产品的特性。由于客户为每个商品指定了他偏好的质量属性，因此他不会被迫接受公司提供的相对较少的质量量级组合——他可以根据自己的喜好定制质量组合。

档案表格

　　为了介绍客户购买集的个人档案表格，再次运用邮政的例子。如果客户在信件上除了常规服务邮票还附加了航空邮件升级邮票，则提供航空邮件服务，同

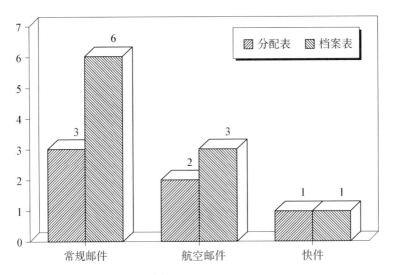

图 9.1　邮政例子的分配表和档案表格。

样,如果客户附加第三张邮票用于快递升级,①那么信件就符合特快专递服务的条件。在这种情况下,物品数量和邮票数量之间没有一一对应关系,但在仅记录购买邮票数量的系统中包含基本相同的信息。例如,假设客户通过常规、航空邮件和快件在分配表中分别派送了 3 封、2 封和 1 封信。档案表格描述记录他购买了 6 张普通邮票、3 张航空邮件升级和 1 张快件升级,如图 9.1 所示。在此列表中倒推,我们可以推断出实际上客户通过快件发送 1 封信,通过航空邮件发送2 封,通过常规服务发送 3 封。此外,物品总数(6 封信)被直接记录在普通邮票购买数量中。这个数字是公司的容量要求,它是第 11 章关于容量定价分析的重点。如果公司必须提供与信件数量成比例的容量,而不管派送速度如何,这一点就特别重要。

　　一般而言,档案表的描述为每个客户和每个质量增量指定了该质量增量需求分配的质量项目或单位数量。因此,档案表记录了客户对质量增量的需求,即

214

---

　　①　用升级来解释质量属性在几个行业中很常见。大部分航空公司出售宣传册,允许客户在空间可用的基础上将经济舱机票升级为商务舱或头等舱。(此外,与单个升舱相比,成册出售的升舱券会以折扣价出售是非线性定价的另一个例子。)一个常见的例子是钓鱼许可证,在美国许多州,它需要为几类水域和鱼种分别盖上辅助印章。

各种可能的质量升级邮票。给定一个客户的分配,包括多个由 i 索引的 n 列表 q^i,相应的质量增量需求是通过记录每个可能的质量量级 m 列表 $\hat{q}$ 及这些 n 列表中的项目数量 $D(\hat{q})$ 要求 $\hat{q}$ 处的质量增量来构成的。

215　　　因此,

$$D(\hat{q}) = \sum_{i \in I(\hat{q})} q_n^i,\text{其中 } I(\hat{q}) = \{i \mid q_1^i \geqslant \hat{q}_1, \cdots\cdots, q_m^i \geqslant \hat{q}_m\}$$

注意,m 列表 $\hat{q}$ 中质量增量的需求 $D(\hat{q})$ 包括所有 m 维度上分配的质量超过 $\hat{q}$ 的所有项目。因此,每个质量维度都没有增加。

在 $m=0$ 的特殊情况下,没有质量差异,因此分配只是购买的单个数量 q_1^1。在这种情况下,$D(\hat{q}) = q_1^1$ 只是客户的单位需求数。这与前面的各章一致,因为没有质量增量,对质量增量的需求等同于需求本身。

下一步是构建一个类似于以前使用的总需求档案。回想一下,当没有质量差异时,边际价格 p 下的需求档案 $N(p, q)$ 确定第 q 个数量增量的客户数量。类似地,对于差异化的质量,需求档案确定需要每个数量增量和质量增量的客户数量。举例说明,假设有几个以 t 索引的客户,并且第 t 个客户对质量增量的需求在质量的 m 列表 $\hat{q}$ 中是 $D(\hat{q}, t)$,那么对于每个价格表 p 和一个 n 列表 $q = (\hat{q}, x)$,需求档案为

$$N(p, q) \equiv N(p, (\hat{q}, x)) = \#\{t \mid D(\hat{q}, t) \geqslant x\}$$

它规定了要求(响应顶部)第 x 次质量增量和每个第 $\hat{q}_i$ 次质量增量的客户数量。[1] 注意此定义符合邮政例子的解释:给定邮票的边际价格列表 p,需求档案 $N(p, q)$ 记录了有多少客户购买了第 x 单位的每张邮票 $\hat{q} \in \{$普通、航空升级、特快升级$\}$。通过构建模型,需求档案在质量的每个维度上都是非递增的。据推测,它在价格方面也是不递增的,因为客户以较低的需求响应较高的价格。

需求档案直接适用于最优价目表的设计。例如,对于价格 $p(q)$,公司在 q 处销售质量和数量增量的预期收入贡献为 $p(q)N(p(q), q)$,即这些增量的价

---

[1]　如果没有质量差异,那么 $m = 0$ 和 $N(p, q)$ 正是前几章中使用的需求档案:它确定了要求第 x 次数量增量的客户数量。

格 $p(q)$ 乘以预测以此价格购买这些增量的客户数量。该公式隐含的要求是,当且仅当客户购买了所有维度上的所有较小增量时,客户才有资格购买在 q 点处的质量和数量增量。例如在邮政例子中,销售第二张航空邮件升级邮票的预期收入是第二张航空邮件升级邮票的边际价格乘以通过升级服务发送至少两封信件的客户数量通过航空邮件或快递。所有此类客户都必须购买至少两个航空邮件升级邮票,无论这些邮票是仅用于航空邮件升级还是与特快升级邮票结合使用。此外,有资格购买并有效使用第二个航空邮件升级邮票的客户,只有那些还购买了至少两个普通邮票和第一个航空邮件升级邮票的客户。

客户对质量增量需求的档案描述的优点在于,它允许通过需求档案的构建,对客户购买的质量和数量属性进行对称的描述。它还可以关注非线性定价的主要特征,即如何对质量和数量的增量进行联合定价。例如,在邮政情境下,它使我们能够解决是否为买普通邮票或将邮票升级为航空邮件或特快件的客户提供数量折扣这一问题。事实上,我们可以考虑为每个不同升级邮票的连续单位不同定价的可能性。回想一下,在第 2.5 节中,我们描述了包含这些功能的联邦快递标准航空服务(慢速模式)和优先 1/快件服务(更快模式)的价格表,特别是这些价格表为每个质量水平提供数量折扣。

负荷持续时间曲线

在电力、通信、交通运输等受高峰负荷影响的行业中,需求档案描述很常见。这些行业的公司提供耐用资本设备的不可储存服务,因此与短时间内波动的需求相比,容量和潜在供应相对稳定。在这些行业中,人们习惯用**负荷持续时间曲线**来表示客户的购买,比如一年的购买情况。负荷持续时间曲线指定每个负荷级别 x,例如以千瓦(kW)为单位测量的功率级别,客户负荷超过 x 的小时数 $H(x)$。这种描述是档案表格中 $m=1$, $n=2$ 的情况,对于 m 列表 $\hat{q} \equiv x$,增量的需求是 $D(\hat{q}) \equiv H(x)$。同样地,如果一年中的每小时间隔按顺序排列,使需求随着排序而下降,那么客户的需求可以由函数 $L(h)$ 描述,该函数指定了一年内第 h 小时的需求功率或负荷。这是测量负荷持续时间曲线的常用方法。

在分时价目表中,每小时间隔通常被指定为高峰、非高峰或中间值,以便定价，正如我们在第 2 章法国电力公司以及太平洋燃气电力公司使用的价目表示例中看到的那样。这是一般价目表的一个特例，它指定了以美元/小时为单位的一年中排名第 h 小时所需的功率 $L(h)$ 的费用 $P(h, L(h))$，然后把一年中的小时费用加总起来。本章的结论是根据以美元/千瓦时为单位的边际价格 $p(h, x) = \partial P(h, x)/\partial x$ 来解释此类价目表，对排名第 h 小时使用的第 x 千瓦功率收费，因此，$p(h, x)$ 是前面定义的 $q = (h, x)$ 处的边际价格 $p(q)$。

我们看到客户的负荷持续时间曲线是对质量增量的需求，我们可以用两种不同的方式来解释，与邮政例子类似。

- 第一种解释采用分时价目表的观点。项目数是客户要求服务的小时数。第 h 个常规服务邮票提供了第 h 个小时内的服务连接。第 x 种升级邮票提供第 x 千瓦，并且可应用于客户喜欢的任何时间。在此解释中，项目数是累计的服务持续时间（以小时为单位），并且购买的最高级别升级表示客户的高峰负荷（以千瓦为单位）。客户的能耗通过各种升级的数量来表示。因此，给定他的负荷持续时间曲线，客户购买足够的邮票来填充曲线的下方区域。在这种解释中，升级代表功率水平的连续提高。

- 另一种解释采用所谓的莱特价目表的观点，其中升级代表连续更长的持续时间。项目数量是客户的高峰负荷 $L(0)$，即为服务客户所需的容量（千瓦）。第 h 种升级邮票可为客户选择的任何容量单位提供第 h 小时的功率。因此，常规邮票的数量表示高峰需求（以千瓦为单位），升级邮票的总数表示客户的能源消耗（以千瓦时为单位）。

例如莱特价目表可以通过对每份普通邮票收取 1 千瓦高峰负荷发电机的资本成本来收回公司为单个客户提供服务的实际成本，并且对第 i 小时升级，收取发电机的边际运营成本以最有效地为持续时间为 h 的单位负荷提供服务（美元/小时/千瓦）。此类价目表通常以分时形式实施，它通过征收与高峰负荷发电机的资本成本相等的需量费用，提供足够的容量来服务客户的高峰负荷，然后在每 h 小时内为每个能源单位收取该小时内活跃的边际发电机的运营成本。在另一种形式中,任何小时中的第 x 千瓦功率被收取分配给该单位发电机运行的边际成本。这种分配是根据发电方式的优劣顺序来满足供应需求的,发电机按其边际运营成本的高低依次启动。

档案公式的基本前提是每个客户的购买都可以被指定为一个包含其边界内所有增量的集合。用它的边界来表示这个集合通常很方便,就像在负荷持续时间曲线的情况下一样,但从概念上讲,边界内的一组增量是定价分析的重点。一个质量维度 $(m=1)$ 和一个数量维度 $(n=2)$ 的情况正如电力情境中负荷持续时间曲线的情况,这种观点在图 9.2 中以几何方式表示。负荷持续时间曲线下方任意点 $q=(h, x)$ 处的增量由两个维度上的单位增量组成。因此,它可以被描绘成如图所示的一个小方块。客户通过购买它包含的所有小方块,并为每个小方块支付相应的边际价格 $p(q)$,从而获得由 Q 表示的包含负荷持续时间曲线内区域的购买集。通常,如果维度数量为 n,则增量对应一个小的 n 维立方体,每个这样的立方体又被分配一个相应的边际价格。

就需求档案而言,该公式的另一个优点是揭示了一个重要的适用于质量和数量差异化价目表设计的二元性原则。为了说明这个问题,我们再次使用电力情境。我们在上面提到了对每 h 小时的功率 $L(h)$ 收取 $P(h, L(h))$ 的分时价

218

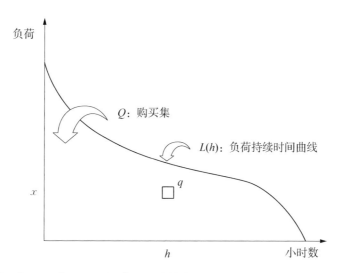

图 9.2 购买集 Q 和增量 q。购买集是负荷持续时间曲线 $L(h)$ 内增量的集合。

目表的说明。如果在一年中累积持续时间 $H(q)$ 中使用了 q 千瓦的容量,其中 $H(q)$ 是负荷持续时间曲线[①],则另一种莱特价目表将收取以美元/千瓦为单位的 $\hat{P}(H(q), q)$ 费用。分时价目表和莱特价目表如果对每个增量 $q=(h, x)$ 征收相同的边际价格,则它们征收的总费用相同。分时价目表的边际价格是 $p(h, x)=\partial P(h, x)/\partial x$,莱特价目表的边际价格是 $\hat{p}(h, x)=\partial \hat{P}(h, x)/\partial h$。 如果每个增量 $q=(h, x)$ 对应的两个边际价格都相同,即 $p(q)=\hat{p}(q)$,则价目表是等价的[②]。

219

9.2 多维价目表设计

本节介绍了当客户收益可加可分的情况下构建多维价目表的基本方法。一旦问题以易于操作的方式得到表述,该方法与第 4 章中的算法类似。因此,我们在介绍了基本原理后,再简要介绍计算方法。计算公式的不同之处主要在于每个客户的购买包含了一组多维增量。

购买集

上一节强调了使用档案形式来描述客户的购买集的优势。为了完成构建,我们还需要对公司的成本和客户的收益进行描述。为此,我们将客户的购买行为表示为一组 Q 集,共同代表数量和质量增量,由小方块或立方体组成。购买集 Q 表示为 n 维欧几里得空间的正交子集。这样的集合有一个上限(如负荷持续时间曲线),并包括该边界以下的所有小立方体(或者如果小立方体是无穷小的,则包括所有点)。位于点 $q=(q_1, \cdots\cdots, q_n)$ 的小立方体的边长为 $dq=$

[①] 莱特价目表的一种变形被用于负荷率定价,客户根据其平均和高峰电力需求的比率获得折扣。

[②] 这种等价是根据以下推测:从客户负荷持续时间曲线和公司系统负荷持续时间曲线得出的每年的小时数顺序一致;也就是说,客户的负荷模式与系统负荷模式同步。例如,如果客户的高峰负荷发生在系统的低谷时段,那么这两种资费不一定相等。考虑到一些客户的高峰负荷与系统高峰负荷不一致,电力和通信公司以及监管机构更喜欢基于系统负荷持续时间曲线的分时价目表。

$(dq_1, \cdots\cdots, dq_n)$，表示沿 n 维的增量。一种特殊的购买集是矩形的，由单个点 q 下方的所有小立方体组成。这样的购买集用 $[q]$ 表示。一个矩形的购买集对应一条负荷持续时间曲线，直到服务的最大持续时间是平坦的，因此服务期间的最大负荷和平均负荷是相同的。包含任意购买集合 Q 的最小矩形集合，类似地表示为 $[Q]$。在负荷持续时间曲线的情况下，因为它假设客户的高峰负荷在客户服务的整个持续时间内持续，这表示在 n 个维度中的每个维度上分配给客户的容量。

公司的成本

在这里我们假设公司的成本在不同客户之间是可加可分的，并且对购买相同产品的客户也是如此。总边际成本也可以包括在内，但为简单起见，我们忽略这种可能性。我们进一步假设公司的成本完全由其提供矩形购买集的成本决定。特别是，这意味着如果 $C([q])$ 是提供矩形购买集 $[q]$ 的成本，那么

$$c(q) = \frac{\partial^n C([q])}{\partial q_1 \cdots\cdots \partial q_n}$$

是它提供位于 q 处的小增量立方体的边际成本。提供任意购买集 Q 的成本表示为 Q 内所有增量的边际成本的总和：

$$C(Q) = \int_Q c(q) dq$$

在这个公式中，积分被解释为位于 Q 内点 q 处的所有小立方体 dq 的总和，或者，它可以表示为域 Q 上关于微分 $dq = dq_1 \cdots\cdots dq_n$ 的 n 倍积分。计算这样的总和或积分是不必要的，因此公司成本的这种表示仅仅是符号化的。然而，在这种表示中嵌入了一个重要的假设，公司成本的适当一般形式包括一个额外项，它取决于公司提供容量的成本 $[Q]$，该项代表公司产生的容量成本。这是第 11 章的主题，因此我们在这里假设不存在此类容量成本。

总而言之，公司对每个客户购买集的供应成本，可以简单地从其提供该集合包含的小立方体的成本总和来获得。在电力情境中，如果容量成本为零或容量供过于求，这表示公司提供负荷持续时间曲线的成本由其随时间增加提供功率

增量的边际成本决定。每对这样的增量都是一个小方块，代表特定时间的 1 千瓦时能量；它通常也取决于数量维度，因为当安装了混合发电技术后，连续单位的电力以不断增加的边际成本提供（按优先顺序），通常是因为具有较低燃料成本的发电机容量用尽后燃料成本变得更高。例如，一个典型的发电优先顺序会随着负荷的增加而引入水力、核能、煤炭和燃气发电机，并且这个顺序代表了不断提高的边际运营成本（每千瓦功率容量的美元/小时）。

类似地，在邮政服务（例如联邦快递）的情境下，公司成本的这种表述假设将交付的每件物品的边际成本加总起来就足够了，这取决于交付方式和物品的重量或客户通过该模式寄送的物品数量。

客户的收益

与公司成本一样，我们假设客户从购买集中获得的收益只是它从增量中获得的边际服务价值的总和。因此，如果客户从矩形购买集 $[q]$ 中获益的货币价值为 $U([q])$，则位于 q 点处的小立方体的服务价值为

$$v(q) = \frac{\partial^n U([q])}{\partial q_1 \cdots\cdots \partial q_n}$$

那么客户从任意购买集 Q 中获得的收益简单地表示为

$$U(Q) = \int_Q v(q) dq$$

采用这种表示的主要假设是，客户对一个小立方体（能源或交付的物品等）的估值可能取决于局部方面，比如交付能源的时间或功率水平，而不取决于购买集的全局方面，比如形状（例如整体负荷率）。在电力情境下，这一假设是有限制性的，因为它对客户将需求从一个小时转移到另一个小时的动机进行了狭义的解释。然而，在第 11 章和第 13 章中更复杂的公式被引入之前，我们在这里先以它为第一个近似值。

最优价目表

因为公司的成本和客户的收益是可加可分的，并且可以简单地计算为边际

成本或增量价值的总和,因此价目表不需要更复杂。[①] 因此,构建一个根据对每个小立方体进行评估得到的边际费用,为每个矩形购买集$[q]$分配费用$P([q])$的价目表就足够了

$$p(q) = \frac{\partial^n P([q])}{\partial q_1 \cdots \partial q_n}$$

然后通过公式将此价目表扩展到每个任意购买集Q,

$$P(Q) = \int_Q p(q) dq$$

因此,主要任务是确定每个q点处的小立方体指定边际价格$p(q)$的费率表。事实上,除去固定费用和需量费用,这正是电力公司在确定电度电费时采用的程序,邮政服务在确定投递速率时采用的程序,以及电话公司在确定长途电话的通信费时所采用的程序。

为了以最简单的方式呈现最优价格表的计算,我们先不细说进一步的假设,稍后再详细说明。

假设许多客户由t索引类型表示,如果客户t具有购买集Q的效用函数$U(Q, t)$,则对应指定价格p的价目表,更喜欢购买集合 222

$$Q(t) = \{q \mid v(q, t) \geqslant p(q)\}$$

也就是说,他更愿意将所有估价超过收取费用的增量纳入他的购买集中。这种选择使净收益最大化,即

$$U(Q(t), t) - P(Q(t)) = \int_{Q(t)} [v(q, t) - p(q)] dq$$

这些选择反过来决定了公司面临的需求档案。需求档案是

$$N(p(q), q) = \#\{t \mid q \in Q(t)\}$$
$$= \#\{t \mid v(q, t) \geqslant p(q)\}$$

---

① 这一观察反映出一个一般原则。一个完全最优的非线性价目表可以反映成本和效用函数的所有复杂性,但它不需要更复杂。只要它完全符合参与者的激励机制,任何进一步的复杂性都是不必要的。

也就是说,在 q 点处要求增量的小立方体的客户数量,是将这个立方体包含在他们的购买集中的客户数量,因为它的价格低于它的边际估值。因此来自价格表 p 的厂商利润贡献是

$$\sum_t \left[P(Q(t)) - C(Q(t)) \right] = \sum_t \int_{Q(t)} \left[p(q) - c(q) \right] dq$$

$$= \int_0^\infty N(p(q), q) \cdot \left[p(q) - c(q) \right] dq$$

在垄断公司利润最大化的情况下,通过为每个 q 点的增量选择价格 $p(q)$ 来最大化其利润贡献,从而使总贡献最大化

$$N(p(q), q) \cdot \left[p(q) - c(q) \right]$$

如果需求档案是从需求数据中以数值形式导出的,则可以像第 4 章那样以数值形式进行计算。第 3 节中的例子 9.1 给出了这种计算方法。或者,如果需求档案是近似价格的可微函数,则最优价格必然满足条件

$$N(p(q), q) + N_p(p(q), q) \cdot \left[p(q) - c(q) \right] = 0$$

该条件直接模拟了第 4 章中在 $n=1$ 的单维情况下得出的条件,唯一的实质性区别是需求档案的构建考虑了质量属性的多个维度。[1] 因为必要条件与单维情况下具有相同的形式,因此也适用相同的解释。例如,公司的利润率与需求档案的价格弹性成反比,反映了这样一个事实,即公司可以再次被解释为提供所有可能的质量和数量增量的产品系列。

人们还可以准确地重复第 5.1 节中对公用事业企业或受规制公用事业的分析,其价格表的选择是为了使消费者剩余最大化,但必须满足净收入要求。本例子中的拉姆齐价格表满足类似条件:

---

[1] 与第 4 章一样,此特征所需的基本属性在于,需求档案和由此产生的边际价格表是非增的。充分假设与 8.1 节类似,而主要区别在于域的多维性影响。Oren, Smith 和 Wilson(1985)的假设 A1 和 A2 是充分的;具体而言,成本增加且凸出,每种类型的收益增加且凹入,同时类型参数也增加,类型参数的边际收益也增加。如果某个区域的价格表正在增加,则可以使用 4.5 节中的方法将其修改为不增加。然而,因为域是多维的,所以这个任务很困难:对于非增加的价格表,每个区域的平均边际利润贡献必须为零。

$$\alpha N(p(q), q) + N_p(p(q), q) \cdot [p(q) - c(q)] = 0$$

其中 α 是区间 $0 < \alpha < 1$ 中的某个数字,该数字要选择得足够大以满足公司的收入要求。在第 3 节和第 10 章中,我们使用这个条件来研究几个例子。

这个分析的数据要求与单一数量维度情况下的数据要求类似。第 q 个增量的边际价格 p 下的需求档案 $N(p, q)$,被解释为质量和数量增量的 n 维立方体,通过观察在购买集中包含此增量立方体的客户数量来测量。此种测量下的数据可以从对统一价格反应的观察中获得,或者从非线性定价表的试行中获得。在后一种情况下,假设最终使用的定价表将减少,则 $N(p, q)$ 是在价格不高于 p 的购买集中包括 q 客户数量。或者,由于每个增量的利润率百分比是根据需求档案的价格弹性计算的,因此可以使用计量经济学模型来获得这种弹性如何随增量变化的统计估计。第 3 节中与联邦快递的费率表有关的例子 2 是由这样的模型来说明的。

9.3 例子

本节中的例子说明了第 1 节中的公式和第 2 节中的算法。

例 9.1:数值数据计算。我们从一个简单的数值例子开始,它粗略地说明了在邮政例子中可能遇到的数据种类。表 9.1 展示需求档案的原始数据。对于每个整数价格 $p = 1$ 美元,……,3 美元,该表显示了每个可能的增量 q 上购买升级邮票的客户数量 $N(p, q)$,其中典型的增量 q 指定了三种交付模式之一和四种可能的数量增量 1,……,4 之一的增量。如果需求档案是根据每个客户购买集的分配表描述构建的,那么该需求档案必然沿着质量和数量的每个维度下降,如果客户以较低的需求响应较高的价格,那么价格可能也会下降。

表 9.1 邮政例子:需求档案 $N(p, q)$

价格 p(美元)	增量 q 模式	数量:	$N(p, q)$ 1	2	3	4	邮票	信件
1	常规邮件		100	60	30	*15	205	81
	航空邮件		50	40	25	*9	124	49
	特快件		30	25	15	*5	75	75
2	常规邮件		80	42	*18	7	147	66
	航空邮件		*35	*28	*14	4	81	32
	特快件		*20	*17	*11	1	49	49
3	常规邮件		*55	*29	12	3	99	57
	航空邮件		18	14	9	1	42	23
	特快件		11	6	2	0	19	19
最优费率								
价格(美元)	常规邮件	3	2	2	1		
	航空邮件	2	2	2	1		
	特快件	2	2	2	1		
需求(美元)	常规邮件	55	29	18	15	117	31
	航空邮件	35	28	14	9	86	33
	特快件	20	17	11	5	53	53
收入(美元)	常规邮件	165	87	36	15	303	77
	航空邮件	70	56	28	9	163	150
	特快件	40	34	22	5	101	340
				总计			567 美元	567 美元

为了加以说明,假设唯一可行的价格增量是表中所显示的三个价格。此外,对于每种增量组合,企业的边际成本为零,企业的利润贡献最大化,即 $c=0$ 且 $\alpha=1$。表格的第二部分显示了三种可行价格中的哪一种对于模式增量和数量增量的每种组合是最优的,第一部分中的星号(*)表示相应的需求(收支平衡情况下由最低价格决定)。例如,第一个普通邮票可以定价为 1 美元、2 美元或 3

美元,由表可知这将产生 100 美元、160 美元或 165 美元的利润贡献。这些贡献是由价格与相应的表格第一列条目 100、80 或 55(数量 1)以及需求档案 $N(p, q)$ 表格中第一行(Reg)的乘积获得的。因此,根据 55 位客户以此价格购买第一张普通邮票的数据预测,最优价格为 3 美元,产生的利润贡献为 165 美元。请注意,这些是邮票的价格。例如,寄送第二封航空邮件的费用实际上是第二张航空邮票的 2 美元加上额外的普通邮票的价格,根据购买的其他普通邮票数量,此价格可能是 3 美元、2 美元或 1 美元。

　　表的第二部分还显示了预测购买每张邮票的客户数量和预测收益。邮票栏显示贴有普通邮票、航空邮票和特快邮票信件数 117、86、53,是由每行数字加总获得的。因此,这些模式下寄送的信件数是这些和的差值,即字母列中所示的 31、33 和 53。发出的信件总数为 117,这也表示共有 117 张普通邮票,因为通过任何邮寄方式寄出的信件都需要一张普通邮票,总收入为 567 美元。尽管这部分邮票收入在信件中的分配是不确定的,但表中"信件"一栏根据将邮票首先分配给特快件、最后分配给常规信件的会计规则,显示分配了 77 美元、150 美元和 340 美元。[①]

例 9.2:联邦快递的费率表。回顾第 2 章中联邦快递公司的标准空运和快递包裹的折扣费率表,如果用对数刻度来描述的话,是呈分段线性的。这里我们推导出一个模仿这一特征的客户行为模型。我们重点关注重量超过 50 磅的货物,对这些货物来说,这两个价目表是线性和平行的,这表明更快的特快专递包裹递送费用比标准空运高出一个固定的百分比。这种费率反映了以速度 s 运送重量为 w 磅的物品的价目表形式:

$$P(w \mid s) = A(s)w^b$$

因此,第 w 磅在速度 s 下的边际费用为:

$$P_w(w \mid s) = A(s)bw^{b-1}$$

---

①　这个核算规则并不完全准确,因为第二封常规信件的隐含需求(1=29−28)小于第三封常规信件的隐含需求(4=18−14)。虽然从邮票的需求可以推断出以各种方式寄信的需求量,但如果价格表不统一,则无法推断出唯一的信件的收益分配情况。

且增量的边际价格表具有相同的基本形式。我们的目的是制定一个模型来构建这种形式的费率表。

假设客户对第 w 磅增量的估值 $v(s, w; t)$ 和速度 s 的增量,在潜在客户群体中按照 s 和 w 的指数分布均值 $M(s, w)$ 分配。那么需求档案是

$$N(p; s, w) = e^{-p/M(s, w)}$$

在第 12 章中,我们表明在参数 $\alpha = 1/n$ 下的拉姆齐定价规则是 n 家公司使用其竞争决策的古诺模型竞争的结果。因此,我们使用这个 α 值来考虑这样一个事实,即联邦快递与其他几家私营企业和美国邮政服务在一个竞争市场中运营。暂时假设企业的边际成本为 $c(s, w) = 0$。那么第 2 节中的公式意味着增量 (s, w) 的最优价格为

$$p(s, w) = M(s, w)/n$$

假设估值分布的均值具有以下特殊形式

$$M(s, w) = a(s)w^{b-1}$$

这是非常合理的,因为如果 $a(s)$ 增加,那么随着速度增量的增加,客户估值的分布会移至更高,而如果 $0 < b < 1$,那么正如预期那样,分布会随着重量增量的增加而降低。就对数形式而言,价格表具有以下形式

$$\log p(s, w) = \log[a(s)/n] + [b-1] \cdot \log w$$

因此,价格表与联邦快递的费率表一样是对数线性的,而质量 s 的增加只是将对数表提高了一个固定的量。系数 b 是两个联邦快递公司超过 50 磅的费率表用对数刻度绘制时的共同斜率。然而,请注意竞争的影响,如竞争公司的数量 n 所示,它不能与质量增量的影响分开。如果公司的边际成本对于某些取决于质量增量 s 的函数 $\gamma(s)$ 具有特殊形式 $c(s, w) = \gamma(s)w^{b-1}$,则也会得出类似的结论。

例 9.3:客户的负荷持续时间曲线。 接下来我们考虑一个简单的例子,其中每个客户的购买行为都可以用负荷持续时间曲线来描述。假设客户类型由一个在 0 和 1 之间均匀分布的参数 t 来表示。此外,客户 t 在 h 小时的功率需求函数为

$D(p, h; t)=t-hp$，其中小时指数处于区间 $h_* < h < 1$，且 $h_* > 0$。请注意，如果价格 p 不变，则客户的功率需求随着小时指数的增加而线性下降。因此，在价格 p 不变的情况下，D 也可以解释为客户的负荷持续时间曲线。该模型的特殊之处在于客户的高峰需求在 h_* 处重合（即他们有同步需求），客户的差异仅在于其需求函数和负荷持续时间曲线的垂直移动。

227

需求函数的形式意味着客户 t 对第 h 小时的第 x 功率增量的估值为 $v(h, x; t)=[t-x]/h$，这是能源的边际估值。反过来，这意味着需求档案是

$$N(p; h, x) = \#\{t \mid t \geqslant x+hp\}$$
$$= \max\{0, 1-[x+hp]\}$$

表示在 h 小时内以价格 p 需要 x 单位功率的客户比例。因此，根据第 2 节中的公式，最优非线性价格表为

$$p(h, x) = \min\left\{[1-x]/h, \frac{1}{1+\alpha}(c(h, x)+\alpha[1-x]/h\right\}$$
$$= \frac{1}{1+\alpha}(c(h, x)+\alpha[1-x]/h)$$

其中第二个等式受限于条件 $c(h, x) \leqslant [1-x]/h$。该公式在 $h_*=0$ 时也有效，因为价格 $p(0, 1)=1$ 足以满足高峰时段的最后一个单位 $x=1$ 的功率需求。

这个价目表可以通过分时价目表来实现，将 $p(h, x)$ 解释为 h 小时内第 x 千瓦时的边际价格，或者通过莱特价目表，从第 x（按优点排序）千瓦容量中获得 h 小时的功率。

例 9.4：乘法型参数。 最后，我们来研究一种特殊情况，即客户的类型参数对其边际估值的影响是乘法类型。在这种情况下，增量的边际价格是客户边际估值中最大值的固定部分。假设类型参数是根据分布函数 F 分布在总体中的单个实数，并令 $\bar{F}(t)=1-F(t)$ 是类型参数超过 t 的比例。在乘法情况下，假设客户 t 对于购买集 Q 具有收益函数

$$U(Q, t)=t\int_Q v(q)dq$$

其中 $v(q)$ 是对所有客户都相同的边际估值函数。将 $tv(q)$ 解释为 t 的边际估值超过企业的边际成本会很方便,因此我们可以假设 $c(q)=0$。 在这种情况下,需求档案就是 $N(p,q)=\bar{F}(p/v(q))$,因此最优边际价格表 $p(q)$ 满足条件

$$p(q)/v(q)=\alpha\bar{F}(p(q)/v(q))/f(p(q)/v(q))$$

其中 f 是 F 的密度。如果 $k(\alpha)\leqslant 1$ 是方程 $k=\alpha\bar{F}(k)/f(k)$ 的"正确"解,那么最优价格表就是

$$p(q)=k(\alpha)v(q)$$

对实践应用中使用的标准分布函数来说,k 是正确解这一条件是不必要的,因为这些函数的风险率 $f(k)/F(k)$ 是 k 的递增函数。此特征确保只有一个 k 值可以求解所需的方程。还要注意,随着公司收入要求的降低,α 会减少,因此 $k(\alpha)$ 和 $p(q)$ 也会减小。

9.4 项目分配公式

第 2 节中的公式假设客户从一个购买集中获得的总收益只是其从增量中获得的边际服务价值的总和。这种假设在某些应用中是不准确的,因为从一个项目的质量分配中获得的收益取决于公司未观察到的项目特定属性,因此不按价目表定价。此外,价目表可以通过其对较高质量和较低质量之间的替代成本的影响来影响最优分配。这种特性在电信和运输业中尤为重要,在这些行业中,客户可以选择每件项目的交付速度或延迟交付。在这种情况下,"项目"是指信息、数据包或包裹,如联邦快递的特快专递服务;或在电力情境下,"项目"是客户可以选择其运行时间的最终用途或设备。

为了解决这些问题,我们在模型中使用了分配表,该模型明确考虑了客户的收益如何取决于项目的属性和分配的质量。为了简化分析,我们假设客户类型由单个参数 t 表示,而项目近似地用一个单一属性 a 来表述,它们分别位于区间 T 和 A 中。该分析使用第 6 章中的方法,省略了需求档案公式。

一个类型为 t 的客户由两个函数 $\langle G, u\rangle$ 描述。第一个是客户的项目属性的分布函数 $G(a, t)$，我们假设它有一个相关的密度函数 $g(a, t)$ 表示具有属性 a 的项目的频率。第二个是收益函数 $u(s, a, t)$，它表示从发送具有属性 a 的单个项目在交付延迟 s 下获得的收益。假设延迟的可行集 S 是一个区间 $S = \{s \mid s \geqslant s_o\}$。延迟的边际估值是 $v(s, a, t) \equiv \partial u(s, a, t)/\partial s$，可能是个负数。因此，假设 u 也是参数 a 和 t 的递减函数，同样，G 是 t 的递减函数，这就简化了表达式。也就是说，最低类型的客户更加重视速度，并且对快速送达更有价值的物品更感兴趣。

公司只观察到每个延迟发送物品的频率，而不是它们的属性，那么价目表只能取决于客户选择延迟的分布。我们考虑一种可以在延迟之间可加可分的价目表，但允许在每一类延迟内进行数量上的折扣。所以，对于延迟 s 发送的 $q(s)$ 件物品收取 $P(q(s), s)$ 的费用，在 $q = q(s)$ 时，额外物品的边际费用为 $p(q, s) \equiv \partial P(q, s)/\partial q$。因为物品的属性具有连续的密度，我们将 $q(s)$ 解释为延迟 s 发送的物品的密度。特别是，分配给具有属性 a 的项目的延迟分配 $s(a)$ 所导致的密度 $q(s)$ 计算如下。假设分配有一个逆 $a(s)$ 表示以延迟 s 发送项目的属性，那么 $G(a(s), t)$ 是项目延迟的分布。因此，相应的延迟密度为 $q(s) = g(a(s), t)a'(s)$，或等效于 $q(s(a)) = g(a, t)/s'(a)$。

229

客户的最优分配

一个类型为 t 的客户选择分配 $s(a)$，使得总收益与价目表之间的差异最大化。此净收益的两个等价版本是

$$\int_A u(s(a), a, t)g(a, t)da - \int_S P(g(a(s), t)a'(s), s)ds$$

$$\equiv \int_A \{u(s(a), a, t)g(a, t) - P(g(a, t)/s'(a), s(a))s'(a)\}dq$$

使用第二个版本，最优的欧拉条件是

$$v(s(a), a, t) = \frac{d}{ds}p(q(s), s)$$

其中右侧在 $s=s(a)$ 和 $q(s)=g(a,t)/s'(a)$ 处进行评估。这一条件与第 2 节中的条件有很大不同,因为客户的主要考虑因素是项目的边际估值(左侧)与延迟的边际成本(右侧)的比较:后者是通过考虑将项目重新分配到更小或更大的延迟中来计算,同时考虑到在每个选定的延迟 s 中对额外物品收取的边际价格。因此,它指出分配延迟的微小变化都不会增加获得的净收益。除了这个条件外,还需要两个横截性条件:

$$u(s(a),a,t) \geqslant p(q(s),s)$$

$$u(s(a),a,t)q(s) \geqslant P(q(s),s)$$

230　　其中 s 和 $q(s)$ 如上所述。第一个条件是要求收益超过分配给延迟 s 的边际项目的费用,第二个条件是要求总收益超过总费用。这三个条件直观上都是显而易见的,它们对离散类型模型也有自然的延伸。

公司的首选分配

一个利润最大化公司选择价目表来最大化所有客户的利润贡献总和:

$$\int_T \left\{ \int_S \left[P(q(s,t),s) - q(s,t)c(s) \right] ds \right\} dF(t)$$

其中 $F(t)$ 是所有客户类型的分布函数,$q(s,t)$ 是类型 t 下延迟 s 发送项目的密度。为简单起见,每个项目的成本 $c(s)$ 仅取决于延迟 s[①]。与第 6 章一样,我们通过分部积分重新表述利润贡献以获得被积函数的积分

$$\frac{dG(a(s,t),t)}{dt} \cdot F(t) \cdot \frac{d[p(q(s,t),s)-c(s)]}{ds}$$

其中,我们可以使用客户的最优条件将第二和第三因素替代为

$$V(s,a,t) \equiv F(t) \cdot [v(s,a,t)-c'(s)]$$

$$\equiv F(t) \cdot \frac{d[p(q(s,t),s)-c(s)]}{ds}$$

---

①　在一些通信和运输应用中,成本函数必须从一个排队模型中构建,该模型识别项目的延迟分布如何影响系统设计和操作。第 10.3 节中将介绍此模型。

其中 V 在 $a=a(s,t)$ 条件下计算。因此,通过优化关于分配函数 $a(s,t)$ 的利润贡献这一表述,可以获得公司偏好的分配特征。这种特征是从欧拉条件获得的,它得出:

$$\frac{G_t(a,t)}{G_a(a,t)}=\frac{V_t(s,a,t)}{V_a(s,a,t)}$$

在 $a=a(s,t)$ 或 $s=s(a,t)$ 条件下,我们可以把 $V(s,a,t)$ 解释为选择延迟时间不超过 s 的 a 类项目的客户数量与这些选择在第 s 个增量中可获得的利润率。公司最优条件的左侧测量 $-da/dt$,用于 G 的固定值,右侧类似地用于 V 的固定值。因此,如左侧所示,该条件要求每个延迟增量的贡献在技术约束下最大化客户的项目属性分布。同样,这种条件可以自然延伸到离散类型模型。

价目表构建

最后一步是构建价目表以引导客户选择公司偏好的分配方案,该价目表的构成如下所示。公司的最优条件可以解释为:从未观测参数中的每对 $\langle a,t\rangle$ 到可观测选择相应对的 $\langle q,s\rangle$,建立一个二元映射。也就是说,公司倾向于类型 t 将带有属性 a 的物品以密度 q 分配给延迟 s。通常这个映射有一个逆指定类型 $t(q,s)$,并且将 $a(q,s)$ 的属性分配给 $\langle q,s\rangle$。因此,客户的最优性条件可以完整地写成

$$\alpha(q,s)p_q(q,s)+p_s(q,s)=\beta(q,s)$$

这里把 $\langle q,s,a(q,s),t(q,s)\rangle$ 代入 $\alpha=\partial q/\partial s$ 和 $\beta=\partial u/\partial s\equiv v$ 进行计算。这是一个偏微分方程,可以与客户的横截性条件一起求解,以获得最优的价格表。这个任务相当复杂,如下面的例子所示。

本书所提及的附加条件都与分配的单调性要求有关。特别是,有几个步骤要求在类型参数 t 中,由 t 分配给 s 的项,其密度 $q(s,t)$ 和属性 $a(s,t)$ 都是单调的。确保这一性质的典型假设是 G,V,和 v 在类型参数中是单调的。但上述二元映射可逆的条件难以确定。

一类例子

因为类型和属性参数都是任意的指数，所以可以将它们转换为均匀分布，例如 $F(t)=t$，$0\leqslant t\leqslant 1$ 和 $G(a,t)=aN(t)$，$0\leqslant a\leqslant 1$，其中 $N(t)$ 是 t 项的总数。我们举一些收益函数也是可分离的例子，比如 $u(a,s,t)=[1-a]u(s)M(t)$。假设 $u(s)$ 和边际成本 $c(s)$ 随延迟而递减。此外，$u'(s)/c'(s)$ 递增，表明客户收益的下降速度比成本的下降速度更快。针对后者，我们可以并能方便地对延迟指数进行变换，使得

$$\phi s + d = u'(s)/c'(s)$$

这里 $d \equiv u'(0)/c'(0)$ 且 $\phi>0$。之后令 $\phi=1$，$v(s)\equiv u'(s)$。M 和 N 的弹性为

$$\mu(t) \equiv -tM'(t)/M(t) \quad 和 \quad v(t) \equiv -tN'(t)/N(t)$$

假设它们满足

$$\mu(t)<1,\ \nu(t)>0,\ M(t)[1-\mu(t)]d \leqslant 1$$

最后，定义

$$L(t) \equiv \frac{N(t)/M(t)}{1-\mu(t)+\nu(t)}$$

并假设它正在减少，这就要求 $M(t) \neq N(t)$。

我们首先使用公司的最优条件来推导出其首选的分配方案：

$$a(s,t)=1-M(t)^{-1}(\gamma(t)+\delta(t)/[s+d])$$

其中

$$\gamma(t)=M(t)\nu(t)\delta(t),\ \delta(t)=1/[1-\mu(t)+\nu(t)]$$

这个分配方案具有必备的单调性，即 $a(s,t)$ 随着 t 的增加而增加。此外，这个分配意味着[1]

---

① 请注意，公司从充足的统计数据 $q[s+d]^2$ 中，推断出客户的类型，即 $t=L^{-1}(q[s+d]^2)$。

$$q(s, t) = L(t)/[s+d]^2$$

它随着 t 的减少而减少。然后得出

$$\alpha(q, s) = -2q/[s+d], \beta(q, s) = [1-a(s, t)]v(s)M(t)$$

在 t 处评估,使得 $L(t) = q[s+d]^2$。回想一下,由于延迟指数的转换方式,$v(s) = [s+d]c'(s)$。因此,价格表微分方程的第一个积分产生

$$p(q, s) = \gamma(t)u(s) + \delta(t)c(s) + k(t)$$

其中 k 是任意一个函数。再次整合起来,完整的解决方案是

233

$$P(q, s) = \frac{\bar\gamma(t)u(s) + \bar\delta(t)c(s) + \bar k(t)}{[s+d]^2}$$

在 $t = L^{-1}(q[s+d]^2)$ 再次评估,此处 $t_0 = L^{-1}(0)$,

$$\bar\gamma(t) = \int_{t_0}^{t} \gamma(\tau)dL(\tau)$$

类似地,$\bar\delta$ 和 $\bar k$ 也是这样。任意函数 $\bar k$ 由横截性条件确定,因此,如果 $\bar s(t)$ 是 t 的最大延迟,那么

$$[1-a(\bar s(t), t)]u(\bar s(t))M(t) = \gamma(t)u(\bar s(t)) + \delta(t)c(\bar s(t)) + k(t)$$
$$= [\bar\gamma(t)u(\bar s(t)) + \bar\delta(t)c(\bar s(t)) + \bar k(t)]/L(t)$$

第一个方程给定 $k(t)$ 确定 $\bar s(t)$,即 $\bar s(t, k(t))$。因为 $\bar k'(t) = k(t)$,所以第二个方程确定 $\bar k(t)$ 的常微分方程。边界条件 $P(0, s) = 0$ 决定积分常数[①]。

例 9.5:我们用一个具体的例子来说明。假设[②]

$$N(t) = 1-t, M(t) = 1$$

$$u(s) = \frac{1}{2}[1-s^2], c(s) = c[1-s]$$

---

① 特别是,如果 $u(s^*)$ 意味着 $c(s^*)$,那么 $\bar s(t) = s^*$ 且 $\bar k(t) \leqslant 0$。

② 延迟指数的转换用 cs 代替 s,但这里我们避免这种情况。一个"坏"例子是:通过改变 $M(t) = N(t) = 1-t$,得到的二元映射是不可逆的。

因为 M 是独立于 t 的,所以客户的偏好是一样的。然而,它们仍然是异质的,因为它们的项目属性分布不同。这些规格使得 $\mu(t)=0$, $\nu(t)=t/[1-t]$,且 $L(t)=[1-t]^2$。因此,

$$t(q,s)=1-[qs^2/c]^{1/2} \qquad a(q,s)=[1-c/s][qs^2/c]^{1/2}$$

$$\alpha(q,s)=-2q/s \qquad \beta(q,s)=-s[1-(1-c/s)(qs^2/c)^{1*2}]$$

$$\gamma(t)=t \qquad \delta(t)=1-t$$

$$\bar{\gamma}(t)=[1-t]^2-\frac{2}{3}[1-t]^3 \qquad \bar{\delta}(t)=\frac{2}{3}[1-t]^3$$

$$\bar{s}(t)=1 \qquad \bar{k}(t)=0$$

最终结果是,对延迟为 s 的 q 项目收取的价格可以表示为

$$P(q,s)=\hat{P}(s,L(t(q,s)))-\hat{P}(1,L(t(q,s)))/s^2$$

这里 $\quad \hat{P}(s,\ell)=c\ell\left[\frac{2}{3}\ell^{1/2}(1/2-c/s)-\frac{1}{2}\right]$

且 $\quad L(t(q,s))=qs^2/c$

如前所述,价目表主要基于这样一种推论,即 $t(q,s)$ 型选择发送 q 项的密度,同时延迟 s。类型 t 的客户响应分配

$$s(a,t)=c[1-t]/[1-t-a] \quad 或者 \quad a(s,t)=[1-t][1-c/s]$$

这就产生了分配给延迟 s 的项目密度 $q(s,t)=[1-t]^2c/s^2$。类型 t 提交属性在 $0 \leqslant a \leqslant [1-t][1-c]$ 范围内的项目以供服务。在所有客户中,延迟范围为 $c \leqslant s \leqslant 1$,项目密度范围为 $0 \leqslant q \leqslant 1/c$。最后,如果公司为每位客户提供的固定成本为 c_o,那么我们就可以增加一个正的固定费用,但我们省略了一些细节。

假设 $c=0.1$,在图 9.3 和图 9.4 中边际价格表 $p(q,s)$ 和价目表 $P(q,s)$ 显示了延迟 s 的一些值。在三种情况下,当客户需求最大的项目密度为 q 时图表会被截断。快速服务的价目表几乎是线性的,但对于延迟服务,却可以提供可观的数量折扣。

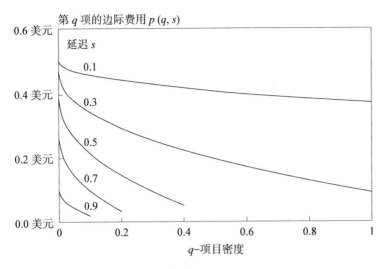

图 9.3 例 9.5：当 $c = 0.1$ 时的边际价格表 $p(q, s)$。

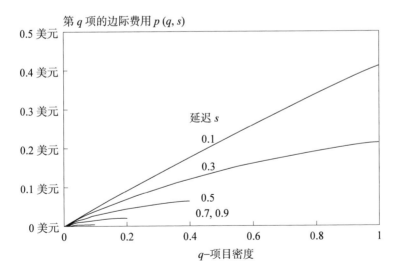

图 9.4 例 9.5：当 $c = 0.1$ 时的价格 $P(q, s)$。

9.5 小结

本章是关于非线性价目表的第三部分的第一章,介绍了基于质量或数量的多维度的非线性价目表。本章仅考虑最简单情况,即客户为单一通用产品的每个单元分配多个质量属性。此外,本章还假设公司成本和客户收益是可加可分的。要强调的是,前几章中所描述的针对固定质量的单一产品的方法可以直接扩展到更一般的情况。再次以客户对增量的需求为基础描述需求档案,但同时涉及所有维度。这种表述方式依赖于记录升级需求的档案表格,而不是通常的分配表。档案表格对应于以客户、负荷持续时间曲线所表示的需求的标准形式,其中购买力实质上被解释为一组增量。利润最大化的非线性价目表具有相同的基本特征:根据增量的最终需求,其每个边际价格都被设置为利润贡献最大化。基于拉姆齐定价的价目表构建也是类似的。

第 4 章中的项目分配公式介绍,当客户拥有一些附加信息,而这些信息是公司尚未观察到的并且会影响客户选择服务质量的项目属性时,我们就需要更复杂的分析。尽管该模型只是基于将质量解释为服务延迟,但公式的要素和所使用的方法更普遍地适用于类似问题,在这些问题中,客户对质量水平和它们替代品的相对值具有更高级的信息。

本章结果的简洁性取决于成本和收益的可加可分性。后面的章节去掉了这个假设,但需要进行更复杂的分析。

第 10 章
优先级定价

前几章的公式假设公司可以承担一定的成本扩大生产来满足客户的需求。然而,在实践中,随着公司的容量耗尽,增加供给的边际成本可能会急剧增加。事实上,一些过高的需求水平可能无法通过在短期内采取措施得到满足。基于该原因,这个公式本质上适用于需求和供给条件稳定的环境,并且在足够长的时间内都能使容量适应于需求。

当需求或供给条件是可变的时候,一个准确的公式必须要计算出有限产量对供应的短期限制所产生的重要影响。在重要的情况下,这些限制会显著影响价目表的设计。回想一下在第2.3节中,太平洋燃气电力公司的价目表包括限电和断电服务的选项,每个选项分为三类,对限电或断电服务事件的数量和持续时间都有不同的限制。这个价目表使客户能够用更多断电服务的机会获得更低的费率。此类服务选项根据交付的优先级或可靠性区分交付条件。客户自愿选择较低的可靠性表明他们的服务估值相对低。因此,与其他选择高可靠性的用户相比,中断他们的服务的用电效率更高。同样,公共事业公司能够以低于额外容量的成本满足高峰负荷。

第1节首先探讨了通过客户在供需不确定性发生之前选择优先级的系统进行供应配给的情况。我们对优先级服务的分析运用了另一种解释,即价目表描述了公司对不同水平的服务质量的收费情况。在本例中,质量被解释为服务的可靠性,这与数量解释密切相关。第 2 节将分析拓展到数量折扣与优先级服务相结合。服务质量和数量的非线性联合定价提供了一种更有效的方法来满足收入要求。最后,第 3 节研究了在服务系统中的非线性定价,这种服务系统需要时间来处理工作,低优先级的工作需排队等待,而高优先级的工作优先处理。

10.1　容量受限的价目表:优先级定价

与随机中断相比,优先级服务是电力公司用于稀缺电力供应配给的一种更有效方法。基本动机如图 10.1 所示。上线描述了客户对确定性服务的需求函数,下线表示当有三分之一的中断机会时,预期获得的服务价值。阴影区域显示客户转换到一个供应量减少一半或频率减少两倍的系统而导致的相对盈利和损失。限电维持供应以满足客户价值更高的基本负荷。因此,优先级服务的净收益是正的。通常提供具有不同断电或限电机会的几类服务来实行。因此,客户可以为不同的优先级分配不同的最终用途、电路或电力单位。图 10.2 描述了一种极端情况,其中每单位服务价值高于公共事业边际成本 c 的部分被分配到不同的优先级,或者相当于不同的供电可靠性。因此,与随机选择客户进行完全中

237

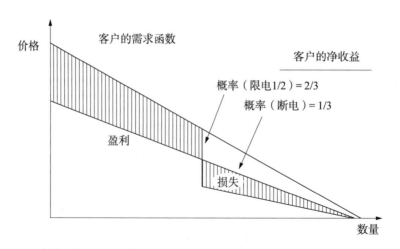

图 10.1　与断电服务相比,限电服务带来的收益和损失。

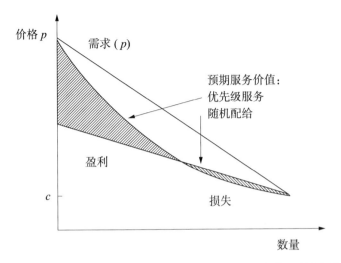

图 10.2 与稀缺供应的随机配给相比,完全差异化的优先级服务的盈利和损失。

断的普通系统相比,价值越高的单位被分配到的可靠性越高,每个客户的盈利再次超过了损失。

我们从公司不提供数量折扣的简单案例开始。在这种情况下,服务在交付可靠性的单一维度上是有区别的。为简单起见,假设每个客户只需要一个单位。如果客户为每单位的需求选择不同的可靠性,这意味着不会失去一般性,但如果约束每个客户为多个单元分配相同的可靠性,就会产生限制。为了强调主要思想观点,以下介绍分为两部分:第一部分假设只有供给是不确定的;第二部分,假设需求是不确定的。当供给和需求都不确定时,如下文所述,也可以使用优先级定价。

238

供应的不确定性

与质量解释保持一致,现在客户选择的数量 q 代表接受服务的可能性或可靠性。稍后我们会展示这个概率是如何从公司可供应的概率分布中推导出来的。需求曲线 $N(p, q)$ 可以这样解释,即当第 q 个增量的边际价格为 p 时选择 q 级或更高级别可靠性的客户数量。

举个例子,假设每个客户都通过从每单位需求的确定性服务中获得的一个

值 v 来识别。因此,客户的净收益 $vq-P(q)$ 来自订购的优先级服务,这个服务需要收费 $P(q)$,所提供服务的可靠性为 q。请注意,无论每单位服务是否实际交付,价格 $P(q)$ 都要解释为应付。在许多情况下,$P(q)=P_0+q\hat{P}(q)$,其中 P_0 是固定费用,$\hat{P}(q)$ 是仅在提供服务时才应支付的费用。请注意,客户对可靠性的最优选择应满足 $v-p(q)=0$,其中 $p(q)=P'(q)$ 是可靠性的边际价格。在这种情况下,需求档案 $N(p,q)$ 测量估值超过 p 的客户数量,因为当在可靠性 q 处的边际价格为 p 时,应选择可靠性为 q 或更高的预测数量。更复杂的模型会假设客户也能根据所选的可靠性调整其在设备上的投资。

我们现在证明优先级服务的价格表 $p(q)$ 基本上由公司的供应条件决定的。事实上,公司通常只有一个自由度来指定价目表。假设公司可提供的供给量是一个随机变量 $\tilde{s}$,它的分布函数为 $S(s)$,表示的概率为 $\tilde{s}\leqslant s$。用 $\bar{S}(s)=1-S(s)$ 表示企业至少可以供应 s 个单位的概率。那么边际价格必须满足约束条件 $\bar{S}(N(p(q),q))=q$。也就是说,对那些为第 q 个增量支付 $p(q)$ 价格的客户承诺提供的可靠性为 q 或者更高必须是可行的。概率必须至少为 q,即供应量足以满足选择该可靠性和更高可靠性的客户数量 $N(p(q),q)$。从这个结构中我们看到,价目表中所有的边际价格完全由供给技术决定。对于 q 的每个值,边际价格 $p(q)$ 都可以通过求解上述方程获得。

图 10.3 根据总需求函数 $\bar{D}(p)$ 阐述了边际价格 $p(q)$ 的构建,当价格为 $p(q)$ 时,需求为 $\bar{D}(p(q))$,它必须等于可用供应量 s,而这些供应量被分配给那些承诺可靠性为 q 或更高的客户。

这个方程的另一种解释是,它要求边际价格 $p(q)$ 足够高,以将需求限制在供应量为 $s=\bar{S}^{-1}(q)$ 的范围内,此时可以提供的服务可靠性为 q。因此,当预先知道供应为 s 时,$p(q)$ 就是将需求限制在供应 s 范围内的现货价格。因此,除了可能收取的固定费用外,如果客户只在现货价格不高于 $p(q)$ 时得到服务,从而获得服务可靠性 q,那么价目表 $p(q)$ 就是现货价格的期望值。由于在每个偶发事件中,现货价格都可以解释为稀缺供应拍卖的结果,这也表明价目表代表了一个客户必须支付超其他客户的金额以获得较低的服务可靠性。因此,价格 $p(q)$ 的金额是补偿所有选择服务可靠性小于 q 的其他客户,这些客户的服务可靠

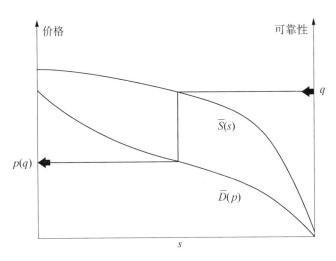

图 10.3 可靠性边际价格的构建。第 q 个单位的可靠性的边际价格引起需求,这个需求可以得到满足的概率为 q。

性会因为获得更高的优先级服务而降低。

因此,公司增加利润的唯一可能性就是征收固定的订购费。尽管这样的费用可能会限制订购者的数量,但垄断者可能会发现这个方法是有用的。

例 10.1:假设需求档案是 $N(p, q) = 1 - p$,表明总体中潜在客户的一小部分 $1 - p$ 的服务价值超过 p。此外,在每个客户的基础上,假设公司的供应量在 0 和 1 之间均匀分布,则 $\bar{S}(s) = 1 - s$。那么可行性条件要求第 q 个可靠性增量的边际价格是 $p(q) = q$。因此,价格必须满足 $P(q) = P_0 + \frac{1}{2}q^2$ 的形式,其中 P_0 是每个订购用户支付的固定费用。这样的一个价格导致估值为 v 的订购用户选择的服务可靠性为 $q(v) = v$,由此他获得的净收益为 $\frac{1}{2}v^2 - P_0$。只有那些净收益为正的客户,也就是估值超过 $w \equiv \sqrt{2P_0}$ 的那些人才会订购。因此,如果企业的边际成本为零,则每位客户的利润为

$$\int_w^1 P(q(v))dv = P_0[1 - w] + \frac{1}{6}[1 - w^3]$$

使利润最大化的订购费为 $P_0 = 1/8$,此时市场的渗透率为 $w = 1/2$,因此只有一

半的潜在客户选择订购优先级服务。

    这可以与那些不收取订购费且所有客户均有机会获得服务的有效结果进行比较。然而，即使没有订购费，有效价格也必须随着所选服务的可靠性呈非线性增加，以便与供应技术相匹配。此外，在任何一种情况下，公司有限的供给都会产生正利润。特别是，在前面的例子中，每位客户的利润是 1/6。对于受规制的公共事业，该利润可能会返还给客户，或者可能会投资一部分用于扩大容量，以便改变供给的概率分布，从而提高客户获得的服务可靠性[①]。

例 10.2: 前面的分析通常低估了优先级服务带来的效率收益，我们通过修改前面的例子来进行说明。假设客户或最终用途是由 t 索引的各种类型，并且这些类型是均匀分布的。每种类型都可以以 $v^2/4t$ 的成本获得 v 的服务价值，这可以解释为设备投资。因此，如果可用的服务可靠性为 q，则类型 t 的客户可以获得预期净服务值 $w(v, q, t) = vq - v^2/4t$。再次假设供给的分布为 $\bar{S}(s) = 1 - s$，供应的随机配给提供 $q=1/2$，因此客户选择 $v=t$ 并获得净收益 $t/4$。鉴于此设备选择，前面例子的分析适用于：如果效用利润能均等地退还给客户，则与随机配给相比，客户从优先级服务中获得的盈利是 $[t^2 - t + 1/3]/2$。但如果客户优化了对设备的选择，那么他将选择 $v=2tq$ 并获得净收益

$$u(q, t) \equiv \max_v \{u(v, q, t)\} = tq^2$$

基于此版本的客户可靠性评估，优先级服务需要为可靠性 q 支付边际费用 $p(q) = 2q^2$。这导致类型 t 的客户选择 $q=t$ 并使得预期净盈利 $(1/3)t^3 - (1/4)t + 1/6$ 超过随机配给。每个客户通过优化设备选择而获得盈利，并且每个客户的平均净收益要比那些不允许优化设备投资的多 50%。可见价目表设计的后果显然也是很重要的。

    这一分析可以拓展到每个客户最初根据不完全信息估值的选择服务可靠性

[①] 有效容量扩张的投资政策是由 Chao 和 Wilson(1979)在优先级服务的框架中推导出来的。

的情况中,而这些信息随后都会出现。在这种情况下,有一种有效的方法可以克服组织现货市场困难的措施。即这家公司向客户提供一个服务费用清单。客户依据最初获得的信息选择服务费后,会衡量他的价值评估,若估值超过了他选择的费用,则会要求提供服务。在每种情况下,公司按照客户选择的收费依序(最高费用最先)为要求服务的客户提供服务,直到供应耗尽。因此,客户的服务可靠性最终取决于他和其他人的估值以及充裕的供应量。最初期望获得更高估值的客户会选择更高的服务费用以获得更高的可靠性——但如果一个人估值太低,以至于难以证明支付所选费用的合理性,那么只有当供应超过优先级服务的实际需求时,他才能获得服务的机会(边际成本)。和以前一样,价目表是基于支付同等可靠性的现货价格的预期。

更常见的模型当中,需求和供应难以确保价目表是由固定费用组成的这一基本特征,对于每个追求服务可靠性和优先级服务的客户,使用费用不是预期的现货价格就是用于支付同等服务质量的费用。这种特殊情况可以有效地得到推广应用。比如客户的需求函数仅在一个乘法参数上有所区别,那么当客户需求减少时,有效的方法是按相同比例减少对每个客户的供应。图 10.4 在图 10.3 的基础上进行了修正,显示了当供应稀缺时,与总需求 $D(p)$ 成比例的单个客户

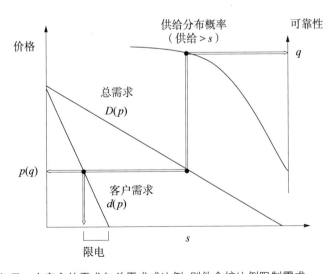

242

图 10.4 如果一个客户的需求与总需求成比例,则他会按比例限制需求。

需求 $d(p)$ 是如何按比例被削减的。这一特性表明,在许多情况下,等比例配给可能是近似最优的。[①]

需求不确定性

如果需求而非供应存在不确定性,也会出现类似的情况。我们用一种略有不同的表述来说明,公司通过以逐渐降低的价格依次提供供应单位来实现收费,就像在拍卖中一样。假设公司的供给是 s,有 n 个潜在客户,每个客户都可能购买一个单位。假设 $s < n$,则供给是稀缺的。为了表示需求的不确定性,假设每个客户的估值可能是 $v_1 > v_2 > \cdots\cdots > v_m$ 中的一个值,而公司只知道每个客户拥有每种可能估值的概率。因此,对于公司来说,拥有不同可能估值 v_i 的客户数量 n_i 是不确定的,我们假设每个客户也是不确定的——除了每个客户知道自己的估值之外。假设公司将在持续一段时间 $t = 1, 2, \cdots\cdots, k$ 内提供一个递减的价格序列 $p_1, p_2, \cdots\cdots, p_k$,则每个客户将要考虑如果他等到时间 t 才购买,能获得物品的概率 q_t。假设客户的估值在统计上是独立的,那么每个客户的评估都是相同的。为了预估这一概率,我们可以充分利用企业的最优策略去引导估值 v_t 的客户在供应尚未耗尽的情况下于 t 时购买。(这也是一种社会效率策略,因为它最大限度地降低了未得到服务的客户的估值高于得到服务的客户的风险。)假设有限的供应被随机分配给那些在 t 时刻购买的客户,如果数量 n_i 是已知的,那么在供应保持在 $\left(s > \sum_{i=1}^{t} n_i\right)$ 的情况下,于 t 时获得一件物品的概率是 $q_t = 1$,当供应已经耗尽的情况下 $\left(s \leqslant \sum_{i=1}^{t-1} n_i n_i\right)$,$q_t = 0$,而其余情况下,

$$q_t = \frac{s - \sum_{i=1}^{t-1} n_i}{n_t}$$

事实上,数量 n_i 是不确定的,但 q_t 可以依据客户估值的概率分布作为上述公式的期望来计算。基于这些购买概率,公司的最优选择(或最有效的方法)是将价

表**10.1** 例 10.3：最优定价策略

243

t	v_t（美元）	p_t（美元）	q_t	$p_t q_t$（美元）
1	1.00	0.6335	0.5318	0.3369
2	0.90	0.6334	0.5136	0.3367
3	0.80	0.6311	0.5271	0.3326
4	0.70	0.6199	0.4945	0.3065
5	0.60	0.6000	0.3959	0.2375

格定得足够高，使每个客户对在预定的时间购买和延期购买都漠不关心。于是

$$[v_t - p_t]q_t = [v_t - p_{t+1}]q_{t+1}$$

其中 $q_{k+1} \equiv 0$，因为公司在时间 k 后不再提供。但现在我们看到，这一系列关系完全决定了所有的价格，诸如此类：

$$p_k = v_k, \quad p_{k-1} = v_{k-1} + [p_k - v_{k-1}]q_k/q_{k-1}$$

这表明，公司的设计被再次简化为一个单一选择：k 是指提供供应的最优周期数。一个能提早许下承诺的追求利润最大化的公司，更倾向于提前停止，但会冒着无法出售所有单位产品且估值较低的客户没有机会购买的风险。有效的方式是使 $k=m$，给每个客户购买的机会，如果公司不能承诺提前停止，这也是意料之中的。

例**10.3**：假设供给为 $s=10$，有 $n=20$ 位客户，每一个客户在 0 美元，0.10 美元，……，1.00 美元中任一估值的机会都是均等的。在这种情况下，如果企业的边际成本是每一单位 $c=0.10$ 美元，那么其最优临界时间是 $k=5$，价格和购买概率如表 10.1 所示。注意 $P(q_t) = p_t q_t$ 实际上是可靠性 q_t 的价目表。在本例中，交付服务价格表中的 p_t 永远不会比最优统一价格 $p=0.60$ 美元高很多，因为客户估值的独立性消除了总需求的任何实际的不确定性。但是，即便客户估值弱相关，总需求的不确定性也会大大提高价格，价格费率会急剧下降。

244

拍卖是对需求不确定的优先级服务进行非线性定价的一种方法。因为每个

客户只需报出他愿意支付的价格 p_t,然后供应商可以立即为那些报出最高价格的 s 位客户提供供应,那么时间就不重要了。另一种方法是现场定价:每个客户指定他愿意支付的最高价格,即他的估价,s 位客户共提出了 s 个最高价格,那么他们获得服务的价格等于没有享受到服务的客户报出的最高价格,或者是公司的保留价格(如果这个价格更高的话)。如果客户的估价在统计上是独立的,那么对公司而言,两种方法将产生相同的预期利润,只要它采取了最优保留价——在这种情况下就是最优统一价格。

10.2　优先级服务的拉姆齐定价

在前几章的例子中,每一单位的潜在需求被认为是一个单独客户,没有考虑每个客户实际购买的单位数量。这种方法不包括向大客户提供数量折扣的定价策略,如非线性价目表的情况。在本节,我们采用另一种方法,运用拉姆齐定价原则,推导出一个最优的二维非线性价目表,该价目表为每个客户的数量和质量(服务可靠性)的增量分配边际价格。我们只讨论供应不确定性的情况,且为了简单起见,排除了需求不确定性。同第 1 节一样,供给量超过 s 的概率用 $\bar{S}(s)$ 表示。

我们采用一个简单的需求模型,其中每个客户都用一个单维指数 t 来代表他的类型[①]。类型不大于 t 的客户数量以分布函数 $F(t)$ 表示。类型 t 的客户从可靠性为 1 的 q 个服务单位中获得总收益 $U(q,t)$。假设 U 函数是凹的,则 q 随着 t 增加而增加。此外,第 q 个单位的边际估值 $v(q,t) \equiv \partial U(q,t)/\partial q$ 也随着 t 增加。

类型 t 客户的购买可以用(递减)分布函数 $Q(r,t)$ 表示,该分布函数表示分配的可靠性大于 r 的单位数量,或者以(递减)分布函数 $R(q,t)$ 描述,表示分配了第 q 个单位的可靠性。由这个选择产生的客户预期总收益可以表示为

[①]　该方法也适用于客户类型是多维的这一更常见的情况,如第 8.4 节所示。

$$V[R,t] = \int_0^\infty v(q,t)R(q,t)dq = \int_0^\infty \int_0^{R(q,t)} v(q,t)drdq$$

$$= \int_0^1 \int_0^{Q(r,t)} v(q,t)dqdr$$

相应地,购买价格可以表示为

245

$$P[R] = \int_0^\infty \int_0^{R(q,t)} p(q,r)drdq$$

$$= \int_0^1 \int_0^{Q(r,t)} p(q,r)dqdr$$

其中我们将 $p(q,r)$ 看作用于支付数量 q 和可靠性 r 的增量(dq, dr)的边际价格。也就是说,为了购买集

$$\mathcal{X}(t) = \{(x,r) \mid (\exists q) \quad (x,r) \leqslant (q, R(q,t))\}$$

客户必须购买其包含的数量和可靠性的所有增量,如第 9 章所述。由此产生的企业净收入贡献的计算方法类似于

$$\mathrm{NR}[R,t] = \int_0^\infty \int_0^{R(q,t)} [p(q,r) - c(q) - \gamma(r)]drdq$$

其中 $c(q)$ 指实际供应给客户的第 q 个单位的指定边际成本,$\gamma(r)$ 是单位服务可靠性的第 r 个增量的预估边际成本。可靠性 r 的预估边际成本 $\gamma(r)$ 是通过拉格朗日乘数中的可行性约束获得的

$$\int_0^\infty Q(r,t)dH(t) \leqslant \bar{S}^{-1}(r)$$

这确保了可靠性为 r 或更高的单位需求实际上可以由可靠性 r 供应。

再次使用用于推导最优拉姆齐价格的常用方法来确定相关的需求档案 N $(p; q, r)$,它规定了边际价格为 p 时对增量(dq, dr)的需求是(q, r)。也就是说 $N(p; q, r)$ 是 $v(q,t) \geqslant p$ 的类型 t 客户的数量。在这种情况下,需求档案与服务可靠性 r 无关,在下文中称为 $N(p, q)$[①]。根据需求档案,这个增量的最优拉姆齐价格是 p 的值 $p(q,r)$,

———————————

① 出现此情况是因为我们没有在模型中包含客户的设备选择。

246

$$\alpha N(p, q) + \frac{\partial N(p, q)}{\partial p} \cdot [p - c(q) - \gamma(r)] = 0$$

其中 α 是和拉姆齐数相关的。它反映边际价格表的二维特征,同时还具有与常见拉姆齐数完全相似的条件。在需求档案方面,决定拉格朗日乘数的可行性条件可以等价地写为

$$\int_0^\infty N(p(q, r), q) dq \leqslant \bar{S}^{-1}(r)$$

下面的例子说明了这个最优条件的推广运用。

例:数量和可靠性的联合定价

对于这个例子,我们假设 $v(q, t) = t - q$ 以及 $F(t) = t$。即类型客户 t 对确定服务的需求函数为 $D(p, t) = t - p$,且这些类型在 0 和 1 之间均匀分布。此外,人口规模被标准化为 1。进一步假设每单位潜在需求的供给分布函数是均匀分布的,比如 $S(s) = s_1$,因此 $\bar{S}(s) = 1 - s$ 是可以供应 s 个单位(作为潜在需求的一部分)的可靠性。供给的边际成本取为常数:$c(q) = c$。

首先,我们说明了普通优先级服务的价格推导,其中不考虑购买不同规模的客户。在这种情况下,估值超过 p 的潜在需求单位的数量是

$$D(p) = \int_p^1 [t - p] dF(t) = \frac{1}{2}[1 - p]^2$$

边际价格表由 $D(p(r)) = \bar{S} - 1(r)$ 的条件决定,其中对于任一单位需求而言,$p(r)$ 都是支付第 r 个服务可靠性增量的边际价格。因此,

$$p(r) = 1 - \sqrt{2[1 - r]}$$

其中 $r \geqslant 1/2$。如果这个价格表不能提高所需的收入,那么公司必须征收额外的固定费用,以削减市场渗透率。

接下来我们推导出当数量和服务可靠性实行联合定价时的最优价格表 $p(q, r)$。在这种情况下,需求档案为

$$N(p, q) = \#\{t \mid t \geqslant p + q\} = 1 - p - q$$

而当 $N(p,q)=0$,其中 $p+q\geqslant 1$ 时,那么最优拉姆齐价格为

$$p(q,r)=\beta[1-q]+[1-\beta][c(q)+\gamma(r)]$$

定义域为 $p(p,r)+q\leqslant 1$,同样 $\beta=\alpha/[1+\alpha]$。现在假设公司的边际成本是常数,比如 $c(q)=c$。面对这个价格,类型 t 客户会选择

$$Q(r,t)=\max\{0,\ t[1+\alpha]-[c+\gamma(r)+\alpha]\}$$

也就是说,对于每个 r,$Q(r,t)$ 是 $v(q,t)\geqslant p(q,r)$ 时 q 的最大值,使得边际效益超过所收取的价格。利用这一结果,我们可以根据可行性约束确定可靠性的预估边际成本。如果我们使 $\delta(r)=\beta+[1-\beta][c+\gamma(r)]$,那么就产生了以下的计算

$$\delta(r)=1-\sqrt{2[1-r][1-\beta]}$$

因此,可以得到第一个近似值,

$$p(q,r)=\delta(r)-\beta q$$
$$=1-\sqrt{2[1-\beta][1-R]}-\beta q$$

然而,为了准确地推导出价格表,我们必须考虑各种隐含的约束条件。首先,我们发现可靠性 $\gamma(r)$ 的预估边际成本必定是非负数,且在可行性约束不具有约束力的情况下为零。因此,约束条件由 $\gamma(r)\geqslant 0$ 转变为 $\delta(r)\geqslant\beta+[1-\beta]c$,这意味着 $\gamma(r)$ 的上述公式仅适用于

$$r\geqslant\rho(c,\beta)\equiv 1-\frac{1}{2}[1-\beta][1-c]^2$$

接下来我们会发现,$\rho(c,\beta)=\bar{S}^{-1}(\bar{Q})$,其中 $\bar{Q}=\frac{1}{2}[1-\beta][1-c]^2$ 是需要正可靠性的总单位数。因此,$\rho(c,\beta)$ 是每单位需求所能提供的最小可靠性。所以一般来说,

$$\delta(r)=\begin{cases}1-\sqrt{2[1-\beta][1-r]} & \text{如果 } r\geqslant\rho(c,\beta)\\ \beta+[1-\beta]c & \text{如果 } r\geqslant\rho(c,\beta)\end{cases}$$

注意,如果 $r < \rho(c, \beta)$,那么 $p(q, r) = p(q)$,这恰好是供给确定时的边际价格表。同样,$\bar{Q}$ 是供给确定时的总需求。

248   边际价格表 $p(q, r)$ 也不得小于边际成本 c,因此

$$p(q, r) = \begin{cases} \delta(r) - \beta q & \text{如果 } q \leqslant [\delta(r) - c]/\beta \\ c & \text{如果 } q \geqslant [\delta(r) - c]/\beta \end{cases}$$

然而,正如我们将在下面验证的那样,预计没有客户会购买 $q > [\delta(r) - c]/\beta$ 单位,因此边际价格表可以简单地表示为

$$p(q, r) = \delta(r) - \beta q$$

如前文所述,但现在以 $\delta(r)$ 正确表述。

该价格表的另一种表示形式是,对于以总可靠性 r 获得的单位,第 q 个单位的边际价格 $p(q|r)$ 仅在该单位交付时支付:

$$p(q \mid r) = \frac{1}{r} \int_0^r p(q, x) dx$$
$$= \Delta(r) - \beta q$$

如果 $r \geqslant \rho \equiv \rho(c, \beta)$,其中

$$\Delta(r) = 1 - [1 - \beta][1 - c]\rho/r + \frac{1}{r}\frac{2}{3}\sqrt{2[1 - \beta]}\left[(1 - r)^{3/2} - (1 - \rho)^{3/2}\right]$$

这些结果可以与普通优先级服务的边际价格表形成对比。如果 $\alpha = 0$,那么 $\beta = 0$,则这两个价格表一致。当 $r \geqslant 1/2$ 且没有数量折扣时,$p(r) = p(q, r) = 1 - \sqrt{2[1 - r]}$。但是如果公司的收入约束是有约束力的,那么通常联合价格表 $p(q, r)$ 对每个单位的可靠性增量收取更多费用(即 $\delta(r) > p(r)$),但有数量折扣优惠。这一结果最基本的动机是公司使用边际价格表来适当提高收入,而不是像普通优先级服务那样依赖固定费用,并且这增加了获得的总剩余。对于可靠性 $r > \rho(c, \beta)$,除了它会影响拉姆齐数之外,边际价格表与公司的边际成本 c 无关。虽然这个例子中的二维价格表是可加可分的,但这不是一般特征。在任何情况下,二维表永远不会是两个一维表的总和,除非收入约束没有约束力

（$\beta = 0$），且在此情况下没有数量折扣。

　　根据最优边际价格表预测客户的购买行为如下。首先，只有那些 $t > 1 - [1 - \beta](1 - c)$ 类型的人才会购买第一个数量单位。对于购买的每个单位，每个客户购买一个可靠性不低于 $\rho(c, \beta)$。对于第 q 个单元，所选择的可靠性为

$$R(q, t) = \begin{cases} 1 - \dfrac{1}{2[1 - \beta]}[1 - t + (1 - \beta)q]^2 & \text{如果 } q \leqslant \bar{Q}(t) \\[2mm] 0 & \text{如果 } q > \bar{Q}(t) \end{cases}$$

即 $R(q, t) = \rho(c, \beta)$，当类型 t 客户购买正可靠性的最后一单位时

$$\bar{Q}(t) = 1 - c - \frac{1 - t}{1 - \beta}$$

对于最高的类型，$R(0, 1) = 1$ 且 $\bar{Q}(1) = 1 - c$。尤其是 $t = 1$ 类型的客户以边际成本 c 购买最后一个单位，但仅选择最后一个单位的可靠性 $\rho(c, \beta)$。图 10.5 显示了指标 t 类型的几个值的 $R(q, t)$，假设垄断情况下 $\beta = 1/2$。

　　公司获得的净收入可以计算为

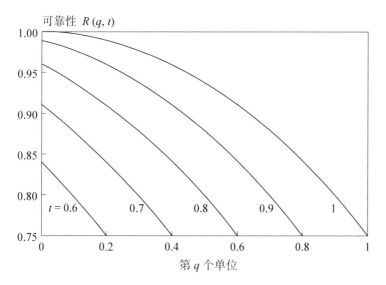

图 10.5　当 $\beta = 1/2$ 时，由类型 t 分配给第 q 个单位的可靠性 $R(q, t)$。

$$\overline{\mathrm{NR}}(c,\beta) = \frac{1}{3}\beta[1-\beta][1-c]^3 + \frac{1}{40}[1-\beta]^2[1-4\beta][1-c]^5$$

$$= \rho(c,\beta)\mathrm{NR}(c,\beta) + \frac{1}{60}[1-\rho(c,\beta)][3+8\beta][1-\beta][1-c]^3$$

其中

$$\mathrm{NR}(c,\beta) = \frac{1}{3}\beta[1-\beta][1-c]^3$$

是供应不受限制时的净收入。因此,上述最后一项是对可靠性超过最低水平 $\rho(c,\beta)$ 的单位所收取的溢价(扣除边际成本)。

在表 10.2—5 中,我们列出了几个参数值的结果。表 10.2 列出了取决于边际成本 c 的值和从拉姆齐数中推导出来的参数 β 的公司净收入。注意 $0 \leqslant \beta \leqslant 1/2$ 的定义解释,$\beta=1/2$ 时意味着不受规制的利润最大化垄断情况下的最大可能收入,而 $\beta=0$ 则表示在没有任何约束性收入要求的有效定价方案的情况下产生的最小可能收入。表 10.3 列出了第一个单位的边际价格 $p(0,r)\equiv\delta(r)$,取决于 β,并假设边际成本为 $c=0$,这适用于较低可靠性 $r<\rho(c,\beta)$,如星号(＊)所示。注意,如果 $\beta=0$,则 $p(0,r)=p(r)$,因为在这种情况下,可靠性的边际价格与普通优先级服务的情况相同。

表 10.2 优先级服务的拉姆齐定价:企业净收入

β	$c=0.5$	0.4	0.3	0.2	0.1	0.0
0	0.000 8	0.001 9	0.004 2	0.008 2	0.014 8	0.025 0
0.1	0.004 1	0.007 4	0.012 3	0.019 3	0.029 0	0.042 1
0.2	0.006 8	0.011 8	0.018 8	0.028 4	0.040 8	0.056 5
0.3	0.008 7	0.014 9	0.023 6	0.035 0	0.049 6	0.067 5
0.4	0.009 8	0.016 9	0.026 5	0.039 2	0.055 1	0.074 6
0.5	0.010 2	0.017 5	0.027 5	0.040 6	0.057 1	0.077 1

表 10.3 优先级服务的拉姆齐定价:附表 $p(0, r) = \delta(r)$

β	$r=1.0$	0.95	0.90	0.85	0.80	0.75	0.70	0.65	0.60	0.55	0.50
0	1.000	0.684	0.553	0.452	0.368	0.293	0.225	0.163	0.106	0.051	0.000
0.1	1.000	0.700	0.576	0.480	0.400	0.329	0.265	0.206	0.151	0.100	* 0.100
0.2	1.000	0.717	0.600	0.510	0.434	0.368	0.307	0.252	0.200	* 0.200	* 0.200
0.3	1.000	0.735	0.626	0.542	0.471	0.408	0.352	0.300	* 0.300	* 0.300	* 0.300
0.4	1.000	0.755	0.654	0.576	0.510	0.452	0.400	* 0.400	* 0.400	* 0.400	* 0.400
0.5	1.000	0.776	0.684	0.613	0.553	0.500	* 0.500	* 0.500	* 0.500	* 0.500	* 0.500

表 10.4 优先级服务的拉姆齐定价:$c=0$, $\beta=1/2$ 时的垄断价格表 $p(q, r)$

q	$r=1.0$	0.95	0.90	0.85	0.80	0.75
0	1.000	0.776	0.684	0.613	0.553	0.500
0.1	* 0.950	0.726	0.634	0.563	0.503	0.450
0.2	* 0.900	0.676	0.584	0.513	0.453	0.400
0.3	* 0.850	0.626	0.534	0.463	0.403	0.350
0.4	* 0.800	0.576	0.484	0.413	0.353	0.300
0.5	* 0.750	* 0.526	0.434	0.363	0.303	0.250
0.6	* 0.700	* 0.476	0.384	0.313	0.253	0.200
0.7	* 0.650	* 0.426	* 0.334	0.263	0.203	0.150
0.8	* 0.600	* 0.376	* 0.284	* 0.213	0.153	0.100
0.9	* 0.550	* 0.326	* 0.234	* 0.163	0.103	0.050
1.0	* 0.500	* 0.276	* 0.184	* 0.113	* 0.053	0.000

表 10.5 例:优先级服务的拉姆齐定价:$c=0$, $\beta=1/2$ 时的垄断价格表 $p(q|r)$

q	$r=1.0$	0.95	0.90	0.85	0.80	0.75
0	0.542	0.525	0.514	0.506	0.502	0.500
0.1	* 0.492	0.475	0.464	0.456	0.452	0.450

q	$r=1.0$	0.95	0.90	0.85	0.80	0.75
0.2	*0.442	0.425	0.414	0.406	0.402	0.400
0.3	*0.392	0.375	0.364	0.356	0.352	0.350
0.4	*0.342	0.325	0.314	0.306	0.302	0.300
0.5	*0.292	*0.275	0.264	0.256	0.252	0.250
0.6	*0.242	*0.225	0.214	0.206	0.202	0.200
0.7	*0.192	*0.175	*0.164	0.156	0.152	0.150
0.8	*0.142	*0.125	*0.114	*0.106	0.102	0.100
0.9	*0.092	*0.075	*0.064	*0.056	*0.052	0.050
1.0	*0.042	*0.025	*0.014	*0.006	*0.002	0.000

　　垄断情况下(即 $\beta=1/2$),表 10.4 和 10.5 列出了边际价格表 $p(q,r)$ 以及相关(contingent)边际价格表 $p(q|r)$,假设边际成本为 $c=0$。注意该列表仅适用于 $r \geqslant \rho(0,1/2)=3/4$,因为每个 $t \geqslant 1/2$ 类型的客户至少选择购买一个这么高的可靠性。此外,使 $r > 1 - \dfrac{1}{2}[1-\beta]q^2$ 的价格组合 (q,r),以星号(*)标记在表格的左下方,都是没有任何客户选择的价格。有效情况下(即 $\beta=0$)对应的价格表与数量 q 无关,列于表 10.3 的第一行。在这种情况下,可选择的最低可靠性是 $\rho(0,0)=1/2$ 并且每个 $t>0$ 类型都会购买正单位数。在表 10.5 中,数量折扣明显大于接受不可靠服务的折扣。然而,这主要是垄断定价 $\beta=1/2$ 导致的,因为在有效的情况下($\beta=0$),数量折扣为零,且只有可靠性折扣才是主要的。图 10.6 显示了三个可靠性 r 值的相关价格 $p(q|r)$ 以说明交付数量的费用与可靠性费用的相对大小。

小结

　　优先级服务的常规公式并不依据客户的购买规模来区分优先级服务费。因此,服务可靠性增量的边际价格表完全由需求和供应条件决定。为了满足收入约束,公司通常征收固定费用,以减少市场渗透率。

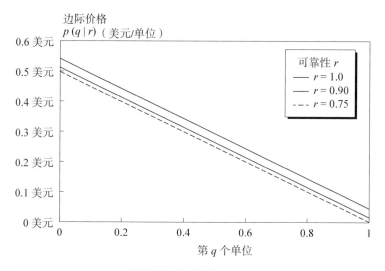

251

图 10.6　$r = 0.75$、0.90、1.0 时的相关边际价格 $p(q|r)$。

　　拉姆齐定价通常用于构建非线性价目表,允许为大量购买的客户提供数量折扣。设计价目表来最大化总剩余(取决于公司的收入要求)的优势在于,它最大限度地减少了公司利用其垄断力量来增加足够收入所造成的低效率。尤其是当较高的边际费用取代了原本需要的固定收费,这往往会增加总剩余。

252

　　拉姆齐定价也可用于构建数量和可靠性联合增加的价格。当将这种方法用于优先级服务的设计时,会产生非线性价目表,其中数量或可靠性的增量价格取决于客户对这两个属性的选择。一般来说,以消费者剩余或总剩余来衡量的话,在优先价格规定中对客户购买规模的这种认可能够实现更高的效率。该例子说明了最优价格共同取决于客户需求的两个维度的方式。特别是,服务可靠性的边际费用更高,但这可以通过数量折扣得到部分补偿。

253

10.3　优先排队系统的非线性定价

　　前面各章的描述忽略了为客户提供服务所需的时间。服务被解释为一种流量,因此在每个时刻,客户负荷的每个单元都获得即时服务。这种模型在电力和电信等情境下很有用,客户在一段时间内的服务价值通常可以表示为与时间间隔的持续时间大致成正比。这种近似对于最终使用是准确的,例如用于暖气和空调的电力,或用于语音对话和数据传输的电信服务。

但是在其他情况下,服务价值与需要不同持续时间才能完成的特定任务或工作相关联。如果电力用于执行诸如生产运营之类的任务就可能是这种情况,如果任务是信息传输,则用于通信;如果任务是交付,则用于运输;或者如果任务是起飞和着陆,则用于机场。一个例子是工作车间,其服务价值与完成的工作相关联,但完成各种工作所需的持续时间大不相同。工作车间的常见例子包括机床操作和车辆设施维修,其容量主要是熟练劳动力。其他例子还包括计算机系统,其容量由中央处理单元的速度表示。

这部分描述非线性定价在优先级服务中的应用,特别适用于具有单个处理单元的计算机系统中的处理分配。该公式强调需求的随机特征,除了工作的服务时间是随机的以外,供应是固定的。客户的需求由一个平稳的随机过程来表示,其中工作随机到来,且具有不同的服务价值、处理要求和延迟成本。工作根据客户选择的优先排队等待服务。在各种优先级下的收费价格会影响客户关于是否提交服务以及选择优先级的决定。

我们的目标是证明基本模型的分析。当处理时间影响有效服务优先级时,我们强调非线性定价的内在作用。分析限于最大化的总剩余,此处省略了拉姆齐定价。

模型

考虑一个为许多不同客户提供服务的系统,每个客户提出的服务要求相对于系统的容量来说足够小,以至于每个人都可以忽略其工作对系统运行性能的影响。每项工作的特征是三元组 (v, t, c),包括其服务价值 v、服务时间 t 和每单位延迟时间的成本 c。因此,如果除了所需的时间 t,工作的完成还延迟了 d,并且对服务收取价格 p,那么客户获得的净值为 $v - c[d + t] - p$。我们使用小时作为时间单位。

在提交服务工作时,每个客户的信息仅包含其实际服务值 v 以及它是几种可能类型中的哪一种。为简单起见,假设可能类型的集合是有限的,我们使用 i ＝1,……, n 来表示 n 种可能类型。类型 i 的工作有四个特点:

1. 类型 i 的工作以每小时 r_i 的平均速度出现。
2. 服务值不大于 v 的类型 i 工作比例由分布函数 $F_i(v)$ 给出。
3. 每个类型 i 工作需要一个服务时间,它是随机的并按照平均服务时间 t_i 的分布来分布。
4. 对于类型 i 工作,延迟完成服务的每小时成本为 c_i。

假设分布函数 F_i 在可能的服务值区间具有正密度。此外,假设工作到达和服务时间的随机过程是不同类型到达的聚合过程,且它们是独立的和平稳的,并具有泊松(Poisson)分布。服务时间在类型内同样是独立的、平稳的、呈指数分布,且在各类型内是相同分布的。最后,为了简单起见,还假设完成每项工作的边际成本为零。

如果服务的定价方式是只提交那些服务值超过 v_i 的类型 i 工作,那么对类型 i 工作的潜在需求的比例 $1-F_i(v_i)$ 将被提交并最终完成。由于潜在的类型 i 工作以每小时 r_i 工作的速度出现,它们将以平均速率 $s_i=r_i[1-F_i(v_i)]$ 提交。之后可以方便地使用这种关系将截止服务值 v_i 解释为提交率 s_i 的函数。因此,类型 i 的已完成工作的服务值将以平均速率

$$V_i(s_i) = r_i \int_{v_i}^{\infty} x dF_i(x)$$

美元/小时累积,并解释为提交率 s_i 的函数。相反,累积率函数 V_i 和提交率 s_i 可以通过 $v_i = V_i'(s_i)$ 计算截止服务值。

因此,我们说如果一种定价方案使系统稳定状态下的总净值积累的平均速率最大化,那么这种定价方案是最优的:

$$\sum_{i=1}^{n} \{V_i(s_i) - c_i L_i(s)\}$$

其中,当 $s=(s_1, \cdots\cdots, s_n)$ 是所有类型的平均提交率,$L_i(s)$ 是系统中类型 i 工

255　作的平均数量（在队列中等待或被服务）。如前所述，总剩余测度的公式假设服务的边际成本为零。

我们使用排队理论中的两个基本命题：[①]

- 对于任何固定的提交率，如果 $c_i/t_i > c_j/t_j$，则根据优先级顺序为类型 i 在类型 j 之前提供服务，从而使平均延迟成本最小化。

假设 $c_i/t_i > c_{i+1}/t_{i+1}$ 使得这些类型按优先级顺序编号。

- 在系统稳定状态下，$L_i(s) = s_i W_i(s)$，其中 $W_i(s)$ 是类型 i 工作的平均总延迟（等待加服务）时间。此外，$W_i(s) = q_i(s) + t_i$，其中 $q_i(s)$ 在队列中等待服务所花费的时间是（像上面那样假设对类型进行编号，以便类型 i 具有第 i 个优先级服务顺序）：

$$q_i(s) = a_{i-1} a_i \sum_{j=1}^{n} s_j t_j^2$$

其中 $a_i \equiv 1 \Big/ \Big[1 - \sum_{j=1}^{i} s_j t_j \Big]$ 和 $a_0 \equiv 1$。

第一个命题建立了最优优先级方案。因此，剩下的唯一任务是确定如何设计价格以确保客户的响应产生最优提交率。第二个命题，也称为里特定理，它指出无论我们是计算系统中每个时刻作业累积的延迟成本率，还是单独计算每个工作完成的持续时间，都不重要。

根据上述第 i 个优先排队延迟 $q_i(s)$ 的公式，可以计算出最优提交率，即最大化总净值累积的平均速率，

$$\sum_{i=1}^{n} \{ V_i(s_i) - c_i s_i [q_i(s) + t_i] \}$$

因此，假设 $s°$ 表示最优提交率列表。

---

① 假定服务进程是不可抢占的，也就是说，一旦工作的服务开始，它就不会中断。

一个最优的非线性价格系统

我们考虑一种定价方案,其每个工作根据客户选择的优先级和服务工作所需的实际时间收费,不包含服务开始前的等待时间。因此,假设 $P_k(t)$ 是对需要持续时间 t 的第 k 个优先级工作征收的费用。

如果其净值是正的,并且被分配了产生最少总费用和延迟成本的优先级,那么具有服务值 v 的类型 i 工作的客户更愿意提交它。即如果 $v > v_i$,则提交工作,其中

$$v_i = \min_k (E\{P_k(t) \mid i\} + c_i[q_k(s) + t_i])$$

且预期费用 $E\{P_k(t)|i\}$ 的计算条件取决于工作的实际类型 i。最优性要求提交率的结果列表是 $s = s^\circ$,这又要求每个类型 i 有

$$v_i = V'_i(s_i^\circ)$$

并且达到最小成本的优先级必须是 $k = i$。

产生最优提交率和优先选择的定价方案具有二次形式

$$P_k(t) = A_k t + \frac{1}{2} B t^2$$

其中如果 $d_k = s_k^\circ c_k q_k(s^\circ)$ 是第 k 个优先排队的预期延迟成本,而且 $A_n = d_n a_n$ 以及

$$A_k = d_k a_k + \sum_{j=k+1}^{n} d_j [a_{j-1} + a_j]$$

$$B = \sum_{j=1}^{n} d_j \bigg/ \sum_{j=1}^{n} s_j^\circ t_j^2$$

尽管我们省略了证明这种定价方案足够的论证,但值得注意的是,指出它包括三个步骤:

1. 优先级 i 提交的类型 i 工作的期望价格满足

$$\bar{P}_i \equiv E\{P_i(t) \mid i\} = A_i t_i + B t_i^2$$

$$= \sum_{j=1}^{n} s_j^{\circ} t_j \frac{\partial W_j(s^{\circ})}{\partial s_i}$$

以确保诱导的截止服务价值 v_i 产生最优提交率。

257

2. 类型 i 工作比 $i+1$ 优先提交;即,

$$\bar{P}_i + c_i q_i < E\{P_{i+1}(t) \mid i\} + c_i q_{i+1}$$

同样优先级 i 优于 $i-1$。

3. 如果一个类型 i 工作比类型 j 优先提交,j 比 k 优先提交,那么 i 比 k 优先提交。即"优先"是一种传递关系。

步骤 2 和步骤 3 可以结合起来,以表明类型 i 工作按优先级 i 提交最优。需要注意的是,仅对优先级 i 收取预期价格 $\bar{P}_i$ 是不够的——因为这将无法确保类型 i 工作以优先级 i 提交是最优的,如步骤 2 所示。[1]

该定价方案与实现最大总剩余的所有优先级定价都有一个共同特征(包括第 1 节中的一个):该方案收取对其他工作施加的预期成本。如门德尔森和黄(Mendelson and Whang, 1990)所指出,线性项和二次项是在此作业开始服务之前和之后强加于其他工作的预期延迟成本。此外,A_k 的第一和第二个条款反映了对相同和次等优先级的其他工作强加的成本。从非线性定价的角度来看,突出的特点是二次项的作用。在为一项工作提供服务时,它会延迟在其服务期间到达的所有工作。在 t 的服务期间到达的类型 i 工作的预期数量是 $s_i t$,平均每个工作延迟 $t/2$。因此,预期延迟成本与 t^2 成正比,t^2 是二次项的来源。[2]

本节分析的一个重要含义是服务时间的非线性定价是有效实施优先级服务

---

[1] 但是,如果系统管理员可以观察到工作的类型,并为其分配了相应的优先级(而不是由客户分配),那么收取预期价格就足以确保提交的类型 i 工作的服务价值超过最优截止服务价值。例如,在机械车间,有时就是这种情况,经理可以观察完成工作所需的作业。

[2] 实际上,其他工作也会延迟,因为所有在优先级 1 工作的下一个"繁忙时段"结束之前到达的优先级 1 也将被延迟。

的内在特征。当服务时间短或服务连续时,服务时间的定价可能无关紧要。但是,如果服务时间可能很长并且其他工作可以在此期间到达,那么强加给其他客户的延迟成本可能会很大。此外,这些成本的预期基本上是非线性的,因此价目表也是非线性的。

10.4 小结

本章考虑了第 9 章中研究的多维定价方法的两个例子。两者都与容量受限系统中的定价服务优先级有关。第一种适用于电力等需要立即满足需求的系统。第二种适用于计算机系统,其中工作按指定的优先级和到达时间的顺序排列。

在电力系统中,如果不提供数量折扣,则优先级服务的价格表完全由需求和供应条件决定。也就是说,足以为支付边际价格 $p(r)$ 的客户提供服务的供应可靠性必须为 r。如果此表的利润不足以满足受规制公用事业的收入要求,则需要收取接入或需量费用。但是,通过提供数量折扣和优先级服务的拉姆齐定价也可以满足更高的收入要求。此价格表的设计遵循第 9.2 节中描述的多维定价原则。在第 2 节研究的例子中,价格表是可加可分的。也就是说,第 q 个单位交付时应付的相关边际价格是可靠性费用和数量折扣之间的差额。

优先排队系统中的价格还有一个特点,即服务时间是事后可观察到的。在这种情况下,价目表包括与优先级相关的,与实际或预期服务时间成比例的费用,以及一个与实际服务时间相关的非线性项。非线性相关收费为客户提供了有效分配工作的激励。特别是根据所选优先级收取预期费用是不够的,因为它假定工作的优先级是有效的。在例子中,二次项就足够了。该方案类似于第 9.4 节中的项目分配方案,不同之处是在这里我们排除了数量折扣,而将重点放在根据事后显示的实际服务时间的收费。

258

— 第 11 章 —
容量定价

当公司要承担旨在满足客户高峰负荷的容量安装成本时,会使用更详细的多维价目表。显著的例子是电信、电力和运输行业,它们需要对长期承诺的耐用资本设备进行大量投资。在许多劳动密集型服务行业中,提供容量也很重要。例如,维修店在高峰日通过雇用足够的维修人员来满足需求,但在非高峰日一些修理人员会被闲置。在这些行业中,客户的需求随时间变化,而容量相对稳定。此外,产品或服务难以储存或储存成本高昂,因此库存无法使公司的生产率变得平滑。

这些特性的结果是,客户的使用情况与其附加于公司的容量要求不同步。一些容量在非高峰时间被闲置。因此,价目表要单独考虑使用和容量成本。精心设计的价目表可以为客户在高峰时段减少负荷提供激励,从而减少非高峰期的闲置容量。

第 1 节提供了受高峰负荷影响的行业背景。第 2 节回顾了这些行业使用的两种定价政策。第 3 节介绍了多维定价公式,并应用于联合构建基于使用费和容量费的非线性价目表。

11.1 背景

在受高峰负荷影响的行业中,部分容量在非高峰时段闲置。因此,为了节省闲置容量,企业安装了各种类型的设备。基本负荷由购置成本高但运营成本低的设备来满足,而高峰负荷则由购置成本低但运营成本较高的额外设备来满足。高峰设备较低的购置成本带来的优势是其在非高峰时段的闲置估算成本较低。因此,边际运营成本随着需求的变化而变化。当需求高时,边际运营成本是高峰设备较高的运营成本。考虑到各种设备的不同资本成本和运营成本,价目表分别涵盖这两个成本组成部分。

　　这些行业使用了多种定价方案。一种形式是需求相关的**现货定价**(spot pricing),即价格(每单位服务的统一价格)根据不断变化的需求条件不断变化,以将需求保持在供应范围内,或者在容量过剩的情况下根据边际运营成本来确定。现货定价的一种变形是**高峰负荷定价**(peakload pricing),公司基于先前宣布的预估需求可能变高或者变低的时间段的价格表,这个价格表随时间变化而变化。现在这被称为**实时定价**(real-time pricing),即当天不同时段的价格在很短时间前(通常是前一天)公布。法国电力公司使用这两种方法,如第 2.2 节中所述,每当公用事业公司在短时间内宣布供应紧张时,在这一"关键时刻"会征收更高的电费,而在"空闲时间",即在预测需求较少的夜间时段提供较低的费率。这种定价形式强调对需求和供应状况的短期反应,其特点是价格随时间变化而变化。

260

　　第二种定价形式采用了更长远的视角,并为模仿公司成本结构的客户提供激励。一个例子是美国电力公司常用的基于容量和使用量的定价系统,以及法国电力公司的蓝色价目表的基本选项。每个客户都要为容量支付"需量费用"(至少对于工业客户来说),这是基于客户的年度高峰负荷计算的,另外还要为使用时间支付电度电费。一个更复杂的方案是在美国偶尔使用的莱特价目表,主要出现在法国电力公司向工业客户提供的黄色和蓝色价目表中。该电价对高峰负荷时的每单位电量收取周期性的固定费用,并对该单位使用的时长按比例收取电度电费。两个费用根据一年中需要该单位电量的时长而有所不同。

　　分时价目表或实时价目表适用于满足公司的短期成本,而莱特价目表适用于公用事业的长期成本构建。也就是说,从长期看,供应一单位功率(1 千瓦)一定时长(小时/年)的成本对公用事业来说包括一单位发电容量的资本成本,以及与使用时长及该类型发电机运营成本成比例的能源成本。计划提供这种功率的发电机类型取决于设备运行寿命期间每年预期的负荷持续时间。因此,莱特价目表为客户提供了长期与公司预期成本相一致的客户激励。然而,在短期内,如果客户的使用模式与总需求模式不同,莱特价目表收的电度电费可能与现货价格不同。[①] 莱特价目表的一个更简单的变形是**负荷率价目表**(loadfactor tariff),它允许给具有高负荷率(平均负荷与高峰负荷的比率)的客户电度电费提供折扣,以反映公用事业公司可以为此类客户提供更多基本负荷发电资源的事实。

261

第三种形式使用非条件的统一服务价格,然后通过随机选择,或通过先到先得的排队选择,或在优先级服务的情况下通过指定的优先级来分配客户。如第10章所述,高效的优先级服务方案本质上是对优先费用的评估,这些费用是对实时定价或莱特价目表下具有可比性的可靠性服务产生的预期费用。

我们在本章中证明,在很大程度上,所有这些定价形式都是一般方案的特例。然而,有一个重要的条件,本章假设预留了足够的容量来满足每个客户的负荷。即当客户的需求同步时,他们的高峰负荷同时出现,所需的总设备是为每个客户提供服务所需的设备数量的总和,这一前提得到满足。就电力案例而言,一些工业和商业用户的高峰负荷与系统高峰同步,在一些地区,大部分居民和商业用户的负荷同时达到高峰,因为它们反映了取暖或空调使用情况,而这些情况相互依赖于气温和天气的日周期和季节周期。然而,实际上,客户的负荷基本上是不同步的,因此一个客户空闲的设备可以用来服务另一个客户。因此,总容量需求小于客户高峰负荷的总和。对这一复杂主题的探讨超出了本章陈述的范围。

因此,本章中的任务是描述在必须提供容量以满足每个客户高峰负荷的情况的电价结构。这种电价可以激励客户限制其高峰负荷,使其不超过公司提供所需容量的成本。

---

① 还有许多其他的差异来源:需求和运营成本(例如燃料)的趋势、周期性和随机变量,以及一些不属于当前需求最优配置的装机容量单位。

11.2　负荷持续时间需求的成本回收

本节是第 9.1 节的跟进。我们将以电力行业为例,进一步阐述由负荷持续时间曲线表示的购买集的作用。

客户的需求随时间变化,但实际上时间本身通常不是表示需求可变性的相关维度。大多数公用事业公司根据其**负荷持续时间**(load-duration)曲线描述客户的需求模式。回想一下,负荷持续时间档案规定客户负荷超过每个可能的功率水平 x 的最长持续时间 $H(x)$(以时间的部分来衡量,比如一年)。或者,反函数 $L(h)$ 表示持续时间 h 内负荷超过 $L(h)$。或者,它指定在不超过 h 的持续时间内所需的最小负荷 $L(h)$。H 和 L 都是非增函数;高峰负荷为 $L(0)$,基本负荷为 $L(l)$。客户每小时的平均能耗是这两个函数下的面积。

第 9 章中引入了等效的几何描述:客户的需求是包含负荷持续时间曲线所限定的点的购买集。因此,客户需要一个由所有点组成的集合,这些点位于递减负荷持续时间曲线下方的非负坐标上。一个典型的点,被解释为一小块增量,在这样的集合中,表示对边际单位持续时间的边际功率单位的需求。

为了了解公用事业如何实际测量或计算这样的集合,以及如何收取费用以收回总成本,我们举例说明两种理想的价目表,它们大致对应于分时价目表和莱特价目表。

- 对于分时价目表,假设公用事业公司对一年中的 h 小时使用 q 千瓦收取 $P(h, q)$。或等效地,在 h 小时内为每 x 千瓦小时收取相应的边际价格 $P(h, x)$,如图 11.1 所示。在这种情况下,公用事业公司安装一个仪表,用于测量每 h 小时里客户的实际负荷 $L(h)$。为了收回其运营成本,公用事业公司收取年度服务的电度电费 $\sum_h P(h, L(h))$。并且,为了收回其容量的资本成本,公用事业公司征收需量费用 $P_o(q^*)$,该费用取决于客户在一年中的高峰负荷 $q^* = \max_h\{L(h)\}$。因此,分时电价相当于需

263

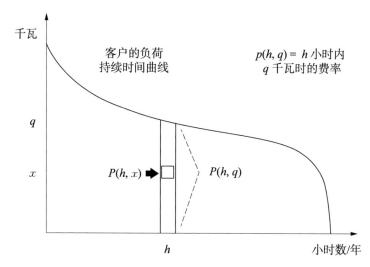

图 11.1 h 小时内第 x 千瓦时的分时价目费用 $p(h, x)$。

量费用的普通非线性价格加上一年中每个小时用于电度电费的额外非线性价格（取决于功率水平）。

- 对于莱特价目表，电表记录每个功率等级 x 客户需求第 x 千瓦的小时数；也就是说，负荷的小时数为 x 或更多。因此，每小时需求曲线 $L(h)$ 以替代形式 $H(x)$ 记录，表示客户使用第 x 千瓦的小时数。然后，莱特价目表收集第 x 个单位的需量费用 $\hat{p}_\circ(x)$（如果它被使用），加上非线性价格 $\hat{P}(H(x), x)$（取决于它使用的小时数），或相当于第 x 千瓦使用的第 h 小时的边际价格 $\hat{p}(h, x)$，如图 11.2 所示。有效需量费用为 $\hat{P}_\circ(q^*)$，对应于 $x \leqslant q^*$ 时的边际需量费用 $\hat{p}_\circ(x) = \hat{P}'_\circ(x)$。总费用是所有使用单位的这些需量费用和电度电费的总和。因此，莱特价目表相当于基于最大功率的需求费加上每个功率单位的非线性价格（取决于使用小时数）的电度电费。

如果 $P_\circ(x) = \hat{P}_\circ(x)$，两种需量费用是等价的。在分时价目表下，$h$ 小时内增加第 x 千瓦的电度电费是 $p(h, x)$，而在莱特价目下，在增加的 h 小时里的第 x 千瓦的电度电费是 $\hat{p}(h, x)$。如果在两种费率下等量测量小时数，p 和 $\hat{p}$ 是

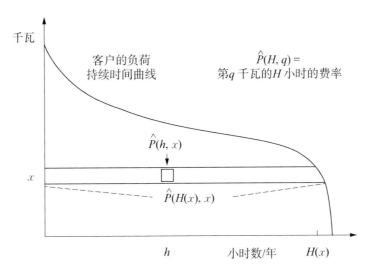

图 11.2 莱特价目表对第 x 千瓦的第 h 小时收取 $\hat{p}(h, x)$。

相同的函数,则两种电度电费是相等的。因此,我们接下来建立这个等效测量系统,正如我们将看到的,它取决于公用事业的成本结构和客户的负荷持续时间曲线,它们共同决定了公用事业对发电资源的最优投资。

假设公用事业可以从下标 $i=1$,……,m 的多个发电源中的任何一个生产 1 千瓦的功率。第 i 个发电源具有固定成本 F_i,以美元/千瓦为单位,以及运营成本 c_i,以美元/千瓦/小时或美元/千瓦时为单位。假设具有较高下标的发电源具有更高的固定成本和更低的运营成本;而且,每个发电源都是某个运行时间间隔内产生 1 千瓦功率的最低成本方式。因此,发电源 $i=m$ 是最优长期基本负荷,而发电源 $i=1$ 是最优短期高峰负荷。如图 11.3 例子,它假设燃气、煤炭、核能和水力发电在持续时间更长的情况下具有成本效益。

假设 H_{i-1} 和 H_i 是发电源 i 成本最低的最短和最长持续时间,其中 $H_0=0$ 和 $H_m=1$。在实际操作中,这些发电源按优先顺序 $i=m$,$m-1$…… 打开,直到覆盖当前负荷,因为这是最小化运营成本的顺序。如果第 i 个发电源是最后一个打开的发电源,则当前能源的边际成本为 c_i。

为了选择最优容量配置来为客户的负荷提供服务,公用事业公司使用负荷持续时间曲线来确定在 H_i 和 H_{i-1} 之间的持续时间所用的千瓦数,这就是第 2

264

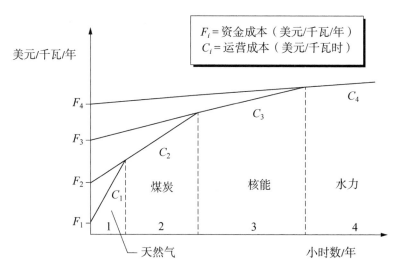

图 11.3　四种发电方式的资本成本和运营成本。

个发电源安装时的千瓦数。也就是说，如果使用第 i 个发电源的 $L(H_{i-1})-L(H_i)$ 千瓦数（加上第 m 个电源的额外 $L(H_m)$ 千瓦数以覆盖基本负荷），则公用事业为客户服务的成本最小化。因此，如果我们定义 $L_i=L(H_i)$，那么只要当前负荷介于 L_{i-1} 和 L_i 之间，功率的边际成本就是 c_i。如图 11.4 所示，它沿着

265

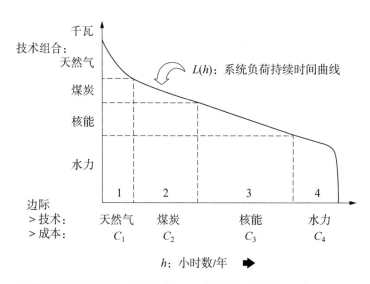

图 11.4　在不同类型的发电方式间进行成本—效率的容量分配。

持续时间维度显示有效的发电源,沿着功率维度显示有效服务于负荷持续时间曲线 $L(h)$ 的每种类型的容量。

这种结构完全遵循莱特价目表的设计。对于区间 $L_i < x < L_{i-1}$ 中的第 x 千瓦,容量的边际成本是为该千瓦提供成本效益的第 i 个电源的千瓦容量的固定成本 F_i,并且能源的边际成本是运营成本 c_i。一个莱特价目表

$$\hat{p}_0(x) = F_i$$
$$\hat{p}(h, x) = c_i \qquad 如果 L_i < x < L_{i-1}$$

正好可以涵盖公用事业的成本。图 11.5 显示了更高的功率增量如何连续收取更高的每小时边际成本,对应于满足容量增量而分配的发电类型。

另外,莱特价目表可以通过对容量单位收取高峰发电机的固定成本($\hat{p}_0(x) = F_1$)来实现,当第 i 个发电源是运行成本最高的发电机时,如果该小时位于区间 $H_{i-1} \leqslant h \leqslant H_i$,则对 h 小时的使用收取费用 c_i。

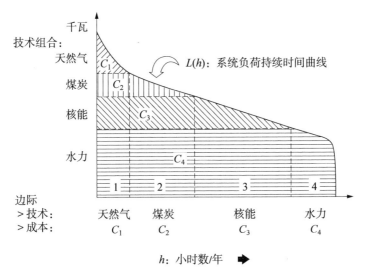

图 11.5 莱特价目表通过每千瓦的固定费用和每千瓦时的边际费用来收回成本,每个费用都取决于所使用的发电类型。

一个等效的分时价目表的构建如下[①]。客户负荷 $L(h)$ 在 $L_i < L(h) < L_{i-1}$ 范围内的每 h 小时由发电源 $i(h) = i$，即该小时的边际发电量确定。因此，能源的边际成本是 $c_{i(h)}$，但除此之外，功率的边际单位是由发电源 m，$m-1$，……，$i(h)$ 产生的。公用事业有两种选择来涵盖这些成本。一种价目表在 h 小时内收取 $P(h, q)$ 以涵盖累积了所使用的各种发电源的边际成本，

$$P(h, L(h)) = \sum_{j=i(h)+1}^{m} c_j [L_{j-1} - L_j] + c_i(h)[L(h) - L_i(h)]$$

加上每年的需量费用，以收回为满足高峰负荷而增加的容量的固定成本。另一种方案根据高峰发电机的资本成本收取需量费用 $q^* F_1$，然后对所有能源单位收取等于该小时边际成本 $c_i(h)$ 的统一价格，如图 11.6 所示。该方案最接近于高峰负荷定价[②]的标准实施。

266

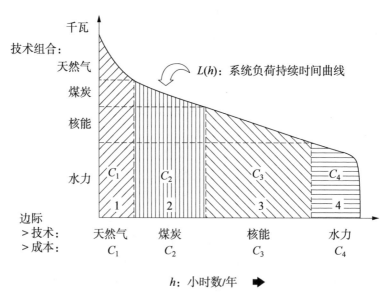

图 11.6 分时电价通过取决于边际发电来源的分时电度电费收回成本。

---

① 下面的构建可以通过将之前的莱特价目表公式中的部分进行积分推导出来。

② 规制机构更喜欢这种形式，因为即使发电源的配置不是最优的，使用费也可以基于实际的边际运营成本。

如果短期和长期上对公司和客户而言一致,那么这些用于涵盖成本的各种定价方式在本质上都是等效的。一个共同的特点是,它们根据电价的一个组成部分对能源需求收费,并根据另一个组成部分对最大需求收费。在其他行业也是如此,价目表通常分为使用量和容量部分,即使成本覆盖不是唯一的动机。使用费用在第 9 章学习过。下一节将描述如何构建容量费用的非线性价目表。

11.3　负荷持续时间需求定价

回忆第 9 章,服务购买集 Q 所需的容量为 $[Q]$。相反,给定容量 q,其包含所有增量 $x \leqslant q$ 的购买集表示为 $[q]$;则 $q=[[q]]$。通常,此容量是满足购买集的多个维度上的最大需求所需的容量列表。

这些维度中有多少是实际上相关的,取决于所处环境。在电力方面,通常有两个维度,即持续时间和功率,但仅对功率容量收费。也就是说,通常不存在基于正负荷持续时间的费用。这反映了这样一个事实,即负荷的持续时间本身通常对客户没有任何好处,不会对公用事业造成显著的额外成本,并且不受规制。然而,在租赁设备(车辆、交换机、复印机、打印机、计算机)的情况下,使用费通常与机器数量、租赁期限,以及偶尔还包括实际操作的累计持续时间的容量费相加总。因此,我们首先介绍仅对单个容量征收需求费的情况,即最大负荷,然后是对多个容量征收需求费的一般情况。

首先仅考虑外生的使用费,并且这仅是优化容量费用的设计,还可以进一步简化描述。稍后我们将讨论一种特殊情况,在这种情况下,可以很容易优化使用量和容量的总费用。

功率容量的需量费用

当征收需量费用时,客户的购买集 Q 通常会限制最大功率需求以避免对客户在短时间内需求的容量进行收费。因此,购买集沿着最大负荷需求的边界是平坦的。因此,可以很方便地用容量 $(1, q) \equiv [Q]$ 来表示客户的选择,其中 1

267

表示客户在整个一年中的时间都与功率容量 q 挂钩。此外,在此容量范围内,客户决定不购买哪些增量 $x \in [1, Q]$。因此,客户选择最大功率水平 q,并且在所选容量内放弃可用增量集 $R = [1, q] \backslash Q$;也就是说,没有购买,所以 $Q = [1, q] \backslash R$。

假设增量 x 的使用费为 $p(x)$。也就是说,如果 $x = (h, \ell)$ 表示 h 小时内的第 ℓ 千瓦功率,根据分时电价,则 $p(x)$ 是 h 小时内第 ℓ 千瓦的边际价格,或根据莱特价目表第 h 小时第 ℓ 千瓦的边际价格。用增量 $v(x)$ 表示客户从增量中受益,重复第 9 章中多维价目表分析表明,如果 $v(x) < p(x)$,客户更愿意放弃增量 x。因此,需量费用的价目表设计可以根据以下要素进行。

268

- 一个典型的客户由一对 $\langle U, v \rangle$ 收益函数表示,具体取决于客户的类型 t,指定购买功率容量 q 内所有可用能源 $[1, q]$ 的收益为 $U(q, t)$,每个增量 x 的边际收益为 $v(x, t)$。例如,在第 9 章中研究的特殊情况下,由于假设客户从使用量中受益,而不是从容量本身中受益,因此这些是相关的:

$$U(q, t) = \int_{[1, q]} v(x, t) dx$$

- 同样,公司的成本由一对 (C, c) 表示,其中 $C(q)$ 是提供 $[1, q]$ 的成本,$c(x)$ 是增量 x 的边际成本。对于公司而言,由于提供容量的成本,通常来说 $C(q) > \int_{[1, q]} c(x) dx$。[1]

- 允许价目表规范具有同等的普遍性,它由一对 $\langle P, p \rangle$ 表示,其中 $P(q)$ 是潜在使用 $[1, q]$ 费用,而 $p(x)$ 是增量 x。由于容量费用,通常来说 $P(q) > \int_{[1, q]} p(x) dx$。

以下,令 $p_2(q) = P'(q)$ 表示第 q 次功率容量增量的边际价格;即沿垂直维

---

[1] 请注意,$c(x)$ 不一定是实际运营成本;如果客户的负荷不同步,它可以代表将功率出售给另一个客户或电力池的机会成本。

度表示功率容量的边际价格。同样，$c_2(q)=C'(q)$ 是边际成本。但是，请注意，第 q 次容量增量的实际需量费用不是包括所有小时的使用费用 $p_2(q)$。相反，它是

$$\hat{p}_2(q)=p_2(q)-\int_0^1 p(h,q)dh$$

这通常被解释为对容量增量的需量费用，而容量增量与免费使用无关。

结合这些因素，客户从选择功率容量 q 和放弃 $R\subset[1,q]$ 部分中获得的净收益为

$$U(q,t)-P(q)-\int_R[v(x,t)-p(x)]dx$$

且根据公司给定的价目表，q 和 R 被选择来最大化净收益。特别是，R 的选择，如 $R(q,t)$，完全如上面那样由此决定：

$$R(q,t)=R(t)\bigcap[1,q]\quad 其中\quad R(t)=\{x\mid v(x,t)<p(x)\}$$

公司从该客户获得的净收入为：

$$P(q)-C(q)-\int_R[p(x)-c(x)]dx$$

也可以被定义为：

$$r(q,t)=R(t)\bigcap\{x\in[1,q]\mid x_2=q\}$$

这是客户在功率水平恰好为 q 的那些增量中放弃的 $[1,q]$ 部分。通常 $r(q,t)$ 是区间 $h(q,t)\leqslant h\leqslant 1$ 的非高峰负荷时段，在该时段客户的边际收益不足以弥补能源的边际价格。这些不同的部分如图 11.7 所示。

为了构建功率容量增量的需求档案，我们进行如下操作。如果该增量的净收益为正，则类型 t 更愿意购买第 q 个增量的功率容量：

$$v_2(q,t)-p_2(q)-\int_{r(a,t)}[v(x,t)-p(x)]dh\geqslant 0$$

其中 $x=(h,q)$ 和 $v_2=\partial U/\partial q$ 是增加潜在用途的边际收益。请注意，净收益的计算通过购买集中未使用部分减去边际收益来调整更多容量的增量收益。因此，功率容量增量的需求档案曲线为：

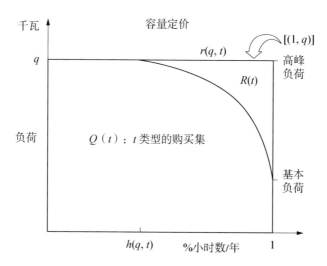

图 11.7 购买集 $Q(t)$ 和潜在容量 $[1, q]$。

$$N_2(p_2, q) = \# \left\{ t \left| v_2(q, t) - \int_{r(q, t)} [v(x, t) - p(x)] dh \geqslant p_2 \right. \right\}$$

这是以边际价格 p_2 购买第 q 次功率容量增量具有正净收益的客户数量。最后一步是我们使用此需求档案来构建功率容量增量边际价格的最优价格表。我们先介绍最简单的情况,然后描述一般构建。

单个类型参数

首先,假设客户由单一类型参数来描述,更高级别类型客户购买更大的集合。在这种情况下,有一种特殊类型 $t(p_2, q)$ 对以边际价格 p_2 购买增量 q 无动于衷。这种类型由上述不等式中增量净收益为零的条件识别。此特征允许直接计算公司在此增量上的边际利润,如果提高价格阻止类型 $t(p_2, q)$ 购买此功率容量的增量,则损失该边际利润:

$$m(p_2, q) = p_2 - c_2(q) - \int_{r(q, t(p_2, q))} [p(x) - c(x)] dh$$

该表达式中的积分考虑了该边际类型在用 $r(q, t(p_2, q))$ 表示的 $h(q, t(p_2, q)) \leqslant h \leqslant 1$ 小时放弃的电力服务,但其他类型不受影响。因此,如第 4 章所述,如果满足以下条件,则利润将最大化:

$$N_2(p_2(q), q) + \frac{\partial N_2}{\partial p_2}(p_2(q), q) \cdot m \mid (p_2(q), q) = 0$$

类似地,一个受规制的垄断企业的拉姆齐定价要求:

$$\alpha N_2(p_2(q), q) + \frac{\partial N_2}{\partial p_2}(p_2(q), q) \cdot m(p_2(q), q) = 0$$

其中设置拉姆齐数 a 以满足公司的收入要求。

单一类型参数还允许需量费用对最优使用费用进行可比较的描述。如第 9 章,令

$$N(p, x) = \#\{t \mid v(x, t) \geqslant p$$

是在没有任何容量限制的情况下使用增量的需求档案,并假设使用的每个边际价格 $p(x)$ 都选择来满足最优条件

$$\alpha N(p(x), x) + \frac{\partial N}{\partial p}(p(x), x) \cdot [p(x) - c(x)] = 0$$

此时用了同样的拉姆齐数 α 作为容量费用。以这种方式选择的边际价格在征收容量费用时也是最优的。对于那些不受任何客户容量选择影响的增量来说,这是微不足道的,而对于其他增量,它们的价格是无关紧要的,因为客户和公司只关心该增量的需量费用总和以及购买它的边际类型沿着该增量的使用。也就是,

271

$$p_2 = \int_{r(q, t(p_2, q))} p(x) dh$$

购买此增量的所有类型在 $0 \leqslant h \leqslant H(p_2, q) \equiv h(q, t(p_2, q))$ 内为使用付费,不包括放弃使用部分。尽管更高级别的类型也会在额外的时间购买使用量,但在这些时间段内的使用量对于某些客户来说是受容量限制的,实际上是作为单个部分出售的。在这些小时内,使用价格 $p(x)$ 无关紧要,因为改变它们会产生抵消 P_2 的费用,因此该部分的价格保持不变。

例 11.1: 在本例中假设客户的边际估值是线性的,并且根据以下方程选择单位测量方法,

$$v(h, \ell, t) = t - h - \ell$$

其中 $x = (h, \ell)$，且类型参数 t 均匀分布在 0 和 1 之间。如果公司为 ℓ 千瓦服务 h 小时的成本是 $\hat{C}(h, \ell) = \ell[k + ch]$，那么矩形负荷持续时间曲线 $[1, q]$ 的成本 $C(q) = q[k + c]$ 也是线性的，并且单个千瓦小时的边际成本 $c(h, \ell) = c$ 为常数。

首先，我们推导供使用的边际价目表。需求档案为

$$N(p, q) = \#\{t \mid t - h - \ell \geqslant p\} = 1 - [p + h + \ell]$$

进而，最优价格为

$$p(h, \ell) = \max\{c, c + \beta[1 - c - h - \ell]\}$$

其中 $\beta = \alpha/[1 + \alpha]$。在这一价格，在每一功率水平 l 下，类型 t 放弃超过

$$h(\ell, t) = [t - c - \ell - \beta(1 - c - \ell)]/[1 - \beta]$$

的工作时间。

接下来我们推导功率容量增量的需求档案。类型 t 来自功率容量增量 q 的净收益为

$$v_2(q, t) - \int_{r(q, t)} [v(h, q, t) - p(h, q)]dh = \int_0^{h(q, t)} [v(h, q, t) - p(h, q)]dh$$
$$= \frac{1 - \beta}{2} h(q, t)^2$$

因此，需求档案为

$$N_2(p_2, q) = \#\left\{t \;\middle|\; \frac{1 - \beta}{2} h(q, t)^2 \geqslant p_2\right\}$$
$$= 1 - t(p_2, q)$$

其中 $t(p_2, q) = \sqrt{2[1 - \beta]p_2} + c + q + \beta[1 - c - q]$

是那些以边际价格 p_2 来购买第 q 个功率容量增量无差异的类型。根据此特征，购买它的客户的边际类型使用第 q 个增量的小时数为

$$H(p_2, q) \equiv h(q, t(p_2, q)) = \frac{1}{1 - \beta}\sqrt{2[1 - \beta]p_2}$$

在这种情况下,给定功率容量增量的固定价格 p_2 时,该小时数与功率水平 q 无关。因此,边际利润为

$$m(p_2, q) = p_2 - [k + c] - \int_{H(p_2)}^1 \beta[1 - c - h - q]dh$$

将需求档案和边际利润公式代入最优条件 $\alpha N_2 + [\partial N_2 / \partial p_2]m = 0$ 中,就会得到最优边际价格

$$p_2(q) = [1 - \beta][k + c + \beta]\left[\frac{1}{2} - c - q\right]$$

与之相对应的需量费用为

$$\hat{p}_2(q) = p_2(q) - \int_0^1 p(h, q)dh$$

$$= [1 - \beta][k - \beta c] + \beta^2\left[q - \frac{1}{2}\right]$$

它随功率容量的增加而**增加**。作为一个整体出售的小时数部分为

$$H(p_2(q), q) = \sqrt{2[k + c] + 2\beta\left[\frac{1}{2} - c - q\right]}$$

它随 q 的增加而减少;这意味着,客户规模越大,则有效高峰时期越短。

　　如果没有收入的要求,则 $\alpha = \beta = 0$,那么使用量、容量和需求的边际价格为 $p = c$,$p_2 = k + c$,$\hat{p}_2 = k$,并且每个都等于相应的企业边际成本,另外作为整体出售的小时数部分也为常数。相反,对于 $\alpha = 1$ 和 $\beta = 1/2$ 追求利润最大化的垄断厂商,使用量、容量和需求的边际价格为:

$$p(h, \ell) = \frac{1}{2}[1 + c - h - \ell]$$

$$p_2(q) = \frac{1}{2}[k + c] + \frac{1}{4}\left[\frac{1}{2} - c - q\right]$$

$$\hat{p}_2(q) = \frac{1}{2}k + \frac{1}{4}\left[q - c - \frac{1}{2}\right]$$

多类型参数

一般而言,存在多类型参数和客户时,购买集不是按其包含情况来排序的。在这种情况下更加复杂,但一般原则仍然有效。构建过程中,企业边际收入这一项的度量会受到影响。由于价格的提高,可能有一些不同类型的客户在购买功率容量的第 q 个增量时被阻止,公司像之前一样产生直接边际利润损失 $p_2(q)$ $-c_2(q)$。 但是,所有类型由于边际影响而放弃使用的边际功率容量也要考虑进来。因此,上面的公司利润率公式包含当边际价格 p_2 略有提高时,每种类型会放弃使用的功率容量项。因为在最优条件下,因子 $\partial N_2/\partial p_2$ 仍然记录了所有类型中那些被阻止购买增量功率容量的客户总数,所以这每一项都必须根据每类客户的相对数量进行加权获得。

多容量

价目表可以包含多个维度的容量费用以及固定订购费用。这种收费的设计使用了单一容量的直接概括方法。

正如之前的部分,一个客户被解释为购买提供潜在使用[q]的容量列表 $q = (q_i)_{i=1,\cdots\cdots,n}$,并且当边际收益小于企业收取的边际价格时,客户就会放弃一部分 $R \subset [q]$。 对于购买集[q],一个 t 类型的客户得到的收益为 $U(q,t)$,企业的成本为 $C(q)$,而收取的费用为 $P(q)$。

首先考虑最简单的情形,如第 9 章一样假设以下这些函数都是可加可分的:

274

$$U(q,t) = U_o(t) + \sum_{i=1}^{n} U_i(q_i,t) + \int_{[q]} v(x,t)dx$$

$$C(q) = C_o + \sum_{i=1}^{n} C_i(q_i) + \int_{[q]} c(x)dx$$

$$P(q) = P_o + \sum_{i=1}^{n} P_i(q_i) + \int_{[q]} p(x)dx$$

这一设定排除了购买集边界的低维面的那些项。人们通常会施加如下的限制:

- 因为客户只能够从正的消费中得到好处，所以 $U_0 = 0$。如果 $C_0 = 0$，那么和通常情况下一样 $P_0 = 0$，即不会收取订购费用。

- 同样，如果客户没有从未使用的容量中得到好处，那么在每个维度上 $U_i = 0$。成本 $C_i(q_i)$ 代表第 i 个容量的(摊销的)资本成本，且 $P_i(q_i)$ 为该容量收取的需量费用。

- 因此，为了与之前的符号相一致，定义

$$p_i(q) = P_i'(q) + \int_{X_i(q)} p(x)dx \quad \text{其中} \quad X_i(q) = \{x \in [q] \mid x_i = q\}$$

且 $v_i(q, t)$ 和 $c_i(q)$ 与之类似，因此，容量 i 的第 q 个单位的边际价格、边际收益和边际成本包括整个增量的使用。

通过这些可分性假设，可以用与上一节基本相同的方式构建多容量的最优需求。我们仅针对单个类型参数的情况进行说明。在这种情况下，使用费不需要考虑容量限制，使用需求档案 $N(p, x) = \#\{t \mid v(x, t) \geq p\}$ 按照第 9 章构建。只要给定使用费 $p(x)$，也就决定了每个类型 t 放弃的增量的集合 $R(t)$。此外，对于每一独立维度，容量 i 的第 q 个增量在边际价格 p 下的需求由一些客户根据以下需求档案获得

$$N_i(p, q) = \# \left\{ t \,\middle|\, v_i(q, t) - \int_{r_i(q, t)} [v(x, t) - p(x)]dx \geq p \right\}$$

其中 $r_i(q, t) = R(t) \cap X_i(q)$ 为增量中被放弃使用的部分。同样，未购买该增量的客户所面临的边际利润损失为

$$m_i(p, q) = p - c_i(q) - \int_{r_i(q, t_i(p, q))} [p(x) - c(x)]dx$$

其中 $t_i(p, q)$ 为以当前价格购买该增量没有差异的类型。因此，每一个容量 i 的最优条件为

275

$$\alpha N_i(p_i(q), q) + \frac{\partial N_i}{\partial p}(p_i(q), q) \cdot m_i(p_i(q), q) = 0$$

该条件决定了容量 i 的第 q 个增量的边际价格 $p_i(q)$。最后，如果固定成本 C_0 为正，则固定费用 P_0 也是类似最优的

$$\alpha N_o(P(q),q) + \frac{\partial N_o}{\partial P}(P(q),q) \cdot m_o(P(q),q) = 0$$

其中 $q = q(t_*)$ 为最小类型 t_* 购买的容量，所以购买

$$U(q,t_*) - \int_{R(q,t_*)} [v(x,t_*) - p(x)]dx = P(q)$$

相关的需求档案和边际利润为

$$N_o(P,q) = \# \left\{ t \mid U(q,t) - \int_{R(q,t)} [v(x,t) - p(x)]dx \geqslant P \right\}$$

$$m_o(P,q) = P - C(q) - \int_{R(q,t)} [p(x) - c(x)]dx$$

在得到了 $P(q(t_*))$ 之后，再倒推得到固定费用的估算值，然后得到需量费用。

例 11.2： 在本例中我们假设 $U_0 = 0$，每一个 $U_i = 0$ 以及

$$U(q,t) = [A - (1-t)^a]U(q)$$

其中 $0 < a < 1$，并且类型 t 是均匀分布的。然后我们可以得到[①]

$$P(q) = \beta A \cdot U(q) + [1 - \beta] \cdot C(q)$$

其中 $\beta = \alpha/[\alpha + 1/a]$。结果为

$$p(x) = \beta A \cdot v(x) + [1 - \beta] \cdot c(x)$$
$$P_i(q_i) = [1 - \beta] \cdot C_i(q_i)$$
$$P_o = [1 - \beta] \cdot C_o$$

276　　　这个例子代表了客户仅通过乘法可分的类型参数来区分的情形，他们支付固定成本、容量成本和使用成本的一部分（这里是 $1-\beta$），加上额外的使用费用，该费用同使用的边际估值中与类型无关的那部分成正比。

在一般情况下，可分性假设是不成立的。其结果是，无法独立地确定容量各

---

① 参见 Oren，Smith 和 Wilson（1985，第 4 节）

个维度的需量费用。特别是,所有 n 个容量的一般函数是最优的[①],而不是非使用费的可加形式, $P_0 + \sum_i P_i(q_i)$。 这种情况下,设计问题需要 n 个容量 $q = (q_1, \cdots\cdots, q_n)$ 共同构建一个通用的多产品价目表 $P(q)$。这正是接下来三章要解决的问题。

11.4　小结

受高峰负荷影响的资本密集型行业通常分别对容量和使用量进行定价,以考虑单独的成本组成以及容量和使用量的不一致。也就是说,部分容量在低谷时段处于空闲状态。高峰负荷还鼓励混合技术生产,以便在运营成本和闲置容量的资本成本之间进行经济权衡。

这些特征会带来几个结论。客户的购买按负荷持续时间档案中的集合进行描述,该集合记录了客户未使用的容量。定价包括容量需求费和使用费。此外,由于混合技术的产生,边际使用成本和边际价格会随着时间和负荷的变化而变化。标准定价政策要能够涵盖使用和容量的成本,包括使用时间和莱特价目表等。所有这些都具有基本特征,即价目表包括使用增量的边际费用和容量增量的边际费用。

用于计算这些价目表的会计惯例因为要符合企业不同的短期和长期成本以及对客户的激励措施而有所差异。由于需求可变性和非最优嵌入式容量配置,这些差异在实践中很重要。尽管如此,构建基础价目表结构的一般原则来自非线性定价方法。

该方法在可分的案例中得到了最清晰的阐述,如第 9 章所述,它允许通过多维定价来计算使用费。然后如第 4 章所述通过非线性定价为每个相关维度分别构建容量增量费。如果服务客户的固定成本很高,则可以增加固定费用。多

277

---

① 在实践中,即使不满足可分性假设,企业通常也认为使用附加价目表就足够了。当不满足可分性假设时,附加价目表的构建遵循 12.1 节的方法。

种类型增加了两个复杂性:使用费的确定不能独立于容量费用,边际利润的计算更复杂。两者都是由于要考虑不同类型的不同用途受容量费用变化的影响。不可分的情况,可能有多种类型,是本书第四部分讨论的多产品价目表设计一般问题的一种版本。

第四部分
多产品价目表

— 第 12 章 —
多产品及竞争价目表

281 　　多产品企业及处于竞争行业中的企业也在使用非线性定价。第 2 章中关于电力和通信行业的论述提供了在受规制行业中多产品企业采用非线性价目表的一些例子。而航空及快递行业的相关论述可以作为在强大行业竞争压力下使用非线性价目表的例子。通过考虑产品间的互补和替代性，一个多产品企业可以从精心设计的价目表中获益。这种特点同样存在于生产、分配过程或者规模经济中。对于一个处于竞争行业的企业而言，它的价目表必须考虑到客户可以替换至其他企业的产品，因此它必须针对竞争者的价目表进行有效的竞争。竞争通常导致价格降低，但是非线性定价的核心并未因此改变。即便对于垄断企业而言，对产品大小和质量进行差异化处理也是有利可图的。

　　由于需要考虑企业产品自身的替代性和互补性，多产品价目表的构建更为复杂。同理，在竞争行业中，企业价目表的制定因替代效应变得复杂的同时，企业之间的交互也加剧了这一情况。然而，每个企业的价目表设计问题，在给定其他企业价目表时，和第 4 章是基本一致的。尽管会存在一些技术层面上对公式的修正，但是基本原理和方法是一致的。

　　本章的第 1 节探讨了一个多产品企业如何对它的不同产品的价目表分别进行非线性定价。而我们得出的主要结论是：每个价目表的设计都会被调整直至所有价目表对客户购买的总影响达到最优。由于需要更精细的处理技巧，我们将在 13 章中进一步讨论对多个产品进行单一的不可分的联合定价。

接下来的几个小节是在一些标准竞争模型的基础上进行非线性定价的应用。在第 2 节中，不同企业的产品为不完全替代品，企业纯粹依赖价格进行竞争。模型的构建采用了伯特兰垄断竞争模型的元素：企业的运营没有容量限制，它们也无法做与生产无关的事情。该模型的构建与第 1 节的模型非常类似，仅有一点除外：每个企业毫不关心自己的价目表会对其他企业利润造成什么影响。在第 3 节中，不同企业的产品为完全替代品，而企业之间通过容量或者供给量来竞争。模型的构建运用了古诺双寡头模型，其中每个企业承诺生产特定数量的产品，尽管这样一来它们还是间接地在价格上有所竞争。[①] 在伯特兰模型中，不同的企业生产差异化的产品，因此作为垄断者具有定价权。在古诺模型中，产品是相同的，但是供给承诺和有限的企业数目限制了价格的急剧式螺旋下跌。这两种情况分别被称为垄断竞争和双寡头垄断，但某些场合它们又被称为异质产品和同质产品的双寡头垄断。第 4 节引入了一个不同点，企业采用单一定价，但是针对不同价格对应的供给是非线性的。

以上均建立在每个企业最大化自己的利润这一假设上。如同第 5 章中，一个受规制的多产品企业通过拉姆齐定价所得到最优价目表一样，本章的最优价目表也具备类似的特点，即所对应的拉姆齐数会均匀地减少边际利润。

12.1　可分多产品价目表

在这一节中我们会看到，第 4 章中价目表设计的原则同样适用于同一企业生产的不同产品的可分价目表。而这一拓展的核心机制源于每一产品的单独需求档案可以从多产品的需求档案中提取，从而在考虑产品之间的替代性和互补性之后，多产品的价目表可以按照多个单一产品的方式分别制定。

[①]　这些模型的名称源自两位开创了不完全竞争市场研究先河的学者，他们分别是数学家 Joseph Bertrand（1822—1900）和经济学家 Antoine Cournot（1801—1877）。

一般情况下,多产品企业公布的价目表规定了当客户购买一揽子产品 $q = (q_1, \cdots, q_n)$ 所需要的总金额 $P(q)$,其中对第 i 个产品,q_i 表示该产品的数量。而在第 14 章中,多产品价目表的构建会变得更为复杂,原因在于对一单位产品 i 收取的边际价格 $p_i(q)$ 取决于其他产品的购买量。然而在实践中,企业公布的价目表通常是以下这种可加可分的形式:

$$P(q) = \sum_{i=1}^{n} P_i(q_i)$$

即从客户的角度来看,每一样产品都是独立定价的,即便它们之间存在替代性或互补性。

一个经典例子是电力企业对高峰时期和低谷时期电费的定价差异。2.4 节中美国电话电报公司的美国畅打套餐也很类似,它们主要对夜间和周末的通话提供折扣,而这些都是走 MTS 费率的白天/工作日通话的替代品。还有针对空间和设备的折扣,例如汽车或者电脑租赁行业也通常会对一些设备提供单独的租赁时间折扣。2.5 节中联邦快递针对普快和航空快递的差异费率也与此类似。

从企业角度而言,考虑客户需求存在的替代性和互补性,或是企业生产与经销成本之间的相关性,从而调整产品的价目表设计,这无疑是有益的。而我们的任务则是描述一个利润最大化的企业如何为自己的产品联合构建 n 个单独的单变量边际价格函数 $p_i(q_i)$。如之前提到的一样,这项任务的核心是证明每个单一产品的价目表设计被调整至它们对客户购买一揽子产品的总效应达到最优。

多产品需求档案

回顾一下单产品需求档案 $N(p, q)$ 的定义,在边际价格 p 下购买至少 q 件产品的客户数量。该定义可以被推广到多个产品的情况。对于一个生产或提供 n 个产品或服务的多产品企业,客户的购买由各个产品数量组成的一份清单 $q = (q_1, \cdots, q_n)$,这份数量清单是客户对于单位边际价格清单 $p = (p_1, \cdots, p_n)$ 作出的响应。在这种情况下:

- 需求档案 $N(p, q)$ 度量了在所有产品边际价格均为 p 时,对于每一项产

品 $i=1$，……，n，都分别至少购买 q_i 的客户数量。

例如，如果用类型参数 t 来形容客户，而需求函数受 t 的影响，即需求函数可写成 $D(p, t)$，那么需求档案为：

$$N(p, q) = \#\{t \mid D(p, t) \geq p\}$$

在这一规范下，不等式对于每一个产品都必须成立，即如果 $D(p, t) = (D_i(p, t))_{i=1, \cdots, n}$，那么对于多产品需求函数的每个组成部分，$D_i(p, t) \geq q_i$ 对每个 i 都成立。就如同在前面各章中一样，我们假设当任意 $q_i = \infty$ 时 $N=0$。从需求数据估计多产品需求函数的方法和之前基本一致，当然产品数量的增加不可避免地导致这一过程变得复杂，因为多产品需求档案是一个有 $2n$ 个关于价格和数量变量的函数。

为证明我们的主要结论，我们需要做出一些简化假设：（A）需求档案具有对应的密度函数，该密度函数展现了购买产品捆绑包的频率分布且密度随价格平滑地变化；（B）产品数量为 2，即 $n=2$；（C）固定成本为零且不同产品间的边际成本相互独立，这里我们令 $c_i(q_i)$ 为第 i 个产品在第 q_i 个单位产量下的边际成本；（D）价目表不包含固定收费，即 $P_i(0) = 0$。在这些假设下，我们可以保证基本思想得到传达的同时不需要引入过度复杂的数学表达与分析。

假设（A）是一个有局限性的假设，这体现在两方面。第一，它要求在固定的单一价格 $p = (p_1, p_2)$ 下对购买捆绑包 $q = (q_1, q_2)$ 存在一个密度函数 $\nu(p, q)$，使

$$N(p, q) = \int_{q_1}^{\infty} \int_{q_2}^{\infty} \nu(p, x) dx_1 dx_2$$

如果需求档案是直接估计出的，那么我们可以通过下式计算密度：

$$\nu(p, q) = \frac{\partial^2 N}{\partial q_1 \partial q_2}(p, q)$$

因此该假设的主要要求是我们可以完整地从密度倒推需求档案。① 如 $N(p, q)$

① 用术语表达的话，这个要求表示购买体量的分布是一个在正象限上的测度，这一测度对勒贝格（Lebesgue）测度而言是绝对连续的。

$= \max \left\{0, 1 - \sum_i [p_i + q_i]\right\}$ 这样的需求档案就违背了这一假设,因为与之对应的密度函数 $\nu(p, q) \equiv 0$,因此对密度函数积分无法倒推出需求档案。而这一异常源于所有购买捆绑包都位于一条直线 $\sum_i q_i = 1 - \sum_i p_i$ 上。通常来说,一旦需求档案显示所有购买捆绑包集中于低维度的子集中,那么假设(A)就会被违背。在本章我们不讨论这种情况,此类需求档案会在 13.4 节中对参数化模型的分析中出现。

假设(A)引入的第二个限制是:客户的购买不能集中于边界处,即一些 $q_i = 0$ 或者说客户没有购买某些产品。如高峰和低谷用电的双产品情况下,客户多多少少两者都会购买一些,这算不上什么约束(这有可能是因为两种产品是互补品或者替代弹性为常数),但是当两种产品是非常接近的替代品时,会出现客户只购买其中之一的情况。而这种约束性即便在产品间的需求相互独立时也有所体现:如果一个类型为 $t = (t_1, t_2)$ 的客户有如下效用和需求函数

$$U(q, t) = \sum_i \left[t_i q_i - \frac{1}{2} q_i^2 \right] \ \mathcal{B} \ D_i(p, t) = \max\{0, t_i - p_i\}$$

285 则对所有 $t_i < p_i$ 类型的客户,他们对产品 i 的购买量都为 $q_i = 0$。 为优先传达核心观点,在初始阶段我们先限制这种可能,但在后续的一些修正当中,我们会考虑到在边界上的扎堆购买。

替代性与互补性

多产品价目表设计中最特殊和新颖的部分在于替代性和互补性所起到的作用。为考虑这些效应,我们需要对多产品需求档案进行修正,使得它能够描述对一个产品提供的数量折扣如何影响其他产品增量的需求。

对多产品需求档案 $N(p, q)$ 的度量假设,边际价格清单 p 对所有为弥补 q 和客户实际购买捆绑包 x 之间的差额,即 $x - q$,是一致的。通过和需求档案的对比,令 $M(q)$ 为当 $x_i \geqslant q_i$ 时根据价格表 $p_i(x_i)$ 客户可享有数量折扣时,所有购买捆绑包超过 q 的客户数量。一般情况下,$M(q)$ 与 $N(p(q), q)$ 的差别体现在那些面对数量折扣时,将自身的购买捆绑包从所有数量超过 q 的集合 $X(q) =$

$\{x \mid x \geqslant q\}$ 移进或移出的客户数量。这个差值可以通过在边际价格变化时,客户将消费量移动过边界 $X(q)$ 的通量率来衡量。因此一般情况下,$M(q)$ 可以用以下式子表达:

$$M(q) = N(p(q), q) + \int_{q_1}^{\infty} L_1(p_1(x_1), p_2(q_2); x_1, q_2) p_1'(x_1) dx_1$$

$$+ \int_{q_2}^{\infty} L_2(p_1(q_1), p_2(x_2); q_1, x_2) p_2'(x_2) dx_2$$

其中每个 L_i 函数度量的是超越边界 $X(q)$ 一个范围的通量。特别地,L_1 度量的是超越边界 $X^2(q)$ 的通量与 p_1' 的比值,其中 $x_2 = q_2$;相似地,L_2 度量的是超越边界 $X^1(q)$ 的通量与 p_1' 的比值,其中 $x_1 = q_1$。 我们将在接下来讲解这个公式以及辅助函数 L_i 的构造。[1]

在上面 $M(q)$ 的公式中,每个 L_i 函数代表了在面临产品 i 的数量折扣时,客户将他们的消费捆绑包转移出集合 $X(q)$ 转而购买其他商品的泄露率。例如,如果产品 1 和产品 2 互为替代品,那么在常数边际价格 p_1 和 p_2 下,一个购买 $x_1 \geqslant q_1$ 的产品 1 和 $x_2 = q_2$ 产品 2 的客户在面临产品 1 的数量折扣时,会购买更多的产品 1 以及更少的产品 2。因此,当提供数量折扣时,该客户的购买超出了集合 $X(q)$,在计算购买 $X(q)$ 中的捆绑包的客户数量时,不再将其计算在内。通过衡量在面临两个产品提供数量折扣时客户移出集合 $X(q)$ 的通量率,$M(q)$ 的公式将这一效应涵盖在内。

在需求档案的公式中已经包含了这些泄露函数,但是相关信息是隐藏的,只有在需求档案满足特定条件下才能得到显式表达。关于这一点,我们观察到对产品 1 而言,改变其价格 p_1 的效果可以被写成以下两项的和

$$\frac{\partial N}{\partial p_1}(p, q) = L_1(p, q) + L_1^*(p, q)$$

其中:

---

① M(q)公式的这一形式源自一般化的数学命题,它们被称为散度定理、斯托克斯定理(Stokes' Theorem)或多元微积分的基本定理。

- L_1 衡量了在 x_1 变化 x_2 不变且 $x_2 = q_2$ 时,跨过 $X(q)$ 中的 $X^2(q)$ 边界的客户通量。由于它表达了当产品 1 价格增加时,有多少客户因为增加产品 2 的消费而进入 $X(q)$,因此它也被称为替代效应。

- L_1^* 衡量了在 x_1 固定于 $x_1 = q_1$ 时,跨过 $X(q)$ 中的 $X^1(q)$ 边界的客户通量。它描述的是当产品 1 价格增加时,有多少客户因为减少产品 1 的消费而离开 $X(q)$,因此它也被称为自价格效应。

特别地,客户需求行为的模型就是为了分别度量这两种效应而构建的。

如果两个产品之间是替代关系而产品 1 的价格微微上涨的话,如图 12.1 所示,垂直的部分 L_1 的通量通过 $X(q)$ 第一个底部的边界,其方向是向里的(因此效应为正),而水平的部分 L_1^* 的通量通过 $X(q)$ 第二个左侧的边界,其方向是向外的(因此效应为负)。因此,我们将泄露函数 L_1 定义为 $\partial N / \partial p_1$ 的一部分,仅考虑当 p_1 增加时,客户用产品 1 替换产品 2 所引起的向下边界内通量。类似地,L_2 是指当 p_2 增加时,客户将产品 2 替换产品 1 所引起的沿左边界的向内通量。

287

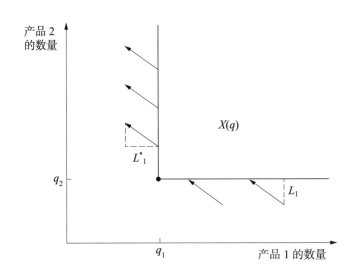

图 12.1 产品 1 价格上升导致的客户进出 $X(q)$ 的通量:L_1 是沿底部垂直向内的通量,L_1^* 为沿左边界水平向外的通量。

当产品互为替代品时,泄露率 L_i 通常为正,但是当产品互为互补品时这一比率可能为正。然而,我们最为关心的是在互为替代品情形下由数量折扣导致的价格下跌,因此为方便起见,我们将实际影响看作负的。因此,我们通常把通量 L_i 解释为由于替代效应,客户应对产品 i 的边际价格下降从而减少另一个产品的消费进而从 $X(q)$ 边界离开集合 $X(q)$ 的速率。

例 12.1: 为进一步阐述上述观点,我们引入一个例子,其中我们用一对类别参数 $t=(t_1,t_2)$ 来描述每一个客户,而线性需求函数为 $D(p,t)=t-B\cdot p$。即 t_i 衡量了类型 t 的客户对产品 i 的需求上限,而当价格为正数时,对第 i 个产品的需求为

$$D_i(p,t)=t_i-\sum_j b_{ij}p_j$$

在矩阵 B 中,对角线上的元素 b_{ii} 为正,而非对角线元素 b_{12} 和 b_{21} 代表替代效应因而为负。假设类型参数在群体中均匀分布,密度函数为 $f(t)=1$,此时 $0\leqslant t_i\leqslant 1$。[1]因此需求档案为

$$N(p,q)=\#\{t\mid t\geqslant q+B\cdot p\}$$
$$=[1-q_1-b_{11}p_1-b_{12}p_2][1-q_2-b_{21}p_1-b_{22}p_2]$$

则产品 1 价格变化的效应可以看作两个泄露项之和

$$L_1(p,q)=-b_{21}[1-q_1-b_{11}p_1-b_{12}p_2]$$
$$L_1^*(p,q)=-b_{11}[1-q_2-b_{21}p_1-b_{22}p_2]$$

以上可以通过将需求档案对 p_1 求导得到。需要注意的是,从替代效应得出的第一项 L_1 乘上的是一个正的系数 $-b_{21}$,这个系数表示的是产品 1 价格上涨对产品 2 需求刺激的速率。相反的,L_1^* 表示由产品 1 价格上涨导致自身需求的减少,这一点从负的系数 $-b_{11}$ 可以看出。

288

在我们后续推导最优价格表的相关条件时,我们假设替代效应由我们从需求

---

① 我们通常也假设 $b_{12}=b_{21}$ 与客户的最大化行为保持一致。

档案中推导的泄露函数表示。当需求档案是从需求数据得出的时候,将价格效应拆分成自价格效应和替代效应是极其重要的,只有这样我们才能定义泄露函数。

下一个小节展示的是在参数化模型中如何衡量替代效应的一个更为数学化的表达,读者可以自由选择是否跳过不看。

另一种构建方式 *

当我们用参数化模型来描述客户的需求行为时,我们可以通过另一种方法,直接构建客户对每一捆绑包购买情况的密度来定义泄露率。在接下来的阐述中,我们仅讨论类别参数与产品种类的数量相同的情形(对于其他情形,我们可以使用 8.4 节中的方法减少类别参数的个数直到和产品种类个数相同)。令 $t(p, q)$ 为在统一边际价格 p 并购买捆绑包 q 的客户类型。从经典的数学命题可得客户购买捆绑包 q 的密度为 $\nu(p, q) = f(t(p, q))\delta(q)$,其中 $\delta(q) = |\partial t(p, q)/\partial q|$ 是由 $\partial t_i/\partial q_j$ 构成的雅可比矩阵的行列式的绝对值。由于 $D(p, t(p, q)) = q$,这其实就是 $\delta(q) = |D_t|^{-1}$。例如,在之前的线性需求的例子中,需求函数关于类型参数的雅可比矩阵 D_t 是单位矩阵,而类型密度 $f(t) = 1$,因此 $v(p, q) = 1 * 1 = 1$。

同理,如果价格表不统一,客户购买捆绑包 q 的密度 $\mu(q) = f(t(p(q), q))\bar{\delta}(q)$,其中

$$\bar{\delta}(q) = |dt(p(q), q)/dq| = |I - D_p \cdot p'(q)| \cdot |D_t|^{-1}$$

其中 I 是单位矩阵,而 D_p 和 p' 分别是需求函数及价格表关于 p 和 q 的雅可比矩阵。在双产品情形下,我们有

$$\mu(q) = \nu(p(q), q)[1 - D_{11}p_1'(q_1) - D_{22}p_2'(q_2) + |D_p| p_1'(q_1)p_2'(q_2)]$$

其中 $D_{ij} \equiv \partial D_i/\partial p_j$ 是在 $[p(q), t(p(q), q)]$ 处的取值。例如,在之前的线性需求例子中

$$D_{ii} = -b_{ii} \text{ 及 } |D_p| = |-B| = b_{11}b_{22} - b_{12}b_{21}$$

换句话说,从多产品需求档案我们可以推导出以下公式

$$\nu(p,q)=\frac{\partial^2 N(p,q)}{\partial q_1 \partial q_2}$$

作为价格统一为 p 时购买处于 q 的密度。更进一步地,从 $M(q)$ 的初始公式我们可以推导当价格不统一时的密度

$$\mu(q)=\frac{d^2 N(p(q),q)}{dq_1 dq_2}-\frac{d}{dq_2}L_1 p'_1(q_1)-\frac{d}{dq_1}L_2 p'_2(q_2)$$

$$=\nu(p(q),q)+\frac{\partial L_1^*}{\partial q_2}p'_1(q_1)+\frac{\partial L_2^*}{\partial q_1}p'_2(q_2)+\Delta(p,q)p'_1(q_1)p'_2(q_2)$$

其中,

$$\Delta\equiv\frac{\partial L_1^*}{\partial p_2}-\frac{\partial L_2}{\partial p_1}\equiv\frac{\partial L_2^*}{\partial p_1}-\frac{\partial L_1}{\partial p_2}$$

$$\equiv\frac{\partial^2 N}{\partial p_1 \partial p_2}-\frac{\partial L_1}{\partial p_2}-\frac{\partial L_2}{\partial p_1}\equiv\frac{\partial L_1^*}{\partial p_2}+\frac{\partial L_2^*}{\partial p_1}-\frac{\partial^2 N}{\partial p_1 \partial p_2}$$

将之与之前的 μ 的公式进行对比,自价格效应由以下两个微分方程

$$\frac{\partial}{\partial q_2}L_1^*=-\nu \cdot D_{11} \ \text{及} \ \frac{\partial}{\partial q_1}L_2^*=-\nu \cdot D_{22}$$

及约束条件 $\Delta=|D_p|$ 决定。[①] 因此,对于一般的参数化模型而言,总价格效应的各组成部分无法很明显地分离开来,而这些方程能够明确每个商品价格对应的通量的两个组成部分。我们之所以没有选择这一路径是因为通常自价格效应和替代效应是从需求数据中直接估计得出的。

　　在线性需求例子中,

$$\frac{\partial}{\partial q_2}L_1=0, \ \frac{\partial}{\partial p_2}L_1=b_{12}b_{21}, \ \frac{\partial}{\partial q_2}L_1^*=b_{11}, \ \frac{\partial}{\partial p_2}L_1^*=b_{11}b_{22}$$

L_2 和 L_2^* 也同理可得;同时, $v=1$ 以及 $\partial^2 N/\partial p_1 \partial p_2=b_{11}b_{22}+b_{12}b_{21}$。 因此,

290

---

　　① 或者,约束条件 $L_i+L_i^*=\partial N/\partial p_i$ 可以用来确定积分常数。然而在这个案例中,对通量的解释表明这些常数是由在 $q_2=\infty$ 处 $L_1^*=0$ 以及在 $q_1=\infty$ 处 $L_2^*=0$ 两个条件决定的。反过来,我们可以对第一行的 μ 的公式运用散度定理或运用格林定理对第二行的 Δ 积分,从而通过在 $X(q)$ 上对 μ 积分来得到有多少 $M(q)$ 的客户购买捆绑包位于 $X(q)$ 内。

$$\mu(q) = 1 + b_{11}p_1'(q_1) + b_{22}p_2'(q_2) + |B| p_1'(q_1)p_2'(q_2)$$

这与带有显式类型参数的参数化模型的密度结果一致。

这一构建方法表明我们是通过如下公式来计算产品 1 的自价格效应 L_1^* 的：

$$L_1^*(p, q) = \int_{q_2}^{\infty} \nu(p; q_1, x_2) \cdot D_{11}(p, t(p; q_1, x_2))dx_2$$

产品 2 同理。替代效应则是总价格效应中剩下的部分：

$$L_1 = \frac{\partial N}{\partial p_1} - L_1^*$$

产品 2 同理。例如，在线性需求例子中，

$$L_1^*(p, q) = \int_{q_2}^{q_2^*} 1 \cdot [-b_{11}]dx_2 = -b_{11}[q_2^* - q_2]$$

其中在价格 p 以及给定产品 1 的价格 q_1 情况下，产品 2 的最大购买数额为 $q_2^* = 1 - b_{21}p_1 - b_{22}p_2$，而这恰好是 $t_2 = 1$ 类型的客户购买的数量；因此，

$$L_1^*(p, q) = -b_{11}[1 - q_2 - b_{21}p_1 - b_{22}p_2]$$

而这和之前的推导结果一致。

泄露率有一个直觉上的解释。自价格效应 L_1^* 表示当 p_1 变化时 $X(q)$ 左边界向外的通量，而这部分通量中发生于产品 2 数量的一个小区间 $[q_2, q_2 + \varepsilon]$ 的比例是 $[\partial L_1^*/\partial q_2]\varepsilon$。这个比例基数是在这个区间购买的客户总人数 $\nu(p(q), q)\varepsilon$ 乘以产品 1 价格上升导致的该产品的消费减少速率 D_{11} 以及在产品 2 上的消费增加速率 D_{21}。

注意密度 v 包含了整个群体中类型分布的所有信息，而系数 D_{ij} 衡量了客户需求对于产品 j 价格变化做出反应的速度，而这是和类型的分布相互独立的。在单产品情形下，需求档案汇总了客户类型分配的数据，但是多产品情形下我们需要进一步将总的价格效应分成自价格效应和替代效应。

最优价格表

我们现在把目光转到构建最优价格表。除了需要考虑产品间的替代效应和

互补效应,我们所用到的方法和第 4 章中的几乎一致。

　　首先,产品 1 的第 q_1 个增量是被售卖给了所有购买捆绑包中含有大于等于 q_1 单位的产品 1 以及任意数量产品 2 的客户。因此给定边际价格 p_1,对这一增量的需求可以用以下公式表达

$$N_1(p_1, q_1; P_2) \equiv M(q_1, 0)$$

$$= N(p(q), q) + \int_0^\infty L_2(p_1, p_2(x_2); q_1, x_2) p_2'(x_2) dx_2$$

其中 $q = (q_1, 0)$ 且 $p(q) = (p_1, p_2(0))$。注意在这里我们忽略了和 L_1 相关的泄露项,这是因为在底部边界 $q_2 = 0$ 处根据定义是不可能存在通量的。含有 L_2 的泄露项代表了当产品 2 提供数量折扣时,客户因将产品 1 替换成产品 2 而减少的对产品 1 的第 q_1 个增量的需求。这一项描述了当产品 2 边际价格从原始的 $p_2(0)$ 下降到 $p_2(x_2)$ 时,客户购买转移出 $X(q)$ 左边界的通量。我们用一个类似的公式来描述在边际价格 p_2 处,对产品 2 的第 q_2 个增量的需求 $N_2(p_2, q_2; P_1)$。

　　因此,企业从两个产品获得的总利润为

$$\mathrm{Pft} \equiv \int_0^\infty \int_0^\infty \sum_{i=1}^2 [P_i(q_i) - C_i(q_i)] \mu(q) dq_1 dq_2$$

$$= \int_0^\infty N_1(p_1(q_1), q_1; P_2) \cdot [p_1(q_1) - c_1(q_1)] dq_1$$

$$+ \int_0^\infty N_2(p_2(q_2), q_2; P_1) \cdot [p_2(q_2) - c_2(q_2)] dq_2$$

同往常一样,我们可以通过分部积分从第一行往下推导,利用假设(C)和(D)去除固定成本和固定收费。这个公式的复杂性源于一个产品的利润贡献会受到另一个产品的数量折扣的影响,这一点在公式中有所体现,如 N_1 取决于产品 2 的价目表 P_2。然而我们之前已经看到了,这一关联可以精确地用之前 N_1 公式中含有 L_2 的泄露项来衡量。正因为这一泄露项以及在 N_2 公式中对应的这一项包含了价格变化的速度 p_1' 和 p_2',最大化企业利润的价格表可以通过变分法中的欧拉条件来刻画。

292

对于产品 1 而言，最优化的必要条件如下：

$$N_1(p_1(q_1), q_1; P_2) + \frac{\partial N_1}{\partial p_1}(p_1(q_1), q_1; P_2) \cdot [p_1(q_1) - c_1(q_1)]$$

$$= \int_0^\infty \frac{\partial L_1}{\partial q_1}(p(q), q) \cdot [p_2(q_2) - c_2(q_2)] dq_2$$

产品 2 对应的条件只需要把下标中的 1 和 2 互换即可得到。这一条件与单产品情形下的条件相比有两点不同。第一，等式左边的产品 1 的需求档案 N_1 是从多产品需求档案中计算得出的，同时产品 2 数量折扣导致的需求降低由含有 L_2 和 p_2' 的泄露项表示。第二，等式右边不再等于 0，而是表示了产品 1 的数量折扣导致的产品 2 利润贡献的减少 $p_2(q_2) - c_2(q_2)$，这是客户将产品 2 替换为产品 1 而导致的。进一步说，因子 $\partial L_1/\partial q_1$ 度量了产品 1 的第 q_1 个增量归因于通量 L_1 占总通量的比例。在线性需求的例子中，$\partial L_1/\partial q_1 = b_{21}$ 就是客户从产品 1 替换至产品 2 的速度。

你们可能会奇怪为何在第 4 章和第 6 章的单产品情形中没有出现泄露项。而从整理所有含有通量的项来找到产品 1 价格表最优条件的另一种表达中，我们可以找到答案。这一表达是：

$$N + \frac{\partial N}{\partial p_1} \cdot [p_1 - c_1] = \int_0^\infty \left\{ \frac{\partial L_1}{\partial q_1} \cdot [p_2 - c_2] - \left[L_2 + \frac{\partial L_2}{\partial p_1} \cdot [p_1 - c_1] \right] p_2' \right\} dq_2$$

等式左边与单产品情形相似。我们观察到公式右侧只有在忽略产品 2 的利润贡献（当 $\partial L_1/\partial q_1 = 0$ 时有可能发生这种情况，此时替代效应为 0），同时产品 2 的价格统一（$p_2' \equiv 0$）时才会像单产品情形中一样为 0。通常来说，上述两个条件只要有一点不满足，等式右边就必须加入替代效应。实践中，单产品的定价通常是建立在对需求档案 N_i（而非多产品需求档案 N）的实证估计上，而 N_i 已经将其他企业产品的数量折扣产生的替代效应考虑在内了。

293

拉姆齐定价

本节的分析可以像 5.1 节一样进行延伸，将拉姆齐定价内容涵盖在内。在单独价格表 p_1 和 p_2 下消费者剩余可以表述为

$$\mathrm{CS} = \int_0^\infty \int_0^\infty \left\{ \int_0^{q_1} \left[v_1(x_1, 0; t(q)) - p_1(x_1) \right] dx_1 \right.$$

$$\left. + \int_0^{q_2} \left[v_2(q_1, x_2; t(q)) - p_2(x_2) \right] dx_2 \right\} \mu(q) dq_1 dq_2$$

在大括号内的两项表示的是 $\mu(q)$ 中的每个类型为 $t(q)$ 的客户购买捆绑包获得的净收益,而这恰好是客户边际收益 v_i 和从增加对应产品 i 的消费的边际价格 p_i 的累计差值。这一累计值我们用从空捆绑包 0 到购买捆绑包 q 的积分表示,在累计的路径上先购买产品 1 的增量 $x_1 \leqslant q_1$ 而后是产品 2 的增量 $x_2 \leqslant q_2$。这一有关消费者剩余的公式表明增加 1 美元第 x_1 个产品 1 增量的边际价格 p_1 (x_1) 的一阶效应等同于同时减少 1 美元所有购买捆绑包 $q \geqslant (x_1, 0)$ 的 $N_1(p_1(x_1), x_1; P_2)$ 个客户的消费者剩余。这里不存在其他的一阶效应,因为客户应对价格变化而转移他们购买的通量是从一个最优点转移到另一个最优点。因此(通过包络特性)价格的变化可以完全代表作用于他们净收益上的效应。另一种等价的表述方式是通过在累积路径上先增加产品 2 的购买量。①

运用消费者剩余的公式,并引入代表企业营收要求约束的拉格朗日乘数 λ,第 q_1 个单位产品 1 的最优边际价格 $p_1(q_1)$ 对应的必要条件是

$$-N_1 + [1 + \lambda] \left\{ N_1 + \frac{\partial N_1}{\partial p_1} \cdot [p_1 - c_1] - \int_0^\infty \frac{\partial L_1}{\partial q_1} \cdot [p_2 - c_2] dq_2 \right\} = 0$$

这里为了简化表达我们省略了每个函数的自变量。如上所述,等式左边的第一项表示,产品 1 的第 q_1 个增量的边际价格每增加 1 美元,则购买该增量的第 N_1 个客户的消费者剩余就会减少 1 美元。而第二项中大括号里的因子是企业由价格增加带来的边际利润。用拉姆齐数表示的话则是 $\alpha \equiv \lambda / [1 + \lambda]$,因此,产品 1 价格表的最优条件可以表示为:

294

$$\alpha N_1 + \frac{\partial N_1}{\partial p_1} \cdot [p_1 - c_1] = \int_0^\infty \frac{\partial L_1}{\partial q_1} \cdot [p_2 - c_2] dq_2$$

和往常一样,这一条件以及产品 2 的对应条件隐含了两个产品在所有数量时的

---

① 如 5.1 节中一样,消费者剩余也可以用需求档案的积分来表示。

边际利润都大致以拉姆齐数的比例放大。例如,在拉姆齐数为零而边际成本为常数这一极端情形下,价格和边际成本相等。

引入边界购买

我们回顾一下假设(A),它排除了消费者的消费位于某个产品消费为 0 的消费边界。我们可以很简单地移除这一限制。事实上,如果我们假设每一项产品 i 的需求档案 N_i 包含了处在边界上的客户,即他们购买的其他产品数量为 0,之前的公式都不需要调整即可被直接运用。因此核心的任务是如何衡量集中于边界上的客户的数量。

在点 $q = (q_1, 0)$ 上,客户们所购买的捆绑包位于 $X(q)$ 的下边界上,这代表了在边际价格 $p(q) = (p_1, p_2(0))$ 下,愿意购买第 q_1 个产品 1 却不想购买任何产品 2 的客户。正如在标准的参数化模型中一样,我们假设当产品 2 的边际价格降为 0 时,这些在边界上的客户会被诱导而购买正数量的产品 2。因此,当第一份产品 2 的边际价格从 $p_2(0)$ 降到 0 时,被引入的新客户数量就是我们要衡量的处在边界上的客户的数量,而这正是累积的自价格通量 L_2^*。因此,聚合在 $X(q)$ 下边界处的客户数量 N_1° 就是

$$
\begin{aligned}
N_1^\circ(p_1, q_1; p_2(0)) &= -\int_0^{p_2(0)} L_2^*(p_1, p_2; q_1, 0) dp_2 \\
&= N(p_1, 0; q_1, 0) - N(p_1, p_2(0); q_1, 0) \\
&\quad + \int_0^{p_2(0)} L_2(p; q_1, 0) dp_2
\end{aligned}
$$

而这就是为了得到所有对第 q_1 个产品 1 有需求的客户数量,而在之前计算出的 $N_1(p_1, q_1; P_2)$ 基础上需要加上的数字。我们有一个方便的公式来表达内部和 $X(q)$ 下边界客户数量之和 $\bar{N}_1$:

$$
\begin{aligned}
\bar{N}_1(p_1, q_1; P_2) &= N(p_1, 0; q_1, 0) + \int_0^{p_2(0)} L_2(p; q_1, 0) dp_2 \\
&\quad + \int_0^\infty L_2(p_1, p_2(q_2); q) p_2'(q_2) dq_2
\end{aligned}
$$

当扎堆购买发生在边界处时，$\bar{N}_1$ 是在边际价格 p_1 下对第 q_1 个产品的相对需求，它扮演的角色与之前在未考虑边界处的扎堆购买分析中的 N_1 是一样的。

例如，在之前线性需求的例子中，

$$L_2^*(p_1, p_2; q_1, 0) = -b_{22}[1 - q_1 - b_{11}p_1 - b_{12}p_2]$$

对使 $t_2(p, q) \geqslant 0$ 成立的 p_2，或者等价地 $b_{21}p_1 + b_{22}p_2 \geqslant 0$ 或 $p_2 \geqslant p_* \equiv -b_{21}p_1/b_{22}$，对小于等于 p_2 的边际价格 L_2^* 等于 0。因此，如 $p_* < p_2(0)$，则处于边界上的客户数量为

$$N_1^{\circ}(p_1, q_1; p_2(0)) = \int_{p_*}^{p_2(0)} b_{22}[1 - q_1 - b_{11}p_1 - b_{12}p]dp$$

$$= b_{22}\Big\{[1 - q_1 - b_{11}p_1 - b_{12}p_2(0)][p_2(0) - p_*]$$

$$+ \frac{1}{2}b_{12}[p_2(0) - p_*]^2\Big\}$$

而当 $p_* \geqslant p_2(0)$ 时，它为 0。因此，当 $p_* < p_2(0)$ 时，内部和 $X(q)$ 下边界上的客户数量之和为

$$\bar{N}_1(p_1, q_1; P_2) = N_1(p_1, q_1; P_2) + N_1^{\circ}(p_1, q_1; p_2(0))$$

$$= [1 - q_1 - b_{11}p_1 - b_{12}p_2(0)] + \frac{1}{2}[b_{12}/b_{22}][b_{21}p_1 + b_{22}p_2(0)]^2$$

在实践中，每一个产品都有可能吸引到仅对该产品有兴趣的独特的部分市场。为考虑这一情况，我们假设仅对产品 i 有兴趣的部分的需求档案为 $N^i(p_i, q_i)$。除一点之外，相同的最优条件适用于这一情形。比如说对产品 1 而言，原先的需求档案 N_1 所扮演的角色现被以下组合替代：

$$N_1(p_1, q_1; P_2) + N^1(p_1, q_1)$$

该组合表示整个客户群体的两分市场对第 q_1 个产品的需求。如果有许多产品，那么当不同的细分市场对较大的产品子集感兴趣时，类似的修正也适用。

计算方法

近似的最优价格表可以通过普雷斯等（Press et al., 1986，第 9 章和第 15

296

章)提到的数值分析的标准模型的计算得到。然而在实践中,基础的方法通常就已经够用了。这里我们介绍最简单的一种方法,并佐以一些例子说明。

定义一个函数

$$G_1(p_1, q_1) \equiv \alpha N + \frac{\partial N}{\partial p_1} \cdot [p_1 - c_1]$$

$$- \int_0^\infty \left\{ \frac{\partial L_1}{\partial q_1} \cdot [p_2 - c_2] - \left[\alpha L_2 + \frac{\partial L_2}{\partial p_1} \cdot [p_1 - c_1] \right] p_2' \right\} dq_2$$

其中我们省略了等式右侧函数的自变量部分。这个为产品 1 定义的函数 G_1 取决于产品 2 的完整价格表。同理,为产品 2 定义的函数 G_2 取决于产品 1 的完整价格表。最优条件可以用一个等式集合来表示,在该等式集合中描述了两个产品的价格表应使得 $G_i(p_i(q_i), q_i) = 0$ 对每个产品 i 及第 q_i 个该产品成立。这些条件的核心要求是目标函数(利润或总剩余)相对于价格表的梯度为零。

为得到一个近似解,我们对这些条件在离散数量 $q_i^k = k\delta$ 的每一个值 q_i 下的近似版本进行求解,其中 δ 代表增量的大小。这种版本只是一种近似,原因在于梯度是通过如下方式近似得出的,对产品 1 而言

$$G_1(p_1, q_1) \approx \hat{G}_1(p_1, q_1) \equiv$$

$$\alpha N + \frac{\partial N}{\partial p_1} \cdot [p_1 - c_1] - \sum_{k=1}^{K} \left\{ \frac{\partial L_1}{\partial q_1} \cdot [p_2 - c_2] \delta - \left[\alpha L_2 + \frac{\partial L_2}{\partial p_1} \cdot [p_1 - c_1] \right] \Delta_2^k \right\}$$

同理我们可以得到产品 2 的梯度近似表达。在这一版本中,$\Delta_2^0 = 0$ 且对所有 $k > 1$,有 $\Delta_2^k = p_2(q_2^k) - p_2(q_2^{k-1})$;因此我们假设在价格表中 p_2' 的下降在离散的产品数量 q_2^k 上全部都是向下的跳跃。而我们的目的是对每个产品 i 以及该产品的每个离散产品数量 q_i^k 求解方程组:$\hat{G}_i(p_i^k, q_i^k) = 0$,其中 $p_i^k \equiv p_i(q_i^k)$。令 $Q = (q_i^k)$ 及 $P = (p_i^k)$ 分别代表离散产品数量和价格的向量,我们将这些方程组写成 $\hat{G}(P, Q) = 0$。由于 $\hat{G}$ 是梯度的近似,通过从一个第 t 次迭代的暂定解 P^t 迭代到下一个解 $P^{t+1} = P^t + s_t \cdot \hat{G}(P^t, Q)$,只要步长 s_t 为正且选择得足够小,我们就能一步步地逼近真实的解。在迭代足够多次后,$\hat{G}(P^t, Q)$ 的所有组成元素都足够小,此时的 P^t 可被认为是近似的最优价格表。

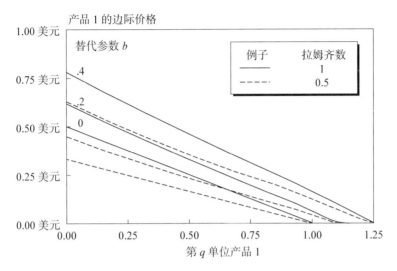

图 12.2 例 12.1：在不同拉姆齐数 α 和替代参数 b 下产品 1 的边际价格表。

图 12.2 的例子基于例 12.1 中的线性需求模型演化而来。我们标准化了度量单位，因此对角线上的系数 $b_{ii}=1$，接着我们用参数 $b\equiv-b_{12}=-b_{21}$ 来衡量非对角线上替代效应系数的维度。假设每一产品的边际成本 $c_i=0$。提高替代效应参数 b 会抬高边际价格表，而降低拉姆齐数 α 会使之降低。增加 b 的部分效应是简单线性模型的产物，因为产品 2 的高价格有效地增加了类型 t 的客户对产品 1 需求相关的类型参数 t_1，而不会改变需求函数的斜率。

当最优价格表具有如图 4.4 所示的那种太陡峭或向后弯曲的部分时，使用梯度算法时需要小心。考虑拉姆齐数为 $\alpha=1$ 且替代参数为 $b=0.8$ 的情况，这些数字其实是相当大的。图 12.3 显示了在梯度算法中从不同初始价格表中获得的五个"解"。这些都不是真正的最优解，因为在这种情况下它们仍与最优价格表存在差距。在这个过程中我并没有要准确计算这些价格表与最优价格表之间的差距，但根据所示五个价格表的推断，可以通过图中箭头看到它大致位于何处。最初的高价部分大概反映了企业对边界客户的战略。因此，如果在这个缺口处无差异的客户的购买同时处于边界上，那么价格表的斜率应该是当另一种

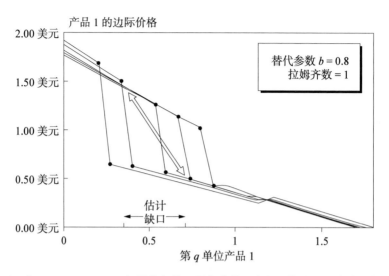

图 12.3 当 $b=0.8$ 且 $\alpha=1$ 时,最优解的必要条件的五个解。箭头表示价格表中最优缺口的大致位置,如果缺口与边界上的客户相关,则斜率为 $-1/[1-b^2]$。

产品的数量固定为零时这一类型的客户对单产品的需求函数斜率,而这一斜率为:$dq/dp = b^2 - 1 = -0.36$,与多产品需求函数的更陡峭的斜率 -1 相比更平缓。[①]

例 12.2: 为了进一步说明替代效应的作用,我们来分析另一类从客户收益函数中导出的线性需求模型,对类型 t 的客户,其形式为

$$U(q,\ t) = \sum_{i=1}^{2} q_i \left[t_i - \frac{1}{2} \sum_{j=1}^{2} a_{ij} q_j \right]$$

299   在这一版本下,t_i 是类型 t 客户对产品 i 的初始单位消费的边际估值。将度量单位标准化,使 $a_{ii}=1$,我们可以用 $a \equiv a_{12} = a_{21}$ 来衡量产品间替代效应的程度。假设在总体中 t 服从二元正态分布,对每个 t_i,其分布均值 $\bar{t}_i=1$,标准差为 1,且令 r 为 t_1 和 t_2 间的相关系数。需求档案则是二元正态概率 $N(p,\ q) = \Pr\{\xi \geqslant x(p,\ q) \mid \rho\}$,其中 ξ 及 $x(p,\ q)$ 的第一项分别为:

---

① 尝试将急剧下降的部分进一步向左或向右移动会导致收敛到最右侧的部分。$q=1$ 附近的波浪部分显然是由两个产品之间的相互作用产生的,此时两者都没有达到最优。并且在 $q \approx 1.2$ 处的上升发生在一种类型的需求耗尽时。

$$\xi_1 \equiv \frac{1}{\Delta}\{[t_1 - \bar{t}_1] - a[t_2 - \bar{t}_2]\}$$

$$x_1(p, q) \equiv \frac{1}{\Delta}\{[1 - a^2]q_1 + [p_1 - \bar{t}_1] - a[p_2 - \bar{t}_2]\}$$

其中 $\Delta \equiv \sqrt{1 + a^2 - 2ar}$ 而它们的第二项有对称的结构。随机变量 ξ_1 和 ξ_2 之间的相关系数为：

$$\rho \equiv \frac{r[1 + a^2] - 2a}{[1 + a^2] - 2ar}$$

用通量来衡量的自价格替代效应为：

$$L_1^* = \frac{\partial N}{\partial x_1}\frac{\partial x_1}{\partial p_1} \quad \text{以及} \quad L_1 = \frac{\partial N}{\partial x_2}\frac{\partial x_2}{\partial p_1}$$

产品 2 同理。为了将在边界上扎堆购买的客户考虑在内，我们使用二次逼近

$$N_1^\circ(p_1, q_1; p_2(0)) \approx -L_2^*(p_1, p_2(0); q_1, 0)p_2(0)$$
$$-\frac{1}{2}\frac{\partial L_2^*}{\partial p_2}(p_1, p_2(0); q_1, 0)p_2(0)^2$$

图 12.4 展示了在拉姆齐数 $\alpha = 1$ 和 0.5，替代系数 $\alpha = 0$, 0.2, 0.4 时产品 1 的价格表。我们假设边际成本为零，同时 t_1 和 t_2 相关系数为 0，即 $c_i = 0$ 以及 r = 0。在这种情况下的对比更为现实，替代系数越高，价格表越低。图 12.5 展示了相关系数 r 的变化如何影响价格表。如图所示，更强的相关性会抬高价格表。在两幅图中，高替代系数在价格表中产生增加的部分，需要使用第 4 章中描述的熨烫程序将其压平。

多部制价目表

我们需要做大量的修正工作才能将上述结果直接应用于可分多部制价目表设计。首先，即使企业为客户服务不会产生固定成本，正固定费用也是最优的，因此客户的最低购买规模是正的而不是零，这一点在第 6.4 节中有详细阐述。其次，每个价格表在时间间隔上都是恒定的。实际上，从客户的角度来看，这两

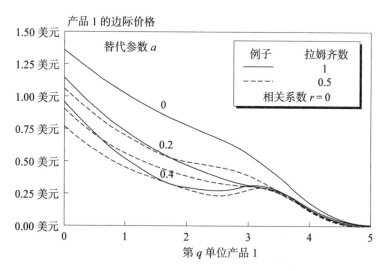

图12.4 例12.2：一个产品的边际价格表取决于拉姆齐数 α 和替代系数 a。其中假设 r =0，每个 c_i =0。

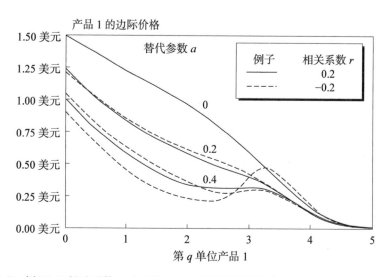

图12.5 例12.2：相关系数 r =0.2和 -0.2 时的边际价格表。

种产品的捆绑包的总价目表在矩形上是线性的。这会导致计算的复杂性大大提升。即参数化模型预测没有客户会购买靠近任何矩形的任何边界处的产品捆绑包。因此，一种产品（例如产品1）的边际价格在一个时间间隔内下降会引起两类客户群的替代：(1)替代效应导致购买组合仍处于同一个矩形内的那些人——

购买组合仅在局部移动,因此这些人面对的任何一种产品的边际价格都没有发生变化;(2)从一个矩形跳到相邻矩形的那些人。第二类包括:(2a)由于自价格效应而横向跳跃购买更多产品 1 的人,因此他们的产品 2 的边际价格保持不变;(2b)由于替代效应而对角跳跃的人,因此他们面临的两种产品边际价格均发生了改变。对这种多部制价目表的分析很复杂,因为包含在诱导需求档案中的替代项只应该代表类别(2)中那些在矩形之间跳跃的客户的流量。特别地,产品 1 的自有价格通量 L_1^* 中包含了(2)中的客户,而影响产品 2 增量需求的通量 L_1 中包含了(2b)中的客户。

由于尚未开发出易于计算的公式,在此我们不对这些特征进行进一步的分析。根据第 6.4 节和第 8.3 节中的特征可以推断,多部制价目表的最优条件似乎可以通过完全非线性价目表的最优条件的适当平均值来表示。

12.2　垄断竞争

在竞争市场中,对每个企业产品的需求取决于竞争企业为其产品提供的条件。在两个企业之间存在垄断竞争的情况下,如果两个企业的产品是替代品或互补品的关系,那么第一个企业的需求分布 $N_1(p, q; P_2)$ 会取决于第二个企业的价目表 P_2。根据伯特兰模型,每家企业都会根据对方的价目表来最优地选择自己的价目表。例如,第一个企业从每一个 q_1 单位增量中选择其边际价格的价目表 $P_i(Q_i)$ 以最大化利润贡献

$$N_1(p_1(q_1), q_1; P_2)[p_1(q_1) - c_1(q_1)]$$

类似地,针对第一个企业的价目表,第二个企业有一个最优价目表。请注意,每个企业都可能仅追求自己的利益,而不考虑对另一家企业或它们共同利益的影响。也就是说,我们假设企业不合作地竞争。

这种争夺竞争优势会产生一套价目表,每个企业一个,这样每个企业自身的价目表都是对另一企业价目表的最优反应。这种结果被称为竞争企业间价目表

竞争博弈的均衡。由于企业之间的相互作用,直接计算均衡价目表变得复杂,但一个简单的程序通常就足够了:就像在现实生活中一样,每当其他企业公布新的价目表时,对每个企业重复地构建新的最优价目表以响应其他企业的价目表。这个程序通常很快收敛到均衡价目表的集合。唯一的复杂性来自我们必须在给定其他企业提供的价目表的情况下,为每个企业的产品构建诱导需求档案。

构建企业的需求档案通常可以采用两种基本方法。一种是实用的观察方法:在其他企业采用新价目表后,观察客户的需求并直接使用该数据构建需求档案,然后计算一个新的最优价目表。

第二种方法利用所有企业产品的多产品需求档案。从这个角度来看,购买第 q 件产品 1 的客户数量就是购买这件产品 1 和任何数量的其他产品的数量。因此,对于两家企业,企业 1 的诱导需求档案正好是

$$N_1(p_1, q_1; P_2) \equiv M(q_1, 0) = N(p_1, p_2(0); q_1, 0)$$
$$+ \int_0^\infty L_2(p_1, p_2(x_2); q_1, x_2) p_2'(x_2) dx_2$$

如先前定义的多产品企业对其两种产品使用单独的价目表时的情形一样。因此,产品 1 价格表达到最优的必要条件是

$$N_1(p_1(q_1), q_1; P_2) + \frac{\partial N_1}{\partial p_1}(p_1(q_1), q_1; P_2) \cdot [p_1(q_1) - c_1(q_1)] = 0$$

完全类似于单产品下的条件——当然前提是替代效应包含在上述 N_i 中。请注意,公式右侧现在为零,这是因为企业 1 不会为了改善企业 2 的利润贡献而调整其定价策略。一个(将下标的 1 和 2 互换的)类似条件描述了企业 2 基于企业 1 价格表而提出的产品 2 的最优价格表。因此,我们预测的均衡是一对能同时满足这两个条件的价格表。对于单个的多产品企业,可以通过使用第 1 节中描述的方法解决这两个条件来构建均衡价格表。

对于例 12.1 中的线性需求模型,图 12.6 显示了替代参数 b 的三个取值的边际价格表,如第 1 节所述。与图 12.2 中垄断多产品企业的表相比,这些值在替代参数为正的两种情况下更低。

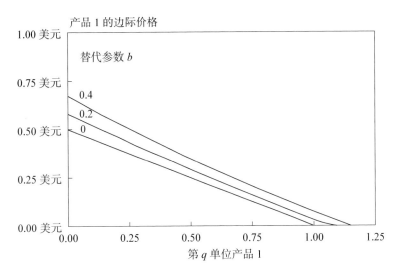

图 12.6 例 12.1：在不同替代参数 b 下的两个竞争产品之一的边际价格表。

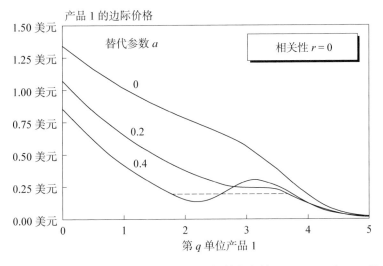

图 12.7 例 12.7：当类型参数相互独立($r=0$)时，替代参数 $a=0$，0.2 和 0.4 所对应的竞争价格表。

    对于例 12.2 中的另一类线性需求模型，图 12.7 显示了在类型参数独立分布的情况下，即相关性 $r=0$ 时，替代参数 a 在三个取值下的边际价格表。更高的替代参数会大幅降低价格表。由于 $a=0.4$ 时的价格表具有递增段，因此需要应用第 4 章中描述的熨烫程序来展平价格表:在图中我们用水平虚线手绘了一个粗略的近似值。对于 $r=0.2$ 和 $r=-0.2$ 的两种情况,改变类型参数之间的相关性的效果如图 12.8 所示。在这些情况下,价格表随着相关性的增加而上升,但当替代参数很大时会发生相反的情况,如图 12.9 中 $a=0.8$ 时的情况所示。

305

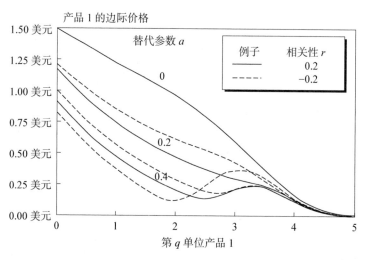

图 12.8 当类型参数相关性为 $r=0.2$ 以及 -0.2 时,替代参数 $a=0$,0.2 和 0.4 时的竞争价格表。

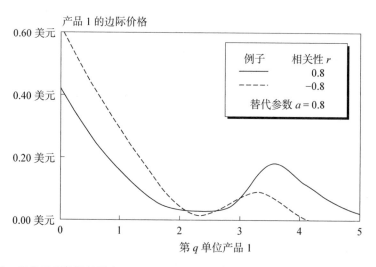

图 12.9 当类型参数相关性为 $r=0.8$ 以及 -0.8 时,替代参数 $a=0.8$ 时的竞争价格表。

12.3 寡头垄断

寡头垄断市场与垄断竞争有本质区别，因为寡头垄断市场中企业的产品是完全替代品。如果没有某种力量来保护市场份额，价格竞争至少会驱使一家企业的边际价格下降到边际成本。因此，分析的关键取决于企业保持市场份额的能力。

古诺模型假设在这种竞争过程中，企业通过必要的降价来保持市场份额，但它们也无法供应或不愿销售超出早期计划所投资和生产的数量。因此，每个企业都在预测其他企业的产出水平的基础上，通过垄断定价的方式来满足其他企业无法满足的剩余需求。此外，即使需要降价，它也会（通过早先的供应决定）满足这些需求。这是一个极端的假设，在实践中，竞争反应不仅是价格调整，同时也包含了供应层面的调整，后者可能通过库存积累或减少容量来实现，而古诺模型假设企业不调整自身的产出。

当企业使用统一价格时，古诺模型通常具有独特的均衡，但非线性定价会根据其供应承诺和定价政策的制定引入多重均衡。我们在这里阐述其中最简单的一个版本。[1] 这些模型允许企业之间存在不对称，但我们在这里假设企业具有相同的技术和成本。

根据该模型中的古诺假设，每家企业都预期其他企业会根据每个交易量范围内的市场份额目标制定定价策略。例如，航空公司可能计划在偶尔（游客）、频繁（商务）和经常（专业商务旅客，如销售代表和顾问）旅行的客户中获得特定的市场份额。航空企业通常通过为每个票价等级为每个航班分配可用座位配额，并通过实施各种预购要求来实施此类计划。

---

[1] Oren、Smith 和 Wilson（1982b）描述了其他几个版本。而在他们的术语中我们在此介绍的模型被称为模型 I：每家企业都致力于其所服务的市场份额，无论是哪种购买规模。在另一个版本中，每个企业都致力于为每种类型的客户服务的市场份额。这对于航空业来说更为现实，因为企业专注于在游客、商务旅客等群体中的市场份额。

306 　　我们用如下方式表示这种预期,假设每个企业 $i=1,\cdots\cdots,n$ 预测其他企业满足的产品购买规模为 q 的客户人数为 $m_i(q)$。或者说,有 $M_i(q)\equiv\sum_{x\geqslant q}m_i(x)$ 个客户会愿意购买第 q 个商品。如果企业 i 相信其他企业肯定会(必要时通过降低价格)满足这些客户并且无法提供更多供给,那么它的优化问题与第 4 章中研究的利润最大化的垄断者优化问题非常相似。利用需求档案 $N(p,q)$,目标是通过选择最优的边际价格 $p_i(q)$ 来最大化第 q 个商品的利润贡献

$$[N(p_i(q),q)-M_i(q)][p_i(q)-c_i(q)]$$

这与选择自身的目标 $N_i(q)\equiv N(p_i(q),q)-M_i(q)$ 是等价的,唯一的不同在于为了与第 4 章的分析一致,这里的价格是一个策略变量。如何理解这些价格使用起来是等价的呢?我们可以把市场理解为一个拍卖,需求档案 N 的定义本质上意味着 $p_i(q)$ 是组合供给 $N(p_i(q),q)$ 的第 q 个增量的拍卖价格。我们在企业的价格表上添加下标 i 只是为了表明它选择这个价格是基于其他人的供应承诺,但实际上企业的产品是完全替代品,所以企业最终必须都选择相同的价格,而因为所有条件的对称性,它们的销量也相同。

　　因此,第 i 个企业的最优价格满足以下最优的必要条件:

$$[N(p_i(q),q)-M_i(q)]+\frac{\partial N}{\partial p}(p_i(q),q)\cdot[p_i(q)-c_i(q)]=0$$

在这一点上,我们提出了两个假设。首先,企业的边际成本相同,$c_i(q)=c(q)$。其次,在均衡状态下,每个企业都正确地预测了其他企业的最优选择。而由于对称性,每个企业都会假设所有企业设置的目标一致。因此,以下公式必定成立

$$M_i(q)=\frac{n-1}{n}N(p(q),q)$$

其中 $p(q)$ 是所有企业对第 q 个商品的定价。总而言之,边际价格的均衡表是根据以下条件计算的:

$$\frac{1}{n}N(p(q),q)+\frac{\partial N}{\partial p}(p(q),q)\cdot[p(q)-c(q)]=0$$

根据这一条件,与垄断相比,几个相同企业之间的古诺竞争会降低边际价格,但并不能消除非线性定价。只有当企业数量非常大时,利润空间才会消失,因为利润空间的表达式为 $1/n\eta(p(q),q)$。

　　这种情况之前出现在 5.1 节中。系数 $1/n$ 在最优条件下扮演拉姆齐数 α 的角色,该条件适用于当受规制的企业有效定价以满足收入要求的情况。我们在此处可以将 α 进行如下解释:每一受规制的企业通过假定自身是提供相同产品并通过古诺模型竞争的 $1/\alpha$ 企业之一来进行定价。

例 12.3:假设每个企业的边际成本是常数 c 并且需求档案是

$$N(p,q) = 1 - \frac{q}{1-p} \quad \text{如果} \quad p < 1-q$$

那么每个企业收取的边际价格的均衡表是

$$p(q) = 1 + mq - \sqrt{(mq)^2 + n[1+c]q}$$

其中 $m = [n-1]/2$。这个价格表是凸的,价格表从 $p(0)=1$ 开始直到在边际价格 $p(1-c)=c$ 下购买的最大增量是 $q=1-c$ 为止一直在下降。图 12.10 显示了边际成本为零的情况下,不同企业数量对应的边际价格表 $p(q)$。可以看出,竞争对少数企业的影响是温和的——而对初始单位的购买则没有影响。

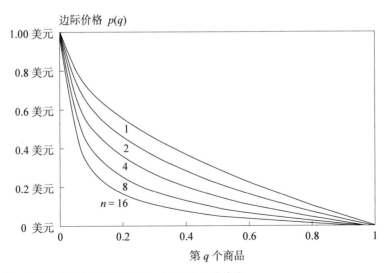

图 12.10　例 12.3 中不同企业数量 n 下的边际价格表。

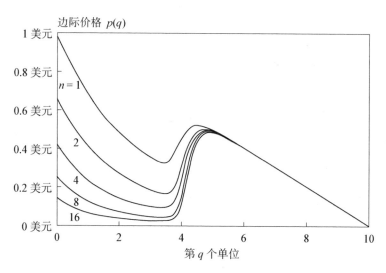

图 12.11 例 12.3 中不同企业数量下的边际价格表。其中参数为 $a = 0.4$, $r = 0.4$, $p^* = 0.5$ 以及 $c = 0$。

例 12.4：通过对例 12.2 的修正出现了不同的模式即例 12.3。图 12.11 显示了 $n = 1, 2, 4, 8$ 和 16 家企业的边际价格表，其中替代参数为 $a = 0.4$，相关性为 $r = 0.4$，替代商品的价格为 $p^* = 0.5$，边际成本为 $c = 0$。在这种情况下，随着企业数量的增加，购买初始单位商品所需的价格会迅速下降，但超过 5 个单位后不同情形下的价格表开始趋同。在这种情况下，通过使用 4.2 节中描述的熨烫程序压平价格表可以得到实际的最优价格。显然，如果企业的数目庞大，则最优价格表在其大部分区域内是一致的。图 12.12 显示了没有通过熨烫程序压平的情况下，根据所示价格表，公司和行业对每位潜在客户的利润和市场渗透率。潜在市场在此定义为那些愿意以零价格购买初始单位的占总客户比例 0.8086 的客户，这等价于通过标准化使 $N(0, 0) = 1$。

在这些例子中，价格表随着企业数量 n 的增加而减少。在极限情况下，每个单位的价格等于边际成本：对于每个增量 $q > 0$, $p(q) = c$。这个属性非常普遍。此外，当边际成本是购买规模的增函数时，该特征表现得更加强烈。在极限情况下，所有单位的商品都以统一价格 $p = c(0)$ 出售。这是最大购买的边际成

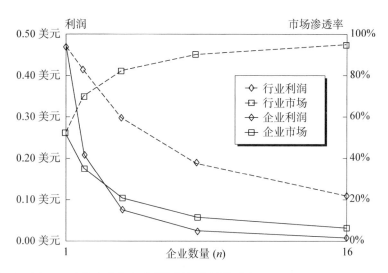

图 12.12 例 12.4 中的企业和行业利润以及市场渗透率。

本,它趋近于零。价格表不能在其整个范围内收敛到边际成本表,因为那时价格表也会增加。从本质上讲,每个客户在企业之间分配他的购买额度,并且没有人支付超过初始边际成本的费用。类似地,如果一个企业的成本也取决于总供给,并且边际成本在增加,那么所有的价格又会收敛到总供给的边际成本。

12.4 非线性供给表

在之前的小节中我们考虑了一类公司向每个客户提供非线性价目表的竞争市场。在竞争定价的另一种观点下,每个公司的定价策略中平均价格取决于总需求。也就是说,整个价格表,当然也可能是一个单一的统一价格,取决于出现的需求条件。这种情况表现为每个公司选择一个由组合 $(\bar{p}, Q)$ 组成的供给表,供给表中包含平均价格和公司愿意在该价格水平上供应的总产量。在该轨迹上具体供应的点取决于实现的需求。这种定价策略的动机源于竞争因素和需求的随机特征之间的相互作用。

航班定价是一个有代表性的例子。航空公司每天都会为接下来的一百天内的数百个航班制定多种票价。为了管理这个复杂的任务,它采用一个既定的定价策略,通过计算机化的程序不断调整票价等级和价格,以及每个航班每个价格下供应的座位数量。利用提前购买率作为最终将在出发日期实现的需求的统计指标,调整过程以不断修正的需求估计为基础。到起飞时,座位的平均价格和每个航班的预订座位数都会根据实际的需求情况进行调整。这一动态过程可以用静态方式来解释,其中定价政策在平均价格和总产量之间建立了如上述轨迹所示的系统关系。

这种定价政策受两个因素的影响而产生。第一个因素是对每个航班的需求是随机的,但航空公司实际需要在不确定性解决之前对运营作出承诺:客户需要尽早报价、预订和购买。然而,这个因素本身是不充分的,因为垄断者也可以根据平均需求来制定价格。因此,第二个因素是竞争,它与随机需求相结合导致公司使用非线性的供给表。我们在统一价格的特殊情况下,以伯特兰和古诺模型代表的两种极端竞争模型来分析这种相互作用。伯特兰竞争假设了一种特定的供给表,其中公司在每一需求量下的报价都是相同的。古诺竞争假设企业针对不同的价格选择相同的产量。两种模型都假设公司对现实的数量或价格进行预估,但供给表描述了一旦实际情况与其估计产生偏差公司将如何应对。这两种类型的表显然无法应对需求的随机性。一般来说,最优供给表介于这些极端情况之间,允许在一些情况下价格上涨的同时需求增加。这种政策显然在适应需求条件的变化方面提供了更大的灵活性。

我们在此不描述最优供给表的构建,因为这会偏离我们的主题。[①] 然而,值得强调的是,在一些情况下我们会要求平均价格和总产量之间存在非线性关系。基于航空公司定价的例子,我们可以假设这样的价格表是通过一个动态的流程来实现的,该流程使价格和供给报价适应有关需求条件的不断变化。市场最终以接近公司设计的总体定价策略中所确立的目标价格和数量出清。

311

---

① 参见 Meyer 和 Klemperer(1989)的说明。Wilson(1979)推出了在受随机因素影响的竞争性拍卖中的非线性供需价格表理论,而这些随机因素包含了投标人的私人信息。

12.5　小结

本章的实质是证明非线性定价也适用于多产品环境。我们研究了两种极端情况：一种是一家公司为几种不同的产品提供单独的价目表；另一种是几家竞争公司各自为自己的产品制定价目表。在这两种情况下，多产品需求档案的适当版本可用于汇总需求数据并计算最优价目表。尽管非线性定价的基本原则没有改变，但当我们必须要考虑产品之间的不完全替代性和互补性的影响时，计算最优价目表的任务更加复杂。

一家多产品公司通过设计其价目表而最大化从其所有产品中获得的总利润贡献。可以通过将总价格效应分解为替代效应和自价格效应来考虑其产品之间的替代和互补，这些效应代表客户通过用一种产品替代另一种产品以响应数量折扣而改变其购买的通量或速率。当考虑这些影响时，每个产品的价格表的构建类似于单一产品的情况，以下几点除外：

- 每种产品的诱导需求档案包括为其他产品提供的数量折扣所产生的替代效应。
- 每种产品（例如产品 1）的最优利润空间被充分提高到足以弥补产品 2 的利润贡献的减少，低边际价格 p_1 会导致客户用产品 1 替代捆绑包中的产品 2 的消费。

相比之下，在竞争性行业中，每个公司在给定其他公司价目表的情况下都寻求最大化自己的利润贡献。每个公司构建最优价目表的方法基本上遵循第 4 章中的模式，但修正后的诱导需求分布取决于其他公司采用的价格表或供应承诺，因为它们正在争夺相同的客户。

- 如果企业的产品是不完全替代品或互补品，并且它们根据伯特兰模型完全通过价格进行竞争，那么考虑到其他企业的价目表，一家企业的单一需求档案可以从其所有产品的多产品需求档案中构建。对于单独的多产品公司,这是通过考虑替代效应来实现的,总价格效应被分为成分替代效应和自价格效应。

- 如果企业的产品是完全替代品,并且它们根据古诺模型通过供应或容量承诺进行竞争,那么一个企业的需求档案是考虑了其他企业的预期市场份额后的剩余部分。

312   根据任一模型,预测结果是一个均衡:其中每个公司的价目表是对其他公司价目表的最优响应。在伯特兰模型中,如果产品是相近的替代品,则利润率会显著降低。古诺模型考虑了提供完全替代品的相同产品的公司之间的竞争。与垄断相比,最终结果是利润率降低,但利润并未完全消失,因为供应受到公司先前对容量或生产水平的承诺的限制。在一个有很多公司的行业中,价格接近边际成本。因此,当投资和固定运营成本必须从利润中收回时,一个行业中可存在的公司数量是有限的。如果满足第 1.3 节中列举的可行性条件,例如排除转售市场,则非线性定价是可预测的结果。

    古诺模型还对拉姆齐定价提供了有力的说明。限制受规制企业的净收入本质上相当于一个虚拟的古诺竞争,其中该公司是提供相同产品的多家公司之一。实际上,只有在公司让出规制机构所要求的公共利益的份额后,才能从剩余的市场份额中获得垄断利润。

    最后,第 4 节指出非线性定价可能发生在定价策略的另一个层面。随机需求和竞争压力共同导致平均价格和总供给之间的非线性关系。

—— 第 13 章 ——
多产品定价

　　本章和下一章所描述的价目表设计,根据客户购买的几种产品的数量共同确定总费用。例如,多产品价目表通常允许单独为每个产品以及购买捆绑包提供数量折扣。本章中的公式依赖于客户行为的显式模型,其中每个客户都由一系列的类型参数刻画,如第 6 章中针对单个产品的情况。下一章的推导依赖于直接从总需求数据中估计的多产品需求档案,如第 12 章所述。第 12 章和第 14 章中的分析不适用于本章讨论的某些主题,这是因为在这些章中我们假设需求档案会为购买的捆绑包引入相应的密度函数。在本章我们考虑的模型中,需求档案没有相应的密度——当产品数量超过类型参数数量时,情况总是如此。

　　本章的第 1 节首先对多产品价目表的特点进行了阐述。第 2 节则详细说明了一个相当普遍的多产品价目表公式,然后推导出描述边际价格最优表的条件。在第 3 节中我们利用这些条件来构建优先级服务的价目表,这种结构提供了可替代第 10 章中方法的方案。在第 4 节中我们考察了一类客户由单个类型参数构成的简单模型。第 5 节和第 6 节中我们进一步研究具有多个类型参数的模型。多维度的类型参数对于解决实际问题通常是必要的,但与单产品情况不同,不幸的是,多产品和多类型维度的组合会带来计算困难。尽管第 5 节和第 6 节中的例子对于研究多产品的一些定性属性很有用,但通常第 14 章中描述的方法更适合计算最优价目表的数值近似值。

314

13.1　多产品定价的特殊特征

　　多产品定价涉及的基本原则与单一产品的情况相同。然而，多产品定价需要更多的数据并且计算更复杂。由于必须考虑产品之间的替代和互补效应，对数据要求会更多。计算的困难源于客户不能自由选择数量和质量组合这一隐含限制。在第 9 章的术语中，这个限制在几何上的表现为购买集必须是矩形。通过假设客户购买捆绑包 (q_1, q_2) 可以看出这种约束的力量，其中 q_1 和 q_2 是单个产品的数量和质量。多产品公式隐含地假设相同的质量 q_2 统一适用于产品的每个 q_1 单位：如果实际情况并非如此，则可以使用更简单的公式，如第 9 章中的公式。因此，在实际应用中为放松这种约束，我们通常会确保允许客户在分配质量属性时有最大的可选择范围。与通过多产品定价相比，通过多维定价可以更好、更容易地分析同一通用产品的几种质量。第 10 章中研究的对优先级的定价是一个典型的案例，其中通过将不同的优先级视为沿着单个质量维度的不同量级而不是不同的产品来简化分析。同样，用质量维度来代表相对稀缺性可以更好地对高峰负荷定价进行建模。

　　多产品定价很大程度上受到实际情况的影响，即复杂的价目表实施成本高且客户难以理解，为了避免过度的复杂性，公司通常基于客户购买的捆绑包的聚合度量来确定多产品下的折扣。在第 2 章中，我们注意到航空公司根据累积里程为常飞旅客提供回扣，而《时代》和《新闻周刊》则根据广告插入的总美元价值提供部分折扣。类似地，大区长途电话服务线路的电话资费将呼叫根据许多不同的目的地进行汇总。通常我们可以设计适当的聚合度量来计算最优价目表的近似值。此外，在一些重要的情形下，多产品价目表理论揭示了一种适当的聚合度量，如将在第 5 节中展示的那样。然而，公司通常更愿意将价目表限制在一种简单的形式内。例如，人们可能坚持认为商品组合的费用可以通过将捆绑包的每个组成部分的费用相加来计算，这是第 12 章中研究的那种可加可分的价目表。在此我们提醒读者，本章中使用的模型不会引入此类约束。

多产品定价处理的是如下情形：每个客户选择一个列表 $q=(q_1,\cdots\cdots,$ $q_n)$，其中 q_i 是所有第 n 种产品 $i=1,\cdots\cdots,n$ 的数量，而总费用 $P(q)$ 由价目表决定。[①] 如前几章一样，分析重点在于确定最优边际价格表。在这里，这样的价格表为每个捆绑包 q 指定了对第 i 个产品的附加单位征收的边际费用：

315

$$p_i(q)=\frac{\partial P}{\partial q_i}(q)$$

我们用 $p(q)=(p_i(q))_i=1,\cdots\cdots,n$ 表示边际价格列表，每个产品一个。这个列表是一个 n 维向量，表示价目表的梯度。也就是说，每种产品的增量边际费用的大小。

描述边际价格受到一个重要的限制，称为可积性约束。如果边际价格表要与价目表一致，那么对于任意两种产品 i 和 j 它必须具有，

$$\frac{\partial p_i}{\partial q_j}(q)=\frac{\partial p_j}{\partial q_i}(q)$$

这个性质表达了这样一个事实，即如果价目表是两次可微的，正如我们将一直假设的那样，偏导数（或离散模型中的有限差分）的顺序是无关紧要的。由于可积性约束让构建多产品价目表更加复杂，在第 2 节中我们采用了间接方法去表述它。

可积性约束确保总费用与沿途累积的边际费用的计算路径无关。回想一下，对于单个产品，可以通过累积客户 0 到 q 之间的所有单位增量消费所收取的边际价格来计算价目表的总费用。类似地，对于多产品价目表，可以通过沿从空捆绑包 0 到捆绑包 q 的任何路径累积边际费用来求出总费用。例如在图 13.1 中，客户沿着实线连续增加消费以获得在结算周期结束时的捆绑包 q，可以通过

① 如果产品仅在几个质量属性的体现幅度方面有所不同，那么这样的一个列表相当于对购买集进行分类描述，如多维度定价分析中的那样。然而，如果公司的成本和客户的收益不满足第 9 章中引用的特殊假设，那么我们可能仍然需要使用多产品模型。例如，高峰和低谷供电可被视为不同的产品，如果第 9 章中使用的可加可分的收益函数不能准确表示客户随着时间推移转移用电量的动机，那么使用多产品模型会更好。

316

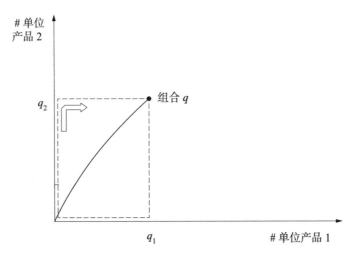

图 13.1　累积边际费用的三种可替代途径。箭头表示首先增加 q_2，然后增加 q_1，到达捆绑包 q 的路径。

累积每日边际费用来计算两种产品的捆绑包 $q=(q_1,q_2)$ 的总费用。或者,边际费用可以沿着所示的其他两条路径中的任何一条去累积,首先购买其中一种产品,然后购买另一种。这三种方法计算出的总费用必然是相同的。

通常,我们可以将路径描述为 $q(\tau)$,其中 $q(0)=0$ 且 $q(l)=q$。价目表的总费用为

$$P(q)=P(0)+\int_0^1 \sum_i p_i(q(\tau))q_i'(\tau)d\tau$$

其中 $P(0)$ 是固定费用(如果有的话,原则上可能取决于购买数量为正的一组产品)。例如在图中,参数 τ 可以衡量结算周期内的时间参数。首先将第一个产品的购买增加到 q_1,然后将第二个产品的购买量增加到 q_2 这一路径是我们需要考虑的一个重要特例。在这种情况下,价目表的总费用可用下式计算:

$$P(q)=P(0)+\sum_{i=1}^{n}\int_0^{q_i} p_i(q^i,x_i,0)dx_i$$

其中 $(q^i,x_i,0)$ 是那些 $j>i$ 产品数量尚未增加的路径上的捆绑包。因此,τ 是各种产品 $i=1,\cdots\cdots,n$ 的连续累积单位的度量。可积性约束也可以解释为要

求任意两个捆绑包之间的任意直角路径所累积的费用等于两个捆绑包总费用之差。

在实践中,价目表通常由边际价格表直接确定,不过为了简化,我们通常会假设在一定组合范围内价格为常数。即便如此,可积性约束也是必要的,这能避免客户坚持仅以最有利的最低成本路径来计算总费用。

317

13.2　模型构建

本节描述了拉姆齐定价的替代公式,当存在多个产品和多个类型参数时,该公式部分规避了可积性约束。该公式将问题解释为捆绑包和净收益在客户之间的分配优化。因此,在这里我们得到的最优条件是直接用于描述该分配问题的。我们仅在第二阶段构建边际价格表以引导客户选择他们的分配的捆绑包时才开始考虑可积性约束——这也是计算的难点。

我们用下标 $i=1$,……,n 来区分 n 个产品,并且向量 $q=(q_i)$ 是描述某个客户购买的捆绑包的 n 个数量的清单。每个客户都由一个向量 $t=(t_j)$ 来表示,该向量由 m 个能够充分代表需求行为的类型参数组成,这些参数由 $j=1$,……,m 来表示。总体中类型参数的分布函数为 $F(t)$,该函数在指定域上的密度 $f(t)$ 为正。我们假设这个域是矩形的,包括 $0 \leqslant t \leqslant T$ 类型的客户。在 t 处分布函数的值 $F(t)$ 表示每个部分中类型参数不大于 t 的潜在客户的比例。

如果价目表收的总费用为 $P(q)$,则类型 t 的客户从捆绑包 q 中获得净收益 $U(q,t)-P(q)$,如果没有消费,则为 $U(0,t)=0$ 以及 $P(0)=0$。因此,客户的预测净收益为

$$W(t) = \max_{q \in Q}\{U(q,t)-P(q)\}$$

其中 Q 是可能捆绑包的集合。我们假设每个客户的 Q 都是相同的,并且它包括 $P(0)=0$ 的空捆绑包。因此,该模型下的需求行为有两个部分。第一部分是总收益函数 U 或等价的相关多产品需求函数 $D(q,t)$,取决于购买的捆绑包 q 和

客户类型 t。第二部分是总体中类型参数的分布 F。通常,人们通过估计需求对价格的依赖性以及各种客户特征来构建这样的模型,这些特征的分布可以直接从需求数据中观察到,也可以从可测量的相关性中得出。

如前所述,在第 14 章我们将提出一种直接基于需求数据计算价目表的方法,而在这里我们首先计算最优分配,然后推导出该分配得以实施的价目表或边际价格。因此,如果分配表明类型 t 应该通过购买捆绑包 $q(t)$ 获得最大的净收益 $W(t)$,那么我们知道对于捆绑包 $q(t)$ 必须收取

$$P(q(t)) = U(q(t), t) - W(t)$$

此外,因为 $q(t)$ 是最优捆绑包,所以它必须满足包络特性:对于每个类型参数 j,

$$\frac{\partial W}{\partial t_j}(t) = \frac{\partial U}{\partial t_j}(q(t), t)$$

此后我们使用 $W'(t) \equiv (\partial W(t)/\partial t_j)$ 表示等式左侧的一系列偏导数,并使用 $U_t(q, t) \equiv (\partial U/\partial t_j)$ 表示等式右侧的一系列偏导数。注意到 W' 是 W 的梯度向量,但 U_t 仅是关于类型参数的偏微分。因为假定客户最优化其选择的捆绑包,关于捆绑包(同样取决于客户类型)的偏导数净值为零。

总之,将问题假设为向每种类型 t 的客户分配捆绑包 $q(t)$ 和净收益 $W(t)$,这两个与类型相关的变量通过约束条件 $W'(t) = U_t(q(t), t)$ 联系在一起,以确保客户的选择是最优的。此外,公司从每个类型为 t 的客户那里获得收入 $U(q(t), t) - W(t)$。

约束条件 $W'(t) = U_t(q(t), t)$ 仅仅是客户选择为最优的必要条件,但我们在这里假设它同样是充分条件。[①] 为了使这一假设更为合理,我们通常假设 U 对于 q 是有界的、递增的和严格凹性的,并且 U 和 U_q 都对于 t 递增。假设捆绑包的可行集为 $Q = \{q \mid q \geqslant 0\}$,并且我们对每种类型 t 采用标准化处理 $U(0, t) = 0$。

---

① Mirrlees(1976,1986)以及 McAfee 和 McMillan(1988)等人提出了可以确保必要条件充分性的假设。客户的二阶必要条件要求 $U - P$ 关于 q 的二阶导数矩阵是半负定的,该条件可以改写为关于 q 的二阶导数矩阵 $W'' - U_{tt}$ 是半正定的。例如,如果 U 对于 t 是线性的,那么 W 必须是一个凸函数。在某些约束条件取严格等号的情形下,直接施加此约束是最方便的。

现在回想一下,拉姆齐定价的目的是在满足公司净收入要求的基础上最大化总剩余——如果公司是一个不受规制的利润最大化企业,这将会成为垄断利润。为简单起见,假设公司将成本在客户之间分摊。比如说,$C(q)$是向任何客户提供捆绑包 q 的成本。将拉格朗日乘数乘以约束条件,则优化问题变为,通过选择组合 $\langle q(t), W(t)\rangle$ 来最大化

$$\int_0^T \{(w(t)W(t) + [1+\lambda][U(q(t), t) - W(t) - C(q(t))])f(t)$$
$$+ [W'(t) - U_t(q(t), t)] \cdot \hat{\mu}(t)\}dt$$

在这里,我们对类型参数的整个域求积分,$w(t)$ 为分配给 t 类型的净收益的非负福利权重,相对于公司利润的权重为 1,λ_i 是针对公司净收入约束的非负拉格朗日乘数,且 $\hat{\mu}(t) = (\hat{\mu}_j(t))_j = 1, \cdots\cdots, m$ 为 t 类型最优约束上的拉格朗日乘数向量。此外,符号 $x \cdot \hat{\mu}$ 表示内积 $\sum_j x_j \hat{\mu}_j$。通常每个约束必须指定拉格朗日乘数,相应的约束才能确保满足,这里我们忽略了最小收入约束。对于每个客户类型 t,大括号中的被积函数具有三个项:第一项是客户的福利加权净收益,我们用来代表消费者剩余;第二项是公司的利润,用 $1+\lambda$ 加权,其中包括生产者剩余和收入约束产生的拉格朗日项;第三项是由代表客户最优化的约束产生的拉格朗日项。当然,第一项和第二项也由类型 t 在总体中出现的频率 $f(t)$ 加权。

我们没有明确地包含可行性约束 $q(t) \geqslant 0$ 和客户参与约束 $W(t) \geqslant U(0, t) \equiv 0$,但我们的目标是在最优化中进一步包含这些约束。[①]

由于 W 的梯度 W' 出现在这个目标函数中,所以必须使用变分法来解决这个问题。最优化的必要条件包括:[②]

$$[1+\lambda][v(q(t), t) - c(q(t))]f(t) - v_t(q(t), t) \cdot \hat{\mu}(t) \leqslant 0$$

319

---

① 虽然我们在这里没有这样做,但在某些情况下也可以加入优化的二阶必要条件,即海森矩阵 $U_{qq}(q, t) - P''(q)$ 在 $q = q(t)$ 为半负定矩阵。

② 散度定理意味着第二个条件不能在类型参数的整个域上取严格等号,因此一定有一些类型的客户不消费,则净收益为零。

$$\left[w(t)-(1+\lambda)\right]f(t)-\sum_{j=1}^{m}\frac{\partial\hat{\mu}_j}{\partial t_j}(t)\leqslant 0$$

其中,$v(q,t)=U_q(q,t)$ 是类型 t 的边际收益函数,而通常 $c(q)=C'(q)$ 是公司的边际成本:对于多个产品,每个产品都是一个梯度向量,每个元素代表一种产品。如果总成本也取决于总供给,那么可以在 c 中添加一个表示总边际成本的附加项。符号 $v_t(q,t)$ 表示二维数组,是 v 的分量相对于类型参数的偏导数的雅可比矩阵$(\partial v_i/\partial t_j)$,$v_t\cdot\hat{\mu}$ 表示其分量为内积 $\sum_j\left[\partial v_i/\partial t_j\right]\hat{\mu}_j$ 的向量,每个元素对应一个产品 i。

320　　　此后我们假设客户福利权重与公司福利权重相等来对模型进行简化。因此,$w(t)=1$ 表明最优化目标是在满足公司收入要求的条件下最大化总剩余。在这种情况下,我们令 $\hat{\mu}(t)=\lambda\mu(t)$ 及 $\alpha=\lambda/[1+\lambda]$,相应的条件可以写成以下形式:

$$v(q(t),t)-c(q(t))-\alpha\left[v_t(q(t),t)\cdot\mu(t)\right]/f(t)\leqslant 0 \qquad (1)$$

$$f(t)+\sum_{j=1}^{m}\frac{\partial\mu_j}{\partial t_j}(t)\geqslant 0 \qquad (2)$$

我们将这些条件写为不等式,但实际上它们更复杂。如果 $q_i(t)$ 为正,则对 i 而言(1)式左侧的项必须等于零,且如果 $W(t)>0$,则(2)式必须是严格等式。因此,对于所分配的产品数量均为正的类型 t 而言,(1)和(2)都必须取等号。

根据类型 t 的多产品需求函数 $D(p,t)$ 我们可以找到(1)式的另一种写法,根据定义,它满足方程 $q=D(v(q,t),t)$。对于那些(1)式为等式的产品而言,在边际价格 $p=p(q(t))$ 即 $q(t)=D(p,t)$ 上有

$$D_p(p,t)\cdot[p-c]+\alpha[D_t(p,t)\cdot\mu(t)]/f(t)=0 \qquad (1')$$

请注意,D_p 和 D_t 分别是需求相对于价格和类型参数的偏导数的雅可比矩阵。[①] 这与(1)式是等价的,且与 6.5 节中的单产品情形类似。特别是,假设将

---

① 矩阵 $A=(a_{ij})$ 和(列)向量 x 的内积 $A\cdot x$ 的向量分量为$\left(\sum_j a_{ij}x_j\right)$,$AB$ 两个矩阵的内积 $A\cdot B$ 为$\left(\sum_k a_{ik}b_{kj}\right)$。

价目表表示为固定费用 $P_o(t)$ 及边际价格向量 $p(t)$ 到类型 t 的分配,因此对所分配的捆绑包 $q(t)=D(p(t),t)$ 的应付价目表为 $P(t)=P_o(t)+p(t)\cdot q(t)$。在这种情况下,激励兼容性要求 $P_o'(t)+D(p(t),t)\cdot p'(t)=0$,这样在最优购买点,如果客户选择附近的其他消费选项,变更的可变费用将通过固定费用的变化进行抵消。如果指定 $\mu(t)$ 为该激励兼容性约束相对应的拉格朗日乘数向量,则在第 6.5 节中的模型构建和推导将再次得出条件(1′)和(2),即 $p(t)$ 和 $Po(t)$ 最优化的欧拉条件。

除了这些条件之外,还有更多的横截性条件适用于类型域边界上的 μ。如果 $t_j=0$,则 $\mu_j(t)\geqslant 0$;如果 $W(t)>0$,则 $\mu_j(t)=0$。类似地,如果 $t_j=T_j$ 则 $\mu_j(t)\leqslant 0$,并且如果 $W(t)>0$ 则 $\mu_j(t)=0$。 我们将这些条件部分总结为

$$\mu_j(t)=0 \quad 如果 \quad t_j\in\{0,T_j\} \quad 和 \quad W(t)>0 \tag{3}$$

另外,

$$\mu_j(t)\geqslant 0 \quad 如果 \quad t_j=0 \quad 和 \quad \mu_j(t)\leqslant 0 \quad 如果 \quad t_j=T_j$$

例如,如果类型值低的客户得到 $W(t)=0$,那么沿着域的下边界的唯一要求是 $\mu(t)\geqslant 0$,但如果类型值高的得到 $W(t)>0$,那么约束 $\mu(t)=0$ 沿着域的上边界严格取等号。然而,重要的是要注意,正如我们将在第 5 节中讨论的那样,对于获得正净收益的类型,此约束也可以沿着域的下边界严格取等号。

这些条件与前面第 6 章中针对一种产品和一种类型参数的情况的分析很相似。如果只有一个类型参数 $(m=1)$,即使有很多产品 $(n\geqslant 1)$,那么由(2)指定的微分方程的一个解是 $\mu(t)=\bar{F}(t)$,其中 $\bar{F}(t)=1-F(t)$ 是右累积分布函数,横截性条件(3)表明这是高类型值获得正净收益时的相关解。那么(1)仅仅表达了第 6.2 节和第 8.2 节中导出的最优条件。

条件(1)和(2)的解释源于这样一个事实,即(1)是通过优化分配给类型 t 的捆绑包 $q(t)$ 而获得的,而(2)则源于净收益 $W(t)$ 的最优化。因此,(1)表达了在(收入有限的)客户之间有效分配商品所需要的条件,而(2)则描述的是如何在这些有效分配中选择一个使总剩余最大化的分配,或是在福利权重 $w(t)$ 不相等的情况下最大化加权的总剩余。给定一个正确的 μ,通常条件(1)就完全确定了客

321

户和数量的最优分配。

我们将在第 5 节中看到,当有多个产品和多个类型参数时,条件(1)—(3)会变得错综复杂。例如,当产品数量和类型参数相同时 ($n=m$),求解价目表的问题从原先的单个 n 元函数,通过条件(1)—(3)转化为有 m 个类型变量的 m 个 m 元函数 μ_j。除非最优条件的结构特征提供了一些关于解析式的有用信息,否则这种转换不太可能有什么实际用处。

诚然,拉格朗日乘数 μ_j 很难解释。它们的主要作用是确保客户分配的捆绑包代表在某些价目表下客户的最优选择。当边际收益函数是类型参数的线性函数,或者等价地 v_i 只依赖于捆绑包 q,即 $v(q,t)=v_t(q) \cdot t+v(q,0)$ 时,我们可以进一步了解这些拉格朗日乘数的作用。在这种情况下(1) 式写作 $v(q(t),s(t))=c(q(t))$,其中 $s(t)=t-\alpha\mu(t)/f(t)$。因此,在没有任何收入要求的情况下($\alpha=0$),对于类型 s 而言最优完全有效捆绑包 $q^\circ(s)$ 实际上被分配给更高的类型 t,其中当 $\alpha>0$ 时,为获得所需收入 $s=s(t)$。这样边际定价会以一个足以将类型 t 的购买限制在捆绑包 $q(t)=q^\circ(s(t))$ 中的比例高于边际成本,

$$p(q(t))-c(q(t))=\alpha[v_t(q(t)) \cdot \mu(t)]/f(t)$$

这比边际成本等于价格的情形下购买的要少。虽然由此获得的捆绑包较小,但价格上涨抵消了该下降的影响。通过设置适当的 α,可以使公司获得理想的收入。

对类型参数线性的边际收益函数有另一个在实践中被广泛运用的特点。通常分配给客户的捆绑包 $\{q(t) \mid 0 \leqslant t \leqslant T\}$ 取决于 α 和分布函数 F,但对类型线性意味着它不依赖于这些数据。也就是说,在给定 $\alpha>0$ 和分布函数 F 的情况下,在某种类型 t 下最优的捆绑包 $q(t)$,在 $\alpha=0$ 时对于类型 $s(t)$ 也是最优的,而这与 F 无关。因此,在这种情况下,拉姆齐定价中涉及的分配问题仅涉及哪种类型被分配给了哪种最优捆绑包,而不涉及捆绑包的供给。① 进一步地说,如果客户的收益函数仅依赖于具有以下形式的聚合度量 $A(q)$ 和 $B(q)$,

---

① 如果边际成本取决于总需求,则此论点不成立,因为总需求取决于 α。

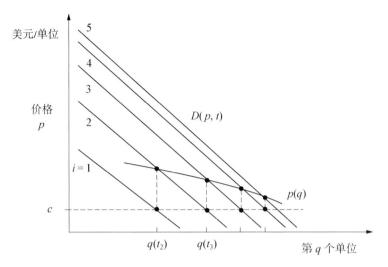

图 13.2　有效分配和指定分配的关系:类型 t_3 被分配的捆绑包 $q(t_3)$ 对类型 t_2 也是有效的。

$$U(q, t) = \hat{U}(A(q), t) + B(q)$$

那么这组最优分配同 α 和分布函数 F 无关。

如图 13.2 展示了对于单个产品和单个类型参数的一般情形。图中显示了 $t_i = s(t_{i+1})$ 下五种类型 t_i 的需求函数,其中 $s(t)$ 是被分配给类型 t 的对应的有效组合的类型,即,

$$v(q(t), t) - v_t(q(t), t)[\alpha\mu(t)/f(t)] = v(q(t), s(t))$$

322

如图所示,每个类型 t_i 获得对类型 t_{i-1} 有效的捆绑包 $q(t_i)$,如虚线所示,对应于边际成本 c 的定价。

当捆绑包 q 包括各种质量属性时,最优分配的这一特征有时被解释为质量失真。也就是说,基于边际成本定价客户获得的质量将低于他们从完全有效分配中所获得的质量。自穆萨和罗森(Mussa and Rosen, 1978)进行初步分析以来,大量文献阐述了这一结论对福利和政策的影响。[①]

323

----

① 参见 Besanko、Donnenfeld 和 White(1987、1988),Donnenfeld 和 White(1988、1990),Spulber(1989),以及 Srinagesh 和 Bradburd(1989)。

可积性约束

当有多个产品和多个类型参数时,条件(1)和(2)远不足以确定原始优化问题的解,从(2)仅指定一个 μ 必须满足的微分方程就可以看出,其中 μ 是一个包含 m 个不同函数的向量。通过将捆绑包 $q(t)$ 分配给不同类型的客户,可以找到这个谜题的解决方案,这揭示了可积性约束的关键作用。

价目表 $P(q)$ 必须有以下性质,即对类型 t 的客户最优化问题,相关边际价格表 $p(q)$ 满足以下必要条件,

$$p(q(t)) \geqslant v(q(t),\ t)$$

如果 $q_i(t) > 0$,则第 i 个分量不等式必须是等式。事实上,将正数量购买的产品(例如所有产品)的该条件都严格取等号,我们可以微分以获得进一步的条件,即

$$p'(q(t)) \cdot q'(t) = v_q(q(t),\ t) \cdot q'(t) + v_t(q(t),\ t)$$

在这种情况下,雅可比矩阵 p' 和 v_q 必然是对称的,因为它们实际上是 P 和 U 的二阶偏导数的海森矩阵。因此,这个条件对雅可比矩阵 $q'(t)$ 施加了某种限制。这种情况下我们普遍使用一种更简单的公式,即净收益分配的二阶偏导数的海森矩阵 $W''(t)$ 也必须是对称的。回想一下,它的雅可比行列式相关约束必须满足 $W'(t) = U_t(q(t),\ t)$,有

$$W''(t) = v_t(q(t),\ t)^T \cdot q'(t) + U_{tt}(q(t),\ t)$$

其中 v_t^T 为矩阵 v_t 的转置,即行和列颠倒。现在海森矩阵 U_{tt} 也是对称的,所以相关条件变为的矩阵 $v_t(q(t),\ t)^T \cdot q'(t)$ 也是对称的。

正如我们即将在第 5 节中看到的那样,实际上是条件(4)与(1)—(3)的结合决定了拉格朗日函数的向量 $\mu(t)$ 的值。如果通过选择合适的 $\mu(t)$ 使条件(4)成立,那么可以沿着任何路径加总边际价格表以得到价目表。换句话说,可以沿任何路径对 $W'(t)$ 积分以求得 $W(t)$,从中获得捆绑包 $q(t)$ 的价格为

$$P(q(t)) = U(q(t),\ t) - W(t)$$

可积性条件相关讨论的复杂性,预示着在实际计算最优多产品价目表时会遇到

计算上的困难。^① 如前所述,如果只有一个类型参数(或单个产品,如 8.4 节中所示),这些困难就会消失,所以在第 4 节中我们考虑依赖单一类型参数的多产品模型。而在第 5 节中会进一步研究多个类型参数的实际应用。

收入效应

为进一步完善我们的分析,我们将展示(1)和(2)在考虑客户偏好中的收入效应时的类比条件。假设类型 t 的净收益为 $W(t) = \max_{q \in Q} U(q, P(q), t)$,其中效用函数 U 是支付的价目表 P 的递减函数。在这种情况下,$h(q, P, t) \equiv -U_P(q, P, t)$ 是类型 t 的收入边际效用,而 $v(q, P, t) = h(q, P, t)^{-1} U_q(q, P, t)$ 是客户收入与产品边际替代率的向量,以每件产品的美元/单位表示。(当没有收入效应时,$h = 1$,因此边际替代率通常由 $v = U_q$ 给出。)(1)和(2)的类比条件为

$$v(q(t), P(q(t)), t) - c(q(t)) - \alpha v_t(q(t), P(q(t)), t) \cdot [\mu(t)h]/f(t) \leqslant 0$$

$$[w(t)h/\lambda - 1/\alpha]f(t) - \sum_{j=1}^{m} \frac{\partial[\mu_j(t)h]}{\partial t_j} \leqslant 0$$

其中 h 为点 $(q(t), P(q(t)), t)$ 上的值,辅助条件

$$W(t) = U(q(t), P(q(t)), t)$$

确定了类型 t 支付的价目表 $P(q(t))$。这些条件的主要区别是收入的边际效用不必是恒定的。正如在第 7 章中,收入效应可大可小,取决于具体情况。

13.3 回顾优先级服务

在本节中,我们运用第 2 节中得出的条件来计算优先级服务的价目表,其中

---

① Mirrlees(1976, p. 342;1986, p. 1241)描述了如何将(1)和(2)转换为当 $m < n$ 时 W 的二阶偏微分方程,或当 $m \geqslant n$ 时的微分方程组。当 $m < n$ 时,计算解的数值方法在 Press 等(1986 年,第 17 章)中给出。

所提供服务的数量有限。回想一下第 10 章中我们假设整个服务可靠性范围都由一个公司提供，而这个公司提供 n 个不同的服务合同，用 $i=1$，……，n 标注。每个合同 i 包含了相应的服务可靠性 r_i 和恒定边际成本 c_i。每个合同代表一个不同的产品，因此目的是构建一个最优的多产品价目表。

假设可靠性随着指数 i 的增加而减少，$r_1 > r_2 > \cdots\cdots > r_n$，表明编号较低的合同在服务订单中具有较优先的位置。同一合同下的所有单位需求具有相同的服务可靠性 r_i。边际成本 c_i 被无条件地解释为期望：适当的合同 i 下交付的单位的边际成本是 c_i/r_i，而预期的边际成本是 $r_i[c_i/r_i] = c_i$。进一步假设随可靠性 i 增加而增加的成本为

$$\delta_i = \frac{c_i - c_{i+1}}{r_i - r_{i+1}}$$

上式也随指数 i 下降。为了符号表达方便，我们增加一个标记为 $n+1$ 的合同，其可靠性为 $r_{n+1}=0$，边际成本为 $c_{n+1}=0$，表示没有为客户提供服务。因此，$\delta_n = c_n/r_n$。

与第 2 节一样，每个客户都由类型 t 来表述，这些类型根据分布函数 F 在总体中分布。如果实际交付了第 x 个服务单位，则类型 t 的客户的边际估值函数为 $u(x, t)$（否则为零），同时假设该函数为 x 的递减函数和 t 的递增函数。最后，如果客户在合同 i 下下单了 q_i 个服务单位，那么捆绑包 $q = (q_i)_i = 1$，……，n 为总购买量，收取的价目表为 $P(q)$，净预期收益为

$$U(q, t) - P(q) = \sum_{i=1}^{n} \int_0^{q_i} r_i u(Q_{i-1} + x, t) dx - P(q)$$

其中 $Q_i \equiv \sum_{j \leqslant i} q_j$。注意价目表在这里为预期收款。这意味着

$$v_i(q, t) \equiv \frac{\partial U}{\partial q_i}(q, t) = \sum_{j=i}^{n} s_j u(Q_j, t)$$

其中 $s_i \equiv r_i - r_{i+1}$。代入有效条件(1)中，然后简化可得对每个合同 i 有以下条件：

$$u(Q_i, t) - \delta_i - \alpha[u_t(Q_i, t) \cdot \mu(t)]/f(t) = 0$$

$$\frac{\partial P}{\partial Q_i}(Q) = s_i u(Q_i, t)$$

在第二行中，我们将价目表 P 表示为累积量 $Q = (Q_i)_{i=1,\dots,n}$ 的函数，我们有

$$\frac{\partial P}{\partial Q_i}(Q) = p_i(q) - p_{i+1}(q)$$

这些改写条件的重要特征是它们可以作为累积 Q_i 的函数对每个合约单独求解，因此消除跨合约的相关性。这从事实可以看出 $u(Q_i, t)$ 在这里的作用与 $v(q, t)$ 在(1)中的作用完全相同。然而，如果有收入要求，那么每个合同的 α 必须相同。

下面的例子中假设类型参数为一，在这种情况下，如第 2 节所述 $\mu(t) = F(t)$。单个类型参数假设的另一个表现是，可以通过求解第 i 个最优条件来确定在最优价目表下从合同 $j \leqslant i$ 购买 Q_i 单位的类型 $t_i(Q_i)$。然后由以下公式求出价目表

$$P(Q) = \sum_{i=1}^{n} s_i \int_0^{Q_i} u(x, t_i(x)) dx$$

例 13.1：在这个例子中，假设边际估值函数 u 是线性的，并通过适当的单位选择使 $u(x, t) = t - x$。进一步来说，假设 t 在 0 和 1 之间均匀分布，我们有 $\mu(t)/f(t) = 1-t$。（该情形与第 10 章中针对合同提供完整的可靠性范围是相同的。）有了这些假设，最优性条件表明，在合同 i 下选择第 Q_i 个累积单位的类型为

$$t_i(Q_i) = [\alpha + \delta_i + Q_i]/[1 + \alpha]$$

因此最优价目表为

$$P(Q) = \sum_{i=1}^{n} s_i Q_i \left[\frac{\delta_i + \alpha}{1 + \alpha} - \frac{\alpha}{1 + \alpha} \frac{1}{2} Q_i \right]$$

$$= \frac{1}{1 + \alpha} \sum_{i=1}^{n} c_i q_i + \frac{\alpha}{1 + \alpha} \sum_{i=1}^{n} r_i q_i \left\{ 1 - \frac{1}{2}[Q_{i-1} + Q_i] \right\}$$

大括号中的项表示对于每个合同 i，数量折扣基于客户在合同 $j \leqslant i$ 下的累计购买量。而且客户的消费具有以下特殊结构，对于每种类型 t，都有一个合同

$i(t)$，客户购买金额为正的最小指数 i，对于本合同，客户的需求为

$$q_{i(t)}(t) = [1+\alpha]t - \alpha - \delta_i(t)$$

或者可能有另一种情况，指数 t 太小以至于客户没有购买（$i(t) = n+1$）。对于每个合同 $i > i(t)$，客户的需求是 $q_i(t) = \delta_{i-1} - \delta_i$，这与客户的类型不相关。因此除了客户订购的最高优先级合同，对其他的每份合同，所有客户都有相同的需求。

13.4 单个类型参数

本节考虑以下特殊情况，潜在客户的数量由单个参数 t 描述，该参数因客户而异，因此 $m=1$。如第 2 章所述，在这种情况下，最优条件(2)和横截性条件(3)的相关解是 $\mu(t) = \bar{F}(t)$。可积性条件(4)不起作用，因为(4)中的矩阵只有一个元素，因此对称性不是紧约束。假设有多个产品，即 $n > 1$。

在这种情况下，对客户类型的捆绑包分配 $q(t)$ 是产品数量的 N 维空间中点的一维轨迹，如图 13.3 所示。因为类型 t 从 0 到 T，$q(t)$ 描绘出一条从 $q(0)$ 增

328

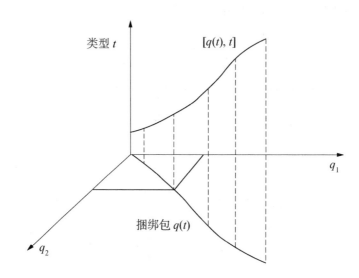

图 13.3 类型与所购捆绑包分配的轨迹图。

加到 $q(T)$ 的曲线。[①] 通常有一个不会购买任何产品的最大类型值 t_*，即对 $t \leqslant t_*$，$q(t) = 0$，对于更大的 t 值，$q(t)$ 的一个或多个分量为正。

因此，从原则上讲，这条曲线描述了产品的适当聚合，人们可以据此构建出仅取决于组合总量的单一产品价目表。例如，如果曲线的参数是总量 $x(q) = \sum_i q_i$，那么只需提供一个仅取决于该总量的价目表 $\hat{P}(x)$ 就足够了。最简单的参数化仅使用类型 t 本身，在这种情况下，对于沿着最优分配曲线的增量向量 $(q_i'(t))$，边际价格为：

$$\hat{p}(t) = \sum_i p_i(q(t)) q_i'(t)$$

回想一下，在解决了（1）以找到最优分配后，可得该总和中的边际价格为 $p_i(q(t)) = v_i(q(t), t)$；对于每个产品 $i = 1, \cdots\cdots, n$，

$$v_i(q(t), t) - \alpha v_{it}(q(t), t)\bar{F}(t)/f(t) = c_i(q(t))$$

这 n 个方程确定分配给类型 t 的产品的 n 个数量 $q_i(t)$，从中构建边际价格表 $\hat{p}(t)$。更一般地，作为对 q 可微的任何总和 $x(q)$，价目表必须满足 $\hat{P}(x(q(t))) = P(q(t))$，因此边际价格表可以从以下特征求得：

$$\hat{p}(x(q(t))) = \frac{\sum_i v_i(q(t), t) q_i'(t)}{\sum_i \dfrac{\partial x}{\partial q_i} q_i'(t)}$$

这一结构的其中一个含义是，在单产品的情况下，包含在总增量边际价格中的利润率百分比与此类增量的需求价格弹性成反比。

例 13. 2：假设边际收益函数为 $v(q, t) = tA - B \cdot q$，类型参数 t 在 0 和 1 之间均匀分布，边际成本为常数。则

$$\hat{p}(t) = [c + \alpha(1-t)A] \cdot \hat{q}'$$

---

① 同样，当 $m < n$ 时，这样的对应描述了一个 m 维表面。通常，对客户行为建模所需的产品聚合数量是 m 和 n 中的最小值。请注意，每当 $m < n$ 时，边际价格仅在所购捆绑包的表面上是确定的。因此，存在多个实施最优分配的价目表：它们只需要在边际价格表中达成一致。

为增量

$$\hat{q}' = [1 + \alpha] B^{-1} \cdot A$$

的边际价格表。① 也就是说,在 t 有增量△,捆绑包变化 $\Delta\hat{q}'$ 时,增加对收费为 $\Delta\hat{p}(t)$。因此,

$$\hat{P}(t) = t \left[c + \alpha \left(1 - \frac{1}{2} t \right) A \right] \cdot \hat{q}'$$

为当 t 是参数化最优分配轨迹的聚合度量时的最优价目表。或者,如果使用的聚合量为 $x(q) = \sum_i w_i q_i \equiv w \cdot q$,其中 w 是捆绑包产品中权重或数量的向量,

$$\hat{p}(x) = \gamma - \frac{\alpha}{1 + \alpha} \beta x$$

其中

$$\beta = \delta^2 [A \cdot B^{-1} \cdot A], \quad \delta = [w \cdot B^{-1} \cdot A]^{-1},$$

$$\gamma = \delta [c \cdot B^{-1} \cdot A] + \frac{\alpha}{1 + \alpha} \beta [w \cdot B^{-1} \cdot [A - c]]$$

然而在实践中,这种方法很少使用。一个主要原因是单个参数仅提供客户需求行为的近似描述,因此实际上许多客户不会将他们的购买限制在预测的轨迹上。环境中的时间和随机变量会产生与轨迹的额外偏差。因此,除非公司为了管理简单而选择忽略购买的其他变化,否则单独为固定的捆绑包套餐定义的价目表是不够的。

实际方法通常使用如上所述的聚合度量 $x(q)$ 或可加可分的价目表 $P(q) = \sum_i P_i(q_i)$,它提供沿最优捆绑包的轨迹的最优定价,但也允许客户选择其他捆绑包。可分价目表的最简单版本的构造如下。给定分配 $q(t)$,令 $t_i(x)$ 为第 i 个产品的分配类型 x;即 $q_i(t_i(x)) = x$。沿分配捆绑包轨迹的最优定价要求边际

---

① B^{-1} 为 B 的逆矩阵;因此 $B \cdot B^{-1} = I$,其中 I 是对角线为 1,其他地方为 0 的矩阵。为了确保 U 是 q 的严格凹函数,假设 B 是一个正定矩阵,这意味着仅当 $q = 0$ 时 $q \cdot B \cdot q$,在这种情况下 B^{-1} 肯定存在。客户的优化行为要求 B 是对称的。或者,从类型 t 的需求函数 $D(p, t) = B^{-1} \cdot [tA - p]$ 中 B^{-1} 可直接被定义。

价格表满足

$$p_i(x) = v_i(q(t_i(x)), t_i(x))$$

这样客户将面临正确的在边际上的权衡。因此,最优价目表有

330

$$P_i(q_i) = \int_0^{q_i} p_i(x) dx$$

例 13.3:回忆上一个例子中的公式。如果使用可分价目表,则第 i 个产品的边际价格表为

$$p_i(q_i) = c_i + a_i \left[\frac{\alpha}{1+\alpha} \right] \left[1 - \frac{\gamma_i + q_i}{b_i} \right]$$

其中 a_i, b_i 和 γ_i 分别是向量 A, $B^{-1} \cdot A$ 和 $B^{-1} \cdot c$ 的第 i 个分量。第 i 个产品的价目表是对应 q_i 的二次函数。

如果每个 $a_i = 1$ 并且 B 是具有对角元素 1 和非对角元素 b 的矩阵,则 $1/b_i = 1 + [n-1]b$。 如果 b 很大或有很多产品,每个产品的边际价格表会急剧下降。这是因为 b 衡量产品之间的可替代性。一个拥有许多竞争性、紧密替代产品的公司必须提供显著的数量折扣以满足收入要求。

需求曲线公式

上述结果可以类推至特殊类型的需求档案,这假设需求数据可以由单个类型参数来显式表达。

首先考虑这样一个版本,其中需求数据能够估计愿意为 z 产品的增量单位支付边际价格 p_i 的客户数量 $N_i(p_i, q)$,如果他们当前购买捆绑包 q 的话。就前面的表达,我们有

$$N_i(p_i, q) \equiv \#\{t \mid v_i(q, t) \geqslant p_i\} = \bar{F}(t_i)$$

其中 t_i 是方程 $v_i(q, t_i) = p_i$ 的解。仅考虑利润最大化的垄断情况($\alpha = 1$),如果企业选择第 i 个产品的边际价格表 $p_i(q)$ 来最大化利润贡献 $N_i(p_i, q) \cdot [p_i - c_i]$,那么,如第 4 章中一样,捆绑包 q 处的最优边际价格 p_i 须满足

$$p_i = c_i - N_i(p_i, q) \div \frac{\partial N}{\partial p_i}(p_i, q)$$

$$= c_i + \frac{\overline{F}(t_i)}{f(t_i)} \frac{\partial v_i}{\partial t}(q, t)$$

当只有一个类型参数 t 和 $q = q(t)$ 时,每个 $t_i = t$。因此,价格的最优条件与(1)相同。然而,这里建议大家要谨慎对待,因为该方法的准确性取决于从数据估计的 n 个需求档案 N_i 必须和单一类型参数的存在性保持一致。

当产品接近替代品时,边际价格表的急剧下降在这里也很明显。如果类型 t 的需求函数是 $D(p, t) = tA^* - B^* \cdot p$,那么边际估值函数是 $v(q, t) = tA - B \cdot q$,其中 $B = (B^*)^{-1}$ 及 $B = (B^*)^{-1}$,如果类型像上面的例子一样均匀分布,那么在垄断情况下 $(\alpha = 1)$ 的边际价格表的向量是 $p(q) = \frac{1}{2}[c + A - B \cdot q]$。[①]关键特征是 B^* 的非对角元素,表示产品之间的可替代性,B 的相应元素的绝对值不需要很大。例如,对于两个产品,如果 A^* 的元素和 B^* 的对角元素标准化为 1,则对角元素和非对角元素是表 13.1 中三个所展示的值。随着 b_{12}^* 的绝对值向 1(表示完全可替代性)增加,B 的系数增加并变得相等,因为实际上该公司提供两种等效形式的单一产品。在所有三个例子中,只有那些类型 $t > 0.5$ 的客户购买正数量的产品。

表 13.1 边际价格表的系数

b_{ij}^*	$\frac{1}{2}a_i$	$\frac{1}{2}b_{ii}$	$\frac{1}{2}b_{ij}$
-0.1	0.555 6	0.505 1	0.050 5
-0.5	1.000 0	0.666 7	0.333 3
-0.9	5.000 0	2.631 6	2.368 4

例 13.4:一个具有相似特征的稍微不同的例子。假设边际估值为 $v(q, t) = A - [1/t]B \cdot q$ 并且类型参数 t 也是均匀分布的。那么,边际价格表是

---

① 如果 $v(q, t) = t[A - B \cdot q]$,则相同的边际价格表是最优的。

$$p_i(q) = A_i - \sqrt{\beta_i(q)[A_i - c_i]}$$

其中 $\beta(q) = B \cdot q$。

第二个版本假设客户和公司预期购买的捆绑包位于一维轨迹上。单一需求档案 $N(p, q, q')$ 指定除了当前捆绑包 q 之外，愿意为增量捆绑包 q' 支付边际价格 p 的客户数量。因此，根据之前的表达

$$N(p, q, q') \equiv \#\{t \mid v(q, t) \cdot q' \geqslant p\} = F(t)$$

其中 t 为方程 $v(q, t) \cdot q' = p$ 的解。公司可以使用其中一种产品的购买数量，比如产品 1，来参数化捆绑包 $\hat{q}(q_1)$ 处的边际价格 $p(q_1)$，其中第一个元素必须满足 $\hat{q}(q_1) = q_1$。因此，总利润贡献为

$$\int_0^\infty N(p(q_1), \hat{q}(q_1), \hat{q}'(q_1)) \cdot [p(q_1) - c \cdot \hat{q}'(q_1)] dq_1$$

公司通过选择边际价格表 $p(q_1)$ 和相关的捆绑包 $\hat{q}(q_1)$ 来最大化总利润。当存在一个解释需求档案 N 表示的行为的单一类型参数时，该问题变为变分问题，其优化的必要条件与先前导出的条件一致。特别是，对于单一产品的情况，边际价格表的最优条件与第 4 章相似：

$$N + \frac{\partial N}{\partial p} \cdot [p - c \cdot q'] = 0$$

为简单起见，我们省略了函数的参数。这意味着包含在 $p(q_1)$ 中的利润率百分比与需求曲线 N 的价格弹性成反比。

13.5 多个类型参数

当客户由多个类型参数描述时，设计多产品价目表会更加复杂。首先，我们提供了一个来自优先级服务的简单例子，以说明多个类型参数对于构建客户对多种产品的偏好的准确模型至关重要。然后我们描述随之而来的技术复杂性。下一节概述了可用于构建价目表的数值方法。

动机：多类型下的优先级服务

假设客户在每单位时间的中断中承担固定的停机成本 c 和损失的服务价值 v。因此，客户中断持续时间 d 的成本是 $c+vd$。考虑到客户在这两种成本大小上的差异，价目表应该提供一个选项套餐 (r_1, r_2)，其中 r_1 是中断事件中客户的服务优先级。当中断时，r_2 是客户在供应短缺得到弥补后重新恢复服务的优先事项。根据公用事业的供应技术，每个选项 $r=(r_1, r_2)$ 都与一对 $q(r)=(q_1(r),q_2(r))$ 的服务质量特征相关联，其中，在合同期内，$q_1(r)$ 是预期的中断次数，而 $q_2(r)$ 是预期的中断累积持续时间。因此，如果价目表规定了接受选项 r 的回扣或折扣 $\hat{P}(r)$，那么具有固定成本 c 和服务价值 v 的客户更愿意选择在多个选择中预期净成本 $cq_1(r)+vq_2(r)-\hat{P}(r)$ 最小的选项。服务公司的设计问题则是根据其对供应技术的了解以及对客户固定成本和服务价值在人口中的联合分布的估计，来选择最优折扣 $\hat{P}(r)$。这个问题本质上等同于指定折扣 $P(q)$，它是每个选项提供的质量向量 q 的函数，预计具有类型参数 (c, v) 的客户将最小化预期成本 $cq_1+vq_2-P(q)$。

根据第 2 节中的表达方式，每个客户都由类型向量 $t=(t_1, t_2)$ 描述，其中，如上所述，$t_1 \equiv c$ 是中断的固定成本，$t_2 \equiv v$ 是中断期间每单位时间的服务损失值。类似地，客户的选择由质量向量 $q=(q_1, q_2)$ 表示，该向量表达了中断的预期数量和累积持续时间。因此，类型 t 的客户更喜欢最小化预期净成本 $t \cdot q - P(q)$ 的选项。

客户的购买行为通常如图 13.4 所示。来自 $t(p,q)$ 的锥体中的类型 t 对每种质量 $i=1,2$ 的购买量都超过了 q_i。在边界上的客户恰好购买 q_i 相应质量的商品，并在顶点 $t(p,q)$ 的客户恰好购买捆绑包 q。第 14 章中使用的多产品需求档案衡量的是锥体内的客户数量，即在价格 p 时要求至少购买 q 的客户数量。在优先级服务的例子中，这个锥体只是正方体的平移，但更一般地说，它的形式是不同的，它可以有弯曲的边界。[1]

---

[1] 购买多于 q 的类型的锥体与超过 q 的组合的数量存在几何差异这一事实，是表示可积性约束作用的一种方式。

334

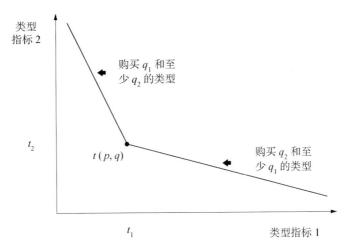

图 13.4 在价格 p 下购买组合超过 q 的类型位于以 $t(p,q)$ 为起点的三角区域中。

可积性条件的说明

如第 1 节和第 2 节所述,构建多产品价目表的困难源于最优条件(2)和横截性条件(3)的解还必须满足可积性条件(4)。这个条件的加入是为了确保引起客户有效购买行为的边际价格表也与定义明确的价目表相一致。这里我们阐述可积性条件跟出现在效率条件(1)和剩余最大化条件(2)中的拉格朗日乘数函数 $\mu_j(t)$ 之间的数学关联。

为了说明基本观点,让我们考虑一个提供两种零成本的产品对利润最大化的垄断企业,客户有两种类型参数。假设我们不是根据约束 $W'(t)=U_t(q(t), t)$ 将 $\mu(t)$ 作为其拉格朗日乘数来制定客户的最优条件,而是通过显式地引入可积性约束(4)。这个约束要求

$$\frac{\partial v_1}{\partial t_2}\frac{\partial q_1}{\partial t_1}+\frac{\partial v_2}{\partial t_2}\frac{\partial q_2}{\partial t_1}=\frac{\partial v_1}{\partial t_1}\frac{\partial q_1}{\partial t_2}+\frac{\partial v_2}{\partial t_1}\frac{\partial q_2}{\partial t_2}$$

受此约束,目标是最大化收入 $\int P(q(t))dF(t)$。对其中一种类型,例如 t_1,按分部积分法,该收入可以写成(省略常数项)

$$\int \bar{F}_1(t)\sum_i v_i(q(t), t)\frac{\partial q_i}{\partial t_1}dt_1\cdots dt_m$$

其中

$$\bar{F}_1(t) \equiv \int_{t_1}^{\infty} f(t)dt_1$$

而且我们用 v_i 代替 $\partial P/\partial q_i$ 来反映客户的最优条件。使用这种形式的目标函数,并考虑到具有相关拉格朗日乘数 $m(t)$ 的可积性约束,在抵消相同项后,从变分法中得到最优 $q_1(t)$ 的必要条件变为:

$$v_1(q(t),\, t) - [1/f(t)]\left\{\frac{\partial v_1}{\partial t_1}\left[\bar{F}_1(t) - \frac{\partial m}{\partial t_2}\right] + \frac{\partial v_1}{\partial t_2}\left[\frac{\partial m}{\partial t_1}\right]\right\} = 0$$

335　　该条件与第 2 节中的效率条件(1)基本相同

$$\mu_1(t) = \bar{F}_1(t) - \frac{\partial m}{\partial t_2}(t) \quad 以及 \quad \mu_2(t) = \frac{\partial m}{\partial t_1}(t)$$

此外,使用这些来定义 $\mu(t)$,我们得到作为其推论,(2)也必须为真:

$$f(t) + \frac{\partial \mu_1}{\partial t_1}(t) + \frac{\partial \mu_2}{\partial t_2}(t) = 0$$

因为

$$\frac{\partial^2 m}{\partial t_1 \partial t_2}(t) = \frac{\partial^2 m}{\partial t_2 \partial t_1}(t)$$

这种分析清楚地表明了几个一般性观察结果。

- 客户最优条件的拉格朗日乘数 $\mu(t)$ 是可积性约束的拉格朗日乘数的替代品。

- 最优条件(2)本身就是一个可积性约束。在上述情况下,(2)表明拉格朗日乘数 $m(t)$ 可以从 $\mu(t)$ 反推。

- 确保检查所选择的 $\mu(t)$ 满足对称条件(4)的可积性条件是必不可少的。要确保效率条件(1)有效,就无法绕过它。

横截性条件的作用

导致构建多部制价目表复杂的第二个因素是,横截性条件(3)对(1)中使用的旨在解决对客户的最优分配捆绑包问题(2)的解施加了严格的约束。这里我们用一个例子来说明该数学问题的本质。[①] 稍后,我们根据隐式捆绑包在确定最优分配中的作用提供了直觉上的解释。

考虑一个最简单的例子,一家垄断企业以零成本提供两种产品,而客户有两个类型参数。类型 $t=(t_1,t_2)$ 的客户从捆绑包 $q=(q_1,q_2)$ 中获得总收益 $U(q,t)=\sum_{i=1}^{2}\left[t_iq_i-\frac{1}{2}q_i^2\right]$,因此对于两个产品 $i=1,2$,客户的边际估值函数为 $v_i(q,t)=t_i-q_i$。[②] 进一步假设在总体中,类型在单位正方形区域上均匀分布,其中 $0\leqslant t_i\leqslant 1$;特别是,该域上的密度为 $f(t)=1$。 这些假设意味着每个产品 i 的需求函数仅取决于第 i 个类型的参数,并且两个产品之间不存在替代效应;此外,这两种类型的参数在统计上是相互独立的。因此,就问题的数据而言,除了每个客户的参与约束 $U(q(t),t)\geqslant 0$ 之外,两个产品之间没有任何因果关系。我们将看到,这条看似微不足道的线索对最优价目表的设计产生了巨大的影响。

为说明这一点,假设我们忽略两种产品的联系并构建对两种产品独立收费的最优可分价目表。从这个角度来看,对于每个产品 i,客户的收益函数是 $U_i(q_i,t_i)=t_iq_i-\frac{1}{2}q_i^2$,并且相关的类型参数在单位间隔上具有密度函数 $f_i(t_i)=1$。 因此,第 i 个乘数是 $\mu_i(t_i)=1-t_i$,每个类型的最优分配数量为 $q_i(t_i)=2t_i-1$,边际价格表是 $p_i(q_i)=[1-q_i]/2$。然而,这种方法的缺陷在于它无法满足边界上的横截性条件(3),即当客户只购买其中一种产品而不是两种产品都购买时。例如假设 $1/2<t_1<1$,则具有类型参数 $t=(t_1,0)$ 的客户获得正的净收益(来自产品 1),在这种情况下,横截性条件要求 $\mu_2(t)=0$,而实际按上述构造假设 $\mu_2(t)=1$。 解决这一缺陷的唯一方法是对条件(2)和(4)进行

336

---

① 我要感谢 Mark Armstrong 和 James Mirrlees 在原始稿件中发现了错误。参见 Mirrlees (1986,p. 1242)的另一种陈述,该陈述也强调了横截性条件的关键作用。

② Armstrong(1992)研究了在 $v(t)=t$ and $c(q)=q$ 下的等效公式。

全面分析,并明确考虑类型参数域边界上的横截性条件(3)。

经济动机

　　在进行这种分析之前,有必要从经济角度理解为什么需要它。从公司的角度来看,上面导出的可分价目表并不是完全最优的,因为它没有利用从客户购买产品 1 中得到的信息。客户购买了部分产品 1 表明客户从该购买行为中获得了正的净收益。因此,公司可以推断客户的整体参与约束不具有约束力。也就是说,对产品 2 的参与约束被放宽,这使得用于上述推导的独立性假设无效。这表明公司可以有利地提供优惠条件来诱导购买产品 2。该结论并不完全适用于 t_2 =0 的客户,但对于 $t_2 = \varepsilon > 0$ 的客户,它表明少量的正价格可以诱导购买,购买时不会遇到参与约束。因此,为了优化,当产品 2 与产品 1 的购买捆绑在一起时,在购买小额产品 2 时,其边际价格是由接近零的边际成本所提供的,以确保为客户带来正的净收益。

　　这种经济分析实际上不仅适用于类型领域的边界,而且适用于整个领域。回忆第 4.3 节,非线性定价可以解释为捆绑原则的应用。在那里,我们根据连续单位的差异化价格解释了单一产品的非线性定价,使得对 q 个单位的捆绑包收取的价目表低于单独购买 q 个单位的收费。以同样的方式,多个产品的最优非线性价目表对多个产品的捆绑包的收费通常低于对单独购买相同产品的收费。因此,我们可以预期,即使上述例子具有统计上独立的类型参数和对两种产品的独立需求,最优价目表仍将涉及某种形式的捆绑,即对两种产品的捆绑包购买提供折扣。在类型域的边界上,这些折扣反映在对不受欢迎的产品的小额购买提供有利的低边际价格上。在域的内部,捆绑包更普遍的形式是一种产品的边际价格与购买的另一种产品的数量成一定比例。

例题的完整解

　　带着这个动机,我们回到对例题的分析,并说明对条件(2)和(4)的精确分析与横截性条件(3)结合后如何导致价目表设计最终包含捆绑这一概念。在这里,雅可比矩阵 $v_t(q, t)$ 是单位矩阵,因此可积条件(4)仅要求分配的雅可比矩阵是对称的。因为分配函数为 $q(t)=t-\mu(t)$，所以对称性要求 $\partial\mu_1(t)/\partial t_2=\partial\mu_2(t)/\partial t_1$。将这个条件对 t_2 微分，(2) 对 t_1 进行微分，然后将结果组合起来，得到一个只涉及单个乘数 μ_1 的方程：

$$\frac{\partial^2\mu_1}{\partial t_1^2}(t)+\frac{\partial^2\mu_1}{\partial t_2^2}(t)=0 \tag{$2'$}$$

可以为 μ_2 推导出类似的方程。这些等式隐含地包含了可积性条件(4)。因此，这两个方程由(2)关联在一起，并且在边界部分满足横截性条件(3)，其中(1)表示该类型的客户获得正的净收益，而我们就是要求这两个方程的解。因为这些方程是二阶偏微分方程，它们的解有很多个，但基本上只有一个解能满足指定的约束(参见 Armstrong(1992))。

导出的条件($2'$)可以起到以下作用。在 $t_1=0$ 或 $t_1=1$ 的边界上找到满足横截性条件 $\mu_1(t)=0$ 的 μ_1 的一系列解。对于该族的每个成员，将(2)作为 μ_2 的常微分方程求解，然后选择在 $t_2=0$ 或 $t_2=1$ 的边界上满足横截性条件 $\mu_2(t)=0$ 的族成员。(一个例外是解在原点处必然是不连续的。)

为了应用这种方法，我们假设解的函数形式为

$$\mu_1(t)=\sum_{k=1}^{K}a_k\sin(k\pi t_1)\cos h(k\pi[1-t_2])$$

这满足了($2'$)和必要的边界条件。那么(2)表明

$$\mu_2(t)=1-t_2+\sum_{k=1}^{K}a_k\cos(k\pi t_1)\sin h(k\pi[1-t_2])$$

这满足 $t_2=1$ 的边界条件。因此，仍然需要确定系数 $b_k\equiv a_k\sin h(k\pi)$，使得

$$\sum_{k=1}^{K}b_k\cos(k\pi t_1)=-1$$

对于区间 $0<t_1\leqslant1$ 中的每个 t_1 都成立，以确保在 $t_2=0$ 的边界上满足剩余的横截性条件。事实上，如果对这 K 个 $t_1=1/K$，……，1 的值求解这些线性方程，则解是 $b_k=2$，只有 $b_k=1$ 除外。 这表明问题的近似解是

$$\mu_1(t)\approx2\sum_{k=1}^{K-1}\sin(k\pi t_1)\cos h(k\pi[1-t_2])/\sin h(k\pi)$$

$$+\sin(K\pi t_1)\cos h(K\pi[1-t_2])/\sin h(K\pi)$$

339

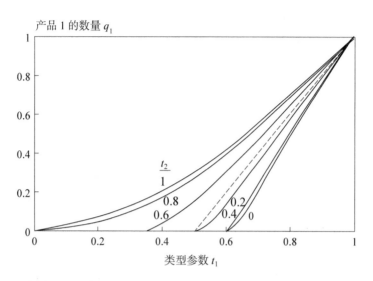

图 13.5 对捆绑包的最优类型分配。对每个 $t_2 = 0(.2)1$,分配函数 $q_1(t)$ 是 t_1 的函数。如果只提供产品 1,则分配函数 $q_1(t_1) = 2t_1 - 1$。

对 μ_2 类似。我们利用(1)中这些乘数的值来推导最优分配的近似值,然后推导最优边际价格。对于下面的结果,我使用 $K = 40$,并使用下一节中描述的数值算法检查结果。

  图 13.5 描述了客户类型对购买的捆绑包的最优分配。该图仅显示了给定几个 t_2 值时,第一个乘积的数量 $q_1(t)$ 作为第一个类型参数 t_1 的函数。由于两个产品和类型之间的对称性,第二个产品数量为 $q_2(t_1, t_2) = q_1(t_2, t_1)$。 为了便于对比,我们还展示了可分价目表下的分配函数 $q_1(t_1) = 2t_1 - 1$。 关键的区别在于,t_1 低的客户如果 t_2 很高的话,仍然会购买正数量的产品 1:他们购买了大量产品 2,这使他们有权在购买产品 1 时获得大幅折扣。这在图 13.6 中进行了说明,它表明如果 t_2 较高,则作为类型参数 t_1 的函数的产品 1 的边际价格较低。

  图 13.7 显示了第一个产品的边际价格表 $p_1(q)$ 作为两个产品数量的函数。关键特征是如果购买更多数量的产品 2,则产品 1 的边际价格较低。此外,人们在这里看到了多产品定价的新特征,通常最优价格表最初是随着小额购买逐渐增加的,因此价目表的初始部分是凸的。如果第二个产品的数量很小,则增加的部分会陡峭得多,实际上如此陡峭的实际影响类似于固定费用的影响。

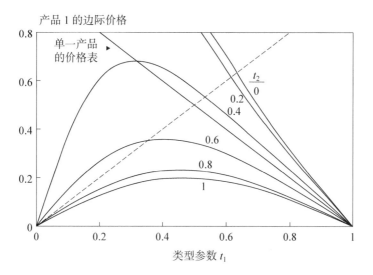

图 13.6　产品 1 的边际价格 $p_1(q(t))$。仅在虚线以下的价格下数量为正 $q_1 > 0$。图中也展示了仅供给产品 1 的情况下,线性价格表 $p_1(q_1(t_1))$。

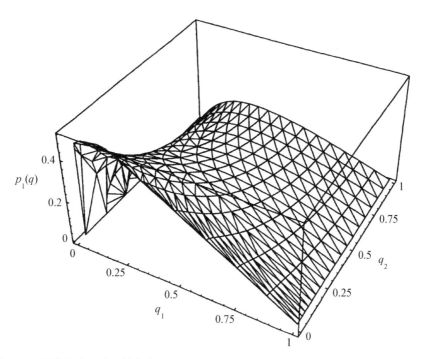

图 13.7　最优多产品边际价格表 $p_1(q)$。

最优分配的一个显著特征是它反映了纯捆绑。也就是说,价目表促使每个客户要么购买正数量的两种产品,要么两种产品都不购买,除了那些类型参数之一为零的少数客户。边界上没有"扎堆购买"现象(即大量客户只购买一种产品)可能是最优多产品价目表的一个特征。

纯捆绑的其他例子

这个例子中捆绑的关键作用在两个变体构建中得到说明,两者都有显式封闭形式解。[①] 在每种情况下,最优分配都具有纯捆绑的特点,而价目表仅取决于对购买规模的聚合度量。

例 13.5: 对于这一变体,我们将类型参数的域限制在单位圆内的部分。也就是说,类型以密度 1 均匀分布在 $t_1 \geqslant 0$, $t_2 \geqslant 0$ 和 $t_1^2 + t_2^2 \leqslant 1$ 的区域。在这种情况下,圆形边界部分的横截性条件被修改为要求 $\sum_i t_i \mu_i(t) = 0$。这种修改允许解的第 i 个乘数是

$$\mu_i(t) = 2t_i[-1 + 1/T^2] \quad \text{其中 } T^2 \equiv \sum_{i=1}^{2} t_i^2$$

在域 $2/3 < T^2 \leqslant 1$ 上,由那些进行正购买的类型组成。因此,最优分配是

$$q_i(t) = t_i[3 - 2/T^2]$$

或者反过来,购买捆绑包 q 的类型 $t(q)$ 是

$$t_i(q) = q_i/[3 - 2/T(Q)^2]$$

其中

$$T(Q) = Q/6 + \sqrt{[Q/6]^2 + 2/3}, \text{ 及 } Q^2 \equiv \sum_{i=1}^{2} q_i^2$$

因此最优边际价格表是

$$p_i(q) = q_i \frac{2}{3}\left[\frac{1 - T(Q)^2}{T(Q)^2 - x/3}\right]$$

---

① 通过利用径向对称性求解的方法归功于 Mark Armstrong(1992)。

这个结果意味着价目表是一个单变量函数 $P(Q)$，其中 Q 度量的是捆绑包"大小"，即

$$P(Q) = Y(Q^2) + \ln(1 + Y(Q^2)) - \frac{1}{2}Q^2$$

其中 $Y(x) \equiv \left[x + \sqrt{x^2 + 24x} \right]/12$。

总之，公司使用 $Q = \sqrt{q_1^2 + q_2^2}$ 来衡量捆绑包 q 的大小，收取的非线性价目表仅取决于该度量 Q。下一个例子具有相同的属性。

例 13.6：对于这个例子，我们修改了客户类型参数的分布，使密度与下式呈一定比例：

$$f(t) = \exp\left[-\frac{1}{2}T^2 \right] \quad 其中 \ T^2 \equiv \sum_{i=1}^{2} t_i^2$$

域是整个正象限 $t \geqslant 0$。也就是说，类型参数具有均值为 0 且方差为 1 的截断独立正态分布。这种情况允许乘数 $\mu_i(t) = t_i \left[1/T^2 \right] f(t)$，因此最优分配是

$$q_i(t) = t_i \left[1 - 1/T^2 \right]，或者 \ t_i(q) = q_i / \left[1 - 1/T(Q)^2 \right]$$

其中

$$T(Q) \equiv Q/2 + \sqrt{\left[Q/2 \right]^2 + 1}$$

那些 $T^2 > 1$ 的类型购买量为正。因此，最优边际价格是

$$p_i(q) = q_i / \left[T(Q)^2 - 1 \right]$$

同样，价目表仅取决于捆绑包 Q 的大小：

$$P(Q) = \frac{1}{2}\left[Y(Q^2) + \ln(1 + Y(Q^2)) - Q^2 \right]$$

其中 $Y(x) \equiv \left[x + \sqrt{x^2 + 4x} \right]/2$

这些结论同样适用于产品数量和类型参数为任意整数 n 的情形。在这种情况下，定义

343 **表13.2** 例 13.6 中的系数

n	a_n	b_{nj}				
1	1					
2		1				
3	1	1				
4		1	2			
5	3	1	3			
6		1	4	8		
7	15	1	5	15		
8		1	6	24	48	
9	105	1	7	35	105	
10		1	8	48	192	384
11	945	1	9	63	315	945
12		1	10	80	480	1920	3840

$$T^2 \equiv \sum_{i=1}^{n} t_i^2 \quad \text{和} \quad Q^2 \equiv \sum_{i=1}^{n} q_i^2$$

价目表又是一个只取决于捆绑包 q 的大小 Q 的函数 $P(Q)$。如果 n 是偶数,则使用乘数来导出分配和边际价格

$$\mu_i(t) = t_i \Big[\sum_{j=1}^{n/2} b_{nj}/T^{2j} \Big] f(t)$$

n 为奇数时的公式类似,但使用的是正态分布函数:

$$\mu_i(t) = t_i \Big[a_n [\bar{F}_N(T)/f_N(T)]/T^n + \sum_{j=1}^{[n/2]} b_{nj}/T^{2j} \Big] f(t)$$

其中 $\bar{F}_N/f_N$ 是标准正态右累积分布函数与其密度的比值。表 13.2 显示了 n 的前十二个值的非零系数。

这些例子表明了两个要点。首先,捆绑是多产品非线性定价的重要特征。其次,当纯捆绑是最优时,它可以在某些情况下通过将定价取决于适当定义的客户购买规模的聚合度量来实现。基于总量提供折扣的价目表在运输、通信和电

力行业中很常见。典型的例子是常客飞行计划，或根据使用的分钟数或每月结算的货币金额大致按比例折扣的通话费，以及基于聚合高峰和非高峰使用量的每月的能源需求电费。人们可能希望有一种关于以价目表为基础的聚合度量的最优设计的理论，但目前这个领域还没有得到发展。

小结

对这个例子的分析表明了多产品定价有以下几个重要特征。从技术角度来看，主要的特征是为使最优价目表构建准确，可积性条件（4）和横截性条件（3）是至关重要的。这些条件与剩余最大化条件（2）之间的相互作用解释了最优价目表中的高度隐式捆绑包。此外，最优价目表的构建相当复杂，这主要是因为需要进行精密的计算，以确保结果是纯捆绑并在边界上没有扎堆购买。通常，计算需要超出本专著范围的高级数学方法：普雷斯等（Press et al., 1986，§17）描述了一些可用的方法。

从实践的角度来看，主要特征是选择价目表时，捆绑是一个主要的可选项。该例子提供了相关的证据，因为它说明了一个情形，如果不是捆绑起到了关键作用，求解中产品和类型将分为两个独立的问题。同一个例子提供了进一步的证据，修改后的类型参数具有指数分布：在这种情况下，可分价目表将使用统一一价格，但最优多产品价格表具有的形状与图 13.6 中描绘的大致相同，表明在这种情况下，数量折扣和捆绑也很重要。这些特征表明，现实中观察到的多产品定价，例如第 14 章中讨论的电力公司对"负荷率折扣"的使用，可能是出于类似的考虑。

344

13.6 多产品价格的构建

在本节中，我们描述了如何使用相当简单的数值方法来近似计算多产品价目表。完整的说明超出了本章的范围，因此我们仅针对上一节中分析的例子说明计算方法。这里的例子传达了主要观点，但省略了在更复杂的问题中遇到的更多疑难之处。我们的目的只是表明一个数值算法是可行的,而不承诺展示它的一般形式。

数值计算流程

为方便起见,我们定义以下变量来进行计算

$$a(t) = -\frac{\partial \mu_1}{\partial t_1}(t) \quad 和 \quad b(t) = -\frac{\partial \mu_1}{\partial t_2}(t)$$

在这些变量里,例子的条件(2)和(4)要求

$$1 - a(t) = -\frac{\partial \mu_2}{\partial t_2}(t) \quad 和 \quad b(t) = -\frac{\partial \mu_2}{\partial t_1}(t)$$

此外,根据定义和(2')我们要求

$$\frac{\partial a}{\partial t_2}(t) = \frac{\partial b}{\partial t_1}(t) \quad 和 \quad \frac{\partial a}{\partial t_1}(t) = -\frac{\partial b}{\partial t_2}(t)$$

345　我们从横截性条件(3)得知

$$\mu_1(t) = 0 \quad 以及 \quad b(t) = 0 \quad 如果 \ t_1 = 0, 1$$
$$\mu_2(t) = 0 \quad 以及 \quad b(t) = 0 \quad 如果 \ t_2 = 0, 1$$

在下文中,我们从 t_1 或 $t_2 = 1$ 的边界上的这些条件开始,然后使用前面的条件计算 $a(t)$ 和 $b(t)$ 在间隔距离为 δ 的点的离散网格上的值。这样做时,我们将 $t_2 = 1$ 点处的 $a(t)$ 值作为变量,并将所有后续值的计算作为这些变量的线性组合。最终我们得到下边界上关于 $\mu_2(t)$ 值的一组线性方程,其中 $t_2 = 0$。最后通过求解这些线性方程以找到上边界上 $a(t)$ 的值。

为了理解算法的工作原理,图 13.8 显示了两个类型参数的组合网格,其中类型 1 的 $\delta_1 = 1/3$,而类型 2 的 $\delta_2 = 1/4$。在顶部边界变量 $x = a(1,1)\delta_1$ 和 $y = a(2/3,1)\delta_1$ 待确定。注意为确保 $\mu_1(t) = 0$ 在左边界,$a(\delta_1, 1)\delta_1 = -x - y$。也就是说,人们希望行的总和为零,以确保左右边界之间的 $\mu_1(t)$ 没有净变化。横截性条件隐含 $b(t)\delta_2 = 0$ 的垂直线段上显示的那些值。从右上角开始迭代计算,可以逐步填充其他值:沿着下对角线依次移动,每条线从左上角到右下角,

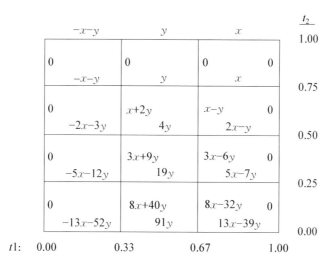

图 13.8　一个包含类型及 $a(t)$ 值(水平部分)和 $b(t)$ 值(垂直部分)的离散网格,顶部边界未知值 $x = a(1,1)\delta_1$ 和 $y = a(2/3,1)\delta_1$ 是这些值的线性组合。

直到在底部边界上确定了足够的值来构建线性方程组来求 x 和 y。在每一步都应用两条规则:

1. 如果已将值分配给格子的三条边,则根据 $\partial a(t)/\partial t_2 = \partial b(t)/\partial t_1$ 的要求确定第四条边。即,

$$a(t_1, t_2)\delta_1 = a(t_1, t_2 + \delta_2)\delta_1 + b(t_1 - \delta_1, t_2 + \delta_2)\delta_2 - b(t_1, t_2 + \delta_2)\delta_2$$

从图中可以看出,每个格子的赋值满足上下边之和等于左右边之和。

2. 如果指定了与一个点相邻的三条边的值,则根据 $\partial a(t)/\partial t_1 = -\partial b(t)/\partial t_2$ 确定第四条边。即

$$b(t_1, t_2)\delta_2 = b(t_1, t_2 + \delta_2)\delta_2 + a(t_1 + \delta_1, t_2)\delta_1 - a(t_1, t_2)\delta_1$$

从图中可以看出,在每一点,分配给相邻垂直边缘的值之间的差异等于分配给相邻水平边缘的值之间的差异。

按照这些规则进行迭代,我们可以填充水平边上的 $a(t)\delta_1$ 和垂直边上的

$b(t)\delta_2$ 的所有值,如图所示。最后,为了确定 x 和 y 的两个值,使用为水平边缘上的 $a(t)\delta_1$ 值的最右边两列构造的数据。从条件(2)我们知道 $-\partial\mu_2(t)/\partial t_2 = 1 - a(t)$ 以及横截性条件(3)要求 $t_2 = 0$ 或 1 时,$\mu_2(t) = 0$。 对于离散网格,这些意味着

$$\sum_{k=1}^{K} \{1 - [a(t_1, k\delta_2)\delta_1]/\delta_1\}\delta_2 = 0$$

其中 $K = 1/\delta_2$ 对应每一个 $t_1 = 1, \cdots\cdots, 2\delta_1$。 例如,根据图中的数据有以下方程

$$27x - 24y = 4 \quad \text{对于 } t_1 = 1$$

$$75y = 4 \quad \text{对于 } t_1 = 2/3$$

这意味着 $x = 396/2\,025$ 以及 $y = 4/75$,因此 $a(l, 1) = 0.586\,7$ 以及 $a(2/3, 1) = 0.16$。 从这些值可以计算出网格上其余各点的值。[1]

347 为了完成计算,需要计算近似值

$$\mu_1(i\delta_1, j\delta_2) \approx \sum_{k=i+1}^{K} a(k\delta_1, j\delta_2)\delta_1$$

其中 $K = 1/\delta_1$,对于 μ_2 类似;然后对于 $q_1(t) > 0$ 的那些类型,从(1)可得

$$q_1(t_1, t_2) = t_1 - \mu_1(t_1, t_2) \text{ 和 } p_1(q(t)) = \mu_1(t)$$

对于 $q_2(t)$ 和 $p(q(t))$ 类似。

当这个数值计算流程与精细网格一起使用时,比如 $\delta_1 = \delta_2 = 1/20$,它产生的价格表非常接近上一节中得出的价格表。[2] 将两个边际价格表的计算作为捆绑包的函数 $p_i(q)$,而不是类型 t 的函数 $p_i(q(t))$ 是一项艰巨的任务,但幸运的是沃尔夫拉姆研究中心(Wolfram Research)的计算机软件 Mathematica(1991,2.0 版本)提供了一个"离散数学"和"三角曲面图"程序包,它能通过三角剖分算法(Delaunay)完成这个任务。图 13.7 展示了第 5 节中研究的例子的解。

---

① 该条件的一个变体还确保对 μ_2 的相应框中满足类似规则 1 的要求。

② 除非特别注意控制舍入误差,否则不能使用更细的网格。如果网格间距很小,线性方程中的系数非常大,这些系数必须保留为整数(不通过浮点表示四舍五入)以获得所需的精度。其中 $(t_1(q_1), 0)$ 是购买 $(q_1, 0)$ 的类型。$\pi(q)$ 可以为负这一事实代表了通过为每个产品提供的折扣进行捆绑的效果,具体取决于另一个产品的购买数量。

348

价目表的表示法

由该算法计算的幅度 $a(t)$ 和 $b(t)$ 直接用于表示价目表。价目表可以表示为

$$P(q) = p_1(q_1, 0) + p_2(0, q_2) + \int_{[q]} \pi(x) dx$$

其中 $[q]$ 是包含所有小方块的矩形，这些小方块代表为获得捆绑包 q 而购买的增量。对于这个例子，我们可以推导出一个小方块的价格 $\pi(q)$ 为 $\pi(q(t)) = -b(t)/|q'(t)|$，其中 $|q'(t)| = [1+a(t)][2-a(t)] - b(t)^2$ 和 $q(t) > 0$ 时，分母为正。相似地

$$p_1(q_1, 0) = \int_{t_1(q_1)}^{1} a(t) dt_1$$

13.7　小结

许多公司向客户提供不止一样产品。对于依赖单一供应商提供各种相关服务或设备（例如交付服务或数据处理设备）的商业和工业客户而言，尤其如此。资本密集型服务业企业的一大特征就是产品多样化，如航空、通信、电力等。它们的服务在路线、时间、可靠性和交付条件上都有所不同。甚至政府也以费用、进口关税、商品税以及各种收入税和资本收入税的形式运用多产品定价。

多产品定价理论尚未发展完善，部分原因是它引入的计算问题太过复杂。然而，实践中的多产品定价已非常先进。仅举几个例子就可以看出：多产品定价隐含在航空公司的常客飞行折扣、电话公司的广域折扣计划以及通信与电力的高峰和非高峰收费模式中。在大多数情况下，这些定价依赖于一些易于客户理解的简单的聚合度量。此外，可以推断，在许多情况下，与管理成本相比，从更复杂的多产品定价中获得的额外收益将很小。然而，正如政府征税的例子那样，在某些重要情况下，一致的总体定价是重要的或必要的。更一般地说，如果只是为

了提供一个用于比较多种单一产品定价影响的标准，或者为多种单一产品定价的组合提供谈判收费的基础，那么确定最优综合多产品定价通常是有必要的。

本章介绍的理论元素，是对前面各章中介绍的单产品以及具有多维属性的产品的结构的直接概括。保留一些主要的定性特征，例如与弹性成正比的利润率。幸运的是，有一个例子表明，聚合度量就足够了。重要特点是捆绑在最优价目表的设计中起着重要作用。另一方面，这种方法在计算方面有落实的困难，并且理论分析受到可积性和横截性条件引入的复杂性限制。因此，在下一章中，为了计算的简便，我们将回归到需求档案。需求档案没有充分考虑客户的参与约束，因此它没有涵盖多产品捆绑的全部效应，例如图 13.6 和 13.7 中明显的初始递增的价格表。尽管如此，它的计算过程比第 6 节中的方法更简单。

349　　我们希望，随着多产品定价在重要领域的运用越来越多，多产品或服务联合定价的方法和优点将变得更加清晰。

第 14 章
多产品价目表

本章描述了一种构建多产品价目表的方法,该方法与第 4 章及第 12 章中描述的单个或多个单产品价目表的构建有相似之处。与第 4 章中一样,这里的需求数据由多产品需求档案汇总而出,但存在多种产品时,总价格效应被分为自价格效应和替代效应两部分,这点与第 12 章一样。

除了计算简单之外,该方法的一个实际优势还在于可以直接根据市场数据来估计需求档案。需求档案总结了客户类型在总体中如何分布,并能够直接衡量边际价格变化所带来的总效应。这将建模任务简化为将自价格效应和替代效应从总价格效应中分离——尽管在某些应用中,这些部分也可以从需求数据中估计出来。由于第 13 章中所使用的参数化模型对于探索问题和开发定性特征很有帮助,因此我们还附加了一个基于特定需求函数的模型。

这种方法的另一个优点是,最优条件直接用需求档案和价目表表示。与第 13 章不同,在第 14 章里没有辅助拉格朗日乘数,并且可积性约束很容易满足。最优条件可以通过常规手段在计算机上进行数值求解。

另一方面,这种方法也存在着在一些特定应用中不可忽视的缺陷。即计算的过程没有考虑客户的参与约束。这与第 13 章不同,在第 13 章中不同类型客户收益函数的显式表达可以将客户的参与条件明确地表达出来。而这一特征导致了纯捆绑的盛行,而纯捆绑通过初始数量递增的边际价格表得以实施,如图

13.6 和图 13.7 所示。相比之下,通过忽略参与约束,本章的方法排除了纯捆绑,并且计算结果的价格表中初始数量不再递增,如图 14.2 所示。在必须获得多产品捆绑的全部效果的应用中,我们还是需要依赖第 13.5 节中的分析方法。

我们在第 1 节中针对双产品($n=2$)的情况进行了模型构建,虽然简单但足以传递核心思想。然后在第 2 节中导出了描述最优价格表的必要条件。在这里我们只研究利润最大化垄断企业的情形,当然在本节中简单引入拉姆齐定价时有些例外。第 3 节描述了一个简单的计算过程并提供了一些数值例子。第 4 节用多产品价目表解释了电力公司提供的负荷率折扣。对应的最优条件(基于特定的需求函数)则在第 5 节中进行讲述。

该建模方式假设需求档案描述了购买组合的密度函数,基于此可以得到相应的分布函数。[①] 对于具有显式类型参数的模型,这要求类型参数数量与产品数相等,并且类型参数分布的密度函数存在。这是可行的,因为对多产品需求的精确建模通常至少需要与产品一样多的参数,但出于分析目的,我们排除了如第 13.4 节中的那些简化模型,其中仅用了很少的类型参数就获得了显著的结论。

14.1 模型构建

本节的构建是对第 12.1 节中用于可加可分价目表这一特殊情况的更一般化的表述。两者的不同之处在于本节中单个不可分价目表规定了针对每个捆绑包 q 的费用 $P(q)$。因为 P 是一个多元函数,任何一种产品的增量单位的边际价格通常取决于整个捆绑包。由此特征出发,在前面分析的基础上我们引入以下两个扩展:一个扩展解决了可积性条件,另一个解决了当边际价格随着每个数量的变化而变化时如何处理自价格效应和替代效应。

───────────────

① 这要求客户购买的商品集合不聚合在低维子集上。也就是说,购买规模的分布代表了一个在勒贝格测度下绝对连续的测度;参见 Guesnerie 和 Seade(1982),以及 Roberts(1979)。

价格微分

可以设想客户沿着从原点到当前结算周期内最终购买组合 q 的轨迹,逐渐增加一种或两种产品的消费。从客户的角度来看,在 $p(x)=(p_1(x)，p_2(x))$ 中在每个阶段 $x\leqslant q$ 沿轨迹收取的每个边际价格取决于当前组合 $x=(x_1，x_2)$。然而,总费用 $P(q)$ 仅取决于最终的捆绑包 q,与客户消费的轨迹无关。这一路径独立性与第 13 章中研究的可积性条件是等价的。

为了使沿相同两个端点之间的任何路径所累积的边际费用相同,边际价格必须是单个定义明确的价目表的梯度: $p_i(q)\equiv\partial P(q)/\partial q_i$。 反过来,这一性质要求函数

$$\pi(q)=\frac{\partial^2 P(q)}{\partial q_1\partial q_2}$$

衡量当任意一产品数量变化时另一种产品的价格变化速度,即

$$\pi(q)=\frac{\partial p_1(q)}{\partial q_2}=\frac{\partial p_2(q)}{\partial q_1}$$

后文中我们将用**价格微分**(price differential)指代 $\pi(q)$。

我们对价格微分的作用不会陌生,在第 9 章中 $\pi(q)$ 被解释为包含两种产品增量的小方块所对应的价格。在那种情况下,客户购买集的形状是任意的,但在此处包含一个隐含约束,即组合 q 所对应的购买集合必须是边长为 q_1 和 q_2 的矩形。

为了规避第 13 章中阐述的可积性条件所带来的问题,将价格微分作为构建边际价格和价目表的基本函数是充分的。边际价格和价目表是从价格微分求和所得的:

$$p_1(q)=\int_0^{q_2}\pi(q_1，x_2)dx_2$$

同理,对产品 2 的边际价格 $p_2(q)$ 也是一样,因此

$$P(q)=\int_0^{q_2}\int_0^{q_1}\pi(x)dx_1dx_2$$

352

就是组合 q 的价目表表达式。一般来说,价目表还可以包含固定费用和仅取决于单一产品数量的附加边际费用。我们首先会聚焦于价格微分的构建,但会在后续简要介绍如何确定固定费用和附加边际费用。

因此,我们又可以将最优条件表述为对最优价格微分 $\pi(q)$ 的选择。类似地,数值计算方法的原理也就是寻找最优价格微分的数值近似值,然后构建边际价格和价目表。

353

增量需求

而我们要做的第二个调整则是测量增量需求,因为此时两个产品的边际价格都会随每种产品数量的变化而变化。如第 12 章中,令 $N(p, q)$ 为多产品需求档案,该需求档案展示了以统一价格 $p=(p_1, p_2)$ 购买超过 $q=(q_1, q_2)$ 的捆绑包的客户数量,即他们购买位于集合 $X(q) \equiv \{x \mid x_1 \geqslant q_1 \& x_2 \geqslant q_2\}$(此集合包含 q)的捆绑包。回想一下,对于每个产品 i,总价格效应

$$\frac{\partial}{\partial p_i} N(p, q) = L_i^*(p, q) + L_i(p, q)$$

被分离为两部分:自价格效应 L_i^* 及替代效应 L_i。如图 12.1 所示,自价格效应 L_i^* 衡量了当产品 1 价格上涨时,通过左边界 $X^1(q)$,其中 $x_1=q_1$ 离开 $X(q)$ 的客户通量,这些客户将产品 1 的购买量降低至 q_1 以下。替代效应 L_i 则衡量了当产品 1 价格上涨时,通过下边界 $X^2(q)$,其中 $x_2=q_2$ 进入 $X(q)$ 的客户通量,这些客户降低了产品 1 的购买量并用以购买更多的产品 2,从而进入 $X(q)$。

在我们重复第 12 章中的方法后就得到了以下在非线性价目表 P 下组合购买量超过 q 的客户数量 $M(q; P)$:

$$M(q; P) = N(p(q), q) + \int_{q_i}^{\infty} [L_1 p_{11} + L_2^* p_{21}] dx_1 + \int_{q_2}^{\infty} [L_1^* p_{12} + L_2 p_{22}] dx_2$$

其中 $p_{ij} \equiv \partial p_i / \partial q_j$。公式的右侧省略了函数的参数,但第一个积分的完整形式是

$$\int_{q_1}^{\infty} [L_1(p(x_1, q_2); x_1, q_2) p_{11}(x_1, q_2) + L_2^*(p(x_1, q_2); x_1, q_2) p_{21}(x_1, q_2)] dx_1$$

这个公式可以理解为购买至少 q 数量的组合商品的客户数量等于以统一价格 p $=p(q)$ 购买至少 q 的客户数量 $N(p,q)$，加上面对组合 $x>q$ 的边际价格表 p (x)，引起跨 $X(q)$ 边界的流通的客户数量。以第一个积分为例，它描述了当产品 1 的边际价格 p_1 变化时，由于替代效应 L_1 从底部边界 $X^2(q)$ 进入或离开 X (q) 的客户数量，加上由于购买更多产品 1 发生的产品 2 的边际价格 p_2 变化时，由于自价格效应 L_2^* 从同一底部边界进入或离开 $X(q)$ 的客户数量。

从这个关于至少购买组合数量 q 的客户数量的公式，可以得出恰好购买捆绑包 q 的客户密度为

354

$$\mu(q;P)=\frac{d^2 N(p(q),q)}{dq_1 dq_2}-\frac{d}{dq_2}[L_1 p_{11}+L_2^* p_{21}]-\frac{d}{dq_1}[L_1^* p_{12}+L_2 p_{22}]$$

回想一下，该公式形式可以与 12.1 节中描述的参数化模型派生的公式关联起来。具有两个类型参数的参数化模型中包含了每个类型 t 的密度 $f(t)$ 及其需求函数 $D(p,t)$。在统一价格 p 下正好购买 q 的客户密度为

$$v(q;p)\equiv\frac{\partial^2 N}{\partial q_1 \partial q_2}(p,q)=f(t)\mid D_t\mid^{-1}$$

$t=t(p,q)$ 为在价格 p 下购买 q 的客户类型。更进一步，我们可以从以下性质中推出四个泄露项

$$\frac{\partial L_1^*}{\partial q_2}=-v\frac{\partial D_1}{\partial p_1}\ \text{及}\ \frac{\partial L_1}{\partial q_1}=-v\frac{\partial D_2}{\partial p_1}$$

同理可得 L_2^* 和 L_2，相应地可以得到 $q_2=\infty$ 时的边界条件 $L_1^*=0$，对 q_1 和 L_2^* 同理。在第 12.1 节中我们推导出的另一个结论是

$$\frac{\partial L_2^*}{\partial p_1}-\frac{\partial L_1}{\partial p_2}=\frac{\partial L_1^*}{\partial p_2}-\frac{\partial L_2}{\partial p_1}=\mid D_p\mid^{-1}$$

而从中我们可以得到另一个客户数量密度公式：

$$\mu(q;P)=v(p(q),q)\Big[1-\sum_{i,j}D_{ij}p_{ji}+\mid D_p\mid\cdot\mid p'\mid\Big]$$

其中 $D_{ij}\equiv\partial D_i/\partial p_j$，$p'=(p_{ij})$。其中的每一项我们都在第 12.1 节中的线性

需求数值例子 12.1 里进行了计算展示。

在下一节中,我们使用这些推导出的购买捆绑包的密度和分布函数来推导出最优价目表的最优条件。

14.2　最优多产品价目表

最优价目表可以分为几个部分。一般而言,价目表包括固定费用 P_0、针对两种产品的单独的价格表 $\hat{p}_i(q_i)$,以及与购买两种产品的联合增量有关的价格微分 $\pi(q)$。如果将所有的组件囊括起来,则价目表具有以下一般形式

$$P(q) = P_0 + \sum_i \int_0^{q_i} \hat{p}_i(x_i)dx_i + \int_0^{q_2}\int_0^{q_1}\pi(x)dx_1dx_2$$

那么产品 1 的总边际价格则是

$$p_1(q) = \hat{p}_1(q_1) + \int_0^{q_2}\pi(q_1, x_2)dx_2$$

公司的成本函数也可以用类似的方式构建

$$C(q) = C_0 + \sum_i \int_0^{q_i}\hat{c}_i(x_i)dx_i + \int_0^{q_2}\int_0^{q_1}\gamma(x)dx_1dx_2$$

其中产品 1 的总边际成本为

$$c_1(q) = \hat{c}_1(q_1) + \int_0^{q_2}\gamma(q_1, x_2)dx_2$$

在这个表达式中,C_0 代表固定成本,$\hat{C}_i(q_i)$ 代表提供第 q_i 个单位产品 i 的单独边际成本,而成本微分 $\gamma(q)$ 代表供应一个增量小方块的成本,该方块由每种产品的单位增量组成。人们还可以将成本微分解释为随着一种产品产量的增加,供应另一种产品的边际成本的变化;因此,它包含了规模经济效应或生产中的替代或互补效应。

最初,我们仅在没有其他价目表组成或成本的情况下构建价格微分。稍后我们将说明如何将分析延伸,以包含两种产品的单独边际费用 $\hat{p}_i$。正如最初提

到的，我们在接下来的构建中不会考虑客户的参与约束。

最优价格微分

仅考虑价格和成本的差，价目表 P 在正捆绑包的区间 Q 上产生的利润可以表示为

$$\text{Pft} \equiv \iint_Q [P(q) - C(q)] \cdot \mu(q; P) dq_1 dq_2$$

$$= \iint_Q \{N \cdot [\pi - \gamma] + [L_1 p_{11} + L_2^* p_{21}] \cdot [p_2 - c_2]$$

$$+ [L_1^* p_{12} + L_2 p_{22}] \cdot [p_1 - c_1]\} dq_1 dq_2$$

$$= \iint_Q \{N \cdot [\pi - \gamma] + \lambda_1 \cdot [p_2 - c_2] + \lambda_2 \cdot [p_1 - c_1]\} dq_1 dq_2$$

像往常一样，对第一行公式使用分部积分可得第二行。[①] 第三行中用到了以下省略形式：

$$\lambda_1 \equiv L_1 p_{11} + L_2^* p_{21} \quad \text{及} \quad \lambda_2 \equiv L_1^* p_{12} + L_2 p_{22}$$

其中 $p_{12}(q) = p_{12}(q) = \pi(q)$。因此，$q$ 处的增量小方块的利润贡献为

$$\text{Pft}(q) \equiv N(p(q), q) \cdot [\pi(q) - \gamma(q)] + \lambda_1 \cdot [p_2(q) - c_2(q)]$$

$$+ \lambda_2 \cdot [p_1(q) - c_1(q)]$$

利润的这一表达式有其直观的道理：从 $N(p, q)$ 个客户中的每个客户以统一价格 $p \equiv p(q)$ 购买 q 处的增量小方块的利润率为 $\pi(q) - \gamma(q)$，然后减去由于自价格和替代效应而在 $X(q)$ 的第 i 个边界上泄露的那些客户所损失的利润空间 $p_i(q) - c_i(q)$。

我们没有显式表达最优价目表成立必须满足的欧拉条件。相反，我们展示的是在区间 $X(q)$ 上对其进行积分的结果。在这种形式中，它代表了最优价格微分 $\pi(q)$ 在 $(p(q), q)$ 处为最优的条件：

---

① 泄露项需要采用分部积分的形式，这也被称为散度定理。

$$M+L_1^* \cdot [p_1-c_1]+L_2^* \cdot [p_2-c_2]+\int_{q_2}^{\infty} I_1 dx_2+\int_{q_1}^{\infty} I_2 dx_1=0$$

在这种情况下,这两个积分代表除 q 之外的捆绑包的自价格效应和替代效应:增加 q 处的价格微分会改变具有更多产品 2(更少产品 1)或产品 1(更少产品 2)的组合的边际价格。第一个积分表示沿 $X^1(q)$ 边界 $x_1=q_1$ 的求和,其中被积函数为

$$I_1 \equiv \frac{\partial}{\partial p_1}\{N[\pi-\gamma]+\lambda_1[p_2-c_2]+\lambda_2[p_1-c_1]\}-\frac{d}{dq_1}\{L_1[p_2-c_2]\}$$

$$=L_1^*[\pi-\gamma]+\left[\frac{\partial L_1^*}{\partial p_1}\pi+\frac{\partial L_2}{\partial p_1}p_{22}\right][p_1-c_1]$$

$$-\left[\frac{\partial L_1}{\partial q_1}-\left(\frac{\partial L_2^*}{\partial p_1}-\frac{\partial L_1}{\partial p_2}\right)\pi\right][p_2-c_2]$$

357　　第二个沿边界 $X^2(q)$ 积分且 x_1 为变量的被积函数 I_2 的公式与之类似。

这一条件看起来似复杂,其实有其直观的道理。价格微分 $\pi(q)$ 在 q 处增加 1 美元,则每个在集合 $X(q)$ 中购买组合 $x \geqslant q$ 的客户多收取 1 美元,总计 $M(q;P)$。但是这一变化也会改变有如此购买行为的客户人数。首先 $\pi(q)$ 的增加导致 $p_1(q)$ 和 $p_2(q)$ 增加同样的单位,根据自价格效应会产生相应的 L_1^* 及 L_2^* 的客户流失。因此 $L_1^*(p(q),q)[p_1(q)-c_1(q)]$ 和 $L_2^*(p(q),q)[p_2(q)-c_2(q)]$ 这两项分别衡量了一些客户因决定不再购买第 q_1 个单位的产品 1 和第 q_2 个单位的产品 2 而带来的损失。其次,价格微分 $\pi(q)$ 的上升也会导致组合 $x \in X^1(q)$ 中产品 1 的边际价格 $p_1(x)$ 以及组合 $x \in X^2(q)$ 中产品 2 的边际价格 $p_2(x)$ 增加,被积函数 I_1 和 I_2 分别代表了这两种变化。I_1 公式的第一行中第一项增加 p_1 的直接效应 $\partial Pft(x)/\partial p_1$,在第二项中被通过增加购买产品 2 的替代效应收回的利润抵消。通过抵消第一个公式的两部分中的相同项,可得被积函数的第二种表达。

拉姆齐定价

当我们使用拉姆齐定价公式时,对于最优价格微分也有一个类似的条件。在捆绑包为正的域上,消费者剩余可以表示为

$$CS(P)=\iint_Q \left\{\iint_{x \leqslant q}[u(x,t(q))-\pi(x)]dx_1 dx_2\right\}\mu(q;P)dq_1 dq_2$$

对于购买捆绑包 q,总数为 $\mu(q\,;\,P)$,类型为 $t(q)$ 的每个客户,对每个 $x \leqslant q$,此公式将客户在 x 处小正方形范围组合的估值 $u \equiv \partial^2 U / \partial x_1 \partial x_2$ 减去相应的价格微分 $\pi(x)$ 并汇总。因此,x 处的价格微分每增加 1 美元,$M(x\,;\,P)$ 个客户购买组合 $q \geqslant x$ 所获得的消费者剩余就会减少 1 美元。因此,如第 12.1 节中所述,将最优条件下的 M 乘以拉姆齐数 α 可以得到实际影响。因此有以下修正最优条件:

$$\alpha M + L_1^* [p_1 - c_1] + L_2^* [p_2 - c_2] + \int_{q_2}^{\infty} I_1 dx_2 + \int_{q_1}^{\infty} I_2 dx_1 = 0$$

358

边界处的单独边际费用

即使产品产生额外的单独边际成本 $\hat{c}_i(q_i)$ 并征收单独的边际费用 $\hat{p}_i(q_i)$,最优价格微分也满足上述条件。唯一的区别是,上述公式中使用的边际成本 $c_i(q)$ 和边际价格 $p_i(q)$ 必须包含之前在价目表 $P(q)$ 和成本函数 $C(q)$ 定义中使用的单独项 $\hat{c}_i(q_i)$ 和 $\hat{p}_i(q_i)$。

我们根据第 12.1 节中的方法来确定单独的边际费用 $\hat{p}_i(q_i)$。总体来说,公司的利润可以表示为

$$\text{Pft} = M(0\,;\,P)\big[P(0) - C(0)\big] + \int_0^{\infty} N_1 \big[\hat{p}_1(q_1) - \hat{c}_1(q_1)\big] dq_1$$
$$+ \int_0^{\infty} N_2 \big[\hat{p}_2(q_2) - \hat{c}_2(q_2)\big] dq_2 + \iint_Q \text{Pft}(q) dq_1 dq_2$$

等号右边的最后一项是之前定义的源于价格微分的利润。第二和第三项的表达类似于第 12.1 节中使用的利润公式。特别地,沿着边界 $X^2(0)$,且 $q_2 = 0$,而 q_1 可变处的产品 1 的需求分布可一般化地表达为

$$N_1(p_1, q_1\,;\,P) \equiv N(p, q) + \int_0^{\infty} \lambda_2 dq_2 + \int_{q_1}^{\infty} \lambda_1 dx_1$$

然而,在第 12.1 节中,根据定义,跨该边界的通量为 $\lambda_1 = 0$(假设沿边界聚合的客户包含在 N 中)。另一方面,与第 12.1 节不同的是,代表跨边界 $X^1(q_1, 0)$ 的客户流量的泄露项是

$$\lambda_2(p(q), q) \equiv L_1^*(p(q), q)\pi(q) + L_2(p(q), q)\frac{\partial p_2}{\partial q_2}(q)$$

这受所选价格微分的影响。因此,我们看到最优价格微分必须与产品的最优单独收费问题一起解决。

使用先前定义的被积函数 I_1,施加在产品 1 上的最优单独边际费用 $\hat{p}_1(q_1)$ 必须满足

$$N(p(q), q) + \frac{\partial N}{\partial p_1}(p(q), q) \cdot [\hat{p}_1(q_1) - \hat{c}_1(q_1)] + \int_0^\infty [I_1 + \lambda_2]dq_2 = 0$$

其中在 $q=(q_1, 0)$ 处 $p(q)=(p_1(q_1, 0), p_2(q_1, 0))$。通过对称性可得 $\hat{p}_2$ 的最优条件。同样,拉姆齐定价的修正公式可以通过将 N_1 乘以拉姆齐数 α 得到。

这些条件是第 12.1 节中针对可分价目表得出的类似条件的一般化版本。在应用此条件时,重要的是在边际价格表 p_i 的构建中包含单独的组件 $\hat{p}_1$ 和 $\hat{c}_i$,以及在表达 N,I_1 和 λ_2 时包含边际成本 c_i。通过联立求解之前的价格微分最优条件以及沿边界的单独边际费用条件,可得最优价格微分和单独的边际费用。

此处我们省略了最优固定费用对应的最优条件。与第 4.4 节和第 6.7 节一样,它基于对客户的较高固定收费(扣除服务的固定成本,如果有的话)与由此导致的市场渗透率降低之间的权衡考虑。

14.3　数值例子

第 2 节中推导出的最优条件可通过第 12.1 节中相同的梯度程序进行数值求解。我们将最优条件表示为对每个 q 值 $G(\pi, \hat{p}; q)=0$ 作为正购买捆绑包集合 Q 的离散近似。这里,$\pi \equiv (\pi(q))q \in Q$ 表示 Q 中组合的价格微分的集合,同样 $\hat{p}$ 表示边界上的单独边际费用。在计算 $G(\pi, \hat{p}; q)$ 时,我们用离散求和作为公式里积分的数值近似。组合 $G(\pi, \hat{p}) \equiv (G(\pi, \hat{p}; q))q \in Q$ 表示公司目标函数相对于 Q 点处的价格微分值的梯度,以及在边界上,相对于产品的单独边际费用。因此,可以通过计算沿梯度方向移动的连续改进来获得最优价格微分

的数值近似值。如果 π^t 是迭代 t 中建议的价格微分,那么最优价格微分的一个更好的近似值是

$$对每个 q \in Q \qquad \pi(q)^{t+1} = \pi(q)^t + s_t G(\pi^t, \hat{p}; q)$$

单独边际费用类似,只要步长 s_t 足够小。

我们用这一技术来求解接下来的数值例子。每个数值例子都假设拉姆齐数对应于垄断定价($\alpha = 1$),并且成本函数为零($C(q) \equiv 0$)。

第一个数值例子使用 $\delta = 0.05$ 作为 Q 中的点间距,第二个数值例子中 $\delta = 0.20$。在每种情境下,我们只展示了价格微分和它们产生的边际价格表。在没有每个产品的固定成本和单独的边际成本的情境下,这些可以充分地求解最优价目表。

例 14.1: 我们回到例 12.1 中使用的线性需求模型。回想一下,每个客户都由一对 $t = (t_1, t_2)$ 的类型参数和对每个产品 i 的线性需求函数来刻画

$$D_i(p, t) = t_i - \sum_j b_{ij} p_j$$

假设数组 B 的对角线元素为 $b_{ii} = 1$,非对角线元素为 $b_{12} = b_{21} = -b$。参数 b 衡量替代效应的大小。类型参数在总体中均匀分布,因此需求档案为

$$N(p, q) = [1 - q_1 - b_{11} p_1 - b_{12} p_2][1 - q_2 - b_{21} p_1 - b_{22} p_2]$$

以产品 1 为例,总价格效应分为以下两项

$$L_1(p, q) = -b_{21}[1 - q_1 - b_{11} p_1 - b_{12} p_2]$$
$$L_1^*(p, q) = -b_{11}[1 - q_2 - b_{21} p_1 - b_{22} p_2]$$

分别代表替代效应和自价格效应。

我们展示两种情境下的结果。在第一种情境下,替代参数为 $b = 0$,即客户对两种产品的需求是相互独立的。图 14.1 展示了对于几个不同的 q_2 值,价格微分 $\pi(q)$ 作为 q_1 的函数图像,我们看到当 q 的两个组成部分都很小时价格微分最大,并且随着任何一个组成部分的增加它都会随之下降到零。图 14.2 展

361

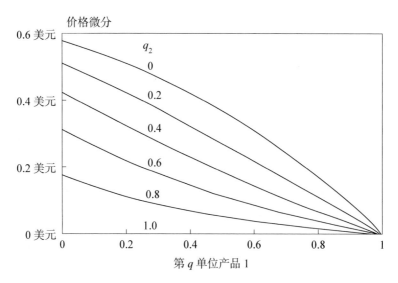

图 14.1 例 14.1：产品需求相互独立时（$b=0$）的价格微分 $\pi(q)$。

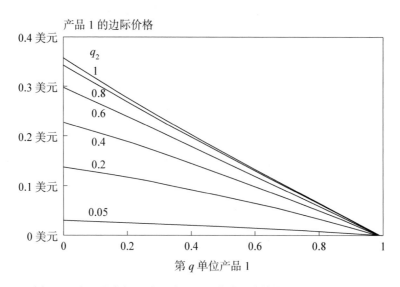

图 14.2 例 14.1：产品需求相互独立时（$b=0$）的边际价格表 $p_1(q)$。

示了相应的产品 1 的边际价格表。由于沿边界增加 q_2 不产生任何额外费用，因此可以这样去理解客户的行为：他们首先自由选择产品 2 的数量，然后沿相应的轨迹移动（图中）产品 1 的边际价格，直到获得他的最优组合。如果所选的 q_2 很大,则产品 1 的初始单位的边际费用也很高。然而,如上图所示,随着 q_2 的增加,这种边际费用增加的速度随之下降。图 14.3 和图 14.4 展示了当替代系数 b =0.2 时的类似结论。在此情境下 q_1 较小时价格微分的范围被缩小,q_1 较大时则被扩大。

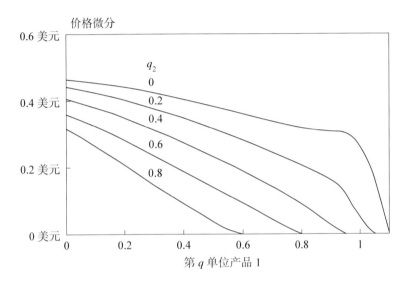

图 14.3　例 14.1 替代系数为 b =0.2 时的价格微分 $\pi(q)$。

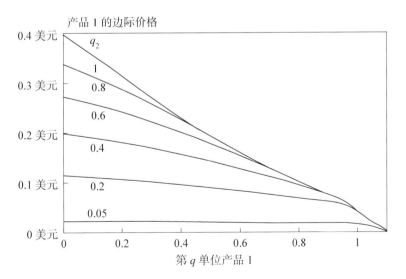

图 14.4　例 14.1:替代系数为 b =0.2 时的边际价格表 $p_1(q)$。

363

例 14.2: 接下来,我们回到例 12.2 中使用的另一种线性需求模型。类型 t 客户对产品 i 的需求函数为

$$D_i(p, t) = \frac{1}{1-a^2} \sum_j a_{ij}^* [t_j - p_j]$$

其中 $a_{ij}^* = 1$ 以及 $a_{12}^* = a_{21}^* = -a$。在这个模型中,参数 t_i 表示类型 t 对初始单位产品 i 的边际估值,参数 a 度量的是产品之间替代性的大小。类型参数在群体中服从二元正态分布,每个 t_1 均值为 $\bar{t}_i = 1$,标准差为 1。此外,r 是 t_1 和 t_2 之间的相关系数。第 12.1 节中我们已经使用过同样的数据来构建需求档案和泄露函数。

我们展示了几种情境下的结果。在情境 I 中,$a = 0$ 以及 $r = 0$,因此产品需求和类型都是相互独立的。图 14.5 和 14.6 分别展示了在不同产品 2 数量下产品 1 的价格微分和边际价格表。在情境 II 中,我们将替代系数提高到 $a = 0.4$,而相关系数保持在 $r = 0$。图 14.7 展示了相应的价格微分,图 14.8 展示了相应的边际价格表。从图中我们看到替代系数增加的主要影响是价格微分的降低,边际价格表也随之降低。(请注意,在这些和之后的图中,因为价格通常较低,纵

364

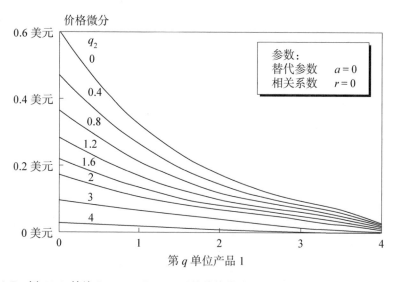

图 14.5 例 14.2:情境 I:$a = 0$ 且 $r = 0$ 下的价格微分 $\pi(q)$。

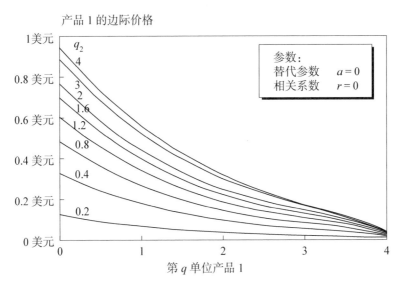

图 14.6　例 14.2：情境Ⅰ：$a=0$ 且 $r=0$ 下的边际价格表 $p_1(q)$。

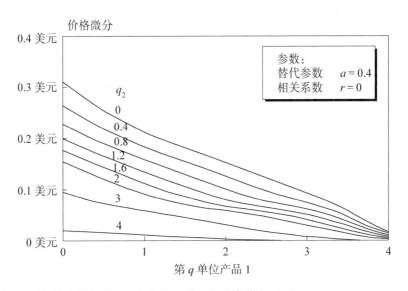

图 14.7　例 14.2：情境Ⅱ：$a=0.4$ 且 $r=0$ 下的价格微分 $\pi(q)$。

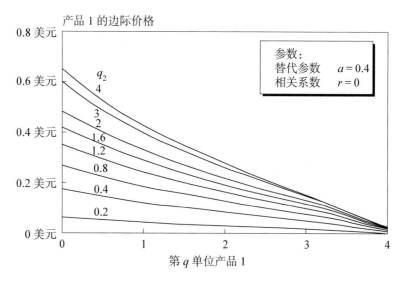

图 14.8 例 14.2:情境Ⅱ:$a=0.4$ 且 $r=0$ 下的边际价格表 $p_1(q)$。

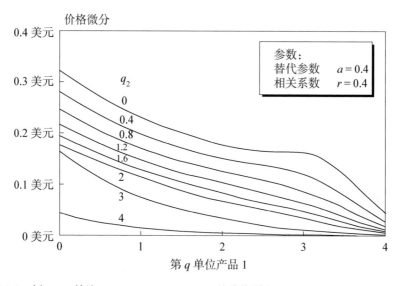

图 14.9 例 14.2:情境Ⅲ:$a=0.4$ 且 $r=0.4$ 下的价格微分 $\pi(q)$。

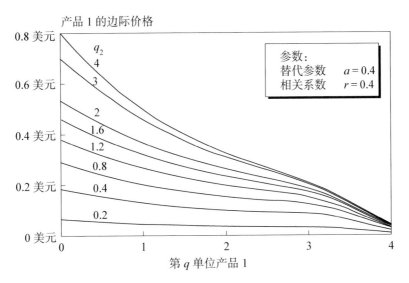

图 14.10　例 14.2：情境Ⅲ：$a=0.4$ 且 $r=0.4$ 下的边际价格表 $p_1(q)$。

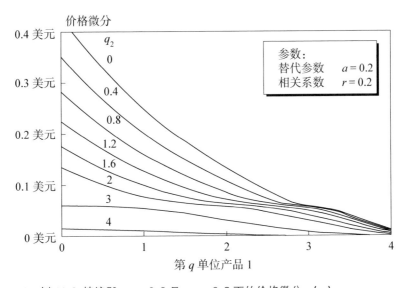

图 14.11　例 14.2：情境Ⅳ：$a=0.2$ 且 $r=-0.2$ 下的价格微分 $\pi(q)$。

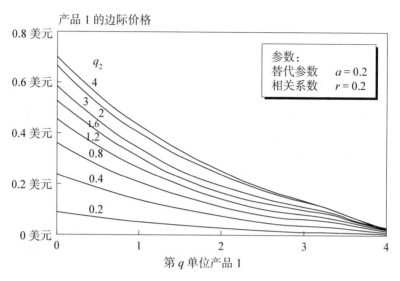

图 14.12 例 14.2：情境Ⅳ：$a=0.2$ 且 $r=-0.2$ 下的边际价格表 $p_1(q)$。

轴的比例会比较小。）在情境Ⅲ中，相关系数也提高到 $r=0.4$。 图 14.9 和图 14.10 展示了价格微分和边际价格表，由于相关性的增加，它们都有所上升并更加分散。在情境Ⅳ中，替代和相关参数为 $a=0.2$ 和 $r=-0.2$。 图 14.11 和图 14.12 展示了价格微分和边际价格表：负相关降低了大宗购买下价格微分的离散度，q 很大时价格微分几乎是平坦的。更强烈的负相关则导致低谷状的价格微分函数。

14.4 案例：电网负荷率的价目表

一些电力公司在价目表设计中为具有高负荷率的客户提供折扣。为了说明多产品价目表以各种形式出现，我们展示了如何根据多产品价目表的价格微分来解释负荷率折扣。将负荷率折扣公式化能呈现一些多产品价目表的核心特点。

我们考虑以下价目表，如果客户有一个完美的负荷率 $\ell=1$，则收取统一的价格 p，反之如果负荷率不完美，则收取平均价格 $p+k[1-\ell]$，其中 k 表示对高峰电量(有时会空闲)收取的溢价。假设客户在任何时候的需求为 $q = m + \xi s$,其中在结算周期内,随具体情况改变的因子 ξ 在正负 1 之间随机或周期性变化,平均值为 0。因此,平均需求为 m,基本负荷为 $m - s$,高峰负荷为 $m + s$,负荷率为 $\ell = m / [m + s]$。因此向客户收取的平均小时费用为 $P(m, s) = [p + ks/(m + s)]m$。将基本负荷 $m - s$ 和高峰负荷 $2s$,或者将平均需求 m 和平均闲置负荷 s 解释为两个不同的产品,那么对应的价格微分为

$$\frac{\partial^2 P}{\partial m \partial s} \equiv \pi(m, s) = 2k \frac{ms}{[m + s]^3}$$

图 14.13 展示了这一不断减小的价格微分函数,这里我们要求 $2m > s$。对于 m 和标准化价格微分 $\pi(m, s)/2k$ 均进行了对数化处理,图中描绘了 s 的几个取值下的价格微分。通常,我们最为关注当 s 与 m 呈适当比例时的情况,s 相对于 m 既不是非常小也不是非常大。在该区间,价格微分与第 3 节数值例子中所展示的价格微分没有太大区别,当然当 m 很小时,价格微分是递增的,当 m 很大时,这些价格微分曲线相互又有交叉。我们假设根据第 2 节中的方法设计的最优负荷率价目表将排除这些异常情况。

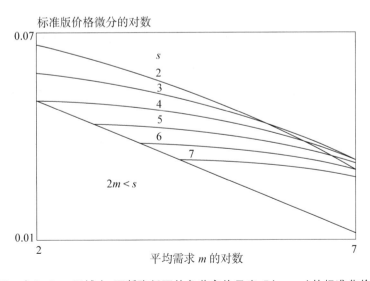

图 14.13　在 $2m > s$ 区域内,不断降低下的负荷率价目表 $P(m, s)$ 的标准化价格微分 $\pi(m, s)/2k$。两个轴都按对数缩放。

14.5　另一种构建方式 [*]

本节提供了另一种构建方式,适用于有显式表达的以客户类型为参数的需求函数。最优价格微分条件推导自第 13.2 节中所介绍的类型参数写作购买组合的函数的最优条件。本节中的内容需要用到多元微积分。[①]

第 13.2 节中的最优条件(1)式和(2)式可以写成:

$$[v(q(t), t) - c(q(t))]f(t) - v_t(q(t), t) \cdot \phi(t) = 0 \tag{1}$$

$$\alpha f(t) + \sum_{j=1}^{m} \frac{\partial \phi_j(t)}{\partial t_j} = 0 \tag{2}$$

其中 $\alpha \equiv \lambda/[1+\lambda]$ 是拉姆齐数,而 $\phi(t)$ 是类型 t 客户的激励兼容性约束上的拉格朗日乘数的缩放版。请注意,在(1)和(2)中没有考虑非负约束。回顾一下,$v = U_q$ 是客户的边际收益函数,$c = C_q$ 是公司的边际成本函数——每个函数都是一个 n 维梯度向量,每个产品对应向量中的一个元素。

假设类型参数的数量 m 也是 n,则 ϕ 也有 n 个分量。我们进一步假设 v 和 q 关于类型参数的偏导数的雅可比矩阵 v_t 和 q' 是非奇异矩阵——这是为确保它们是单调函数。令 $T(q) = \{t \mid q(t) > q\}$ 为至少购买捆绑包 q 的类型集合,并假设它的边界是集合 $T^i(q) = \{t \in T(q) \mid q_i(t) = q_i\}$ 的并集。也就是说,对于每个产品 $i = 1, \cdots\cdots, n$ 而言,$T(q)$ 边界的第 i 段是恰好购买产品 i 数量 q_i 的类型的轨迹。

通过(1)式得到拉格朗日乘数 $\phi = v_t^{-1}[v - c]f$ 并代入(2)式,那么最优条件变成

$$\alpha f(t) + \sum_{j=1}^{m} \frac{\partial}{\partial t_j}\{v_t^{-1} \cdot [v - c]f\} = 0 \tag{3}$$

我们可以将多元微积分中的散度定理应用于(3)式,在域 $T(q)$ 上进行积分,从而

得到下面的最优条件：①

$$\alpha M(q) + \sum_{i=1}^{n} \int_{T^i(q)} [dn^i] \cdot v_t^{-1} \cdot [v-c] f = 0 \qquad (4)$$

我们现在对该式进行解读。首先，$M(q) = \int_{T(q)} f(t)dt$ 是购买超过 q 个捆绑包的客户数量，即所购买的捆绑包位于 $X(q)$ 的客户数量，因此这与之前第 1 节中的 $M(q)$ 相同。其二，行向量 dn^i 是边界线段 $T^i(q)$ 的外方向的微分；即，在垂直于这个边界的方向上，指向外面而不是内部。除了它的长度和符号，这个法向量与 $q(t)$ 的第 i 个分量的梯度 $q'_i(t)$ 成正比。

下一步则是对（4）式进行变量替换。转换后 $p(x) = v(x, t(x))$，其中 $t(x)$ 是对购买捆绑包 x 赋予的类型参数。进一步地，如果 $x = D(p, t)$ 是类型 t 的需求函数，那么转换后的微分 $dt \equiv dt_1 \cdots dt_m$ 则是

$$dt = |t'(x)| dx = |D_t^{-1} - D_t^{-1} \cdot D_p \cdot p'(x)| dx$$

其中 D_t 和 D_p 是该微分在 $(p(x), t(x))$ 上的取值。在购买量 x 的密度为

$$\mu(x) = f(t(x)) |t'(x)| = v(p(x), x) |E(x)|$$

如同在第 1 节中的定义一样，其中 $v(p, x) \equiv f(t(x)) |D_t|^{-1}$ 为常数边际价格下的购买量 x 的密度，且 $E(x) = I - D_p \cdot p'(x)$。根据这些变化，最优条件的另一种形式如下：

$$\alpha M(q) + \sum_{i=1}^{n} \int_{X^i(q)} [E(x)^{-1}]^i \cdot D_p(x) \cdot [p(x)-c(x)] \mu(x) dx^i = 0 \quad (5)$$

其中 $[E(x)^{-1}]^i$ 为矩阵 $E(x)$ 的逆矩阵的第 i 行。

现在我们来阐述（4）式到（5）式的推导过程。首先，根据定义，第 i 个积分区域由边界 $T^i(q)$ 转变为 $X(q)$ 的第 i 个边界 $X^i(q)$。密度函数及对应的微分 $f(t)dt$ 转化为 $\mu(x)dx$，其中对边界 $X^i(q)$ 适用的区域为 $\mu(x)dx^i$，$x^i \equiv (x_j)_{j \neq i}$。因子 $[v-c]$ 直接转化为捆绑包 x 的利润率 $[p(x)-c(x)]$，因子 v_t^{-1} 就

370

---

① 求和中还可能发生其他项，这些项在 T(q) 的外边界上重新定义了横截性条件。

是矩阵$-D_t^{-1}$。$T^i(q)$的外向法线转化为$X^i(q)$的外向法线,它的方向与x_i相反,长度为单位长度。因此,这种单位法线的矩阵$-q'(t)$转换为了$-t'(x)^{-1} = -E(x)^{-1} \cdot D_t$。当我们把上述转换代入(4)式,$D_t$与$D_t^{-1}$抵消,我们得到(5)式。

最后,我们将该条件总结为:

$$\alpha M(q) + \sum_{i=1}^{n} \int_{X^i(q)} K^i(p(x), p'(x), x) \cdot [p(x) - c(x)] v(p(x), x) dx^i = 0 \tag{6}$$

其中

$$M(q) \equiv \int_{X(q)} v(p(x), x) \mid E(x) \mid dx, \quad E(x) = I - D_p(p(x), t(x)) \cdot p'(x)$$

$$K(p, p', x) \equiv \mid E(x) \mid E(x)^{-1} \cdot D_p(p(x), t(x))$$

其中K^i为K的第i行。其中的积分区域为

$$X(q) \equiv \{x \mid x \geqslant q\} \quad \text{及} \quad X^i(q) \equiv \{x \in X(q) \mid x_i = q_i\}$$

这一汇总公式就是第2节中价格微分的最优条件。因此,等式左侧是改善价格微分所产生的梯度变化。原则上,这为类似于第3节中使用的算法提供了基础。但是,我们尚不清楚如何将此构造扩展从而包括沿边界的单独边际费用。我没有用这种方法进行过推导,所以我不能保证它的有效性。

14.6 小结

本章的目的是向读者说明用相同市场数据,从多产品可分价目表中构建近似最优的不可分多产品价目表是可行的。价目表的最优条件直接取决于多产品需求档案。与第12章一样,总价格效应必须分为自价格效应和替代效应。在大多数应用中,这两种效应通常是作为自价格弹性和交叉价格弹性分开估计的。此外,它们在大多数参数化模型中都是有明确表达式的。因此,在这方面的处理与既定做法一致。

本章的数值计算需要在最优条件中忽略客户的参与约束。因此,结果只是近似值。特别是,结果不包含多产品捆绑的总影响,例如第 13.5 节中初始递增的边际价格表所导致的纯捆绑。

这些计算相对第 4 章中的单产品的简单计算复杂得多,比第 12.1 节中的可分多产品价目表所需的计算稍微复杂一些。然而,正如此处提供的例子所示,用计算机进行这种计算是可行的。梯度算法的简单性使得该算法易于应用。更重要的是,梯度可以作为改进价格微分的方向。在实践中,仅仅是知道对现有价目表可能改进的方向和幅度就已足够,而不需要着手构建一个理论上的最优价目表,因为在实践中必须考虑那些未包含在数学公式中的因素(例如规制政策和客户接受度)。

本章和第 13 章所探讨的一个基本问题是要解决多产品价目表实用性的匮乏。高峰和非高峰电力(或电话)的多产品定价看似可行,却很少被实际应用。一个重要的例外是第 4 节所示的一些电力公司使用的负荷率价目表。其他应用,例如航空公司常客飞行计划,更接近于第 13.5 节中的例子,其中单个客户购买的捆绑包的聚合度量足以用于价目表的制定。我们还在第 2.1 节中注意到杂志出版商根据年度广告总结算提供折扣。在零售层面,消费品的营销人员通过优惠券,使购买一件产品的客户能够在购买卖方产品系列中的其他产品时获得折扣。由于这些优惠券不可转让,每次购买仅限使用一张,且现金价值可忽略不计(通常为一美分的百分之一),因此它们具有与多产品价目表相同的效果。

第五部分
附　　录

—第 15 章—
非线性定价的其他应用

　　产品定价是非线性定价基本原理的几种应用之一。本章概述了一些其他应用,其中一些揭示了使用非线性价目表的其他动机。这些应用的共同特点是人口是多样化的——这反映了有关偏好或技术的私人信息。价目表、价格表或其他激励计划通过间接地引出由其诱发的行为所揭示的信息,提高了一部分效率。拉姆齐定价原理则提供了推导出有效激励计划特征的统一框架。

　　本章第 1 节总结了使用非线性定价的产品和质量差异化服务的其他情况。第 2 节描述了使用非线性价目表来应对保险市场中的激励效应和受私人信息影响的其他众多情形中的三种情况。第 3 节回顾了关于合同的部分文献,特别是在激励效应突出的劳动力市场。第 4 节描述了税收和规制政策设计的应用。在这里我们省略了技术细节,只在带有星号(*)的小节中简述。尽管我们在这里只是做了简要的讲解,但这些表述对拉姆齐定价原理如何应用于源自私人信息的激励效应的其他情况进行了说明。

　　有关本章主题的优秀文献包括弗利普斯(Phlips)的两本著作和综述文章(Phlips, 1983, 1988a, 1988b),以及巴伦、布罗伊蒂加姆、范里安和斯蒂格利茨(Baron, Braeutigam, Varian and Stiglitz)在《工业组织手册》(*Handbook of Industrial Organization*, 1989)中的四篇相关综述。

15.1 产品定价应用

前几章主要讨论的是一家公司向广大客户提供显性价目表的情况。相应地,在本节的应用中,我们讨论的是隐性价目表。

产品系列

提供产品系列的公司通常按照代表突出属性大小的单维尺度来进行。在最简单的情况下,除了包装尺寸不同外,产品是同质的。套餐价格表本质上是一种价目表。此外,为规模增量收取的增量价格构成边际价格表。如果产品在质量维度上有所不同,情况也是如此。如果客户购买多个不同质量的单位(商品),则质量和数量的联合定价是有利的。第 10.2 节中,优先级服务的拉姆齐定价分析就是这样一个例子。

在一些重要的情况下,质量用产出率来度量,从客户的角度来看就像数量。例如,一台速度较快的计算机或复印机可以替代几台较慢的机器,因此就像一个紧凑包装。尽管如此,此类产品系列还有其他目的。设计方面的考虑可以使公司提高机器的运行率、耐用性或与制造成本增加不成比例的维护成本。因此,对于客户而言,机器的选择涉及投资成本和运营成本之间的权衡。如果客户有可变的使用需求,即高峰负荷问题,那么最好购买昂贵(大型或快速)的机器来满足基本负荷,同时购买更便宜的机器来满足高峰负荷。当客户从一个供应商转向另一个供应商产生成本时,一些公司也会对多次购买一个产品系列的客户提供折扣,转换成本是垄断力量的一个重要潜在来源。

交付条件

质量维度是普遍存在的,尺寸、产出率、可靠性、耐用性、速度、精度、维护的容易程度、操作员、技能水平等。事实上,有少量文献应用了其中一些质量维度的非线性定价原理。交付条件特别常见,(在这里)我们提到两个最重要的条件,即交付的地点和时间。

空间定价

公司使用许多不同的方案来收回交付成本,并通过交付地点或成本来区分产品。如第 6.6 节所述,两种极端形式分别是原产地定价——客户在公司所在地交付或支付运输成本,以及交付定价——由公司承担所有交付成本。基于非线性定价的分析通常表明,最优方案介于这两种极端方案之间。例如,假设距公司工厂不同距离的客户数量相同,而为客户提供服务的成本随着距离的增加而增加。一般来说,公司承担部分运输成本是最优选择。承担部分运输成本是通过多种方式实现的,包括仓储、基站以及向客户提供直接信贷等。[1] 如果公司拥有地方垄断地位,但在其服务区域边界的市场竞争时,这会产生强烈的影响,特别是在边界处,边际利润可能会降至零。[2] 在寡头垄断中,原产地定价和完全承担交付成本通常都不是一种稳定的模式(有些公司有转而采用另一种模式的动机),但部分承担是稳定的。

时间定价

持续生产的非耐用产品很少能在交付时间上提供显著的差异化机会。时间对于部分耐用产品很重要,因为未得到满足的需求会累积。以家居用品为例,如床单和毛巾,它们会逐渐磨损,但可以利用定期销售的机会得到适时更换。现有库存的折旧损耗和新家庭的形成产生了潜在需求的稳定流入,其中一部分潜在需求无法得到满足,直到库存积压变得很大,以至于公司发现以较低的销售价格进入这个市场是有利的。销售此类商品的商店通常使用重复模式,即高价期之后便是低价销售期。有紧急需求的客户愿意以任何价格立即购买,而可以推迟购买或廉价存储的客户更愿意等到大减价时购买。价格变动周期内的价格表代表了一种非线性定价形式,其中质量属性是交付时间,而客户等待折扣销售的耐

---

[1] 尽管寡头垄断市场在其他地方被广泛使用,但在美国,其基点定价违反了反垄断法律。

[2] 请参阅 Anderson 和 Thisse(1988),Gabszewicz 和 Thisse(1990),以及 Spulber(1984),以了解对这方面空间差异化定价的更详细分析。

心或对物品的估价方面存在差异。[①]

即使需求不是经常性的,耐用品的销售商通常也喜欢根据交付时间区分价格。当供给没有限制且存储成本为正或客户没有足够的耐心时,这种做法是延迟交付形式的低效质量失真的一个例子,正如第 13 章图 13.2 中所述。典型的例子是新书、电影和计算机程序,某些客户愿意为其提前交付支付更多费用。这些产品的价格通常会随着时间的推移而下降。例如,精装版书籍最初的价格往往比后来的平装版要高;更早在影院上映的电影比后来的录像带版本,以及更后来在电视上播放的更贵。

价格下降的速度在很大程度上取决于公司是否可以提前兑现其价格表。如果公司不能兑现,那么在服务于市场的高估值或不能耐心等待的部分之后,公司就会意识到将价格降低到低于其原先想要的价格的优势。事实上,让我们预期一下,高估值客户最初不愿意支付如此高的价格,因为等待下一个更低价格的优势更大。这种现象的一种极端形式是科斯产权理论,如果企业的边际成本是恒定的并且企业可以迅速改变其价格,那么最优价格表只比边际成本高一点,并且大多数销售可以立即进行。[②] 在下面的例子中可以看到科斯产权理论的温和版,如果初始价格可以兑现其价格表的话,则 0.232 美元的初始价格不到公司在每期使用的垄断价格的一半。此外,如果公司每周而不是每月更改其价格,则初始价格为 0.142 美元,并且所有客户在 9 周后,而不是 8 个月后得到服务。

例 15.1:假设客户对产品的评价不同,但同样缺乏耐心。估值为 v 的客户如果在第 k 个月以价格 p_k 购买,则获得净收益 $[v-p_k]\delta^k$,如果他从不购买,则净

[①] 详见 Conlisk、Gerstner 和 Sobel(1984),以及 Sobel(1991)。在寡头垄断中,销售时间必须是随机的,因为每个公司都有抢占其他公司先机的动机。也有文献研究了公司在同一时间使用多种价格的情况,这种做法被称为价格分散,我们在此不作讨论;详见 Stiglitz(1989)和 Varian(1989)。此类模型需要运用非凸性,而且通常意味着价格的随机化。然而,Charles Wilson(1988)表明,对于使用统一价格的垄断企业,如果客户随机到达并以剩余供给的最低价格购买,则一到两个价格是最优的,且此时总需求曲线向下倾斜,边际成本正在增加或供给有限。当最优或有限供给出现在公司的边际收入曲线增加时,两个价格是最优的。

[②] 这个性质由 Coase(1972)非正式地描述,并由 Gul,Sonnenschein 和 Wilson(1986)以及 Gul 和 Sonnenschein(1988)用两种形式证明。关于时间差异定价的基本征引文献来自 Bulow(1982,1986)和 Stokey(1979,1981)。

表 15.1 例 15.1 的价格表

时期 k	剩余客户比例	价格 p_k	剩余客户中有购买的比例
1	1.000	0.232	0.199
2	0.801	0.197	0.182
3	0.655	0.170	0.196
4	0.527	0.148	0.221
5	0.410	0.129	0.263
6	0.303	0.115	0.339
7	0.200	0.105	0.500
8	0.100	0.100	1.000

收益为零。公司选择价格序列 p_k 的目的是通过使用相同的折扣因子 δ 最大化其收入的现值。表 15.1 给出了公司的最优月度价格表,在这种情况下有 10 类客户,每类客户占总数的百分之十,其估值分别为 0.10、0.20、……1.00 美元。公司的边际成本为零,贴现因子为 $\delta = 0.95$。预计该价格下降顺序,则每个客户都会等到价格低于他的估价时再购买,然后再继续等待,直到他更愿意立即购买而不是等待下一个更低的价格。[1]

公司采用各种策略来避免科斯产权理论的影响。在资本设备耐用的情况下,这个问题很严重。科斯产权理论采取的形式是,制造商当前在销售商品,而其产品日后将通过客户在二级转售市场或租赁市场的购买机会与这些当前销售的产品竞争。这是必须排除转售市场的完全最优非线性定价要求的另一个版本。为了缓解这一问题,公司可以降低产品的耐用性,这通常是低效的,或者通过只租赁产品来控制转售和租赁市场。[2] 其替代策略是通过承诺有限的容量或

---

[1] 某些时期的剩余客户(尚未购买的客户)的比例不是 0.10 的倍数,因为之前的价格对于处于边际的客户并没有影响,无论是在当月还是等到下个月购买。预计接受的比例取决于客户对公司可能提供的异常价格的反应。有关详细信息,请参见 Gul、Sonnenschein 和 Wilson(1986)。

[2] Bulow(1986)给出了一个最优低效耐用性的例子。由于 IBM 和施乐公司仅租赁但拒绝出售产品的做法被禁止,这种做法被视为违反了美国的反垄断法律。

增加边际成本的生产技术来限制其生产率。[1]

379

非线性定价的价目表差异同样也适用于预购折扣的设计。大多数航空公司都提供此类折扣。第 2.6 节描述了达美航空公司提供的价目表。在设计此类折扣时,客户之间的多样性很重要,这涉及提前制订旅行计划的预期成本。此外,当需求不确定性提前减少时,企业会更有效地安排人员和设备,因此企业的边际成本也会受到影响。盖尔(Gale,1992)表明,预购折扣是吸引那些可以灵活安排行程的客户的最优方式,这些客户灵活安排行程以在容量不足时避免拥挤的高峰时段。

一个说明性的公式 *

我们描述了适用于第 9.4 节中的项目分配模型的航空公司预购票价设计的简化公式。客户需求被解释为以航班的形式提供旅行服务的需求。在出发前更早购买的机票被认为具有更低的质量,因为其他干预事件更有可能迫使其被取消。

机票既不可退款也不可转让,为避免复杂情况,我们做出极端假设,每个客户都会重复购买机票,直到他能够完成单次旅行。也就是说,即使有其他事件强制取消了预订的航班,对旅行的需求仍然存在。此外,客户有充足的时间重新安排行程,下一次预订没有时间限制。我们假设公司垄断了这条路线,且忽略容量限制。[2]

380

每个客户由一对 (v, t) 描述,其中 v 是已完成旅行的价值,如果客户预购了持续时间为 s 的机票,则 t 是影响该客户搭乘航班的概率 $r(s, t)$ 的参数。也就是说,$1 - r(s, t)$ 是在 s 天内发生的某些将迫使他推迟旅行计划的事件的概率。通常指定 t 是将强制取消预订航班的事件的平均到达率。对于商业旅客而言,t 往往较高,因此 $r(s, t)$ 较低,并且根据定义,如果 s 较高,则 $r(s, t)$ 较低,因此可以假设 r 是两个参数的递减函数。如果提前 s 天购买的机票价格是 $p(s)$,那么

---

① Stokey(1981)和 Kahn(1986)分别分析了这些策略。

② 可以用第 12 章中的方法解决寡头垄断问题。此处使用需求持久性假设来简化,即客户从完成旅行获得的收益对其购买机票的最优时间的选择没有影响。

他的预期净收益可以递归地表示为：

$$V = \max_{s \geq 0} \{ r(s, t)v + [1 - r(s, t)]V - p(s) \}$$

这表示如果当前预订被取消，则该过程将重复直到旅行完成。等价地，对于 s 的最优选择，$V = v - p(s)/r(s, t)$，表明直到行程完成为止所有购买的机票的预期支付价格总和为 $p(s)/r(s, t)$。只有那些 V 为正的客户才会购买任何票，但假设购买了一张票，那么描述最优持续时间的条件是

$$r_s(s, t)[v - V] - p'(s) = 0$$
$$\text{或 } r_s(s, t)/r(s, t) = p'(s)/p(s)$$

独立于 v。

为了完成公式，假设参数为 t 且 $v \geq P$ 的那些客户的密度为 $D(P, t)$。这是具有参数 t 的那些客户中价格为 P 的可退票的需求函数。这一需求是具有新获得的最终旅行动机的客户的到达率。将这些具体的指标应用到本案例中，观察如果提前 s 天购买的类型为 $t(s)$，则此类机票的新客户到达率为 $D(p(s)/r(s, t(s)), t(s)) \cdot |t'(s)|$，并且对于每个这样的客户，公司在其旅行完成之前平均以 $p(s)$ 的价格出售 $1/r(s, t(s))$ 张机票。使用绝对值是因为 $t(s)$ 大约是一个递减函数。因此，公司从价格表 p 中获得的预期利润贡献（也可理解为每单位时间的平均费率）为：

381

$$\int_0^\infty [P(s) - c] \cdot D(P(s), t(s)) |t'(s)| ds$$

其中 $P(s) = p(s)/r(s, t(s))$ 是公司从每个客户在 s 时间之前购买而获得的平均总收入，c 是假设的单次旅行的边际成本。因此，我们选择两个函数 $P(s)$ 和 $t(s)$ 以在客户的最优约束条件下最大化该预期利润贡献。这个约束可以用 P 重新表述为：

$$P'(s) = P(s)q(s, t(s))t'(s)，\text{其中 } q(s, t) \equiv -r_t(s, t)/r(s, t)$$

找到 $P(s)$ 和 $t(s)$ 后，票价表可通过 $p(s) = P(s)r(s, t(s))$ 获得。

我们可以使用欧拉条件从变分法中以类似于第 9.4 节中的项目分配公式分

析的方式来描述最优价目表。然而,在实际应用中,我们只考虑分段常数的分段
递减价格表。例如在出发前几天、一周、两周和一个月内购买不同价格的出行票
价。拉姆齐定价的扩展必须包括强加给客户的成本。特别地,客户为避免中途
中断往返预定的代价而坚持原定行程所产生的高额费用。

价格歧视和低效的质量属性降级

本节中的部分主题与不同类型的价格歧视有关。它们造成的低效和分配后
果给非线性定价在其他情境下提高效率的好处蒙上一层阴霾。正如我们在第 5
章和第 10 章中强调的那样,谨慎地应用非线性定价可以提高效率而不会对任何
客户造成不利影响。但是,不同类型的非线性定价也可用于低效地利用垄断力
量并且很大程度上影响福利。航空公司的预购折扣可能就是这样一个例子。这
些折扣是通过为预购机票提供较低的价格来实现的,但通常会因机票不可转让
和部分或全部不可退款,而导致质量降级;这是必要的,目的是使它们对高度重
视灵活性的客户失去吸引力。较低的价格通过让更多的客户支付得起出行费用
来提高效率,但为了抵消这种收益,必须通过质量降级设置损失。不可转让性会
在客户取消行程时造成空座位,而不可退票性则会对在途旅客造成代价高昂的
后果,因为他们无法通过支付航空公司(低于票价)的实际成本来改变行程。杜
普伊(Dupuit,1844)在第一篇论述该主题的论文中指出,拥有垄断力量的公司
经常使用低效率的质量属性降级来实现非捆绑质量差异化服务产品系列的非线
性定价。

我们必须仔细研究这个问题:即使在由于时间歧视而导致低效延迟的情况
下,公司也可以从以低价较晚购买产品的客户那里获得补偿收益,而在高于边际
成本的单一统一价格下,他们根本无法购买。在其他情况下,如果差异化的产品
定价适当,沿着一个或多个质量维度的非捆绑服务和产品的差异化通常会提高
效率。第 10 章中研究的优先级服务案例提供了质量差异化的一个例子。这种
质量差异化提供了从较低到较高的质量的价格,其目的是增加所有客户的净收
益。对预购折扣的类似分析将确定定价策略和行程限制,以确保结果是收回公
司成本,同时将服务扩展到对服务估值较低和限制灵活性成本低的客户。

382

15.2 私人信息市场的激励

我们现在转向非线性定价在应对受私人信息影响的市场中的激励效应方面的作用。前面的各章只从有限的角度讨论了这个话题，即公司向不同的客户群体提供单一的价目表。公司知道客户类型在人口中的分布，并且对所有客户提供平等的价目表。因此，公司是否了解每个客户的类型并不重要。当然，这是假设公司的成本不取决于所服务的客户个体。我们首先考虑另一种情况，即公司关注每个客户个体的类型，这会对卖方的成本产生实质性的影响，且这种影响并不确定（尽管每个客户个体都知道自己的类型）。

保险市场

私人信息导致的激励问题在保险市场中非常严重，所以这里我们用这类问题来进行说明。医疗和财产保险受私人信息的影响，这些私人信息以客户关于罹患疾病或遭受损害的可能性的高级信息的形式出现，对于这些疾病或损害则应由保险公司赔付。保险公司实际上是在购买一种销售者（被保险人）掌握更多信息的彩票。这种情况被精算师称为逆向选择，因为公司预计索赔机会较大的客户购买保单的动机更高。

减轻逆向选择的典型手段是非线性定价的一种形式。如果承保范围更大或免赔额更低，则公司提供保单的保费会超出比例地增加。[①] 保费增加超过承保范围增加的比例，这是因为保险公司（甚至是互助公司或受益团体）预计购买更大承保范围保险的那些客户会提出更高额的索赔。这会导致具有较低风险的客户无法购买全保险的低效后果。有时，受逆向选择影响较小的团体政策或是要求申请人提供健康证明或少数索赔记录的优先风险政策，可以改善这种情况。

---

① 这会产生一个保费表，它是责任范围的增函数，且呈现凸性。对价目表凸性的一个有用的解释来自上面的观察，即公司可以被解释为彩票的购买者而不是保单的销售者。

另一方面,保险公司为各种承保范围收取足够的保费,以支付这些保单引起的
索赔。[①]

一个说明性的公式 *

为了详细说明这个问题,我们假设公司是利润最大化的垄断者。假设客户
的类型用他们的期望损失来描述,那么类型为 t 的客户的期望损失等于 t,这些
类型在总体中的分布函数为 $F(t)$。则该公司希望最大化其预期利润:

$$\int_T \big[P(q(t)) - tq(t) \big] dF(t)$$

式中 $q(t)$ 是类型 t 选择的承保范围,即公司支付的 t 损失的比例。为覆盖承保
范围 q 收取的保险费 $P(q)$,是预期类型 t 将会选择最大化预期效用的承保范围
的情况下选择的价目表:

$$\int_Z U(qz - z - P(q)) dG(z; t)$$

其中 U 是客户的效用函数,描述了他对风险的厌恶程度。此外,G 是客户损失 z
的分布函数,条件是他的类型为 t;特别地,根据 t 的定义,z 的均值是 $\int_Z z dG(z;$
$t) = t$。 这个公式与第 6.2 节的不同之处在于客户是风险厌恶的,所以他的选择
过程更复杂,但关键的特征是公司的承保范围边际成本取决于(实际上是)客户
的类型 t,而这正是逆向选择的特点。

假设风险类别之间的交叉补贴被排除在外,则我们可以使用非线性定价来
确保每种承保范围的保费与索赔相匹配。另一种选择是统一每单位承保范围的
价格,但这会带来其自身的低效率。高风险客户更愿意购买超过其损失的承保
范围(如果允许),而在任何情况下,低风险客户更愿意较少投保。

例 15.2:为了说明这一点,假设客户的损失是独立分布的,并且该类型 t 的损失
服从均值为 t 和方差为 σ^2 的正态分布。此外,假设所有客户都具有相同的效用

---

① 详见 Rothschild 和 Stiglitz(1976)以及 Stiglitz(1977)。

函数 U，它与风险厌恶参数 r 呈指数关系。在这种情况下，类型 t 等价于购买承保范围 q 后的净风险 $qz - z - P(q)$ 的确定性是：

$$u(q,t) = qt - t - P(q) - \frac{1}{2} r\sigma^2 [1-q]^2$$

以美元计价。使用这些数据，如第 5.1 节中所述，描述最优拉姆齐定价的条件如下所示：

$$\alpha \overline{F}(t) - f(t) r\sigma^2 [1 - q(t)] = 0$$

其中 σ 是拉姆齐数，$q(t)$ 是类型 t 选择的承保范围。实现这种分配的相应边际价格表是：

$$p(q) = t(q) + r\sigma^2 [1-q]$$

其中 $t(q)$ 是购买承保范围 q 的类型。例如，如果类型均匀分布，则 $\overline{F}(t) = 1 - t$，因此：

$$q(t) = 1 - \frac{\alpha}{r\sigma^2} [1-t]$$

如果 $t \geq t_* \equiv max\{0, 1 - r\sigma^2/\alpha\}$，否则为零。最优价格表是：

$$p(q) = 1 - \left[\left(\frac{1}{\alpha} \right) - 1 \right] r\sigma^2 [1-q]$$

假设 $r\sigma^2 \leq \alpha/[1-\alpha]$ 使得 $p(q) > 0$。请注意，在完全垄断力量的情况下，承保范围的价格是统一的：如果 $\alpha = 1$，则统一地有 $p = 1$。扣除固定费用后，公司的净收入如下

$$净收入 = \frac{1}{3} [1+\alpha][1-t_*]^3 / [r\sigma^2/\alpha] - \frac{1}{2} [1-t_*]^2$$

这个例子显示了价目表设计受到逆向选择影响时出现的一些新特征。价格表是增加的，表明价目表呈现凸性。此外，如果拉姆齐数太小，净收入为负，表明需要一定的垄断力量来对抗逆向选择的影响。

拍卖和交易流程

拍卖是市场受私人信息影响的另一个例子。事实上,拍卖是一种分配机制,主要是为了吸引买家,并对提供出售的物品的价值进行估计。[1] 在特殊情况下,我们所熟知的每件物品都卖给出价最高的人的拍卖形式是有效的。例如,当买家的估值在统计上是独立的时候。然而,如果他们的估值或者他们的估计方法是相关的,正如通常情况下他们都估计一个共同的价值一样,那么卖方可以通过使用非线性定价和分配规则来提高预期销售价格。关于设计最适合卖方的拍卖的文献,基本上都是对使用非线性定价的多产品垄断者的标准理论的解读。[2] 我们在下面简要描述了它对更一般情况的概括,在这些情况中,交易流程规则旨在促进有效的结果。

385

一个说明性的公式 *

最优交易流程理论基于如下模型。考虑由几个买家和卖家组成的一组交易者。每个买家 i 最多愿意为单个物品支付 v_i 的费用,如果他以价格 p 获得物品,他的收益为 $v_i - p$。每个卖家 j 有一个商品要出售,如果他以价格 p 出售,则他的收益为 $p - c_j$。卖家的商品完全相同,每个卖家只有一个商品要出售。此外,买家有足够的钱,且只想要一个商品。假设交易者的子集 K 是可行集,从某种意义上说,他们可以相互交换物品,如果子集 K 有相同数量的买家和卖家(可能为零),并令 $\mathcal{K}$ 是可行集的集合。每个交易者 k 都有一个仅自己知道的类型参数,它是该交易者对物品的估值。如果买方的 $k=i$,则 $t_k=v_i$;如果卖方的 $k=j$,则 $t_k=-c_j$。类似地,他们交易时的资金转移 y_k,对于买家来说价格 $y_k=p$,对于卖家来说价格 $y_k=-p$。一般的交易流程,如拍卖,允许每个交易者 k 根据他的类型提交出价 $b_k(t_k)$,然后根据这些出价选择一个可行集 K 和 K 中的交易者,从而进行物品交换。此外,交易者 k 根据提交的投标清单 $b=(b_k)$ 获得汇

---

[1] 拍卖理论综述参见 Wilson(1987,1992a),此外 Wilson(1993)根据第 8 章和第 13 章中的方法提供了机制设计的综合理论。

[2] Bulow 和 Roberts(1989)证明了这一点。

款 $y_k^K(b)$。令 $x_K(b)$ 为提交列表 b 时 K 为选定可行集的概率。可行性要求对每个列表 b 有 $\sum_{K\in\mathcal{K}} x_K(b)=1$,每个 $K\in\mathcal{K}$ 有 $\sum_k y_k^K(b)=0$。对于以下推导,我们假设交易者的类型是独立分布的:设 $F_k(t_k)$ 为其他交易者可知的 k 类型 t_k 的分布函数,设 $f_k(t_k)$ 为相应的密度函数。假设风险率 $f_k(t_k)/\bar{F}(t_k)$ 是递增的,其中 $\bar{F}_k(t_k)=1-F_k(t_k)$。

我们使用第 8.2 节中的方法来描述最大化交易者预期总剩余的交易流程,在他们了解他们的类型之前进行预先计算。交易者 k 提交的出价 $b_k(t_k)$ 必须使其预期利润最大化:

$$U_k(t_k)=\max_{b_k(t_k)}\varepsilon_k\left\{\sum_{k\in K\in\mathcal{K}} x_K(b(t))t_k-\sum_{K\in\mathcal{K}} x_K(b(t))y_k^K(b(t))\right\}$$

在这种情况下,期望 ε_k 是基于除 k 之外的所有交易者的可能类型计算的。因此包络特性要求:

$$U'_k(t_k)=\varepsilon_k\left\{\sum_{k\in K\in\mathcal{K}} x_K(b(t))\right\}$$

以上只是 k 得以进行交易的预测概率。[①] 第 6.1 节中的个体理性或参与约束要求 $U_k(t_k)\geqslant 0$,以便 k 有参与程序的动机。由于买卖双方的交易平衡,可行性意味着:

$$\varepsilon\left\{\sum_k U_k(t_k)\right\}=\varepsilon\left\{\sum_{K\in\mathcal{K}} x_K(b(t))\sum_{k\in K} t_k\right\}$$

这看起来是一个很弱的约束,只要求在期望中的交易平衡,但实际上当它与其他约束结合起来会更强:个体理性约束将确保最少类型交易者获得零利润,然后包络特性确定每种类型的预期利润。总而言之,设计问题是在包络特性、个体理性约束和平衡条件下,选择一个过程的指标 $\langle x,\ y\rangle$ 使预期总剩余 $\varepsilon\left\{\sum_k U_k(t_k)\right\}$ 最大化。

正如在第 8.2 节中所述,这个问题是通过最大化一个增强的目标来解决的,

---

① 可以证明交易者的二阶必要条件要求 >0;即更高的类型必须具有更高的交易概率,这最终是风险率递增假设的结果。

该目标包括一个用于包络特性的拉格朗日乘数 $\mu_k(t_k)$ 和另一个用于平衡约束的乘数 $1+\lambda$。从这个公式我们可以推导出几个必要条件，由于风险率递增假设，这些条件也是充分的。首先，对于那些大到足以获得正预期利润的类型 t_k，最大化其利润 $U_k(t_k)$ 要求 $\mu_k(t_k)=\lambda F_k(t_k)$。最大化概率 $(x_k(b(t)))_{K\in\mathcal{K}}$ 意味着对于某个可行集 $K\in\mathcal{K}$，分配概率 $x_K(b(t))=1$ 是充分的，且

$$\sum_{k\in K}\left[t_k-a\,\frac{F(t_k)}{f_k(t_k)}\right]$$

的值是最大值。其中 $\alpha=\lambda/[1+\lambda]$——包括交易者空集的零值。这是关键的结果，因为它确定了那些进行交易的类型。实际上，它表示交易收益在"虚拟"估值方面最大化，这种"虚拟"估值考虑了买方提交低于其真实估值的投标价格的动机，以及卖方提交高于其真实成本报价的动机。转移以及交易完成的价格随后可以从这些条件中推断出来。事实上，大量的转移方案都是适用的，但在某些实施中，选择一个单一的价格就足够了。该价格可以为买方和卖方提交的出价和报价出清市场，如同我们在例子中阐述的一样。[①]

例 15.3： 假设只有一个买家和一个卖家，他们的估价在 0 和 1 之间均匀分布。因此，如果 $k=1$ 且 $t_1=v$ 是买方的估价，则 $F_k(t_k)=t_k$，而如果 $k=2$ 且 $t_2=-c$ 是卖方的估价，则 $F_k(t_k)=1+t_k$。前面的分析可以推出当且仅当

$$[v-\alpha(1-v)]-[c+\alpha c]\geqslant 0$$

或 $v-c\geqslant\beta\equiv\alpha/[1+\alpha]$ 时，他们应该交易。将此特征应用于平衡条件表明可行性需要 $\beta=1/4$，对应于 $\lambda=1/2$ 和 $\alpha=1/3$。若要实现这一结果，则要求，如果买方的出价 $b(v)$ 超过卖方的报价 $a(c)$，他们就交易。在这种情况下价格会平分差额 $p(a,b)=[1/2][a+b]$。买方的最优出价和卖方的最优报价是

$$a(c)=\max\{c,1/4+[2/3]c\} \text{ 和 } b(v)=\min\{v,1/12+[2/3]v\}$$

然而，需要注意的是，这一过程允许有其他多对不能达到有效结果的联合最优策略。

---

① 这个例子参考 Chatteijee 和 Samuelson(1983)，以及 Myerson 和 Satterthwaite(1983)。

387

这种分析风格可以应用于各种优化设计问题，包括涉及许多具有弹性的供给和需求的交易者的优化问题。本书中提到的拉姆齐定价只是一种特殊情况，在这种情况下，该程序的目的是在客户之间确定公司供给的分配，该分配在满足公司收入要求的情况下是有效的。并且，我们将注意力放在让公司提供非线性价目表来完成这种分配，客户根据他们类型的私人信息从中选择喜欢的进行购买。

388

风险分担

合伙企业和其他合资企业存在不同类型的逆向选择。意外伤害保险被销售给许多具有独立索赔风险的客户，因此总索赔额在很大程度上是可预测的。相反，合伙人在企业财务的良好状况方面面临共同的风险。因此，有效的风险分担非常依赖于不确定性的性质和每个成员对风险的容忍度。私人信息可以通过多种方式侵入，每个成员的风险承受能力都是私人信息，每个成员都可能拥有有关企业前景的特权信息。这些信息对于风险分担和投资决策都很重要。一些特殊的效用函数和概率分布具有理想的特性，即线性共享规则对于风险分担是有效的，并且为私人信息的披露提供了足够的激励（威尔逊[Wilson, 1984]）。然而，一般而言，有效的风险分担需要非线性共享规则，并且必须进一步修正它们（在效率上有一些损失）以鼓励私人信息的披露。正如我们概述的那样，用于上述最优交易流程分析的公式包含了合作伙伴关系中共享规则的设计。

一个说明性的公式[*]

我们设想存在 i 个成员，他们可以在 j 个风险项目中进行选择。如果选择，第 j 个项目会产生净收入 $y_j(\theta)$，这取决于随机变量 $\theta = (t, \tau)$ 的实现，该随机变量具有已知的分布函数 $F(\theta)$。τ 部分从未被观察到，但 $t = (t_i)$ 是成员个人所知道的参数列表；也就是说，成员 i 最初知道 t_i，我们将 t_i 解释为成员 i 的类型。决策规则是一对 $\langle x, s \rangle$，其中 $x = (x_j)$ 列出每个项目被选中的概率，而 $s = (s_{ij})$ 列出成员获得的收入份额。我们自然就可以得到 $\sum_j x_j = 1$ 和 $\sum_i s_{ij} = y_j$，关键特征是每个成员 i 可以提交关于其私人信息的报告 $\hat{t}_i$。因此，$x_j(\hat{t})$ 和 $s_{ij}(y_j,\ t)$ 都可能取决于提交的报告，当然份额必须取决于获得的收入。在这种情况下，激励兼容性被解释为每个成员有激励如实报告的要求，如果他们期望其他人这样做的话。因此，决策规则的设计必须既能促进报告的真实性，又能促进项目选择的有效性。假设成员 i 有一个效用函数 u_{ij}，该函数取决于所选项目 j 以及他的份额和结果，那么他的期望效用是

$$U_i(t_i) = \max_{\hat{t}_i} \varepsilon \left\{ \sum_j x_j(\hat{t}) u_{ij}(s_{ij}(y_j,\ \hat{t}),\theta) \mid t_i \right\}$$

其中条件期望是在给定 t_i 和其他人如实报告的假设下计算的：对于 $k \neq i$ 的成员，$\hat{t}_k = t_k$ 在这种情况下，包络特性要求：

$$U'_i(t_i) = \varepsilon \left\{ \sum_j x_j(t) \left[u_{ij} \phi_i(\theta) + v_{ij} \right] \mid t_i \right\}$$

其中如果 $f(t \mid \tau)$ 和 $f_i(t_i)$ 是条件和边际密度函数，则

$$\phi_i(\theta) = \frac{\partial f(t \mid \tau)/\partial t_i}{f(t \mid \tau)} - \frac{\partial f_i(t_i)/\partial t_i}{f_i(t_i)}$$

$$v_{ij}(s;\theta) = \partial u_{ij}(s;\ t,\ \tau)/\partial t_i$$

参与约束为 $U_i(t_i) \geqslant U_i^\circ(t_i)$，其中 $U_i^\circ(t_i)$，表示成员 i 可以通过取消其成员资格获得的效用水平。[1] 最后，鉴于包络特性，需要更多的约束来确定成员 i 的期望效用的绝对水平：

$$\varepsilon \left\{ U_i(t_i) - \sum_j x_j(t) u_{ij}(s_{ij}(y_j,\ t),\theta) \right\} = 0$$

该恒等式足以说明该可行性约束。因此，一个有效决策规则是使成员期望效用的某个加权总和 $\varepsilon \left\{ \sum_i \lambda_i U_i(t_i) \right\}$ 最大化的规则，受包络特性、参与约束和可行性约束所代表的限制。权重 λ_i 旨在总结一个福利标准：它们也可以代表成员之间讨价还价过程的结果，或者在市场环境下代表他们贡献的资源的价值，在这种情况下，每个权重可能取决于成员的类型。

---

[1]　有些表述还采用了额外的参与约束，以分别确保每个成员联盟能够获得的效用。

为了应用第8.2节的方法,我们将拉格朗日乘数 $\mu_i(t_i)$ 与包络特性相关联,乘数 $\check{\lambda}_i$ 与可行性约束相关联。简单起见,我们这里只考虑单维类型的情况,并假设条件是充分单调的,使得 $U_i(t_i)$ 是 i 的类型的增函数。在这种情况下,$U_i(t_i)$ 的最优选择的必要条件表明,如果 $U_i(t_i) > U_i^{\circ}(t_i)$,则有 $\mu_i(t_i) = [\check{\lambda}_i - \lambda_i] \overline{F}_i(t_i)$。因此,我们定义虚拟效用:

$$\check{u}_{ij}(s, \theta) = u_{ij}(s, \theta) - \alpha_i \frac{\overline{F}(t_i)}{f_i(t_i)} [u_{ij}(s, \theta) \phi_i(\theta) + v_{ij}(s, \theta)]$$

390 其中 $\alpha_i = [\check{\lambda}_i - \lambda_i] / \check{\lambda}_i$ 那么选择分配给每个项目 j 的最优份额以获得总收益测度

$$\check{u}(y_j, t) = \max_{\sum_i s_{ij} = y_j} \varepsilon \left\{ \sum_i \check{\lambda}_i \check{u}_{ij}(s_{ij}, \theta) \mid y_j, t \right\}$$

此外,一个最优项目是一个达到 $\varepsilon\{\check{u}_j(y_j(\theta), t) \mid t\}$ 最大值的项目。这些计算都依赖于乘数 $\check{\lambda}_i$,但实际上每个都可以由可行性条件确定,其中一种形式是

$$\varepsilon \left\{ \sum_j x_j [\lambda_i u_{ij} - \check{\lambda}_i \check{u}_{ij}] \right\} = 0$$

为了简单起见我们省略了函数的参数。如果成员的效用在他们的份额中是线性的,那么预期总剩余的最大化需要令 $\lambda_i = 1$ 和 $\check{\lambda}_i = \check{\lambda}$ 的 i 相互独立,此外,选择 $\check{\lambda}$ 使得 $\varepsilon \left\{ \sum_j x_j \sum_i \left[u_{ij} - \frac{\overline{F}_i}{f_i} [u_{ij} \phi_i + v_{ij}] \right] \right\} = 0$ 为最优决策规则。

这种表述的一个重要含义是对项目选择有用的私人信息会影响有效的风险分担。实际上,成员根据他们的虚拟效用函数而不是他们的实际效用函数来分担风险。这促进了生产信息的真实披露,但也阻碍了更有效的风险分担,如果信息不对称没有干预,这将是可能的。

这个公式说明了第8章的方法可以应用的各种问题。这些方法最初是为了研究拉姆齐定价和最优税收而设计的。然而,近期它们的应用已扩展到许多其他情景,在这些情景中,来自参与者的激励兼容性约束、私人信息限制了可以实施的结果。正如这里看到的,参与者的风险厌恶并不是应用这种分析模式的障碍。

15.3　劳动合同的激励

多种合同方式都涉及非线性定价,但它在劳务合同中尤为重要。作用源于各方之间的信息差和风险分担的重要性。[①] 如果劳动投入和产出可以被双方核实,那么线性补偿计划(例如计件工资或工资)就足够了。否则,如果员工不是风险厌恶的,那么雇主也可以将活动出售给雇员,因为承担所有风险的工人有足够的动力在任务中付出努力和关心。然而更常见的是,雇主观察某些投入或产出的成本很高甚至不可能实现,而雇员无法或不愿承担全部风险。在这种情况下,雇主和雇员分担风险是有效的;此外,工人的份额是积极完成任务的动力。工人的份额,基于可观察的绩效指标,是产出的非线性定价的一种形式。

我们只考虑产出可以被直接观察到的情况,而忽略无法区分个人贡献的团队生产。在这种情况下,当雇主不能完全地观察工人的劳动投入时,就会出现被测量产出的非线性函数的补偿。这种投入可能是工人的努力或关心,或工人提供的其他成本高昂的因素,即我们以金钱来衡量所有的产出和投入。重要的是要认识到,这种情况还取决于私人信息或不确定性的外生来源的存在。否则,由产出就能推出投入。例如,在租佃分成制(sharecropping)的情况下,我们可以观察作物的大小,但无法推断出生产该作物所需的努力。工人可能掌握有关肥力、害虫和降雨量的信息,但即使有这些信息,产出也随机地取决于任何一方未观察到的其他因素。尽管劳动合同通常具有双边垄断的某些方面,但我们在这里假设雇主拥有所有的议价能力。雇主提供补偿计划,工人要么接受该工作要么以现行市场工资接受另一份工作。

大多数劳动合同具有重要的动态要素,因为雇佣关系通常会随着时间的推移而持续。长期和重复的关系同短期关系有很大不同,但这些变化不会改变非

391

---

① 　在技术文献中,具有这些特征的合同有时被称为委托代理问题,因为法律术语指的是受法规和普通法判例影响的合同,这些法规和判例规范了代理关系:工人作为委托人的代理人执行任务时,获准自由选择。

线性定价的作用,因此我们在这里将其省略。[①]

产出的非线性补偿

最简单的情况忽略了对风险分担的考虑。假设工人知道他的类型参数 t,但雇主是不确定的,概率分布 $F(t)$ 描述了这种不确定性。产出 q 取决于 t 和工人的输入 x。通常,类型代表了减少工人生产给定产出所需努力的因素。在租佃分成制的情境中,这些因素可能包括土壤肥力、降雨量和没有害虫。这个公式可以换一种说法表示,工人的净收益为 $P(q)-C(q, t)$,如果雇主为他的产出 q 支付 $P(q)$,并且当类型参数为 t,工人承担成本 $x=C(q, t)$ 以生产此产出。因此,雇主的目标是最大化扣除报酬后的产出的期望值 $q-P(q)$,当他知道类型是 t 时,雇主预计工人会选择生产使他的净收益最大化的产出 $q(t)$。此外,雇主必须提供足以诱使工人接受该工作而不是寻求替代工资的补偿:

$$P(q(t))-C(q(t), t) \geqslant w$$

对于每种类型 t,假设替代工资 w 是衡量工人的投入的净额。

392　　　　这个公式显然与第 6 章中的非线性定价公式相同,只是支付倒过来,公司(雇主)向客户(工人)付款。定价因素输入通常是这样,支付倒过来,但非线性定价公式保持不变。倒过来的支付确实具有这样的效果,即补偿函数 $P(q)$ 通常是增加的并且呈凸性而非凹性,正如之前在保险市场的案例中所述。

例 15.4: 假设工人的成本是 $C(q, t)=[1-t]q$,那么 $1-t$ 直接代表工人每单位产出的成本。如果类型分布具有特殊形式 $F(t)=t^a$,那么雇主的最优补偿函数提供固定工资加上每单位产出的固定价格 p。例如,如果 $a=1$,则 $p=0.50$ 美元。但对于大多数其他分布函数,价目表是非线性的,就像第 6.6 小节中的例子一样。[②]

---

① Hart 和 Holmstrom(1987)对合同(包括动态特征)的综述。

② 与工人平均分配利润的统一价格,也是雇主在工人可能的广泛成本函数中的最优最大化策略。也就是说,雇主不是评估分配函数 F,而是最大化他的最小净利润,其中最小值是关于工人可能拥有的所有成本函数。参见 Hurwicz 和 Shapiro(1978)。

　　为了说明另一种解释，我们考虑房主和建筑承包商之间的谈判的情况。[①] 如果业主不确定承包商的成本，并且根据收取价格的不同而喜欢不同的设计，那么业主提供一份可供承包商选择的程序价格和设计表（例如，房屋的大小）可能会避免旷日持久的谈判。也就是说，承包商根据有关其成本的私人信息从一系列选择中做决定。总体来说，非线性定价的优势来源于提供给客户或承包商的根据私人信息进行选择的选项套餐。在双边谈判的情况下，另一个优点是可以避免在达成协议方面造成代价高昂的延误。

风险分担

　　当工人是风险厌恶的且存在外生不确定性时，雇主的薪酬设计问题更加复杂。部分复杂性源于有效分担风险的需要。也就是说，雇主为工人提供了一些保险，但如果不消除工人付出努力的动力，那么工人的产出风险也就肯定不能完全得到保障。我们在下面将这方面进行了省略，并简单地假设雇主旨在最小化诱导工人付出特定努力 x° 的预期成本。

一个说明性的公式 *

　　工人直接选择产出的概率分布的假设，简化了符号。因此，更有可能的是更多的努力和关心会带来更好的产出，其他情况则不太可能。特别地，假设有 n 个可能的产出水平 $i = 1, \cdots\cdots, n$，并且工人努力的结果是选择每个发生的概率 $x = (x_i)_i = 1, \cdots\cdots, n$，式中 $\sum_i x_i = 1$。令 $U(P(q) - C(x))$ 为工人的效用函数，该效用函数根据他选择的分配 x 减去他的成本 $C(x)$ 后的净货币收益定义。效用函数 U 是递增的，如果工人是风险厌恶的，则是严格凹性的。雇主的问题是选择工人在第 i 次产出水平 q_i 发生时获得的效用水平 u_i。当工人被诱导选择指定的分布 x° 时，这样做的预期成本是：

$$\sum_{i=1}^{n} x_i^\circ P(q_i) = \sum_{i=1}^{n} x_i^\circ [V(u_i) + C(x^\circ)]$$

---

① 感谢 Gyu Wang 的例子。

其中 V 是效用函数 U 的倒数,即对于 u 的每个可能值有 $U(V(u))=u$, $V(u)$ 是产生效用 u 的净货币金额。如果出现产出 q_i,则实际补偿为 $P(q_i)=V(u_i)+C(x^\circ)$。 请注意,如果 U 增加且呈凹性,则 V 增加且呈凸性。

诱导工人选择特定的分布 x° 需要这些效用水平确保 x° 是工人的最优选择。该约束要求对于产出分布的每个可行选择 x 有:

$$\sum_{i=1}^n x_i^\circ u_i \geqslant \sum_{i=1}^n x_i U(V(u_i)+C(x^\circ)-C(x))$$

因此,工人从选择 x° 中获得的预期效用不低于从任何替代选择中获得的效用。此外,可行性约束

$$\sum_{i=1}^n x_1^\circ u_i \geqslant U(w)$$

被强制执行以确保工人愿意接受合同。这些约束在变量 (u_i) 中是线性的,如果 U 是指数效用函数的话。值得注意的是,如果工人也有一些私人信息,那么必须对工人信息的每个可能状态施加这样的约束,对于每种可能的类型 t,工人必须更愿意采取雇主打算采取的行动 $x^\circ(t)$。

总之,雇主设计问题的这些组成部分定义了一个非线性约束的最大化问题。从非线性定价的角度来看,最终结果是一种通常非线性依赖于产出的补偿方案。[①]

例 15.5:另一种公式假设机构选择一个决定产出概率分布的动作。令 $g(q|a)$ 是产出 q 的密度函数,取决于机构选择的动作 a。进一步假设机构的效用函数具有加法形式 $U(P(q))-C(a)$,其中机构的成本 $C(a)$ 是根据效用来衡量的。假设可能的产出范围与 a 无关。在这种情况下,确定最优报酬的条件由以下形式表示:

$$1/U'(P(q))=\lambda-\mu \frac{g_a(q|a)}{g(q|a)}$$

其中选择的乘数 λ 足够大以确保机构的参与,选择乘数 μ 以确保机构更倾向于

---

① 该公式的动态形式,具有工人的报酬仅取决于由各种产出水平出现的次数构成的总量的性质。参见 Holmstrom 和 Milgrom(1987)。

选择基于原则的行动。例如,如果机构选择产出分布的均值,即指数分布或正态分布,则 g_a/g 是产出 q 的递减线性函数。因此,如果效用函数 U 是指数函数,则报酬 $P(q)$ 与产出线性函数的对数成正比。或者,如果 $U(P)=\sqrt{P}$,那么 $P(q)$ 是产出的二次函数。

15.4 税收和规制政策

在本节中,我们提到了公共部门的两个应用。拉姆齐定价理论最初是为提供一个系统的框架来研究商品和所得税而被提出的。我们在这里提到了如何从所得税的角度解释前几章中的材料,第 16 章阐述了该主题的简要发展历史。在这之后我们还介绍了近期在规制政策设计中的应用。

税收

在第 6 章中,我们对使消费者剩余最大化的价目表设计的拉姆齐定价进行了公式化,受制于公司净收入的消费者剩余足以支付其总成本。这个公式可以通过重新解释简单地应用于所得税表的设计。将企业解释为政府,其目标是最大化居民的剩余,但前提是它必须筹集足够的税收来支付公共物品的支出。价目表 $P(q)$ 是对收入 q 征收的税款,总体来说,税收必须满足政府的收入要求。居民或家庭是多种多样的,并且假定政府知道他们的类型在人口中的分布。如果其总收入为 q 且其净收入为 $q-P(q)$,则类型 t 将获得净收益 $U(q,t)-P(q)$。在这个公式中,总收益 $U(q,t)$ 必须被解释为在给定一个人的类型 t 的情况下,为产生收入 q 所需的所有非货币性支出的净额。

在实际应用中,这个公式省略的复杂问题得到了解决。一是累进税,其边际税率是收入的递增函数,这种累进税可能是出于道德层面的考虑。根据拉姆齐公式,必须通过指定依赖于他们的收入或类型的个人福利权重来征收,特别是对于在创收方面处于不利地位的类型。或者,它可能反映了政治现实,因为选票是平等分配的。此外,在某些情况下,税表对不同类别的公民存在不同的对待,例如受抚养人数量不同的家庭,不同来源的收入(和支出)也被区别对待,例如工资收入和资本收入之间的区别。二是公式必须涉及很多方面,如第 7 章中包含的风险规避和其他收入影响。随着时间推移的各种动态影响,例如个人对教育和技能的投资,以及在工作中付出努力的动机,特别是当收入来自包括财务和遗传两方面的努力、运气和继承的"串联"时。上面的简单化解释未能充分解决这些复杂情况,而这些复杂情况解释了为什么我们省略了对一般税收理论的系统介绍,即使它是非线性定价的一个特例。

396

规制政策的设计

在美国,许多公共服务由私营公用事业公司提供,其运营受州委员会规制。最近的一份文献将规制机构与公司之间的代理关系解释为一种契约关系,在这种关系中,规制机构通过其有关投资、产品和价格的政策,激励公司为公共利益有效地提供服务。拉姆齐定价是解决这一问题的较早方法,但近期的文献还研究了公司已知的有关技术和成本的私人信息的作用。这方面的一些分析与上述分析相似,规制机构根据可观察的规模(如投资、产出和价格)为公司提供一个允许利润的非线性的价目表,然后公司根据其对技术和成本的更详细了解从该套餐中选择一个选项。[①]

一个说明性的公式 *

下面是一个简单的静态公式。假定规制委员会可以最大化福利措施,该措施将权重 1 和 $1-\alpha$ 分别分配给客户和生产者的预期剩余。[②] 生产者剩余是不确定的,因为委员会无法观察到公司的成本,它取决于仅公司自己知道的类型参数 t。因此,佣金限于公司被允许的指定收入 $P(q)$,这取决于它提供的产出的

[①] 这是对该主题的过度简化的观点,特别是因为监管受到各方之间持续关系的重要影响。详见 Baron 和 Myerson(1982),以及 Spulber(1988, 1989)。Baron(1989)进行了一项出色的综述。

[②] 人们假设 $\alpha > 0$ 来捕捉这样一个政治现实,即规制委员会更倾向于支持客户而不是受规制公司的所有者,这可能是因为所有者不是公司服务领域的选民。另一种观点是 α 反映了税收的扭曲效应,以向公司转账。Laffont 和 Tirole(1986)研究了一种替代公式,其中公司的成本可以被规制机构观察到。

度量 q。作为对这种激励的回应,公司选择一个产出水平来最大化其利润:

$$R(t) = \max_q \{P(q) - C(q, t)\}$$

其中 $C(q, t)$ 是其成本函数,该函数取决于产出 q 和它的类型参数 t。约束 $R(t)$ ≥ 0 表明了公司必须做到收支平衡的要求。此外,与第 8 章一样,包络特性表明公司优化了其对所提供激励的响应 $R'(t) = -C_t(q(t), t)$,其中 $q(t)$ 是最优的产出水平。假设总剩余是产出的社会价值 $W(q)$ 与企业实际成本之间的差值 $W(q) - C(q, t)$。此外,令 $F(t)$ 为公司类型参数的分布函数。那么委员会的目标就是在上述约束的条件下,选择函数 $P(q)$ 来最大化福利的期望值

$$\int_0^\infty \{W(q(t)) - C(q(t), t) - \alpha R(t)\} dF(t)$$

假设成本函数 $C(q, t)$ 和边际成本函数 $c(q, t) \equiv C_q(q, t)$ 是产出的递增函数,类型参数的递减函数。特别地,$R(t)$ 是正在增加的。那么,将第 8 章的方法应用于这个问题时,该方法表明类型与产出水平的最优分配由以下条件描述:

$$W'(q) = c(q, t) + \alpha \frac{\overline{F}(t)}{f(t)} c_t(q, t)$$

式中 $q = q(t)$,并假设此分配是非递减的。从这个条件确定了分配 $q(t)$ 后,边际收入 $p(q) \equiv P'(q)$ 可以从 $p(q(t)) = c(q(t), t)$ 的性质推断出来。反之,收入函数是 $P(q) = P_0 + \int_0^q p(x)dx$,其中固定费用是 P_0 来满足最小类型收支平衡的要求 $R(0) = 0$。 在应用中,人们可能会假设需求函数的倒数 $D^{-1}(q)$ 指定了对产出的需求为 q 时的市场价格。因此,在扣除成本之前,总剩余是该需求函数下的面积,如果客户之间没有收入效应,边际总收益为 $W'(q) = D^{-1}(q)$。

例 15.6: 假设 $C(q, t) = C_0 + q/t$ 并且类型参数 t 在正区间 $a \leq t \leq b$ 均匀分布,那么分配满足最优条件

$$W'(q(t)) = 1/t + \alpha[b - t][-1/t^2]$$

此外,因为 $p(q(t)) = C_q = 1/t$,边际收入允许公司满足类似的条件

$$W'(q) = [1 + \alpha]p(q) - \alpha b p(q)^2$$

因此最优边际收入函数是

$$p(q) = W'(q) \div \{\beta + \sqrt{\beta^2 - \alpha b W'(q)}\}$$

其中 $\beta = [1+\alpha]/2$，假设 $W'(q) \leqslant \beta^2/\alpha b$，否则 $p(q) = W'(q)/\beta$。该解决方案的关键在于，如果 $\alpha > 0$，那么对于相同的产出，则边际收入允许企业的需求价格超过 $D^{-1}(q)$，预期差额是由固定费用 $P_\circ$ 所补偿，该费用可能为负，因此可以构成补贴。最终结果是产出低于完全有效的数量，但在预期中，如果允许公司作为不受规制的垄断者最大化其利润，则产出会超过公司所能提供的产出。类似地，如果 $C(q, t) = C_\circ + qt$ 且 $D^{-1}(q) = 1-q$，则 $p(q) = 1 - q/[1-\alpha]$，这再次夸大了边际收入，并鼓励公司将产出扩大到超过不受规制的垄断者所能提供的数量。

398

15.5　小结

前几章研究的非线性定价形式是受通信、电力和运输行业的费率设计所启发的。这些行业中的公司通过指定价目表，来为大量且稳定但多样化的、具有持续需求的客户群体定义服务条件。与拉姆齐定价及其变体一样，购买规模的增量是有区别的，以有效满足成本回收的收入要求。效率的提高主要是由于考虑到对大规模购买的增量需求的较高价格弹性。通过帕累托改进定价等策略，公司可以确保与提高相同收入的统一价格相比，没有客户面临不利。实际影响只是增加了公司提供的供给。

非线性定价也可用于利用垄断力量。当它的使用缺乏效率时，就属于价格歧视的范畴，不会给客户带来收益。价格歧视的一个极端例子是公司通过价格递减序列处置初始库存时的时间差异定价，由此导致的客户交付延迟纯属低效。在这个例子以及其他大多数价格歧视的有害影响中，低效率源于质量降级。也就是说，交付时间是一个质量属性，统一定价会带来最高质量，即立即交付。因此，规制机构对各种提案进行审查，以确保低效的质量降级不会抵消产品差异化带来的收益，例如供应量的增加和提供更适合客户偏好的一系列质量。

第 1 节中回顾的产品定价应用只是非线性定价普遍应用的例子。尽管如此，它们足以表明该主题比本书所覆盖的范围更丰富。更广泛的主题包括为满足客户的高峰负荷要求的定价和产品设计，更普遍的捆绑主题以及各种形式的交付条件的差异化。后者尤其引入复杂的因素，例如时间定价的科斯产权理论。

第 2 节中对具有私人信息的市场的应用为非线性定价引入了不同的动机。当交易的一方受到只有另一方知道的因素影响时，逆向选择格外重要。非线性定价可以消除这个问题，因为它可以确保价格足以支付那些在所提供的套餐中选择每个选项的类型所带来的成本，虽然这会导致效率低下，但在这种情况下，统一价格也是低效的。

合作伙伴之间的风险分担是有益的非线性定价的一个典型案例。非线性共享规则对于有效分配风险，以及促进对投资和生产决策有用的私人信息的披露，通常是必不可少的。

然而，第 3 节中对劳动合同的应用表明，当风险分担进一步受到它为工人付出努力而创造的激励机制的影响时，问题就变得复杂了。如果没有风险分担，最优补偿方案是非线性定价（反向支付）的直接应用。第 4 节中的相关应用甚至扩展到在公司拥有其技术或成本的私人信息时的规制政策设计。但是对于风险分担，设计最优补偿方案需要解决一个约束优化问题，这个问题比前几章研究的问题更复杂。补偿功能是为了预测工人对努力的选择（对所提供的激励的响应）而设计的，这仍然是指导原则，但引导工人选择雇主偏好的行动所需的条件通常必须作为辅助约束明确处理。前几章允许省略此类限制，因为客户的唯一行动就是选择购买规模。

399

第 16 章
参考文献目录

　　由于本书正文提供的参考资料很少,本章提供更多有关非线性定价的参考文献,及对其理论发展的简要总结。本章并不尝试涵盖所有文献,而是强调主要思想,并参考了各章所依据的关键技术文献。这些文献为每章的研究主题提供了一定的补充材料。

　　斯蒂芬·布朗和大卫·西布利(Stephen Brown and David Sibley, 1986)对非线性定价进行了全面的阐述,补充了这里的大部分材料。布里杰·米切尔和英戈·福格尔桑(Bridger Mitchell and Ingo Vogelsang, 1991)总结了理论的要素并回顾了在电信行业的应用。相关主题的更多文献的阐述和目录,请参阅路易斯·弗利普斯(Louis Phlips, 1983, 1988a, 1988b)和让·梯若尔(Jean Tirole, 1988,第 3 章)的著述,以及罗纳德·布罗伊蒂加姆(Ronald Braeutigam, 1989)和哈尔·范里安(Hal Varian, 1989)的评述文章。

16.1　简短历史

　　虽然非线性定价在实践中应用已久,但其理论发展却是最近才开始的。詹姆斯·莫里斯(1971)构建的最优非线性税收理论是主要成就也是首创。这是本书所有内容的基础。莫里斯(1976,1986,1990)对这一理论进行了完善和阐述，凯文·罗伯茨(Kevin Roberts, 1979)和罗歇·盖内里和耶苏·塞亚德(Roger Guesnerie and Jesus Seade, 1982)提出替代方案，托马拉(Tuomala, 1990)回顾了这些贡献。

这一发展的根源是由弗兰克·拉姆齐(Frank Ramsey, 1927)提出的线性商品税收理论，它沿袭了朱尔斯·杜普伊(Jules Dupuit)的著名论文《关于公共工程效用的测量》(On the Measurement of the Utility of Public Works)(Paris, 1844)。马塞尔·博伊塔克(Marcel Boiteux, 1956,1960)在其开创性的文章中提出了受规制公用事业和公共企业定价的应用。有关说明，请参见雅克·德雷兹(Jacques Dréze, 1964)和埃格伯特·迪克(Egbert Dierker, 1991)及盖内里(Guesnerie, 1980)的现代版本。威廉·鲍莫尔和大卫·布拉德福德(William Baumol and David Bradford, 1970)简洁地介绍了主要观点。埃坦·舍申斯基(Eytan Sheshinski, 1986)对使用统一价格的拉姆齐定价理论的最新发展进行了调研并提供了参考文献。

莫里斯的工作是在一个允许多种复杂特征——例如收入效应和生产技术的选择——的一般模型中进行的，它侧重于最大化福利税收政策的构建。它对公司定价政策的应用最初并未得到充分认可。一些贡献不断涌现[盖博(A. Gabor, 1955)和墨菲(M. M. Murphy, 1977)]，特别是对较简单的两部制价目表理论，包括马丁·费尔德斯坦(Martin Feldstein, 1972)、斯蒂芬·李特查尔德(Stephen Littlechild, 1975)、沃尔特·奥伊(Walter Oi, 1971)、吴耀光和 M. 魏斯纳(Yew Kwan Ng and M. Weissner, 1974)以及理查德·施马伦译(Richard Schmalansee, 1981a)。乔治·阿克洛夫(George Akerlof, 1970)、迈克尔·斯宾塞(Michael Spence, 1973)以及迈克尔·罗斯柴尔德和约瑟夫·斯蒂格利茨(Michael Rothschild and Joseph Stiglitz, 1976)的三篇有影响力的文章强调了自我选择的作用，并隐含强调了在具有异质客户群的市场中，为实现效率而差异化价格的必要性。非线性定价理论作为公司理论的一个组成部分，在 20 世纪 70 年代后期突然兴起。最初的热潮包括杰拉尔德·福尔哈伯和约翰·潘萨尔(Gerald Faulhabe and John Panzar, 1977)、迈克尔·穆萨和舍温·罗森(Michael

Mussa and Sherwin Rosen，1978)、潘萨尔(Panzar，1977)、罗伯茨(Roberts，1979)、乔尔·索贝尔(Joel Sobel，1979)、斯宾塞(Spence，1976a，1980)和罗伯特·维利希(Robert Willig，1978)的文章。罗杰·肯克和西布利(Roger Koenker and Sibley，1979)报告了对公用事业定价的应用，一般微观经济理论的相关主题也有若干应用，例如斯蒂格利茨(Stiglitz，1977)。维利希(Willig，1978)以及雅努什·奥尔多弗和潘萨尔(Janusz Ordover and Panzar，1980，1982)的文章强调了非线性定价对有效规制政策的影响。

随后的工作(在第2节中称为"文章")由巴里·戈尔德曼、海恩·利兰和西布利(Barry Goldman，Hayne Leland and Sibley，1984)，盖内里和让-雅克·拉丰(Guesnerie and Jean-Jacques Laffont，1984)，盖内里和塞亚德(Guesnerie and Seade，1982)，迈克尔·卡茨(Michael Katz，1983、1984a、1984b)，拉丰、埃里克·马斯金和让-夏尔·罗歇(Laffont，Maskin，and Jean-Charles Rochet，1987)，马斯金和约翰·莱利(Maskin and John Riley，1984a，1984b)，R.普莱斯顿·迈克菲和约翰·麦克米伦(R. Preston McAfee and John McMillan，1988)，伦纳德·米尔曼和西布利(Leonard Mirman and Sibley，1980)，乔尔·索贝尔(Sobel，1984)，丹尼尔·施普尔伯(Daniel Spulber，1981)和帕德马纳班·斯林纳盖什(Padmanabhan Srinagesh，1986)做出。本书的第二部分主要基于这些研究成果和先前的研究成果，它们为该主题奠定了基础。主要内容由布朗和西布利(Brown and Sibley，1986)撰写。弗利普斯(Phlips，1983，1988a，1988b)和梯若尔(Tirole，1988，第3章及其附录)和范里安(Varian，1989，2.3节)的评述文章中包含了介绍性阐述。

马塞尔·博耶(Marcel Boyer，1986)、J.克劳瑟(J. Crowther，1964)、罗伯特·多兰(Robert Dolan，1987)、拉吉夫·拉尔和理查德·施特林(Rajiv Lal and Richard Staelin，1984)、J. P.莫纳汉(J. P. Monahan，1984)以及斯里达尔·穆尔蒂(Sridhar Moorthy，1984)描述了竞争市场中非线性定价的一些动机。布朗和西布利(Brown and Sibley，1986)、潘萨尔和西布利(Panzar and Sibley，1978)以及什穆尔·奥伦、斯蒂芬·史密斯和威尔逊(Shmuel Oren, Stephen Smith and Wilson，1982a、1982b、1985)等人提出了公用事业服务定价的应用，相关综述请

参见布罗伊蒂加姆(1989)。福尔哈伯和潘萨尔(Faulhaber and Panzar, 1977)、奥尔多弗和潘萨尔(Ordover and Panzar, 1980)以及维利希(Willig, 1978)对帕累托改进价目表进行了研究,布朗和西布利(1986)对其进行了详细研究。赵洪波和威尔逊(Hung-po Chao and Wilson, 1987)、N. 维斯瓦纳坦和谢德荪(N. Viswanathan and Edison Tse, 1989)以及威尔逊(Wilson, 1989a, 1989b)研究了当容量随机限制公司供应时服务可靠性的非线性定价。奥伦、史密斯和威尔逊(Oren, Smith and Wilson, 1982b)将非线性定价扩展到寡头垄断。

除了少数例外,大部分关于非线性定价的工作都集中在单一产品的垄断供应商,和具有单一类型参数的客户收益的参数化模型这一特殊情况上。本书的第二部分中同样向读者介绍了这个主题,但正如我们在第 8 章中所强调的,对于单一产品,大部分分析不受单一类型参数限制的影响。我们还试图通过在第一部分集中讨论使用需求档案来表示市场数据,使该理论易于理解和应用。这消除了对类型参数的依赖,并且可以像第 14 章一样对多产品价目表进行数值计算。

最近关于非线性定价的研究,与更常见的最优拍卖理论和其他解释激励效应交易过程的一般理论密切相关。例如在当前背景下客户自行选择他们的首选购买。由罗杰·迈尔森(Roger Myerson, 1981),迈尔森和马克·萨特恩韦特(Myerson and Mark Satterthwaite, 1983)以及约翰. 摩尔(John Moore, 1984)分别发表了开创性文章。戴维·巴伦和迈尔森(David Baron and Myerson, 1982)将其应用于规制政策并发表了论文,引发巴伦(1989)和施普尔伯(1989b)对此进行了研究。拉丰和梯若尔(Laffont and Tirole, 1992)的专著发展了一套全面的激励规制理论,作为对购买和代理合同激励条款所涉及原则的总体阐述的一部分。盖内里和拉丰(Guesnerie and Laffont, 1984)对委托人雇用的代理人的激励机制设计进行了特别仔细的应用。正如他们所说明的,他们的方法也适用于更广泛的单维类型参数问题。威尔逊(Wilson, 1992)以及约翰·凯南和威尔逊(John Kennan and Wilson, 1992)综述了这些适用于拍卖和讨价还价的文献。

有关价格歧视的文献

至少自杜普伊(Dupuit, 1844)的指控以及阿瑟·C. 庇古(Arthur C. Pigou,

403

1920，1932)和琼·罗宾逊(Joan Robinson，1933)的后续分析以来，价格歧视一直具有负面含义。随后的文献包括詹姆斯·布坎南(James Buchanan，1953)，拉尔夫·卡萨迪(Ralph Cassady，1946a，1946b)，约翰·哈特威克(John Hartwick，1978)，以及利兰和R.迈耶(Leland and R. Meyer，1976)。弗利普斯(Phlips，1983)的文章以及弗利普斯(1988a)和范里安(1989)的文章提供了现代综述和广泛的参考文献。弗雷德里克·M.谢勒(Frederick M. Scherer，1980，第11章)的著作对相关主题进行广泛探讨。斯蒂格利茨(Stiglitz，1989)详细阐述了对第15章中所考虑主题的各种应用。

将非线性定价与价格歧视联系起来，源于庇古(Pigou)对定价政策的不当和混乱分类。他的分析在很大程度上忽略了客户从所有客户均等可用的选项套餐中自行选择偏好的情况，价格被隐含地假设是统一的，向不同的客户或细分市场提供不同的价格。一级价格歧视一词是由庇古创造的，用来描述通过向每位客户收取其保留价格(假定公司已知)来耗尽所有或大部分消费者剩余的定价做法。三级价格歧视是指适用于不同细分市场的类似做法。二级价格歧视指的是处于两者之间的情况，即单一市场中完全价格歧视受制于卖方无法区分客户或无法阻止客户套利。后来的学者，如梯若尔(Tirole，1988)和范里安(Varian，1989)，将非线性定价纳入二级价格歧视的范畴，并将其解释为一种不完全的形式，受限于每个客户在所提供的选项套餐中任选其一的能力。我们之所以没有使用这个术语，是因为很难将歧视的贬义解释与源自拉姆齐定价公式的非线性定价的效率属性相协调。

近期关于二级价格歧视的主要文献以质量的非线性定价为例，如迈克尔·穆萨和罗森(Mussa and Rosen，1978)以及马斯金和莱利(Maskin and Riley，1984a)[①]。这类文献的一个观点是，垄断的最优价格会导致每个客户类型选择较低的质量和较高的价格，且价格会高于按边际成本有效定价的结果——如图13.2所示——这被一些作者称为质量失真。关于耐用品跨期定价的文献对这

---

① 后续扩展包括 David Besanko、Shabtai Donnenfeld 和 Lawrence White(1987，1988)，Russell Cooper(1984)，Donnenfeld and White(1988，1990)，Jean Gabszewicz、Avner Shaked、John Sutton 和 Jacques-Francois Thisse(1986)以及 Spulber(1989a).

一观点提出异议，它们认为当卖方的承诺能力有限时，延迟购买形式出现的质量失真是很小的。被称为科斯猜想（Coase，1972）的命题已被杰里米·布洛（Jeremy Bulow，1982，1986）、法鲁克·古尔（Faruk Gul，1987）、古尔，雨果·索南夏因和威尔逊（Gul，Hugo Sonnenschein and Wilson，1976）、古尔和雨果·索南夏因（Gul and Sonnenschein，1988）、南希·斯托基（Nancy Stokey，1979，1981）以及彼得·斯旺（Peter Swan，1972）进行研究。斯林纳盖什和拉尔夫·布拉德伯德（Srinagesh and Ralph Bradburd，1989）则持不同的观点，他们提出了一个合理的模型，在该模型中，质量之所以得到提高是因为总收益较低的客户对质量增量的边际估值较高。

在庇古的词典中，术语三级价格歧视指的是给不同细分市场提供不同（假定是统一的）价格。三级价格歧视的典型例子是基于可观察特征的折扣，例如年龄（通过为老年人提供折扣）、地点或等级，如受规制公用事业的居民、商业和工业客户之间的区别。对这一类别的后续解释包括以其他可观察方面（如教育）为条件的价格，这些方面是内生选择的非观测特征信号，例如劳动力市场的能力衡量标准。斯宾塞（Spence，1973，1974）的开创性工作引出了大量文献，梯若尔（1988，2.6.1.2 节）对这类文献在产品市场中的应用进行了描述。与统一定价相比，三级价格歧视的文献强调对不利福利后果的市场测试。罗宾逊（Robinson，1933）发现在具有独立线性需求函数的分离市场中收取不同的统一价格会减少总剩余。施马伦泽（Schmalansee，1981b）表明，更普遍的情况下总产出的增加是总剩余增加的必要条件。范里安（1985）将分析扩展到需求依赖的情况，并得到了福利变化的一般界限。例如，如果差异化价格能够为原本无法服务的市场提供服务，则差异化价格是有益的。[①]

为了反驳二级价格歧视的负面含义，我们遵循布朗和西布利（Brown 和 Sibley，1986）的观点，强调与统一定价提供的选项相比，非线性定价普遍有益，例如提供帕累托改进价目表以确保没有客户面临不利。这与 J. 斯蒂芬·亨德森和罗伯特·彭斯（J. Stephen Henderson and Robert Burns，1989）的分析一

405

---

① 相关研究参见 DeGraba（1990）、Edwards（1950）、Finn（1974）、Greenhut 和 Ohta（1976）、Katz（1987）、Nahata et al.（1990）和 Schwarz（1990）。

致,即通过拉姆齐定价得出的非线性电价不受制于公用事业规制标准的法律条款中使用的不当价格歧视标签的限制。然而,除了第 10 章中对优先级服务的分析之外,本书很少涉及第 1 章和第 15 章中描述的质量降级的潜在问题。我们对这个主题的分析表明,服务质量——在这种情况下指的是服务可靠性——的差异化,可以伴随着有效的定价政策来确保在不改变公司净收入的情况下,所有客户的净收益都得到提高。

小结

用于分析非线性定价的方法源于莫里斯对拉姆齐提出的问题的修正,即在收入要求的限制下,选择价格以使总福利的聚合度量最大化。如果客户群体是多样化的,最优价目表(或莫里斯提出的税收计划)通常是非线性的。通过注意到有不同需求价格弹性的客户支付不同的平均价格,非线性定价可以在庇古的二级价格歧视范畴内得到解释。尽管如此,它是提高需求收入的有效手段。边际价格的非均匀性完全由总需求的价格弹性(由需求分布来衡量)在不同增量下不同这一事实来解释。因此,其主要特征源自对增量的差异化定价。与线性定价一样,每个客户从选项套餐中选择一个首选项,但连续增量的价格并不是恒定不变的。

406 自 20 世纪 70 年代后期以来,无论是在数量折扣的分析中还是在包含一系列质量的产品系列的分析中,技术文献都在公司的标准经济理论中引入了非线性定价。它也已应用于垄断、寡头垄断和受规制的环境。这项工作在很大程度上依赖具有方便的正则性、单一产品和单一类型参数的模型来避免技术问题。但是,它也可以扩展到第三部分和第四部分中讨论的多维和多产品定价的更常见的情况。因为这些文献的基本原理将非线性定价解释为增量的差异化定价。捆绑定价的基本理论提供了进行分析的一致方法。此外,第 13.5 节中的例子表明捆绑定价在多产品环境中具有更广泛的作用。在数量折扣的特殊背景下,莫里斯就拉姆齐定价的公式化提供了一个框架,该框架涵盖了对受规制行业的大多数应用,以及第 15 章中许多在受信息差异影响的市场中的应用。多部制价目表和其他限制形式的扩展遵循相同原则的修正。

尽管实施形式差异很大,许多行业的公司都使用非线性定价。规制机构越来越倾向于在保留原有选择的前提下,提供可选价目表套餐以确保客户不会面临不利。这在一定程度上是因为人们接受了这样一个基本结论,即满足受规制公司收入要求的有效方法是根据拉姆齐定价原则利用其垄断力量,并根据分配限制进行修正。即使非线性定价具有二级价格歧视的内涵,它也是满足公司收入要求的有效手段。然而,关于分配效率的结论受制于一个重要的条件,即公司的运营在生产上是有效的,并且提供了产品或服务质量的有效范围。特别是后者总令人怀疑,因为有证据表明质量降级可被用于促进价格歧视。

16.2　各章引用文献

在本节中,我们将读者的关注点引向与各章相关的文献。

数学技术:除了偶尔引用欧拉条件和变分法中的横截性条件外,第一到第三部分的内容使用代数和微积分的基本方法。我们按照 Elsgolc(1961)将这些必要条件以及各种充分条件都在标准文本中介绍。第四部分依赖于多元微积分的高级方法,但该论述抑制了最优条件的制定和推导中的技术问题。第 12 章和第 14 章中的公式依赖于多元积分的特殊形式,被称为格林定理、散度定理,或广义形式的多元微积分基本定理,有时也称为斯托克斯定理,常用的参考文献是沙伊(Schey, 1973)。

第 1 章　**导论**。Scherer(1980, p. 315)提到了非线性定价的一些可行性要求,并列出了一长串价格歧视的种类,其中一些可以解释为非线性定价的形式。

第 2 章　**实例**。除了本章中的实例外,Brown 和 Sibley(1986)还详细介绍了一些实例。Mitchell 和 Vogelsang(1991)详细描述了电信应用。Oren、Smith 和 Wilson(1982a)描述了为听力受损客户提供电话服务的定价应用程序。

第 3 章　**模型和数据来源**。本章材料是上述文章的综合。几乎所有作者都做出了明确的假设,大致符合第 4 节中引用的假设。额外的充分条件在第 8 章中介绍。最普遍的充分性假设显然是 Mirrlees(1976,1986)的假设。原则上,所需的单调性的必要和充分条件是基于 Milgrom 和 Shannon(1991)研发的准超模块化性质。

第4章 价目表设计。效仿 Oren、Smith 和 Wilson(1982b)使用需求曲线来预测客户对非线性价目表的反应。除了 Brown 和 Sibley(1986)以及 Goldman、Leland 和 Sibley(1984)使用平行公式作为证明方式以外,其他作者并未采用这种方法,另见 Tirole(1986,3.5.1.3 节)。Mitchell 和 Vogelsang(1991)根据本书稿的前一版本对这一表述进行了阐述和批评。关于捆绑的基本参考资料有 Adams 和 Yellan(1976),McAfee、McMillan 和 Whinston(1989),以及 Schmalansee(1984)。

第5章 拉姆齐定价。将拉姆齐定价解释为垄断定价的延伸在文献中是标准的,至少可以追溯到 Ramsey(1927)以及最近的 Mirrlees(1971,1976)。近期的分析更符合 Boiteux(1956)表述的观点,并适用于规制政策,参见 Laffont 和 Tirole(1992)。Faulhaber 和 Panzar(1977)、Ordover 和 Panzar(1980)以及 Willing(1978)对帕累托改进价目表进行了初步研究。关于基于最低质量规制或强制实施价格上限的质量背景中的替代分析,请参见 Besanko、Donnenfeld 和 White(1987)。本章的材料源于 Brown 和 Sibley(1986,p.83 ff.)。第3节关于电话资费的例子基于 D. Heyman、J. Lazorchak、D. Sibley 和 W. Taylor (1987)。Oren、Smith 和 Wilson(1982a)描述了听力受损客户的通信系统的应用。Train 和 Toyama(1989)描述了农业客户用于抽取灌溉水的电力的分时电价应用。

第6章 单参数非聚合模型。本章的主题是大型期刊文献中关于非线性定价的标准主题。Cooper(1984)以及 Maskin 和 Riley(1984a)解释了离散类型模型中只有相邻的激励兼容性约束具有约束力。Guesnerie 和 Seade(1982)、Matthews 和 Moore(1987)及 Moore(1984)提出了更通用的模型。关于两部制价目表的文献包括 Feldstein(1972)、Murphy(1977)、Ng 和 Weissner(1974)、Oi (1971)、Panzar 和 Sibley(1989)、Schmalansee(1981a)、Sharkey 和 Sibley (1990),以及 Vohra(1990)。Brown 和 Sibley 的书(1986 年,第 4 章和附录)中包

含了对两部制和多部制价目表的详细分析。从客户、需求函数的角度阐述多部制非线性价目表理论,在文献中并不常见。

第 7 章　收入效应。Mirrlees(1976)以及 Guesnerie 和 Laffont(1984)在他们的公式中包含了收入效应。Roberts(1979)利用在第 8 章中介绍的间接效用函数的表述,提出了另一种构建价目表的方法,如第三个例子中存在类型的收入效应。他的方法的优势在于便于分析具有可变福利权重的拉姆齐定价。

第 8 章　技术性修正。该论述依赖于 Goldman、Leland 和 Sibley(1984),Guesnerie 和 Laffont(1984),以及 Mirrlees(1976)。根据间接效用函数计算非线性价目表的公式是基于 Roberts(1979)。Srinagesh(1985, 1991a)将其扩展到多维类型。多维类型分析的另一个版本是 McAfee 和 McMillan(1988)提出的,他们引用了一个比边际收益函数的类型线性弱的假设,将问题简化为具有单个类型参数的问题。他们的阐述提供了明确的充分条件。多部制价目表的分析类似于 Chao 和 Wilson(1987)和 Wilson(1989a)的结果。

第 9 章　多维定价。本章基于 Oren、Smith 和 Wilson(1985),他们提供了充分条件。第 4 节关于项目分配公式的论述基于 Wilson、Oren 和 Smith(1980),其中包括了最优固定费用的推导。

第 10 章　优先级定价。在关于优先级服务的第 1 节中,对供应不确定性的分析基于 Chao 和 Wilson(1987)以及 Wilson(1989a)。关于需求不确定性的分析则基于 Harris 和 Raviv(1981)。Spulber(1990ab)提供了另一种分析,包括客户需求仅因乘数而异的特殊情况,在这种情况下,等比例削减是有效的。有关拉姆齐定价的第 2 节遵循 Wilson(1989b)。关于优先级服务的最初工作是由 Marchand(1974)以及 Tschirhart 和 Jen(1979)完成的。随后的文献包括 Chao、Oren、Smith 和 Wilson(1986, 1989),Viswanathan 和 Tze(1989),以及 Woo(1990)。第 3 节中的优先排队系统基于 Mendelson 和 Whang(1990)。Pitbladdo(1990)提出了应用于机场着陆和起飞时刻优先调度的不同模型。

第 11 章　容量定价。本章基于 Oren、Smith 和 Wilson(1985)以及 Panzar 和 Sibley(1978)。有关 Panzar 和 Sibley 模型的进一步分析,请参见 Srinagesh(1990b)。

第 12 章　多产品及竞争价目表。第 1 节和第 2 节是第 14 章中构建的特例，请参见下面的警示性评论。Srinagesh(1991b)在一种产品线性定价而另一种产品非线性定价的情况下，研究了第 1 节和第 2 节的主题。例如，他发现当对产品的需求独立时，多产品垄断者为第一个产品制定的价格低于只销售该产品的双头垄断者价格，其动机是通过提高其他产品的非线性价格来获取利润从而增加客户收益。第 3 节有关古诺模型的内容基于 Oren、Smith 和 Wilson(1982b)，他们还提供了充分条件。第 4 节中的简要讨论基于 Meyer 和 Klemperer(1989)，他们详细分析了根据已实现的需求条件进行事后调整的非线性定价政策。

第 13 章　多产品定价。第 2 节和第 5 节是基于 Mirrlees(1976,1986)的研究，而第 4 节中的单维类型参数分析则基于 Mirman 和 Sibley(1980)的研究。Armstrong(1992)研究了第 5 节中的例子，表明垄断企业的最优价目表总是将一些客户排除在购买之外，而多产品企业从使用不可分的价目表中获益。参见 Champsaur 和 Rochet(1989)对提供一系列不同质量产品的双头垄断者之间的伯特兰竞争的研究，客户类型参数是单维的情况下，每个客户只购买一个单位。

第 14 章　多产品价目表。本章受 Wilson(1991)一文中观点的启发。然而，那篇文章中的公式是错误的！因为自有价格效应和替代效应没有得到正确区分。本修订版中可能仍存在错误，但审稿人审阅的稿件中未包含该错误。

第 15 章　非线性定价的其他应用。本章主题的介绍性论述参见 Phlips(1983,1988a,1988b)、Spulber(1989)和 Tirole(1988)。Guesnerie 和 Laffont(1984,第 4 和第 5 章)说明了非线性定价在某些主题中的应用。Baron、Braeutigam、Stiglitz 和 Varian 在《产业组织手册》(*The Handbook of Industrial Organization*)(1989,第 24、23、13 和 10 章)中提供了全面的综述。

引用文献

Adams, W., and Janet Yellan (1976), "Commodity Bundling and the Burden of Monopoly," *Quarterly Journal of Economics* 90:475 – 498.

Akerlof, George A. (1970), "The Market for 'Lemons: Qualitative Uncertainty and the Market Mechanism," *Quarterly Journal of Economics* 84:488 – 500.

Anderson, Simon P., and Jacques-François Thisse (1988), "Price Discrimination in Spatial Competitive Markets," *European Economic Review* 32:578 – 590.

Armstrong, Mark (1992), "Optimal Nonlinear Pricing by a Multiproduct Monopolist," Chap. 4, D. Phil. thesis, Institute of Economics and Statistics, Oxford University.

Armstrong, Mark, and John Vickers (1991), "Welfare Effects of Price Discrimination by a Regulated Monopolist," *RAND Journal of Economics* 22:571 – 580.

Baron, David P. (1989), "Design of Regulatory Mechanisms and Institutions," in *The Handbook of Industrial Organization*, R. Schmalansee and R. Willig (eds.), Volume II, Chapter 24, 1347 – 1447. Amsterdam and New York: Elsevier Science Publishers B. V. (North-Holland).

Baron, David P., and Roger B. Myerson (1982), "Regulating a Monopolist with Unknown Costs," *Econometrica* 50:911 – 930.

Battalio, Raymond C., and R. B. Ekelund Jr. (1972), "Output Change under Third-Degree Price Discrimination," *Southern Economic Journal* 39:285 – 290.

Baumol, William J. (1987), "Ramsey Pricing," in: *The New Palgrave*, J. Eatwell, M. Milgate, and P. Newman (eds.), Vol. IV, 49 – 51. London: Macmillan Press, Ltd.

Baumol, William J., and David Bradford (1970), "Optimal Departures from Marginal Cost Pricing," *American Economic Review* 60:265 – 283.

Baumol, William J., John C. Panzar, and Robert D. Willig (1982), *Contestable Markets and the Theory of Industrial Structure*. New York: Harcourt Brace Jovanovich.

Besanko, David, Shabtai Donnenfeld, and Lawrence J. White (1987), "Monopoly and Quality Distortion: Effects and Remedies," *Quarterly Journal of Economics* 102:743 – 768.

Besanko, David, Shabtai Donnenfeld, and Lawrence J. White (1988), "The Multiproduct Firm, Quality Choice, and Regulation," *Journal of Industrial Economics* 36:411 – 430.

Besanko, David, and David S. Sibley (1991), "Compensation and Transfer Pricing in a Principal-Agent Model," *International Economic Review* 32:59 – 68.

Besanko, David, and Wayne L. Winston (1990), "Optimal Price Skimming by a Monopolist Facing Rational Consumers," *Management Science* 36:555 – 567.

Boiteux, Marcel (1956), "Sur Ia gestion des monopolies publics astreint à l'équilibre budgetaire," *Econometrica* 24:22 – 40. Translated as "On the Management of Public Monopolies Subject to Budgetary Constraints," *Journal of Economic Theory* 3:219 – 240.

Boiteux, Marcel (1960), "Peak Load Pricing," *Journal of Business* 33:157 – 179.

Boyer, Marcel (1986), "Intertemporal Nonlinear Pricing," *Canadian Journal of Economics* 19:539 – 555.

Braden, David J., and Shmuel S. Oren (1988), "Nonlinear Pricing to Produce Information," Working Paper, University of Rochester and University of California at Berkeley.

Braeutigam, Ronald R. (1989), "Optimal Policies for Natural Monopolies," in *The Handbook of Industrial Organization*, R. Schmalansee and R. Willig (eds.), Volume II, Chapter 23, 1289 – 1246. Amsterdam and New York: Elsevier Science Publishers B. V. (North-Holland).

Brown, Donald J., and Geoffrey M. Heal (1980), "Two-Part Tariffs, Marginal Cost Pricing, and Increasing Returns in a General Equilibrium Framework," *Journal of Public Economics* 13: 25 – 49.

Brown, Lorenzo, Michael Einhorn, and Ingo Vogelsang (1991), "Toward Improved and Practical Incentive Regulation," *Journal of Regulatory Economics* 3:323 – 338.

Brown, Stephen J., and David S. Sibley (1986), *The Theory of Public Utility Pricing*. Cambridge, UK: Cambridge University Press.

Buchanan, James M. (1953), "The Theory of Monopolistic Quantity Discounts," *Review of Economic Studies* 20:199 – 208.

Bulow, Jeremy (1982), "Durable Goods Monopolists," *Journal of Political Economy* 90:314 – 352.

Bulow, Jeremy (1986), "An Economic Theory of Planned Obsolescence," *Quarterly Journal of Economics* 101:729 – 749.

Bulow, Jeremy, and John Roberts (1989), "The Simple Economics of Optimal Auctions," *Journal of Political Economy* 97:1060 – 1090.

Caillaud, Bernard (1990), "Regulation, Competition, and Asymmetric Information," *Journal of Economic Theory* 52:87 – 110.

Cain, Paul, and James M. Macdonald (1991), "Telephone Pricing Structures: The Effects on Universal Service," *Journal of Regulatory Economics* 3:293 – 308.

Cassady, Ralph (1946a), "Some Economics of Price Discrimination under Non-perfect Market Conditions," *Journal of Marketing* 11:7 – 20.

Cassady, Ralph (1946b), "Techniques and Purposes of Price Discrimination," *Journal of Marketing* 11:135 – 150.

Champsaur, Paul, and Jean-Charles Rochet (1985), "Price Competition and Multiproduct Firms," Paper 8532, CORE, Universite Catholique de Lou vain.

Champsaur, Paul, and Jean-Charles Rochet (1986), "Existence of a Price Equilibrium in a Differentiated Industry," mimeo, INSEE, Paris.

Champsaur, Paul, and Jean-Charles Rochet (1989), "Multiproduct Duopolists," *Econometrica* 51: 533 – 557.

Chao, Hung-po (1990), "Priority Service and Optimal Rationing under Uncertainty," Electric Power Research Institute, Palo Alto, CA.

Chao, Hung-po, Shmuel S. Oren, Stephen A. Smith, and Robert B. Wilson (1986), "Multilevel Demand Subscription Pricing for Electric Power," *Energy Economics* 8:199 – 217.

Chao, Hung-po, Shmuel S. Oren, Stephen A. Smith, and Robert B. Wilson (1989), "Priority Service: Market Structure and Competition," *Energy Journal* 9:77 – 103.

Chao, Hung-po, and Robert Wilson (1987), "Priority Service: Pricing, Investment, and Market Organization," *American Economic Review* 77:899 – 916.

Chatterjee, Kalyan, and William Samuelson (1983), "Bargaining under Incomplete Information," *Operations Research* 31:835 – 851.

Clay, Karen B., David S. Sibley, and Padmanabhan Srinagesh (1992), "Ex Post vs. Ex Ante Pricing: Optional Calling Plans and Tapered Tariffs," *Journal of Regulatory Economics* 4:115 – 138.

Coase, Ronald (1972), "Durability and Monopoly," *Journal of Law and Economics* 15:143 – 149.

Conlisk, John, E. Gerstner, and Joel Sobel (1984), "Cyclic Pricing by a Durable Goods Monopolist," *Quarterly Journal of Economics* 99:489 – 505.

Cooper, Russell (1984), "On Allocative Distortions in Problems of Self-Selection," *RAND Journal of Economics* 15:568 – 577.

Coumot, Augustin (1838), *Researches into the Mathematical Principles of the Theory of Wealth*, translation from the French, 1927. New York: Macmillan Publishing Co.

Crew, Michael A., and Paul R. Kleindorfer (1978), "Reliability and Public Utility Pricing," *American Economic Review* 68:31 – 40.

Crowther, J. (1964), "Rationale for Quantity Discounts," *Harvard Business Review*, March, 121 – 127.

De Fontenay, Alain, Mary Shugard, and David Sibley (1990), *Telecommunications Demand Modelling*. Amsterdam: North-Holland.

DeGraba, Patrick (1990), "Input Market Price Discrimination and the Choice of Technology," *American Economic Review* 80:1246 – 1253.

Dierker, Egbert (1991), "The Optimality of Boiteux-Ramsey Pricing," *Econometrica* 59:99 – 121.

Dixit, Avinash, and Joseph Stiglitz (1979), "Quality and Quantity Competition," *Review of Economic Studies* 46:587 – 599.

Dolan, Robert (1987), "Quantity Discounts: Managerial Issues and Research Opportunities," *Marketing Science* 6:1 – 22.

Donnenfeld, Shabtai (1988), "Commercial Policy and Imperfect Discrimination by a Foreign Monopolist," *International Economic Review* 29:607 – 620.

Donnenfeld, Shabtai, and Lawrence J. White (1988), "Product Variety and the Inefficiency of Monopoly," *Economica* 55:393 – 401.

Donnenfeld, Shabtai, and Lawrence J. White (1990), "Quality Distortion by a Discriminating Monopolist: Comment," *American Economic Review* 80:941 – 945.

Drèze, Jacques (1964), "Some Postwar Contributions of French Economists to Theory and Public Policy," *American Economic Review* 54 (Supplement): 1 – 64.

Dupuit, Jules (1844), "On the Measurement of the Utility of Public Works," translation by R. H. Barbak (1952), *International Economic Papers* 2.

Ebert, Uwe (1988), "The Optimal Income Tax Problem: On the Case of Two-dimensional Populations," Economics Department Discussion Paper A-169, University of Bonn, Germany.

Edwards, E. O. (1950), "The Analysis of Output under Discrimination," *Econometrica* 18:163 – 172.

Eke lund, R. B. (1970), "Price Discrimination and Product Differentiation in Economic Theory: An Early Analysis," *Quarterly Journal of Economics* 84:268 – 278.

Elsgolc, L. E. (1961), *Calculus of Variations*. International Series of Monographs on Pure and Applied Mathematics, Volume 19. London, UK: Pergamon Press Ltd.; and Reading, MA: Addison-Wesley Publishing Company.

Faulhaber, Gerald (1975), "Cross Subsidization: Pricing in Public Enterprises," *American Economic Review* 65:966 – 977.

Faulhaber, Gerald (1979), "Cross Subsidization in Public Enterprise Pricing," Chapter 4 in John T. Wenders (ed.), *Pricing in Regulated Industries: Theory and Application II*, 76 – 121. Denver, CO: Mountain States Telephone and Telegraph Company.

Faulhaber, Gerald, and John Panzar (1977), "Optimal Two Part Tariffs with Self-Selection," Discussion Paper 74. Morristown, NJ: Bell Laboratories.

Feldstein, Martin (1972), "Equity and Efficiency in Public Sector Pricing: The Optimal Two-Part Tariff," *Quarterly Journal of Economics* 86:175 – 187.

Finn, T. J. (1974), "The Quantity of Output in Simple Monopoly and Discriminating Monopoly,"

Southern Economic Journal 41:239 - 243.

Fudenberg, Drew, and Jean Tirole (1991), *Game Theory*, Chapter 7. Cambridge, MA: MIT Press.

Gabor, A. (1955), "A Note on Block Tariffs," *Review of Economic Studies* 23:32 - 41.

Gabszewicz, Jean Jaskold, Avner Shaked, John Sutton, and Jacques-François Thisse (1986), "Segmenting the Market: The Monopolist's Optimal Product Mix," *Journal of Economic Theory* 39:273 - 289.

Gabszewicz, Jean Jaskold, and Jacques-François Thisse (1992), "Spatial Competition and the Location of Firms," Chapter 9 in *The Handbook of Game Theory*, R. Aumann and S. Hart (eds.). Amsterdam and New York: Elsevier Science Publishers B. V. (NorthHolland).

Gale, Ian (1992), "Advance-Purchase Discounts and Monopoly Allocation of Capacity," *American Economic Review* 82:to appear.

Goldman, M. Barry, Hayne E. Leland, and DavidS. Sibley (1984), "Optimal Nonuniform Pricing," *Review of Economic Studies* 51:305 - 319.

Greenhut, Melvin L., and Hiroshi Ohta (1976), "Joan Robinson's Criterion for Deciding Whether Market Discrimination Reduces Output," *Economic Journal* 86:96 - 97.

Greenwood, Jeremy, and R. Preston McAfee (1991), "Externalities and Asymmetric Information," *Quarterly Journal of Economics* 106:103 - 122.

Griffin, James M., and Thomas H. Mayor (1987), "The Welfare Gain from Efficient Pricing of Local Telephone Services," *Journal of Law and Economics* 30:465 - 487.

Guesnerie, Roger (1980), "Second-Best Pricing Rules in the Boiteux Tradition: Derivation, Review, and Discussion," *Journal of Public Economics* 13:51 - 80.

Guesnerie, Roger, and Jean-Jacques Laffont (1984), "A Complete Solution to a Class of Principal-Agent Problems with an Application to the Control of a Self-Managed Firm," *Journal of Public Economics* 25:329 - 369.

Guesnerie, Roger, and Jesus Seade (1982), "Nonlinear Pricing in a Finite Economy," *Journal of Public Economics* 17:157 - 179.

Gul, Faruk (1987), "Noncooperative Collusion in Durable Goods Oligopoly," *RAND Journal of Economics* 18:248 - 254.

Gul, Faruk, and Hugo Sonnenschein (1988), "On Delay in Bargaining with One-Sided Uncertainty," *Econometrica* 56:601 - 612.

Gul, Faruk, Hugo Sonnenschein, and Robert Wilson (1986), "Foundations of Dynamic Monopoly and the Coase Conjecture," *Journal of Economic Theory* 39:155 - 190.

Hagen, Kåre P. (1979), "Optimal Pricing in Public Firms in an Imperfect Market Economy," *Scandinavian Journal of Economics* 81:475 - 493.

Hansen, Ward, and R. Kipp Martin (1990), "Optimal Bundle Pricing," *Management Science* 36:155 - 174.

Harris, Milton, and Artur Raviv (1981), "A Theory of Monopoly Pricing Schemes with Demand Uncertainty," *American Economic Review* 71:347 - 365.

Hart, Oliver, and Bengt Holmstrom (1987), "The Theory of Contracts," Chapter 3 in *Advances in Economic Theory*, T. Bewley (ed.), 71 - 155. Cambridge, UK: Cambridge University Press.

Hartwick, John (1978), "Optimal Price Discrimination," *Journal of Public Economics* 31:83 - 89.

Hausman, Jerry A., and Jeffrey K. MacKie-Mason (1988), "Price Discrimination and Patent Policy," *RAND Journal of Economics* 19:253 - 265.

Henderson, J. Stephen, and Robert E. Bums (1989), "An Economic and Legal Analysis of Undue Price Discrimination," NRRI Report 89 - 12. Columbus, OH: National Regulatory Research Institute.

Heyman, D., J. Lazorchak, D. Sibley, and W. Taylor (1987), "An Analysis of Tapered Access

Charges for End Users. " Murray Hill, NJ: Bell Communications Research Inc. Published in Harry Trebing (ed.), *Proceedings of the Eighteenth Annual Williamsburg Conference on Regulation,* East Lansing, MI: Michigan State University Press.

Hillman, Jordan Jay, and Ronald Braeutigam (1989), *Price Level Regulation for Diversified Public Utilities: An Assessment.* Dordrecht, NL: Kluwer Academic Publishers.

Holmstrom, Bengt R., and Paul Milgrom (1987), "Aggregation and Linearity in the Provision of Intertemporal Incentives," *Econometrica* 55:303 – 328.

Hurwicz, Leonid, and Leonard Shapiro (1978), "Incentive Structures Maximizing Residual Gain under Incomplete Information," *Bell Journal of Economics* 9:180 – 191.

ltoh, M. (1983), "Monopoly, Product Differentiation, and Economic Welfare," *Journal of Economic Theory* 31:88 – 104.

Joskow, Paul, and Richard Schmalansee (1983), *Markets for Power.* Cambridge, MA: MIT Press.

Jucker, James V., and Meir Rosenblatt (1985), "Single-Period Inventory Models with Demand Uncertainty and Quantity Discounts: Behavioral Implications and a New Solution Procedure," *Naval Research Logistics Quanerly* 32:537 – 550.

Kahn, Charles (1986), "The Durable Goods Monopolist and Consistency with Increasing Cost," *Econometrica* 54:275 – 294.

Katz, Michael L. (1982), "Nonuniform Pricing and Rate-of-Return Regulation," Woodrow Wilson School, Report 27, Princeton University.

Katz, Michael L. (1983), "Non-Uniform Pricing, Output and Welfare Under Monopoly," *Review of Economic Studies* 50:37 – 56.

Katz, Michael L. (1984a), "Nonuniform Pricing with Unobservable Numbers of Purchases," *Review of Economic Studies* 51:461 – 470.

Katz, Michael L. (1984b), "Price Discrimination and Monopolistic Competition," *Econometrica* 52:1453 – 1472.

Katz, Michael L. (1987), "The Welfare Effects of Third-Degree Price Discrimination in Intermediate Good Markets," *American Economic Review* 77:154 – 167.

Kennan, John F., and Robert B. Wilson (1992), "Bargaining with Private Information," *Journal of Economic Literature* 30:to appear.

Koenker, Roger W., and DavidS. Sibley (1979), "Nonuniform Pricing Structures in Electricity," Chapter 2 in *Public Utility Ratemaking in an Energy-Conscious Environment,* Werner Sichel (ed.), 23 – 39. Boulder CO: Westview Press.

Kohli, Rajeev, and Heungsoo Park (1989), "A Cooperative Game Theory Model of Quantity Discounts," *Management Science* 35:693 – 707.

Laffont, Jean-Jacques, Eric Maskin, and Jean-Charles Rochet (1987), "Optimal Nonlinear Pricing with Two-Dimensional Characteristics" in T. Groves, R. Radner, and S. Reiter (eds.), *Information, Incentives, and Economic Mechanisms,* 256 – 266. Minneapolis, MN: University of Minnesota Press.

Laffont, Jean-Jacques, and Jean Tirole (1986), "Using Cost Observation to Regulate Firms," *Journal of Political Economy* 94:614 – 41.

Laffont, Jean-Jacques, and Jean Tirole (1990a), "The Regulation of Multiproduct Firms," *Journal of Public Economics* 43:1 – 66.

Laffont, Jean-Jacques, and Jean Tirole (1990b), "Optimal Bypass and Cream Skimming," *American Economic Review* 80:1042 – 1061.

Laffont, Jean-Jacques, and Jean Tirole (1992), *A Theory of Incentives in Regulation and Procurement.* Cambridge, MA: MIT Press.

Lal, Rajiv, and Richard Staelin (1984), "An Approach for Developing an Optimal Quantity Discount

Policy," *Management Science* 30:1524 – 1539.

Lancaster, Kelvin (1990), "The Economics of Product Variety: A Survey," *Marketing Science* 9: 189 – 206.

Lee, Hau L., and Meir J. Rosenblatt (1986), "A Generalized Quantity Discount Pricing Model to Increase Supplier's Profits," *Management Science* 32:1177 – 1185.

Leland, Hayne E., and R. A. Meyer (1976), "Monopoly Pricing Structures with Imperfect Information," *Bell Journal of Economics* 7:449 – 462.

Littlechild, Stephen C. (1975), "Two Part Tariffs and Consumption Externalities," *Bell Journal of Economics* 6:661 – 670.

Ma, Ching-to Albert (1991), "Adverse Selection in Dynamic Moral Hazard," *Quarterly Journal of Economics* 106:255 – 276.

Marchand, M. G. (1974), "Pricing Power Supplied on an Interruptible Basis," *European Economic Review* 5:263 – 274.

Maskin, Eric, and John Riley (1984a), "Monopoly with Incomplete Information," *The RAND Journal of Economics* 15:171 – 196.

Maskin, Eric, and John Riley (1984b), "Optimal Auctions with Risk Averse Buyers," *Econometrica* 52:1473 – 1518.

Maskin, Eric, and Jean Tirole (1988), "A Theory of Dynamic Oligopoly," Parts I and II, *Econometrica* 56:549 – 99.

Matthews, Steven, and John Moore (1987), "Monopoly Provision of Quality and Warranties: An Exploration in the Theory of Multidimensional Screening," *Econometrica* 55:441 – 468.

Matzkin, Rosa L. (1991), "Axioms of Revealed Preference for Nonlinear Choice Sets," *Econometrica* 59:1779 – 1786.

McAfee, R. Preston (1991), "Efficient Allocation with Continuous Quantities," *Journal of Economic Theory* 53:51 – 74.

McAfee, R. Preston, and John McMillan (1988), "Multidimensional Incentive Compatibility and Mechanism Design," *Journal of Economic Theory* 46:335 – 354.

McAfee, R. Preston, John McMillan, and Michael D. Whinston (1989), "Multiproduct Monopoly, Commodity Bundling, and Correlation of Values," *Quarterly Journal of Economics* 103:371 – 383.

McFadden, Daniel L., and Kenneth E. Train (1991), "The Value of Service Reliability: Statistical Inference in a Dynamic Stochastic Control Process with Discrete Decision Variables," Department of Economics, University of California at Berkeley.

Mendelson, Haim, and Seungjin Whang (1990), "Optimal Incentive-Compatible Priority Pricing for the M/M/1 Queue," *Operations Research* 38:870 – 883.

Meyer, Margaret A., and Paul D. Klemperer (1989), "Supply Function Equilibria in Oligopoly Under Uncertainty," *Econometrica* 57:1243 – 1277.

Milgrom, Paul R., and Christina Shannon (1991), "Monotone Comparative Statics," Stanford Institute for Theoretical Economics, Technical Report 11.

Mirman, Leonard J., and David S. Sibley (1980), "Optimal Nonlinear Prices for Multiproduct Monopolies," *The Bell Journal of Economics* 11: 659 – 670.

Mirrlees, James A. (1971), "An Exploration in the Theory of Optimal Taxation," *Review of Economic Studies* 38:175 – 208.

Mirrlees, James A. (1976), "Optimal Tax Theory: A Synthesis," *Journal of Public Economics* 6: 327 – 358.

Mirrlees, James A. (1986), "The Theory of Optimal Taxation," Chapter 24 in K. J. Arrow and M. D. Intriligator (eds.), *Handbook of Mathematical Economics*, Volume III, 1197 – 1249. Amsterdam and New York: Elsevier Science Publishers B. V. (North-Holland).

Mirrlees, James A. (1990), "Taxing Uncertain Incomes," *Oxford Economic Papers* 42:34 – 45.

Mitchell, Bridger M. (1979a), "Optimal Pricing of Local Telephone Service," *American Economic Review* 68:517 – 536.

Mitchell, Bridger M. (1979b), "Telephone Call Pricing in Europe: Localizing the Pulse," Chapter 2 in John T. Wenders (ed.), *Pricing in Regulated Industries: Theory and Application II*, 19 – 50. Denver, CO: Mountain States Telephone and Telegraph Company.

Mitchell, Bridger M., and logo Vogelsang (1991), *Telecommunications Pricing: Theory and Practice*. Cambridge, UK: Cambridge University Press.

Monahan, J. P. (1984), "A Quantity Discount Pricing Model to Increase Vendor Profits," *Management Science* 30:720 – 726.

Moore, John (1984), "Global Incentive Constraints in Auction Design," *Econometrica* 52:1523 – 1535.

Moorthy, K. Sridhar (1984), "Marketing Segmentation, Self-Selection, and Product Line Design," *Marketing Science* 3:288 – 307.

Murphy, M. M. (1977), "Price Discrimination, Market Separation, and the Multi-Part Tariff," *Economic Inquiry* 15:587 – 599.

Mussa, Michael, and Sherwin Rosen (1978), "Monopoly and Product Quality," *Journal of Economic Theory* 18:301 – 317.

Myerson, Roger B. (1981), "Optimal Auction Design," *Mathematics of Operations Research* 6:58 – 63.

Myerson, Roger B., and Mark A. Satterthwaite (1983), "Efficient Mechanisms for Bilateral Trading," *Journal of Economic Theory* 28:265 – 281.

Nahata, Babu, Krzysztof Ostaszewski, and P. K. Sahoo (1990), "Direction of Price Changes in Third-Degree Price Discrimination and Some Welfare Implications," *American Economic Review* 80:1254 – 1258.

Ng, Yew Kwan, and M. Weissner (1974), "Optimal Pricing with a Budget Constraint: The Case of the Two-Part Tariff," *Review of Economic Studies* 41.

Oi, Walter J. (1971), "A Disneyland Dilemma: Two-Part Tariffs for a Mickey Mouse Monopoly," *Quarterly Journal of Economics* 85:77 – 96.

Ordover, Janusz A., and John C. Panzar (1980), "On the Nonexistence of Pareto Superior Outlay Schedules," *The Bell Journal of Economics* 11:351 – 354.

Ordover, Janusz A., and John C. Panzar (1982), "On the Nonlinear Pricing of Inputs," *International Economic Review* 23:659 – 676.

Oren, Shmuel S., and Stephen A. Smith (1981), "Critical Mass and Tariff Structure in Electronic Communications Markets," *The Bell Journal of Economics* 12:467 – 487.

Oren, Shmuel S., Stephen A. Smith, and Robert B. Wilson (1982a), "Nonlinear Pricing in Markets with Interdependent Demand," *Marketing Science* I: 287 – 313.

Oren, Shmuel S., Stephen A. Smith, and Robert B. Wilson (1982b), "Competitive Nonlinear Tariffs," *Journal of Economic Theory* 29:49 – 71.

Oren, Shmuel S., Stephen A. Smith, and Robert B. Wilson (1982c), "Linear Tariffs with Quality Discrimination," *The Bell Journal of Economics* 13:455 – 471.

Oren, Shmuel S., Stephen A. Smith, and Robert B. Wilson (1985), "Capacity Pricing," *Econometrica* 53:545 – 566.

Panzar, John C. (1977), "The Pareto Dominance of Usage Sensitive Pricing," in H. Dorick (ed.), *Proceedings of the Sixth Annual Telecommunications Policy Research Conference*. Lexington, MA: Lexington Books.

Panzar, John C., and Andrew Postlewaite (1982), "Sustainable Outlay Schedules," Discussion Paper 626S, Northwestern University.

Panzar, John C., and David S. Sibley (1978), "Public Utility Pricing under Risk: The Case of Self-Rationing," *American Economic Review* 68:888 – 895.

Panzar, John C., and DavidS. Sibley (1989), "Optimal Two-Part Tariffs for Inputs," *Journal of Public Economics* 40:237 – 249.

Pavarini, Carl (1979), "The Effect of Flat-to-Measured Rate Conversions on Local Telephone Usage," Chapter 3 in John T. Wenders (ed.), *Pricing in Regulated Industries: Theory and Application II*, 51 – 75. Denver, CO: Mountain States Telephone and Telegraph Company.

Phlips, Louis (1983), *The Economics of Price Discrimination*. Cambridge, UK: Cambridge University Press.

Phlips, Louis (1988a), "Price Discrimination: A Survey of the Theory," *Journal of Economic Surveys* 2:135 – 167.

Phlips, Louis (1988b), *The Economics of Imperfect Information*. Cambridge, UK: Cambridge University Press.

Pigou, Arthur Cecil (1920), *The Economics of Welfare*. London: Macmillan Press, Ltd. Fourth edition, 1932.

Pitbladdo, Richard (1990), "Decentralized Airline Scheduling via Priority Runway Pricing," Graduate School of Management, University of Rochester.

Press, William H., Brian P. Flannery, Saul A. Teukolsky, and William T. Vetterling, *Numerical Recipes*. Cambridge, UK: Cambridge University Press, 1986.

Ramsey, Frank P. (1927), "A Contribution to the Theory of Taxation," *Economic Journal* 37:47 – 61.

Roberts, Kevin W. S. (1979), "Welfare Considerations of Nonlinear Pricing," *Economic Journal* 89:66 – 83.

Robinson, Joan (1933), *The Economics of Imperfect Competition*. London: Macmillan Press Ltd.

Rochet, Jean-Charles (1985), "The Taxation Principle and Multi-Time Hamilton-Jacobi Equations," *Journal of Mathematical Economics* 14:113 – 128.

Rochet, Jean-Charles (1987), "Monopoly Regulation with Two Dimensional Uncertainty," mimeo, Ecole Polytechnique, Paris.

Rosenblatt, Meir J., and HauL. Lee (1985), "Improving Profitability with Quantity Discounts under Fixed Demand," *IIE Transactions* 17:388 – 395.

Rothschild, Michael, and Joseph Stiglitz (1976), "Equilibrium in Competitive Insurance Markets," *Quarterly Journal of Economics* 90:629 – 649.

Salant, Stephen W. (1989), "When is Inducing Self-Selection Optimal for a Monopolist?," *Quarterly Journal of Economics* 103:391 – 397.

Salop, Steven (1979), "Monopolistic Competition with Outside Goods," *Bell Journal of Economics* 10:141 – 156.

Sappington, David E. M., and DavidS. Sibley (1989), "Strategic Nonlinear Pricing under Price Cap Regulation." Morristown, NJ: Bell Communications Research.

Scherer, Frederic M. (1980), *Industrial Market Structure and Economic Performance*, Second Edition. Chicago: Rand McNally Publishing Co.

Schey, H. M. (1973), *Div, Grad, Curl, and All That*. New York: W. W. Norton Company.

Schmalansee, Richard (1981a), "Monopolistic Two-Part Pricing Arrangements," *Bell Journal of Economics* 8:445 – 467.

Schmalansee, Richard (1981b), "Output and Welfare Implications of Monopolistic 3rd Degree Price Discrimination," *American Economic Review* 71:242 – 247.

Schmalansee, Richard (1984), "Gaussian Demand and Commodity Bundling," *Journal of Business* 57 (Supplement): S211 – S235.

Schwartz, Marius (1990), "Third-Degree Price Discrimination and Output: Generalizing a Welfare Result," *American Economic Review* 80:1259 – 1262.

Shaked, Avner, and John Sutton (1982), "Relaxing Price Competition Through Product Differentiation," *Review of Economic Studies* 44:3 – 13.

Sharkey, William W., and David Sibley (1990), "Regulatory Preference over Customer Types: The Case of Optional Two-Part Tariffs." Morristown, NJ: Bell Communications Research.

Shepard, Andrea (1991), "Price Discrimination and Retail Configuration," *Journal of Political Economy* 99:30 – 53.

Sheshinski, Eytan (1986), "Positive Second Best Theory: A Brief Survey of the Theory of Ramsey Pricing," Chapter 25 in K. J. Arrow and M. D. Intriligator (eds.), *Handbook of Mathematical Economics*, Volume III, 1251 – 1280. Amsterdam and New York: Elsevier Science Publishers B. V. (North-Holland).

Sibley, David (1989), "Asymmetric Information, Incentives, and Price-Cap Regulation," *RAND Journal of Economics* 20:392 – 404.

Sibley, David, and Padmanabhan Srinagesh (1992), "Multiproduct Nonlinear Pricing and Bundling," Technical Report, Economics Department, University of Texas, Austin.

Smith, Stephen A. (1989), "Efficient Menu Structures for Pricing Interruptible Electric Power Service," *Journal of Regulatory Economics* 1:203 – 223.

Sobel, Joel (1979), "Optimal Non-Linear Prices," University of California, San Diego.

Sobel, Joel (1984), "Nonlinear Prices and Price-Taking Behavior," *Journal of Economic Behavior and Organization* 5:387 – 396.

Sobel, Joel (1991), "Durable Goods Monopoly with Entry of New Consumers," *Econometrica* 59: 1455 – 1485.

Spence, A. Michael (1973), "Job Market Signaling," *Quarterly Journal of Economics* 87:355 – 374.

Spence, A. Michael (1974), *Market Signaling: Information Transfer in Hiring and Related Processes.* Cambridge, MA: Harvard University Press.

Spence, A. Michael (1976a), "Nonlinear Prices and Welfare," *Journal of Public Economics* 8: 1 – 18.

Spence, A. Michael (1976b), "Product Selection, Fixed Costs, and Monopolistic Competition," *Review of Economic Studies* 43:217 – 235.

Spence, A. Michael (1980), "Multi-Product Quantity-Dependent Prices and Profitability Constraints," *Review of Economic Studies* 47:821 – 841.

Spulber, Daniel (1981), "Spatial Nonlinear Pricing," *American Economic Review* 71:923 – 933.

Spulber, Daniel (1984), "Competition and Multiplant Monopoly with Spatial Nonlinear Pricing," *International Economic Review* 25:425 – 439.

Spulber, Daniel (1988), "Bargaining and Regulation with Asymmetric Information about Demand and Supply," *Journal of Economic Theory* 44:251 – 268.

Spulber, Daniel (1989a), "Product Variety and Competitive Discounts," *Journal of Economic Theory* 48:510 – 525.

Spulber, Daniel (1989b), *Regulation and Markets.* Cambridge, MA: MIT Press.

Spulber, Daniel (1992a), "Optimal Nonlinear Pricing and Contingent Contracts," *International Economic Review* 33:to appear.

Spulber, Daniel (1992b), "Capacity-Contingent Nonlinear Pricing by Regulated Firms," *Journal of Regulatory Economics* 4: to appear.

Spulber, Daniel F. (1992c), "Monopoly Pricing Strategies," *Journal of Economic Theory* 52: to appear.

Srinagesh, Padmanabhan (1985), "Nonlinear Prices with Heterogeneous Consumers and Uncertain

Demand," *Indian Economic Review* 20(2): 299 – 315.

Srinagesh, Padmanabhan (1986), "Nonlinear Prices and the Regulated Firm," *Quarterly Journal of Economics* 101:51 – 68.

Srinagesh, Padmanabhan (1990a), "Why Marginal Prices are Below Marginal Cost: Mixed Linear-Nonlinear Pricing." Livingston, NJ: Bell Communications Research.

Srinagesh, Padmanabhan (1990b), "Self-Rationing and Nonlinear Prices." Livingston, NJ: Bell Communications Research.

Srinagesh, Padmanabhan (1991a), "Nonlinear Prices with Multidimensional Consumers." Livingston, NJ: Bell Communications Research.

Srinagesh, Padmanabhan (1991b), "Mixed Linear-Nonlinear Pricing with Bundling," *Journal of Regulatory Economics* 3:251 – 263.

Srinagesh, Padmanabhan, and Ralph M. Bradburd (1989), "Quality Distortion by a Discriminating Monopolist," *American Economic Review* 78:96 – 105.

Stiglitz, Joseph E. (1977), "Monopoly, Nonlinear Pricing, and Imperfect Information: The Insurance Market," *Review of Economic Studies* 44:407 – 430.

Stiglitz, Joseph E. (1989), "Imperfect Information in the Product Market," Chapter 13 in R. Schmalansee and R. Willig (eds.), *The Handbook of Industrial Organization*, Volume I, 769 – 847. Amsterdam and New York: Elsevier Science Publishers B. V. (North-Holland).

Stokey, Nancy (1979), "Intertemporal Price Discrimination," *Quarterly Journal of Economics* 93: 355 – 371.

Stokey, Nancy (1981), "Rational Expectations and Durable Goods Pricing," *Bell Journal of Economics* 12:112 – 128.

Swan, Peter L. (1972), "Optimum Durability, Second-Hand Markets, and Planned Obsolescence," *Journal of Political Economy* 80:575 – 585.

Taylor, Lester D. (1975), "The Demand for Electricity: A Survey," *Bell Journal of Economics* 6: 74 – 110.

Tirole, Jean (1988), *The Theory of Industrial Organization*. Cambridge, MA: MIT Press.

Train, Kenneth E., Moshe Ben-Akiva, and Terry Atherton (1989), "Consumption Patterns and Self-Selecting Tariffs," *Review of Economics and Statistics* 71:62 – 73.

Train, Kenneth E., Daniel L. McFadden, and Moshe Ben-Akiva (1987), "The Demand for Local Telephone Service: A Fully Discrete Model of Residential Calling Patterns and Service Choices," *RAND Journal of Economics* 18:109 – 123.

Train, Kenneth E., DanielL. McFadden, and Andrew A. Goett (1987), "Consumer Attitudes and Voluntary Rate Schedules for Public Utilities," *Review of Economics and Statistics* 69:383 – 391.

Train, Kenneth E., and Gil Mehrez (1992), "Optimal Time-of-Use Prices for Electricity: Economic Analysis of Tariff Choice and Time-of-Use Demand," University-wide Energy Research Group, University of California, Berkeley, mimeo.

Train, Kenneth E., and N. Toyama (1989), "Pareto Dominance Through Self-Selecting Tariffs: The Case of TOU Electricity Rates for Agricultural Customers," *Energy Journal* 10:91 – 109.

Tschirhart, J., and F. Jen (1979), "Behavior of a Monopoly Offering Interruptible Service," *Bell Journal of Economics* 10:244 – 258.

Tuomala, Matti (1990), *Optimal Income Tax and Redistribution*. Oxford UK: Clarendon Press.

Varian, Hal (1985), "Price Discrimination and Social Welfare," *American Economic Review* 75: 870 – 875.

Varian, Hal (1989), "Price Discrimination," Chapter 10 in R. Schmalansee and R. Willig (eds.), *The Handbook of Industrial Organization*, Volume I, 597 – 654. Amsterdam and New York: Elsevier Science Publishers B. V. (North-Holland).

Viswanathan, N., and Edison T. S. Tse (1989), "Monopolistic Provision of Congested Service with Incentive-Based Allocation of Priorities," *International Economic Review* 30:153 - 174.

Vohra, Rajiv (1990), "On the Inefficiency of Two-Part Tariffs," *Review of Economic Studies* 57: 415 - 438.

Whinston, Michael D. (1990), "Tying, Foreclosure, and Exclusion," *American Economic Review* 80:837 - 859.

Willig, Robert D. (1978), "Pareto-Superior Nonlinear Outlay Schedules," *The Bell Journal of Economics* 9:56 - 69.

Willig, Robert D., and Elizabeth Bailey (1977), "Ramsey-Optimal Pricing of Long Distance Services," Chapter 4 in John T. Wenders (ed.), *Pricing in Regulated Industries: Theory and Application I,* 68 - 97. Denver CO: Mountain States Telephone and Telegraph Company.

Wilson, Charles (1988), "On the Optimal Pricing Policy of a Monopolist," *Journal of Political Economy* 96:164 - 176.

Wilson, Robert B. (1979), "Auctions of Shares," *Quarterly Journal of Economics* 93:675 - 689.

Wilson, Robert B. (1984), "A Note on Revelation of Information for Joint Production", *Social Choice and Welfare* 1: 69 - 73.

Wilson, Robert B. (1987), "Bidding" and "Exchange," entries in J. Eatwell, M. Milgate, and P. Newman (eds.), *The New Palgrave: A Dictionary of Economics,* Volume I, 238 - 242, and Volume II, 202 - 207. London: The Macmillan Press Ltd.

Wilson, Robert B. (1988), "Credentials and Wage Discrimination," *Scandinavian Journal of Economics* 90:549 - 562.

Wilson, Robert B. (1989a), "Efficient and Competitive Rationing," *Econometrica* 57:1 - 40.

Wilson, Robert B. (1989b), "Ramsey Pricing of Priority Service," *Journal of Regulatory Economics* 1:189 - 202.

Wilson, Robert B. (1991), "Multiproduct Tariffs," *Journal of Regulatory Economics* 3:5 - 26; and "Erratum," *Ibid,* 3:211 - 212.

Wilson, Robert B. (1992a), "Strategic Analysis of Auctions," Chapter 8 in R. Aumann and S. Hart (eds.), *The Handbook of Game Theory,* Volume I. Amsterdam and New York: Elsevier Science Publishers B. V. (North-Holland).

Wilson, Robert B. (1992b), "Entry Deterrence," Chapter 10 in R. Aumann and S. Hart (eds.), *The Handbook of Game Theory,* Volume I. Amsterdam and New York: Elsevier Science Publishers B. V. (North-Holland).

Wilson, Robert B. (1993), "Design of Efficient Trading Procedures," in D. Friedman et al., *The Double Auction Market,* Chapter 5. Reading, MA: Addison-Wesley Publishing Co.

Wilson, Robert B., Shmuel Oren, and Stephen A. Smith (1980), "Optimal Nonlinear Tariffs for Quantity and Quality," ARG Technical Report 80 - 17. Palo Alto CA: Xerox Palo Alto Research Center.

Woo, Chi-Keung (1990), "Efficient Electricity Pricing with Self-Rationing," *Journal of Regulatory Economics* 2:69 - 81.

Yamey, Basil (197 4), "Monopolistic Price Discrimination and Economic Welfare," *Journal of Law and Economics* 17:377 - 380.

索 引

424

426

译后记

在产业经济学的浩瀚领域中,定价策略始终是一个核心议题。它不仅关系到企业的生存与发展,更是市场机制运作的微观基础。随着经济学理论的不断深化和市场环境的日益复杂,传统的线性定价模式已逐渐难以满足现代经济活动的需求。在这样的背景下,非线性定价作为一种创新的定价策略应运而生,成为产业组织理论、企业理论以及规制理论等微观经济学领域的核心研究内容。

我深感荣幸能与我的三位同事一起翻译罗伯特·威尔逊教授的《非线性定价》这部著作。威尔逊教授是享誉世界的经济学大师,2020年诺贝尔经济学奖得主,美国经济学联合会的杰出会员,以及美国国家科学院的经济学院士。他在非线性定价、拍卖理论、博弈论和交易理论等领域的贡献举世瞩目。

威尔逊教授坚信学术研究应源于现实问题,他认为理论的价值在于解决实践问题的有用性。这部《非线性定价》的许多想法都源自他在施乐帕罗奥多研究中心及美国电力研究所的实践工作,也有一部分内容出自他在斯坦福商学院的授课。他将现实中的成本非线性现象引入定价理论,并提出了灵活多变的"非线性定价"方式。通过对非线性定价的深入探讨,他为我们提供了全新的视角来观察和理解现代市场经济。他的研究不仅深化了我们对市场机制的理解,更为实际经济活动中的定价决策提供了理论指导。

《非线性定价》是一部关于价目表设计和各类公共服务定价的百科全书。在这本书中,威尔逊教授系统地阐述了非线性定价的理论基础和实践应用,每一章都提供了丰富的案例分析。从基础的拉姆齐定价、两部制价目表,到复杂的优先级定价、多产品价目表,他以清晰的逻辑和严谨的分析,展示了非线性定价在不同行业的适用性和效果,使得读者能够更加直观地理解非线性定价的实践应用。

威尔逊教授的这部著作,不仅是对非线性定价理论的全面总结,更是对经济学研究方法的一次深刻反思。无论是研究经济学的专业学者,还是实际经济活动中的决策者,都能从这本书中获得宝贵的知识和深刻的洞见。我向所有对经济学、营销策略、定价理论感兴趣的学者、企业家和政策制定者强烈推荐《非线性定价》这本书。

诚挚地感谢美国德州农工大学田国强教授为这本书作序。同时,也要感谢出版方的辛勤工作,感谢刘鑫编辑的精心组织,使得这部优秀的著作得以呈现在中国读者面前。

最后,祝愿各位读者在阅读《非线性定价》的过程中,能够获得知识上的启迪和思想上的享受。

周琼

2024 年 9 月